*DSLR Einstellungen
für Dummies*

D1721355

Belichtungsmodi einer digitalen Spiegelreflexkamera

Immer diese Entscheidungen! Ihre digitale Spiegelreflexkamera kennt viele verschiedene Automatiken. Üblicherweise müssen Sie nicht alle kennen, um Fotos wie ein Profi zu schießen. Die folgende Liste beschreibt jene Automatismen, die von Profis am häufigsten verwendet werden.

✔ **Zeitautomatik mit Blendenvorwahl.** Sie geben die Blendenöffnung vor (also die Blendenzahl), während die Kamera die korrekte Verschlusszeit dazu beisteuert, um das Bild korrekt zu belichten. Verwenden Sie die Zeitautomatik, wenn Sie die Kontrolle darüber haben möchten, welche Teile des Motivs sich im Fokus befinden. Dieser scharfe Bereich wird auch Tiefenschärfe genannt. Wählen Sie eine große Blendenöffnung (also eine kleine Blendenzahl) für eine geringe Tiefenschärfe – diese Einstellung ist besonders nützlich, wenn Sie zum Beispiel ein Porträt aufnehmen oder ein anderes Motiv, bei dem nicht jedes Detail im Fokus sein soll. Verwenden Sie eine kleine Blendenöffnung (also eine große Blendenzahl), wenn Sie eine große Tiefenschärfe wünschen. Diese Einstellung eignet sich zum Beispiel für Landschaftsaufnahmen, bei denen das ganze Bild im Fokus sein soll.

✔ **Blendenautomatik mit vorgewählter Verschlusszeit.** Wenn Sie mit Blendenautomatik fotografieren, geben Sie die Verschlusszeit vor, während die Kamera die optimale Blende für eine korrekte Belichtung errechnet. Die Blendenautomatik wird vor allem dann verwendet, wenn Sie Objekte in Bewegung fotografieren. Verwenden Sie eine kurze Verschlusszeit, um Bewegungen einzufrieren; verwenden Sie eine eher lange Verschlusszeit, um die Objekte in eine künstlerische Unschärfe zu tauchen. Wie kurz eine Verschlusszeit sein muss, um ein Objekt einzufrieren, hängt einerseits von der Entfernung zum Motiv und andererseits von seiner Geschwindigkeit ab. Um zum Beispiel einen Rennwagen abzulichten, der sich mit 200 km/h fortbewegt, benötigen Sie eine Verschlusszeit von einer 1/2000 Sekunde. Um hingegen die Bewegungen eines Marathonläufers scharf aufs Bild zu bannen, reicht bereits eine Verschlusszeit von einer 1/125 Sekunde.

Diese Angaben dienen jedoch lediglich als Richtlinien. Den eigentlichen Test besteht ein Bild erst, wenn es auf dem Sucher der Kamera Ihrem kritischen Blick standhält. Zoomen Sie auf dem Display heran und prüfen Sie besonders die Kanten des Motivs. Wenn diese unscharf sind, verwenden Sie die nächstkürzere Verschlusszeit.

✔ **B (»Bulb«):** Aktivieren Sie den »B«-Modus, wenn Sie eine Nachtaufnahme machen oder ein Feuerwerk ablichten möchten – oder etwas anderes, was nach einer sehr langen Verschlusszeit verlangt. Wenn Sie in diesem Modus fotografieren, bleibt der Verschluss so lange offen, wie Sie den Auslöser gedrückt halten. Bereits die kleinste Vibration führt jedoch zu einer Unschärfe; deshalb muss die Kamera immer auf einem Stativ montiert werden. Außerdem benötigen Sie einen Fernauslöser, so dass Sie die Kamera auslösen können, ohne sie dabei zu berühren.

Die Brennweite und Ihre digitale Spiegelreflexkamera

Die Brennweite des Objektivs bestimmt maßgeblich, wie die Kamera eine Szene darstellt. Eine kurze Brennweite erfasst einen großen Blickwinkel, und deshalb werden solche Objektive auch »Weitwinkel« genannt. Weitwinkel beginnen bei einer Brennweite von 12 mm (sehr weiter Betrachtungswinkel) und enden bei etwa 35 mm. Eine lange Brennweite reduziert hingegen eine Szene auf einen Ausschnitt und holt die Objekte näher zum Betrachter heran. Objektive mit einer langen Brennweite werden »Teleobjektive« genannt. Diese Kategorie startet etwa bei 80 mm und endet normalerweise bei etwa 500 mm. Ein Objektiv mit einer Brennweite von 50 mm zeigt ungefähr denselben Blickwinkel wie das menschliche Auge. Ein Objektiv mit einer variablen Brennweite wird auch »Zoom« genannt – bei seiner Verwendung steht es Ihnen frei, eine weite Szene zu erfassen oder sich auf ein Detail zu konzentrieren.

Ein wichtiges Detail dürfen Sie jedoch nie außer Acht lassen: Das Objektiv auf Ihrer Digitalkamera verhält sich anders als dasjenige auf einer konventionellen Kleinbildkamera. (Es sei denn, Sie fotografieren mit einer teuren Vollformat-Kamera.) Wenn der Sensor der Kamera kleiner ist als ein Kleinbild-Negativ, kann er nicht den gesamten Bildkreis des Objektivs erfassen. Dadurch entsteht genau genommen eine Ausschnittvergrößerung – ganz so, als würde ein Fotograf auf ein Objekt heranzoomen. Das ist eine großartige Sache, wenn Sie Tiere in der freien Wildbahn fotografieren möchten: Sie können dabei näher an das Motiv herangehen, ohne dass Sie sich ein teures Teleobjektiv mit einer längeren Brennweite kaufen müssen. Wenn Sie allerdings Landschaften fotografieren, verwandelt sich der Vorteil in einen Nachteil, weil der Blickwinkel beschnitten wird. Eine Vollformat-Kamera arbeitet mit einem Sensor von 36 × 24 mm. Wenn der Sensor Ihrer Kamera kleiner ist, müssen Sie die Brennweite auf das Kleinbild-Format umrechnen. Der dabei entstehende Multiplikator wird auch »Crop-Faktor« genannt.

DSLR Einstellungen für Dummies – Schummelseite

Die richtige Brennweite für das richtige Foto

Die folgende Tabelle zeigt einige typische Brennweiten und für welche Art der Fotografie sie sich eignen.

Brennweite	Art der Fotografie	Anmerkung
24-35 mm (Weitwinkel)	Landschaftsfotografie, große Gebäude und große Gruppen von Personen	Verwenden Sie diese Brennweite zusammen mit einer kleinen Blendenöffnung (also einer großen Blendenzahl), um eine maximale Tiefenschärfe zu erreichen.
50 mm	Gebäude, MenschenVerwenden Sie eine mittlere Blendenöffnung von f/7,1 oder f/11, um eine optimale Schärfe zu erhalten.	
85-100 mm (mittleres Teleobjektiv)	Porträts	Verwenden Sie eine große Blendenöffnung (also eine kleine Blendenzahl), um eine geringe Tiefenschärfe zu erzeugen.
150 mm oder mehr (starkes Teleobjektiv)	Wildtiere, Details von Objekten	Verwenden Sie eine große Blendenöffnung (also eine kleine Blendenzahl), um eine geringe Tiefenschärfe zu erzeugen.
Makro (Brennweite variiert)	Stark vergrößerte Aufnahmen	Montieren Sie die Kamera immer auf einem Stativ, um unverwackelte Bilder zu erhalten.

Das Ritual nach der Aufnahme

Fotografie ist Kunst, keine Wissenschaft. Allerdings bietet Ihnen Ihre Digitalkamera enorm viele Möglichkeiten. Wenn Sie während eines Shootings Einstellungen ändern und die Belichtung manipulieren, dürfen Sie nicht vergessen, die Werte anschließend in den ursprünglichen Zustand zurückzuversetzen – ansonsten kann es beim nächsten Shooting zu unerwünschten Resultaten kommen. Deshalb sollten Sie nach jedem Ausflug das folgende Ritual durchlaufen:

✔ Laden Sie die Bilder auf Ihren Computer.

✔ Benennen Sie die Bilder und weisen Sie Schlagworte zu; auf diese Weise werden Sie ein Bild später sehr viel einfacher wiederfinden.

✔ Erstellen Sie von den Bildern eine Sicherheitskopie. Eine externe Festplatte ist dafür perfekt geeignet, da sie für relativ wenig Geld viel Sicherheit bietet. Sie wird zu einem Lebensretter, wenn die interne Festplatte Ihres Computers den Geist aufgibt.

✔ Formatieren Sie die Speicherkarte. Führen Sie die Formatierung immer innerhalb der Kamera durch und nicht am Computer. Die Kamera weiß am besten, auf welche Weise die Karte formatiert werden soll.

✔ Setzen Sie den ISO-Wert auf die tiefste Stufe.

✔ Setzen Sie den Weißabgleich auf »Auto«.

✔ Setzen Sie die Belichtungskorrektur auf »0«.

✔ Schalten Sie den internen Kamerablitz ab.

✔ Laden Sie den Akku in der Kamera und den Ersatzakku (falls vorhanden).

✔ Setzen Sie den Belichtungsmesser auf »Mittenbetont«.

✔ Deaktivieren Sie die Belichtungsreihen.

✔ Reinigen Sie das Gehäuse der Kamera. Verwenden Sie dazu immer ein weiches Tuch, um die groben Verschmutzungen zu entfernen. Falls nötig können Sie das Tuch ganz leicht befeuchten. Das Gehäuse sollte auch dann gereinigt werden, wenn Sie am Meer fotografiert haben und die Kamera der salzhaltigen Luft ausgesetzt war.

✔ Reinigen Sie die Objektive. Kaufen Sie bei Ihrem bevorzugten Händler ein Reinigungsset und verwenden Sie es nach jedem Shooting. Die Bilder werden besser, wenn das Objektiv sauber ist.

Doug Sahlin

DSLR Einstellungen für Dummies

Übersetzung aus dem Amerikanischen
von Klaus Zellweger

WILEY-
VCH

WILEY-VCH Verlag GmbH & Co. KGaA

Bibliografische Information der Deutschen Nationalbibliothek
Die Deutsche Nationalbibliothek verzeichnet diese Publikation
in der Deutschen Nationalbibliografie; detaillierte bibliografische
Daten sind im Internet über http://dnb.d-nb.de abrufbar.

1. Auflage 2011

© 2011 WILEY-VCH Verlag GmbH & Co. KGaA, Weinheim

Printed in Germany

Gedruckt auf säurefreiem Papier

Coverfoto © fotolia, Petra Eckerl
Korrektur: Geesche Kieckbusch, Hamburg
Satz: Mitterweger und Partner, Plankstadt
Druck und Bindung: M.P. Media-Print Informationstechnologie GmbH, Paderborn
Umschlaggestaltung: aktivComm GmbH, Weinheim

ISBN: 978-3-527-70760-7

Über den Autor

Doug Sahlin ist Fotograf und lebt in Venice, Florida. Er verdient seinen Lebensunterhalt mit dem Fotografieren von besonderen Anlässen und Hochzeiten. Nebenbei schreibt er auch Bücher über Programme wie Adobe Acrobat und Adobe Photoshop. Dougs aktuelle Bücher befassen sich alle mit der digitalen Fotografie. In den letzten Jahren schrieb er mehrere »... für Dummies«-Titel rund um dieses faszinierende Thema. Um mehr über Doug und seine Arbeit zu erfahren, besuchen Sie die Website www.dasdesigns.net.

Cartoons im Überblick

von Rich Tennant

Seite 45

Seite 73

Seite 119

Seite 209

Seite 327

Seite 367

Fax: 001-978-546-7747
Internet: www.the5thwave.com
E-Mail: richtennant@the5thwave.com

Inhaltsverzeichnis

Einleitung

Viele Leute entwachsen ihrer Kompaktkamera und kaufen sich eine digitale Spiegelreflexkamera im Glauben, sie sei der Garant für hochwertige Fotos. Das ist sie tatsächlich, aber da gibt es auch viele neue Techniken, die zuerst erlernt und geschult werden müssen. Dazu gehört ganz klar Ihre Kreativität und die Art, wie Sie die Welt um sich herum betrachten. Eine digitale Spiegelreflexkamera hilft Ihnen, die Visionen in Ihrem Kopf in ein echtes Bild umzuwandeln.

Damit Sie Ihre digitale Spiegelreflexkamera wirklich beherrschen und beeindruckende Fotos schießen, müssen Sie sich mit den Möglichkeiten vertraut machen. Und im Gegensatz zu einer Kompaktkamera müssen Sie vor jeder Aufnahme einige Entscheidungen treffen, was die Belichtungsautomatik, die Blendenöffnung und dergleichen mehr betrifft. Viele Fotografen ziehen deshalb das Handbuch zurate, doch häufig sind sie nach der Lektüre so unsicher wie zuvor: Alles klingt technisch, die Möglichkeiten sind beinahe zu zahlreich und Zusammenhänge nicht immer erkennbar. An diesem Punkt kommt dieses Buch ins Spiel. Es soll Ihnen helfen, die vielen tollen Funktionen Ihrer digitalen Spiegelreflexkamera zu entmystifizieren.

Noch ein paar Worte zur Terminologie. Der Begriff »Spiegelreflexkamera« wird häufig durch »SLR« abgekürzt, für »Single Lens Reflex«. Sie fotografieren also mit einer digitalen SLR. Und weil wir in modernen Zeiten leben und es eigentlich ganz selbstverständlich ist, dass nur noch digital fotografiert wird, können wir das vorangestellte »digital« genauso gut weglassen. Wenn ich also auf den folgenden Seiten von der SLR oder ganz einfach von der Kamera spreche, dann meine ich damit natürlich Ihre digitale Spiegelreflexkamera. Mit dieser kleinen Vereinfachung lesen sich die folgenden Kapitel sehr viel angenehmer, versprochen!

Über dieses Buch

Wenn Sie wissen möchten, wie Sie Ihre Kinder am besten beim Sport fotografieren, dann gibt es dafür in diesem Buch ein eigenes Kapitel. Wenn Sie jedoch statt Ihrer Kinder ein Auto bei 300 Stundenkilometer ablichten möchten, gibt es auch dafür ein Kapitel mit Ratschlägen. Genau genommen finden Sie in diesem Buch 99 Kapitel, die Ihnen zeigen, mit welchen Einstellungen Sie eine spezielle Situation meistern.

In diesem Buch lernen Sie unter anderem,

✔ welcher Belichtungsmodus sich für eine bestimmte Aufnahmesituation am besten eignet.

✔ wie Sie Marathonläufer, Fahrradfahrer und Pferderennen fotografieren.

✔ wie Sie Artisten, Wasserfälle und Hausvögel am besten in Szene setzen.

✔ wie Ihnen die besten Bilder von neugeborenen Babys, Wildtieren und Städten gelingen.

✔ wie Sie auch in schwierigen Verhältnissen zum gewünschten Ergebnis kommen.

✔ wie Sie das Histogramm in der Kamera optimal nutzen.

✔ wie Sie die 35-Millimeter-Entsprechung Ihres Objektivs berechnen.

Darüber hinaus werden Sie fast schon nebenbei viele Tipps und Tricks von einem professionellen Fotografen übernehmen, der schon so ziemlich alles fotografiert hat.

Voraussetzungen für den Erfolg

Es gibt einige Voraussetzungen, die erfüllt werden müssen, damit Sie dieses Buch effizient nutzen können. Die wichtigste Voraussetzung ist natürlich die, dass Sie eine Spiegelreflexkamera mit mindestens einem Objektiv besitzen. Außerdem sollten Sie den Wunsch verspüren, sich von der Knipsermentalität der Kompaktkameras zu lösen und nicht länger nur in der Vollautomatik zu fotografieren. Und dann sollten Sie natürlich die Ansprüche an sich selbst heraufschrauben und den Wunsch haben, ein besserer Fotograf zu werden. Ihre Kamera ist ein wunderbares Werkzeug, um anderen zu zeigen, wie Sie die Welt sehen. Doch es ist mit Arbeit und Kreativität verbunden, um ein Bild zu schaffen, das sich über den Durchschnitt erhebt. Wenn Sie mit diesen Voraussetzungen einverstanden sind, lesen Sie weiter.

Was Sie nicht unbedingt lesen müssen

Jedes einzelne Kapitel dieses Buches widmet sich einem ganz speziellen Thema. Wenn Sie dieses Thema jedoch nicht interessiert, fühlen Sie sich frei, es einfach zu ignorieren.

Was Sie unbedingt lesen sollten

In jedem Kapitel finden Sie einen Kasten, in dem Sie die empfohlenen Einstellungen für die Verschlusszeit, die Blende und einiges mehr finden. An diesen Einstellungen sollten Sie sich orientieren, denn in den meisten Fällen sind sie es, die den Charme und die Wirkung eines Bildes maßgeblich mitbestimmen. Außerdem finden Sie in jedem Kapitel den Bereich »Schießen Sie Ihre Fotos«, in dem sich wertvolle Tipps finden, wie Sie mit einer bestimmten Situation fertig werden.

Wie dieses Buch aufgebaut ist

Dieses Buch besteht aus sechs Teilen, die sich den verschiedenen Bereichen in der Fotografie widmen. Dank dem modularen Aufbau ist es nicht nötig, dass Sie das Buch streng von vorn nach hinten lesen. Sie können einzelne Kapitel oder sogar ganze Teile ignorieren und später darauf zurückkommen. Wenn Sie noch keine genaue Vorstellung haben, womit Sie beginnen möchten, empfehle ich Ihnen das Inhaltsverzeichnis. Werden Sie zum Rosinenpicker und fangen Sie mit jenen Themen an, die Sie am meisten interessieren. Und das erwartet Sie:

Über das Knipsen hinaus: Die Grundlagen

Bevor wir uns den eigentlichen Motiven widmen, möchte ich Ihnen ausdrücklich den Abschnitt »Über das Knipsen hinaus« ans Herz legen, der gleich nach dieser Einleitung folgt.

Er enthält elementare Informationen über die Digitalfotografie im Allgemeinen, über den Sensor in der Kamera oder über die Auswirkungen der Brennweite auf ein Motiv. Lesen Sie diesen Abschnitt jetzt und lesen Sie ihn später noch einmal. Alle Informationen, die Sie dort finden, müssen Sie vollständig verinnerlichen, denn sie sind für das Verständnis der Anweisungen in den einzelnen Kapiteln unabdingbar.

Teil I: Action-Fotografie

In diesem Teil widmen wir uns dem pulsierenden Leben. Egal, ob Sie einen Marathonläufer, ein Fahrradrennen oder ein Autorennen ablichten möchten: Hier finden Sie das nötige Rüstzeug für solche Aufnahmen. Außerdem erlernen Sie einige kreative Techniken, mit denen Sie der schnellen Bewegung eine künstlerische Anmutung verleihen können.

Teil II: Tiere

Wenn Sie Ihre Katze porträtieren oder Ihren Hund beim Fangen eines Frisbees fotografieren möchten, dann ist dieses Kapitel das richtige für Sie. Ich zeige Ihnen, wie Sie solche und ähnliche Situationen gekonnt in Szene setzen. Außerdem erfahren Sie, welche Einstellungen und Techniken nötig sind, um Wildtiere, gefährliche Tiere und Greifvögel aufzunehmen.

Teil III: Landschaften und Natur

Wenn Sie in der Nähe eines wunderbaren Stadtparks wohnen oder wenn es Sie in der Freizeit in die freie Natur zieht, dann sollten Sie sich dieses Kapitel genauer ansehen. Ich zeige dort, wie Ihnen großartige Bilder von Landschaften, Wasserfällen, Sonnenuntergängen, Bergketten, Regenbögen, Blumen und mehr gelingen.

Teil IV: Menschen

Ungeachtet dessen, ob Sie ein großartiges Porträt von Ihrer Frau einfangen möchten oder Ihre Kinder beim Spielen beobachten, dieser Teil des Buches zeigt Ihnen, wie es gemacht wird. Sie finden hier außerdem die besten Einstellungen, um Menschen bei der Arbeit, an Hochzeiten usw. zu fotografieren.

Teil V: Sehenswürdigkeiten

Die ganze Welt ist voller interessanter Plätze, die es nur zu entdecken gilt. In diesem Teil zeige ich Ihnen, wie Sie Sehenswürdigkeiten ins beste Licht rücken. Wenn Sie also eine wunderschöne Kirche, ein historisches Gebäude oder eine erinnerungswürdige Skyline fotografieren möchten, dann sollten Sie sich dieses Kapitel zu Gemüte führen.

Teil VI: Gegenstände und Gebäude

Die Welt besteht nicht nur aus Menschen und Sehenswürdigkeiten. Wenn Sie auch Gebäude, Leuchttürme, Autos, Motorräder usw. in Szene setzen möchten, dann finden Sie in diesem Kapitel Inspiration und Technik.

Symbole in diesem Buch

Was wäre ein »… für Dummies«-Buch ohne die hilfreichen Symbole, die Ihnen durch die Vielfalt der Informationen helfen? In diesem Abschnitt möchte ich Ihnen einen kurzen Überblick über die verschiedenen Ausführungen geben.

Dieses Symbol vermittelt Ihnen Informationen, die Ihnen das Leben als Fotograf einfacher machen.

Dieser virtuelle Bindfaden weist Sie auf Informationen hin, die Sie sich gut merken sollten – sie werden Ihnen helfen, die anstehende Aufgabe effizienter zu meistern.

Dieses Symbol spricht eine deutliche Sprache. Es weist auf Fallen hin, in die ich bereits selbst schon getappt bin – und natürlich soll Ihnen derselbe Fehler erspart bleiben.

Durch dieses Symbol werden Sie auf interessante Techniken hingewiesen, die im Zusammenhang mit dem eben besprochenen Thema stehen.

Und so geht es weiter

Nun haben Sie also bereits einen ersten Eindruck davon erhalten, was Sie in diesem Buch erwartet. Als Nächstes sollten Sie den folgenden Abschnitt »Über das Knipsen hinaus« aufmerksam durchlesen und sich den Inhalt verinnerlichen. So gewappnet gibt es dann kein Halten mehr: Blättern Sie durch das Buch oder sehen Sie im Inhaltsverzeichnis nach, welche fotografischen Situationen für Sie von besonderem Interesse sind. Schnappen Sie sich ein spannendes Thema und schießen Sie viele, viele Fotos.

Über das Knipsen hinaus

Die heutigen Spiegelreflexkameras haben ein unglaubliches Niveau erreicht. Ausgeklügelte Software und komplexe Sensoren analysieren eine Umgebung innerhalb eines Sekundenbruchteils und sorgen dafür, dass das Foto perfekt belichtet wird – oder zumindest so, wie die Kamera es für perfekt hält. Das Leiden des Fotografen beginnt jedoch dann, wenn er mehr über die Einstellungen der Kamera erfahren möchte und das Handbuch zurate zieht. Tatsächlich muss man bereits eine masochistische Ader haben, um mit diesen techniklastigen und wenig attraktiven Papierklötzen klarzukommen. Kann sein, dass in diesen Handbüchern jede einzelne Funktion erklärt ist; doch Sie werden keine konkreten Anweisungen finden, was Sie zum Beispiel einstellen müssen, um die Bewegungen eines Tennisspielers just in jenem Moment einzufrieren, in dem sein Schläger den Ball auf die andere Seite drischt.

Genau das ist die Lücke, die dieses Buch schließt: Es liefert Ihnen handfeste Rezepte für ganz bestimmte Fotosituationen. Dabei weisen die Kochkunst und die Fotografie deutliche Parallelen auf. Auch bei der Fotografie arbeiten Sie mit einigen wenigen Grundzutaten, die erst durch die richtige Mischung und Menge zu einem neuen, einmaligen Meisterwerk werden. Was Sie also jetzt benötigen, ist das Wissen um die Grundzutaten, damit Sie anschließend den Schritt-für-Schritt-Anleitungen in diesem Buch folgen können. In diesem Kapitel zeige ich Ihnen, was Sie über Ihre Kamera wissen müssen, und außerdem zeige ich Ihnen einige unabdingbare Techniken, die Sie beherrschen sollten.

Lernen Sie die Bedienelemente auswendig

Wenn Sie gerade erst von einer Kompaktkamera zu Ihrer jetzigen Spiegelreflexkamera aufgestiegen sind, dann werden Sie natürlich zuerst wissen wollen, mit welchen tollen Funktionen und Knöpfen Ihre neue Kamera ausgestattet ist. Vielleicht besitzen Sie die Kamera auch schon länger, haben sie aber bis jetzt nur in der Vollautomatik verwendet. So oder so: Damit Sie Ihre Kamera wirklich beherrschen, müssen Sie von jedem einzelnen Rädchen und Knopf wissen, wozu diese gut sind und welche Einstellungen Sie damit verändern können. Die meisten modernen Kameras bieten alle Möglichkeiten, die wir gleich im Detail ansehen werden. Allerdings unterscheidet sich die Anordnung der Knöpfe und der Drehräder.

Mehr noch: Je nach Kamera kann es sein, dass für eine bestimmte Funktion kein eigener Schalter zur Verfügung steht, sondern dass sie über die Menüs aufgerufen wird.

✔ **Belichtungssteuerung.** Bei den meisten Kameras handelt es sich dabei um einen großen, runden Knopf links auf der Oberseite. Mit ihm wechseln Sie zwischen den verschiedenen Automatiken, wie zum Beispiel Blenden-, Zeit- oder Programmautomatik. Ich werde Ihnen in jedem Kapitel zeigen, welche Automatik für eine bestimmte Situation am besten geeignet ist.

✔ **Auslöser.** Wenn Sie diesen drücken, wird die Kamera ausgelöst und das Bild aufgenommen.

✔ **ISO-Einstellungen.** Mit diesem Schalter verändern Sie die Lichtempfindlichkeit des Sensors in der Kamera. Sie werden im Dämmerlicht eine hohe ISO-Zahl verwenden, bei strahlendem Sonnenschein hingegen eher eine tiefe. Die Einstellungen der ISO-Werte erfolgen bei einigen Kameras über ein eigenes Drehrad, während sie bei anderen in den Menüs eingestellt werden.

✔ **Blendeneinstellung.** Mit der Blendeneinstellung legen Sie fest, wie weit die Blende im Objektiv geöffnet wird. Wenn Sie mit Zeitautomatik fotografieren, legen Sie die Blendenöffnung fest, während die Kamera dazu die passende Verschlusszeit ermittelt.

✔ **Verschlusszeiteneinstellung.** Mit ihr kommen Sie in Kontakt, wenn Sie mit der Blendenautomatik fotografieren. Sie geben dabei die gewünschte Verschlusszeit vor, während die Kamera die passende Blende ermittelt.

✔ **Belichtungskorrektur.** Über die Belichtungskorrektur können Sie Fotos grundsätzlich heller oder dunkler machen. Wenn Sie zum Beispiel eine Aufnahme auf dem Display kontrollieren und merken, dass diese zu dunkel geraten ist, verwenden Sie die Belichtungskorrektur, um das Bild bei der nächsten Aufnahme aufzuhellen.

✔ **Histogramm.** Das Histogramm ist eine unentbehrliche Hilfe, um die Belichtung einer Aufnahme zu kontrollieren. Es zeigt die Helligkeitsverhältnisse in einem Bild an – und damit auch, ob es tendenziell zu Über- oder Unterbelichtungen neigt. Wenn viele Bildinformationen an den rechten Rand des Histogramms gedrängt werden, dann ist das Bild wahrscheinlich überbelichtet; das heißt, dass zum Beispiel die Wolken am Himmel keine Zeichnung mehr aufweisen, sondern einfach zu einer weißen Fläche ohne jegliche Struktur werden. Befinden sich die meisten Informationen jedoch am linken Rand, ist das Bild unterbelichtet, und die Details in den Schatten oder auf dunklen Stoffen saufen zu einer schwarzen Fläche ab.

✔ **Weißabgleich.** Das menschliche Auge hat die Fähigkeit, sich an nahezu jede beliebige Farbtemperatur anzupassen und die Farbe Weiß immer als Weiß wahrzunehmen. Die Kamera muss hingegen vor jeder Aufnahme kontrollieren, ob es sich nun um eine neutrale Lichtstimmung zur Mittagszeit handelt, um eine eher bläulich eingefärbte Szenerie in den frühen Abendstunden oder um das grüne Licht in einer Fabrikhalle mit Leuchtstoffröhren. Üblicherweise funktioniert der automatische Weißabgleich in modernen Kameras ausgezeichnet. Trotzdem kann es sein, dass Sie in Situationen geraten, aus denen die Kamera nicht schlau wird. In solchen Fällen ist es nötig, dass Sie den Weißabgleich selbst einstellen. Doch selbst hier hilft Ihnen die Kamera, indem sie Ihnen mit leicht verständlichen Symbolen (wie zum Beispiel demjenigen einer Glühlampe) den richtigen Weg weist.

✔ **Belichtungsmessung.** Die Einstellung »Belichtungsmessung« legt fest, wie die Kamera die Helligkeitsverteilung einer Szene interpretiert – was sich direkt auf die Belichtungszeit und die Blendenöffnung auswirkt. In den meisten Fällen schlägt sich die Kamera ausgezeichnet, indem als Messmethode die mittenbetonte Messung verwendet wird – das heißt, die Kamera berücksichtigt die ganze Sucherfläche, aber den Teil in der Mitte gewichtet sie ein wenig stärker. Anschließend berechnet sie daraus den Mittelwert. In bestimmten Situationen kann es jedoch ratsam sein, andere Messmethoden in Betracht zu ziehen, zum Beispiel die Spotmessung.

✔ **Blitzsteuerung.** Wenn Ihre Kamera über ein eingebautes Blitzgerät verfügt, können Sie eine Taste drücken, um es aufzuklappen und zu aktivieren. Sie können den Blitz nutzen, um eine Szenerie zu beleuchten oder um zum Beispiel im harten Mittagslicht die Schatten aufzuhellen. Im zweiten Fall spricht man von einem Aufhellblitz.

✔ **Blitzschuh.** Der Blitzschuh befindet sich auf der Oberseite der Kamera in der Mitte. Durch ihn wird nicht nur das Blitzgerät an der Kamera befestigt, sondern über diesen Kontakt läuft auch die ganze Kommunikation. Kamera und Blitz tauschen sich über die Verschlusszeit, den ISO-Wert oder über die Blitzdauer aus.

✔ **LCD-Anzeige.** Das Display auf der Rückseite der Kamera verfolgt zwei Ziele. Zum einen benötigen Sie es, um durch die Menüs zu blättern und Einstellungen vorzunehmen. Andererseits wird auf diesem Display die Aufnahme sofort nach dem Auslösen des Verschlusses angezeigt, so dass Sie das Ergebnis kontrollieren können.

Ich zeige Ihnen bei jeder Aufnahmesituation, welche Einstellungen am sinnvollsten sind. Allerdings verwendet jeder Kamerahersteller eine eigene Anordnung der Tasten und Schalter. Schlagen Sie deshalb im Handbuch nach und lernen Sie auswendig, mit welchem Menübefehl oder mit welcher Taste eine Einstellung geändert werden kann.

Lernen Sie Ihre Kamera kennen

Damit Sie in jeder Situation schnell reagieren können, müssen Sie wissen, wo die Einstellungen Ihrer Kamera geändert werden. Im Idealfall sind Sie sogar in der Lage, Einstellungen zu ändern, noch während Sie durch den Sucher blicken und das Motiv anvisieren. Die beste Methode, um mit Ihrer Kamera Eins zu werden, besteht darin, sie zu benutzen. Nehmen Sie die Kamera jede Woche mehrmals zur Hand und schießen Sie möglichst viele Bilder.

Sie können sich bei jeder Gelegenheit mit den Einstellungen Ihrer Kamera vertraut machen. Dazu reichen ganz banale Situationen. Nehmen Sie die Kamera zum Beispiel zur Hand, wenn der Hund zu Ihren Füßen schläft. Bewegen Sie sich um ihn herum, nehmen Sie ihn im Sucher ins Visier und ändern Sie dabei gleichzeitig die Einstellungen. Wenn Sie diese Übung mehrmals pro Woche wiederholen, dann dauert es nicht lange, bis Sie allein durch Ihren Tastsinn erkennen, wo sich die entsprechenden Knöpfe befinden.

Kontrolle der Aufnahme

Die Digitalfotografie belohnt uns sofort, denn unmittelbar nach der Aufnahme lässt sich das Resultat auf dem Display der Kamera begutachten. Viele Fotografen gehen auf die altmodische Weise vor und schenken der Vorschau auf dem Display nur wenig Beachtung. Später, am Rechner, werden die guten Fotos ausgewählt und die schlechten gelöscht. Diese Vorgehensweise ist grundsätzlich in Ordnung, aber dabei wird auch jede Menge Potenzial verschenkt. Wenn Sie stattdessen das Tempo ein wenig herunterschrauben und jedes gemachte Foto auf dem Display ein wenig genauer inspizieren, dann fallen Ihnen Fehler viel schneller auf. Vielleicht hat eine Person die Augen geschlossen oder ein Fußgänger steht an einer ganz und gar ungünstigen Stelle im Bild. Wenn Sie bereits unmittelbar nach der Aufnahme solchen Details die nötige Aufmerksamkeit zukommen lassen, dann können Sie noch vor Ort korrigierend eingreifen und die Aufnahme unter besseren Voraussetzungen noch einmal machen. Dabei wird die Ausbeute der guten Bilder fast zwangsläufig größer.

Alle Kameras bieten mehr als nur eine Bildansicht auf dem Display an. Sie können durch verschiedene Darstellungen wechseln, indem Sie die entsprechenden Tasten drücken. Eine Darstellung zeigt vielleicht nur das Bild, während eine andere die überbelichteten Stellen hervorhebt oder die Helligkeitsverteilung mit einem Histogramm anzeigt. Schlagen Sie im Handbuch Ihrer Kamera nach und machen Sie sich mit den verschiedenen Darstellungen vertraut – sie alle leisten Ihnen eine wertvolle Hilfe.

So entstehen die Bilder in Ihrer Kamera

Wenn Sie ein Bild schießen, zerlegt die Kamera dieses in einzelne Pixel, von denen jeder eine bestimmte Farbe repräsentiert. Diese Pixel sind winzig, und wenn Sie die geballte Ladung auf dem Display Ihrer Kamera oder Ihres Rechners ansehen, dann verschmelzen sie nahtlos zu einem Ganzen. Die Farbe jedes Pixels besteht aus einer Mischung der Grundfarben Rot, Grün und Blau. Die meisten Digitalkameras erfassen ein Bild mit einer Farbtiefe von 24 Bit – das heißt, insgesamt sind rund 16,8 Millionen verschiedene Farbvarianten möglich. Das entspricht ungefähr dem, was das menschliche Auge erfassen kann.

Eine Aufgabe der Kamera besteht darin, dass eine Szene möglichst exakt ausgemessen wird, so dass das ganze Spektrum an Farben optimal ausgeschöpft wird. Knifflig sind die Werte am oberen und unteren Ende. Wenn ein ganzer Bereich aus purem Schwarz besteht, sind die Details darin verloren. Dasselbe gilt für die hellen Bereiche, die aus purem Weiß bestehen. Stellen Sie sich das Bild einer Braut im hellen Sonnenlicht vor. Wenn der Schleier aus hellstem Weiß besteht, sind keine Details mehr sichtbar, und die Braut wird mit dem Bild wohl kaum zufrieden sein.

Und so liegt es in Ihrer Zuständigkeit, eine Szene zu untersuchen, mit der Analyse der Kamera zu vergleichen und – falls nötig – korrigierend einzugreifen.

So ermittelt die Kamera die Belichtung

Digitalkameras zeichnen ein Bild nach denselben Kriterien auf wie ihre analogen Gegenstücke. Wenn sich der Verschluss öffnet, bestimmen die Belichtungsdauer, die Blende und die Art des Motivs, wie das Bild belichtet wird. Der Mix aus diesen drei Komponenten entscheidet schlussendlich, ob ein Bild zu hell, zu dunkel oder korrekt belichtet worden ist.

Die Dauer der Belichtung wird als »Verschlusszeit« bezeichnet. Moderne Digitalkameras variieren die Verschlusszeit zwischen mehreren Sekunden und einer 1/8000 Sekunde. Eine so kurze Verschlusszeit kann auch sehr schnelle Bewegungen absolut scharf einfangen. Eine Verschlusszeit von mehreren Sekunden wiederum wird bei Nachtaufnahmen und anderen Situationen mit sehr schwachem Licht verwendet.

Die »Blende« steht für die kreisförmigen Lamellen, die in jedem Objektiv verbaut sind. So wie der Verschluss die Belichtungszeit reguliert, reguliert die Blende die Menge des einfallenden Lichts, indem sie sich für die Dauer der Aufnahme mehr oder weniger schließt. Die Größe der Blende wird durch Zahlen angegeben. Dabei steht eine große Blendenzahl für eine kleine Blendenöffnung, während eine kleine Zahl für eine weit offene Blende steht. Besonders lichtstarke Objektive bieten zum Beispiel eine Anfangsblende von f/1,4 – das heißt, die Blende lässt bei voller Öffnung sehr viel Licht auf den Sensor fallen. Am anderen Ende des Spektrums finden sich Blendenwerte von f/32; die Lamellen sind nahezu geschlossen, und das Licht kann nur noch durch eine winzige Öffnung zum Sensor vordringen. Die Größe der Blendenöffnung ist einer der maßgeblichen Einflüsse auf die Tiefenschärfe. Darauf komme ich gleich zu sprechen.

Um ein Bild optimal zu belichten, analysiert der Belichtungsmesser der Kamera die Szene. Anschließend reguliert er die Menge des Lichts durch die Verschlusszeit und die Blendenöffnung. Dieselbe Szene kann zum Beispiel mit einer kurzen Verschlusszeit und einer großen Blendenöffnung fotografiert werden, oder mit einer langen Verschlusszeit und einer entsprechend größeren Blendenöffnung. Die Lichtmenge, die auf den Sensor fällt, wird in beiden Fällen etwa dieselbe sein – doch sowohl die Verschlusszeit als auch die Blendenöffnung verändern die Art, wie ein Bild dargestellt wird. Das heißt, um eine gewisse Wirkung zu erzielen, können die beiden Werte nicht willkürlich festgelegt werden.

Wenn Sie bislang in Vollautomatik fotografiert haben, dann haben Sie die Wahl der Blendenöffnung und der Verschlusszeit komplett der Kamera überlassen. Praktisch alle Kameras suchen dabei den Kompromiss zwischen einer so kurzen Verschlusszeit, dass das Bild nicht verwackelt und einer so großen Blendenöffnung, dass der Schärfebereich möglichst umfassend ist.

Wenn Sie sich nun von der Vollautomatik verabschieden, heißt das nicht, dass Sie die Belichtung selbst ermitteln müssen. Stattdessen werden Sie entweder die Verschlusszeit vorgeben, während die Automatik der Kamera die dazu passende Blendenöffnung errechnet – oder umgekehrt. Welche der beiden Vorgaben von Ihnen beigesteuert wird, hängt sowohl von der Aufnahmesituation ab als auch von der Wirkung, die Sie erzielen möchten. Wenn Sie zum Beispiel häufig sportliche Ereignisse fotografieren, dann werden Sie auf eine schnelle Verschlusszeit pochen und diese der Kamera durch die manuelle Eingabe aufzwingen. Wenn Sie hingegen häufig Personen fotografieren, dann werden Sie die Tiefenschärfe über die Blende steuern und die Wahl der richtigen Verschlusszeit der Kamera überlassen.

Kontrolle der Tiefenschärfe

Die Tiefenschärfe bestimmt, welcher Bereich einer Szene scharf abgebildet wird. Wenn Sie zum Beispiel auf eine Person fokussieren, die zwei Meter vor Ihnen steht, dann wird der fokussierte Bereich natürlich scharf abgebildet. Die Tiefenschärfe definiert jedoch, ob auch der Hintergrund noch scharf abgebildet wird oder ob er wie im Nebel verschwimmt.

Die Tiefenschärfe ist eines der zentralen Elemente bei der Bildgestaltung. Dabei ist nahezu jede Situation denkbar. Es kann ein Bild entstehen, das vom Nahbereich bis in die Ferne gestochen scharf ist – solche Beispiele findet man häufig bei Landschaftsaufnahmen. Am anderen Ende des Spektrums steht das Porträt, bei dem die Augen gestochen scharf abgebildet sind, während auf der Nasenspitze bereits die erste Unschärfe zu erkennen ist.

Sie können die Tiefenschärfe regulieren, indem Sie sich für eine bestimmte Blendenöffnung entscheiden. Je kleiner die Blendenöffnung, desto größer die Tiefenschärfe und desto mehr Bereiche einer Szene werden scharf abgebildet. Umgekehrt sorgt eine große Blendenöffnung dafür, dass Sie bei der Fokussierung besonders sorgfältig zu Werke gehen müssen, weil bereits kleine Abweichungen zu unscharfen Bildern führen. Doch egal, für welchen Blendenwert Sie sich entscheiden: Die Kamera wird automatisch die korrekte Verschlusszeit beisteuern, damit das Bild korrekt belichtet wird.

Im folgenden Bild sehen Sie zweimal dieselbe Person, die nacheinander mit unterschiedlichen Blendenöffnungen fotografiert worden ist. Das linke Bild wurde mit einer großen Blendenöffnung von f/1,8 gemacht, das andere mit einer kleinen Blendenöffnung von f/10. In beiden Fällen habe ich auf die Augen fokussiert. Im rechten Bild sind auch die Blumen im Hintergrund gestochen scharf abgebildet – und lenken damit vom Hauptmotiv ab.

Abbildung A.1: Die Blendenöffnung kontrolliert die Tiefenschärfe.

Die Belichtungssteuerung

Ein korrekt belichtetes Bild kommt durch die richtige Kombination von Verschlusszeit und Blende zustande. Nachdem Sie sich einmal von der Vollautomatik abgewendet haben, stehen Ihnen nun diverse Belichtungsmethoden zur Verfügung. Es ist enorm wichtig, dass Sie diese Methoden wirklich verstehen, denn ich werde in jedem einzelnen Kapitel darauf zu sprechen kommen!

✔ **Zeitautomatik (Modus A).** Wenn Sie mit Zeitautomatik fotografieren, haben Sie die volle Kontrolle über die Tiefenschärfe. In diesem Modus geben Sie die Blendenöffnung vor, während die Kamera die dazu passende Verschlusszeit berechnet. Wählen Sie eine kleine Blendenöffnung (also eine große Blendenzahl), um die Tiefenschärfe möglichst groß zu halten. Wählen Sie umgekehrt eine große Blendenöffnung (also eine kleine Blendenzahl), um nur einen kleinen Bereich der Szene scharf abzubilden. Eine praktische Merkhilfe sieht so aus: Eine große Blendenzahl führt zu einem großen Schärfebereich, entsprechend führt eine kleine Blendenzahl zu einem kleinen Schärfebereich.

✔ **Blendenautomatik (Modus S).** Wenn Sie sich für die Blendenautomatik entscheiden, kontrollieren Sie, wie scharf bewegte Objekte abgelichtet werden, denn Sie geben die Verschlusszeit vor, während der Belichtungsmesser der Kamera die passende Blendenöffnung beisteuert. Wählen Sie eine kurze Verschlusszeit, um auch schnell bewegte Objekte förmlich einzufrieren. Wählen Sie hingegen eine lange Verschlusszeit, um Objekte in Bewegung verwischt darzustellen und so den Eindruck von Dynamik zu erzeugen.

✔ **Bulb:** Bulb bedeutet in diesem Fall etwa »Lampe«. Der Verschluss bleibt dabei so lange offen, wie der Auslöser gedrückt wird – also normalerweise eine ganze Weile. Dieser Modus kommt zum Einsatz, wenn Sie zum Beispiel zwei Stunden lang den Sternenhimmel belichten.

✔ **Manuell.** Der manuelle Modus kommt zum Einsatz, wenn Sie ganz genaue Vorstellungen haben, wie Sie eine Szene belichten möchten. Dabei stellen Sie sowohl die Verschlusszeit als auch die Blende selber ein und verzichten auf jegliche Automatik. Trotzdem wird Ihnen die Kamera anzeigen, ob dieses Bild ihrer Meinung nach über- oder unterbelichtet wird.

Die Brennweite

Die Brennweite beschreibt, wie ein Objektiv eine Szene erfasst und wird in Millimeter angegeben. Am unteren Ende befinden sich die Weitwinkel-Objektive, die einen großen Bildausschnitt ablichten. In diese Kategorie gehören alle Objektive mit einer Brennweite von 12 bis 35 Millimeter. Weitwinkel-Objektive erfassen jedoch nicht nur einen großen Bildausschnitt, sondern führen auch zu einer Verkleinerung der Objekte und zu einer Verzerrung der Szene. Je kleiner die Brennweite, desto stärker tritt dieser Effekt zutage.

Ein Objektiv mit einer Brennweite von 50 Millimeter bezeichnet man häufig als Normalobjektiv – nicht zuletzt deshalb, weil sein Bildwinkel etwa dem unserer eigenen Sehweise entspricht.

Alle Objektive mit Brennweiten über 50 Millimeter gehören wiederum in die Kategorie Tele-objektive. Ihr Bereich beginnt bei etwa 80 Millimeter und endet im Extremfall etwa bei 1600 Millimeter. Die Objektive erfassen nur einen kleinen Bereich der Szene und eignen sich des-halb ideal, um weit entfernte Motive heranzuholen.

Auch heute noch erfreuen sich Objektive mit einer festen Brennweite einer großen Beliebt-heit. Sie liefern meistens die qualitativ besten Bilder und weisen zudem eine höhere Lichtstär-ke auf. Objektive mit einem variablen Brennweitenbereich werden Zooms genannt und sind heute der Standard. So deckt zum Beispiel ein Zoom mit einer Brennweite von 28 bis 135 Mil-limeter sowohl den Weitwinkel- als auch den Telebereich ab. Solche Objektive sind wesentlich flexibler als die Festbrennweiten und entsprechend beliebt.

Warum müssen Sie die Brennweite Ihres Objektivs auf das Kleinbild-Format umrechnen können?

Im Gegensatz zur Verschlusszeit ist die Brennweite kein fest definierter Wert. Genauer gesagt, sie variiert mit der Größe des Sensors in der Kamera. Wenn Sie ein Objektiv mit einer Brenn-weite von 50 Millimeter auf einer Kamera mit einem Vollformat-Sensor anbringen, dann beträgt die Brennweite tatsächlich 50 Millimeter. Wenn Sie hingegen dasselbe Objektiv auf einer Kamera mit einem nur halb so großen APS-C-Sensor anbringen, dann beträgt die Brennweite ungefähr 75 Millimeter.

Diese Verlängerung, die bei der Verwendung mit kleineren Sensoren auftritt, nennt man »Crop-Faktor«. Bei Nikon-Kameras beträgt der Crop-Faktor 1,5, also das Anderthalbfache. Bei Canon-Kameras beträgt der Crop-Faktor 1,6. Das heißt, wenn Sie auf einer Nikon mit einem APS-C-Sensor ein 50-Millimeter-Objektiv aufsetzen, dann entspricht die Abbildungsleistung tatsächlich der eines 75-Millimeter-Objektivs.

Doch warum ist das wichtig? Jahrzehntelang verwendeten wir in der Analogfotografie den Kleinbildfilm, dessen Negative 24×36 Millimeter groß waren. (Diese Filme wurden häufig auch als »35-Millimeter-Filme« bezeichnet.) Und wenn jemand von seinem 85-Millimeter-Objektiv redete, wussten die Zuhörer sofort, welche Art von Objektiv gemeint war – nämlich ein leichtes Teleobjektiv.

Heute ist das nicht mehr so einfach. Wenn Sie Objektive miteinander vergleichen möchten, dann müssen Sie diese zuerst auf einen gemeinsamen Nenner bringen. Und wenn ich Ihnen in einem der folgenden Kapitel empfehle, mit einer Brennweite von 35 Millimeter zu fotogra-fieren, dann müssen Sie wissen, welche Brennweite Sie an Ihrer Kamera einstellen müssen. Wenn Sie zum Beispiel mit einer Canon fotografieren, die mit einem APS-C-Sensor bestückt ist, dann beträgt die angegebene Brennweite auf Ihrem Objektiv tatsächlich etwa 22 Millime-ter. (Wie Sie jetzt ja wissen, haben Canon-Kameras einen Crop-Faktor von 1,6.)

Deshalb ist es so wichtig, dass Sie wissen, welchen Crop-Faktor Ihre Kamera hat und wie Sie die Brennweiten Ihrer Objektive auf das Kleinbild-Format umrechnen können. In Abbildung A-2 sehen Sie dasselbe Motiv, das mit demselben 35-mm-Objektiv und aus derselben Position mit zwei verschiedenen Kameras aufgenommen worden ist. Links kam eine Nikon mit Vollfor-mat-Sensor ohne Crop-Faktor zum Einsatz, so dass die Brennweite des Objektivs tatsächlich den angegebenen 35 Millimetern entsprach. Auf der rechten Seite wurde eine Nikon-Kamera mit einem APS-C-Sensor verwendet; durch den Crop-Faktor von 1,5 vergrößert sich die Brennweite von 35 Millimeter auf rund 52 Millimeter. Vom Weitwinkel-Effekt bleibt da nichts mehr übrig.

Abbildung A.2: Dasselbe Objektiv, auf zwei verschiedenen Kameras

 Alle Angaben zur Brennweite, die ich in diesem Buch mache, beziehen sich immer auf das Kleinbild-Format. Deshalb ist es unerlässlich, dass Sie sich über den Crop-Faktor Ihrer Kamera im Klaren sind und die Brennweite gegebenenfalls umrechnen können.

Crop-Faktor berechnen

Wenn der Sensor Ihrer Kamera kleiner ist als 24x36 Millimeter (Kleinbild), dann erfasst er nur einen Teil des Bildes, das ihm vom Objektiv geliefert wird. Das heißt, dass es im Prinzip zu einer Ausschnittvergrößerung kommt – und dass sich damit die Brennweite des Objektivs ändert. Der Crop-Faktor ist nicht bei allen Kameras gleich, sondern hängt davon ab, wie groß der Sensor im Vergleich zu einem Kleinbild-Sensor ist. Üblicherweise liegt er jedoch irgendwo zwischen 1,3x und 2,0x.

Ein Beispiel: Wenn Sie ein 50-Millimeter-Objektiv auf einer Kamera mit einem Crop-Faktor von 1,6 montieren, dann entspricht das Bild demjenigen einer Vollformat-Kamera mit einem 80-Millimeter-Objektiv (50x1,6 = 80). Das heißt aber auch, dass sich die Charakteristik des Objektivs von einem Normalobjektiv zu derjenigen eines leichten Teles wandelt – und das wirkt sich auf die Bildgestaltung aus. Deshalb ist es so wichtig, dass Sie den Crop-Faktor Ihrer Kamera kennen und wissen, mit welcher Brennweite Sie tatsächlich arbeiten. Weitere Informationen zum Crop-Faktor finden Sie eventuell im Handbuch zu Ihrer Kamera. Wenn nicht, errechnen Sie ihn einfach selber; die meisten Kamerahersteller geben bei der Brennweite ihrer Objektive an, wie lang diese ist, wenn man sie auf das Kleinbild-Format umrechnet. Häufig sieht das dann etwa so aus: »16 – 70 mm (entspr. 24 – 105 mm KB)«. Bei diesem Beispiel beträgt der Crop-Faktor also 1.5.

 Wenn Sie keine Angaben zum Crop-Faktor Ihrer Kamera finden können, errechnen Sie ihn einfach selber. Die Größe des Sensors einer Canon EOS 7D beträgt zum Beispiel 22,3x14,9 mm. Um nun den Crop-Faktor zu errechnen, dividieren Sie einfach die Breite oder die Höhe des Sensors mit der Breite oder Höhe eines Kleinbild-Negativs (24x36 mm). In diesem Fall lautet die Rechnung 36:22,3 = 1,6. Der Crop-Faktor beträgt also 1,6.

Verwenden Sie das Histogramm

Die Belichtungsmesser moderner Kameras leisten Erstaunliches – doch auch sie können irren, wenn die Lichtverhältnisse besonders trickreich sind. Das ist der Grund, warum jede Kamera neben anderen Bildinformationen auch ein Histogramm auf dem LCD-Monitor einblendet. Das Histogramm ist eine tolle Sache, denn es zeigt Ihnen in einer kompakten Grafik, wie sich die Helligkeit über das Bild verteilt. Wenn Sie das Histogramm interpretieren können, wissen Sie genau, ob es im Bild zu Unter- oder Überbelichtungen kommt. Wenn Sie im Histogramm am rechten Rand einen hohen Ausschlag sehen, dann bedeutet dies, dass in den hellen Bildteilen Informationen verloren gegangen sind. Umgekehrt bedeutet eine Anhäufung am linken Rand, dass zu viele Bildteile nun komplett schwarz sind und demzufolge keine Details mehr zu erkennen sind.

Wenn Sie gelernt haben, das Histogramm zu interpretieren, steht Ihnen ein mächtiger Verbündeter im Kampf gegen falsch belichtete Fotos zur Seite. Einige Kameras zeigen ein gemeinsames Histogramm für das ganze Bild an, während andere Kameras sogar den Rot-, den Blau- und den Grünkanal einzeln visualisieren, so wie in Abbildung A-3 gezeigt.

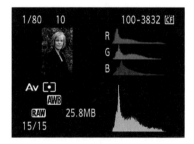

Abbildung A.3: Prüfen Sie die Lichtverteilung mit dem Histogramm.

Eigentlich läuft es fast immer darauf hinaus, dass das Histogramm eine mehr oder weniger gleichmäßige Helligkeitsverteilung von links nach rechts zeigt. Sobald jedoch Pixel an den linken oder rechten Rand gedrückt werden, sind sie entweder absolut weiß oder schwarz – in beiden Fällen können Sie keine Details mehr hervorkitzeln, indem Sie zum Beispiel am PC die Helligkeit oder den Kontrast ändern. Sie erreichen höchstens, dass aus einer schwarzen oder weißen Fläche eine graue wird.

Doch zum Glück ist die Abhilfe ja einfach. Wenn auf dem Histogramm einige Bildbereiche ganz an den rechten Rand gequetscht werden, dann bedeutet das, dass Teile des Bildes hoffnungslos überbelichtet sind. Verwenden Sie in diesen Fällen die manuelle Belichtungskorrektur der Kamera und stellen Sie zum Beispiel einen Wert von »-1« ein. In den meisten Fällen reicht das bereits, damit sich die Verhältnisse im Bild und damit auch auf dem Histogramm normalisieren.

 Nicht jedes Histogramm mit einer unregelmäßigen Helligkeitsverteilung deutet darauf hin, dass die manuelle Belichtungskorrektur bemüht werden muss. Wenn Sie ein Motiv fotografieren, das keine ausgesprochenen Spitzlichter aufweist, dann wird die Kurve auf dem Histogramm nach rechts abflachen und vielleicht noch nicht einmal den rechten Rand erreichen. In solchen Fällen bleibt es Ihnen überlassen, ob Sie das Bild mit der manuellen Belichtungskorrektur ein wenig überbelichten möchten oder ob Sie es später am PC aufpeppen.

Der alles entscheidende ISO-Wert

Vielleicht können Sie sich noch daran erinnern, wie früher analoge Filme mit einem bestimmten ISO-Wert verkauft wurden. Je höher der Wert, desto empfindlicher war das Filmmaterial. Es lag in der Natur der Sache, dass man meistens einen Film mit einer unpassenden Empfindlichkeit in der Kamera hatte. Doch diese Zeiten gehören der Vergangenheit an. Bei Digitalkameras ändern Sie die Empfindlichkeit des Sensors, indem Sie ganz einfach ein Rädchen drehen oder einige Knöpfe drücken.

Wenn Sie den ISO-Wert heraufsetzen, dann reagiert der Sensor der Kamera empfindlicher. In der Praxis bedeutet das, dass Sie auch bei schlechten Lichtverhältnissen einwandfreie Fotos schießen können. Oder Sie schrauben die Empfindlichkeit auch bei hellem Sonnenlicht herauf, um sehr schnelle Verschlusszeiten zu erreichen, wie sie zum Beispiel in der Sportfotografie nötig sind. Doch das ist natürlich nur eine Seite der Medaille. Je empfindlicher der Sensor eingestellt ist, umso eher kommt es zu Bildrauschen – das heißt, das ganze Bild wird von einer Körnung durchzogen, und dadurch gehen auch Details verloren. Während jedoch in der analogen Fotografie das grobe Filmkorn einen gewissen Hauch des Authentischen vermittelte, ist das digitale Rauschen moderner Kameras weitgehend unerwünscht.

 Bildverarbeitungsprogramme wie Photoshop Elements oder Photoshop Lightroom verfügen über spezialisierte Werkzeuge, um das digitale Rauschen zu mildern oder im besten Fall sogar ganz zu eliminieren. Allerdings lässt sich auch bei den raffiniertesten Software-Paketen nicht verhindern, dass das Entrauschen zulasten von Details geht.

Jede Kamera rauscht in Grenzsituationen unterschiedlich stark. Außerdem hat die Technologie gerade in diesem Bereich in den letzten Jahren enorme Fortschritte gemacht. Beide Faktoren führen dazu, dass es keine universelle Lösung für dieses Problem gibt. Wie gehen Sie also am besten mit dem Rauschen um? Ganz einfach: Lernen Sie, wie sich Ihre Kamera im Dämmerlicht und bei hohen ISO-Werten verhält. Schießen Sie eine Menge Testfotos bei unterschiedlicher Empfindlichkeit und entscheiden Sie selbst, ab welchem ISO-Wert das Rauschen ein unerträgliches Maß annimmt.

 Wenn Sie im JPEG-Format fotografieren, dann wird das Bild bereits von der Software in der Kamera entrauscht – und das gereicht ihm nicht immer zum Vorteil. In den meisten Fällen fahren Sie qualitativ wesentlich besser, wenn Sie im RAW-Format fotografieren und das Entrauschen später am PC einer spezialisierten Software überlassen. Sie werden erstaunt sein, wie viel Reserve das RAW-Format bereithält!

Benutzen Sie den Aufhellblitz

Mit großer Wahrscheinlichkeit ist Ihre Kamera mit einem eingebauten Blitzgerät ausgestattet. In Notsituationen können Sie ihn verwenden, um eine Szene auszuleuchten – allerdings verursachen diese kleinen Blitzlichter ein sehr hartes Licht und sind maßgeblich für die gefürchteten roten Augen verantwortlich.

Trotzdem kann Ihnen ein solches Blitzgerät gute Dienste leisten, nämlich dann, wenn harte Schatten aufgeweicht werden müssen. Verwenden Sie das Blitzgerät im grellen Sonnenlicht, um Gesichter und Objekte aufzuhellen. Ein externes Blitzgerät, das Sie auf den Blitzschuh Ihrer Kamera montieren können, spielt hingegen noch einmal in einer anderen Liga. Diese Blitzgeräte können gedreht und geschwenkt werden, so dass ein Objekt indirekt beleuchtet wird. Das macht das Licht nicht nur schmeichelhafter, sondern verhindert auch die roten Augen.

Gestalten Sie Ihre Bilder

Viele Jungfotografen erfassen eine Szene, indem sie mit der Kamera drauf zeigen und den Auslöser drücken. Diese »Methode« führt zu Bildern, die in den meisten Fällen zu wünschen übrig lassen. Egal, ob Sie eine Person, ein Objekt oder eine Landschaft fotografieren: Nehmen Sie sich die Zeit und überlegen Sie sich beim Blick durch den Sucher, wie Sie Ihr Motiv noch besser anordnen können.

Analysieren Sie die Szene und entscheiden Sie dann, welches das wichtigste Bildelement ist. Dieses Objekt steht im Mittelpunkt des Interesses, es ist der Aufhänger Ihres Fotos. Doch nur weil das Wort »Mittelpunkt« in dieser Beschreibung involviert ist, bedeutet das noch lange nicht, dass das wichtigste Bildelement unbedingt in der Bildmitte untergebracht werden muss. Verinnerlichen Sie sich einige universelle Gestaltungshilfen, die Ihre Fotos fast augenblicklich auf ein neues Niveau heben.

✔ **Drittelregel.** Bei dieser Regel teilen Sie das Sucherbild gleichmäßig in neun Teile auf, so wie in Abbildung A-4 gezeigt. Sie können diese Aufteilung im Geiste vornehmen, doch viele moderne Spiegelreflexkameras bieten eine Funktion, um solche Hilfslinien tatsächlich im Sucherbild einzublenden. Die Anwendung der Regeln ist ganz einfach: Achten Sie darauf, dass die bildwichtigen Teile entlang einer dieser Linien laufen oder sich sogar über einem Schnittpunkt befinden, so wie es in unserem Beispiel bei den Augen des Modells der Fall ist.

✔ **Horizont.** Wenn Sie den Horizont in der Mitte des Fotos platzieren, erhalten Sie ziemlich sicher ein Bild, das wenig prickelnd wirkt. Nehmen Sie den Horizont aus der Mitte, doch entscheiden Sie zuerst, wo die bildwichtigen Teile sind. Wenn Sie einen Sonnenuntergang mit dramatischen Wolken fotografieren, platzieren Sie den Horizont im unteren Drittel des Bildes, um die Aufmerksamkeit auf den oberen Teil des Bildes zu lenken. Wenn Sie hingegen Bäume fotografieren, die sich in einem Fluss spiegeln, platzieren Sie den Horizont im oberen Drittel, um die Aufmerksamkeit auf die Reflexionen weiter unten zu lenken.

Abbildung A.4: Ein Bild, dessen Aufbau nach der Drittelregel gestaltet worden ist

✔ **Gerade Linien.** Wenn alle Linien im Bild entweder horizontal oder vertikal ausgerichtet sind, dann sind Sie in der Gestaltung relativ frei. Wenn sich im Bild hingegen auch diagonale Linien finden, dann eröffnen sich neue Möglichkeiten, denn Menschen neigen dazu, solchen Linien mit ihren Blicken zu folgen. Stellen Sie sich die untergehende Sonne über einem Wald vor. Wenn die Bäume und Schatten vertikal verlaufen, gibt es für den Betrachter nicht viel Interessantes zu entdecken. Wenn Sie hingegen Ihre Position ändern, so dass diese Linien diagonal verlaufen, wirkt das auf den Betrachter wie ein Magnet.

✔ **Farben.** Menschen fühlen sich von hellen Farben eher angezogen als von dunklen Schatten. Menschen bevorzugen außerdem warme Farben wie Gelb oder Rot statt kühle Farben wie Grün oder Blau. Wenn Sie das Bild im Sucher komponieren, versuchen Sie, die warmen Farben gemäß der Drittelregel anzuordnen, oder indem Sie diese Bildteile am Ende einer Diagonalen platzieren. Wenn Sie zum Beispiel eine junge Dame mit braunem Haar und blauen Augen fotografieren, die auch noch eine braune Bluse trägt, beschaffen Sie eine rote Blume, die sich Ihr Modell ins Haar stecken kann.

✔ **Schärfe.** Menschen richten den Blick automatisch auf Dinge, die sich im Fokus befinden. Dadurch eröffnet sich Ihnen die Möglichkeit, den Blick auf den wirklich interessanten Aspekt des Bildes zu lenken, indem Sie den Fokus durch die Brennweite und Blendenöffnung steuern. Wenn Sie zum Beispiel eine Person fotografieren, fokussieren Sie auf die Augen. Verwenden Sie dazu eine große Blendenöffnung und ein Objektiv mit einer Brennweite von ungefähr 80 Millimeter. (Bezogen auf das Kleinbild-Format, Sie erinnern sich?) In diesem Buch werde ich Ihnen an mehreren Stellen zeigen, wie Sie durch die Wahl der richtigen Blende und Brennweite den Fokus auf die wichtigen Bildteile legen.

Fotografieren Sie zuerst im Kopf

Jedes Kind kann die Kamera auf ein Objekt halten und abdrücken. Das daraus resultierende Foto kann etwas taugen – oder auch nicht. Doch das ist nicht wirklich Fotografie. Echte Fotografie bedingt, dass Sie Ihr Motiv zuerst studieren und in Ihrem Kopf visualisieren. Wenn Sie das tun, dann wissen Sie, wie das Resultat auszusehen hat, und viele Fragen über die korrekte Brennweite oder Verschlusszeit haben sich damit bereits erledigt. Erst wenn Sie diesen Prozess durchlaufen haben, sollten Sie die Kamera hervorholen und den Auslöser drücken.

Das Ritual nach der Aufnahme

Sie sind soeben von einem großartigen Fotoshooting zurückgekehrt und bringen zahlreiche Aufnahmen mit. Nun müssen Sie nur noch die Bilder auf den Computer übertragen, und schon sind Sie bereit für das nächste Shooting. Doch Vorsicht: Wenn das Ihre Vorgehensweise ist, dann steuern Sie schnurstracks auf das absolute Chaos zu. Deshalb sollten Sie sich nach jedem Shooting einem Ritual widmen, das Sie durchlaufen, bevor Sie sich neuen Aufgaben widmen. Das sind die Schritte, die ich Ihnen ans Herz legen möchte:

1. **Übertragen Sie die Bilder auf den Computer.**

   Nachdem Sie die Bilder auf den Computer übertragen haben, sollten Sie sich die Zeit nehmen und den einzelnen Dateien sinnvolle Namen und aussagekräftige Stichworte zuteilen. Diese Zeit ist hervorragend investiert, denn nur so finden Sie sich auch nach einem Jahr noch zurecht, nachdem Hunderte oder sogar Tausende neuer Fotos dazugekommen sind. Schlagen Sie im Handbuch zu Ihrer Bildverwaltung nach, um zu erfahren, wie Sie Bilder im großen Stil umbenennen oder durch Schlüsselwörter ergänzen können. Wenn Sie sich noch nicht für eine Bildverwaltung entschieden haben, sollten Sie unbedingt Adobe Photoshop Elements eine Chance geben, mit der Sie Bilder nicht nur verwalten, sondern auch retuschieren können. Eine kostenlose, voll funktionstüchtige Demoversion erhalten Sie unter der Adresse `http://www.adobe.com/de/products/photoshopel/`.

2. **Sichern Sie die Bilder auf eine externe Festplatte.**

   Das klingt nach einer Extraportion Arbeit, doch dieser zusätzliche Aufwand verhindert, dass Ihre kostbaren Fotos unwiderruflich verloren gehen, wenn zum Beispiel die Festplatte Ihres Rechners das Zeitliche segnet. Externe Festplatten sind heutzutage spottbillig. Wenn Sie Ihre Fotos regelmäßig darauf sichern, dann wird Ihnen beim Ableben der internen Festplatte der schlimmste Moment in Ihrem Fotografenleben erspart bleiben. Im Prinzip können Sie die Fotos auch auf CDs oder DVDs sichern. Allerdings sind diese Medien bei Weitem nicht so sicher wie eine Festplatte, so dass ich sie nicht wirklich empfehlen kann. Ich persönlich gehe sogar so weit, dass ich alle meine Bilder auf zwei externe Festplatten sichere. Eine davon befindet sich in einem Bankschließfach.

3. **Reinigen Sie die Kamera.**

   Reinigen Sie die Kamera gründlich von Staub und Schmutz. Reinigen Sie die Objektive mit einem weichen Pinsel und einem Reinigungstuch. Alles, was Sie für die Pflege Ihrer Kamera benötigen, erhalten Sie im Fachgeschäft.

4. Setzen Sie die Kamera auf die Grundeinstellungen zurück.

Überprüfen Sie alle Einstellungen, die Sie vorgenommen haben. Wenn Sie zum Beispiel den Weißabgleich an Leuchtstoffröhren angepasst haben und damit das nächste Mal im hellen Sonnenlicht fotografieren, werden alle Bilder massiv blaustichig. Überzeugen Sie sich außerdem davon, dass Sie den ISO-Wert auf das nötige Minimum zurücksetzen.

5. Formatieren Sie die Speicherkarte.

Wenn Sie mit einer halbvollen Speicherkarte zu einem Fotoshooting antreten, dann werden Sie später am Computer zwangsläufig mit den Fotos von zwei verschiedenen Shootings konfrontiert. Im ungünstigsten Fall finden Sie sich sogar in der Situation wieder, dass die Speicherkarte im wichtigsten Moment voll ist. Deshalb sollten Sie sich angewöhnen, die Speicherkarte nach dem Übertragen der Bilder auf den PC in der Kamera zu formatieren.

6. Laden Sie den Akku.

Nur wenige Dinge sind für einen Fotografen ärgerlicher oder peinlicher, als eine Batterie, die genau im entscheidenden Moment schlapp macht. Deshalb sollten Sie es sich angewöhnen, den Akku vor jedem Shooting aufzuladen – auch wenn Sie vielleicht der Meinung sind, dass die Ladung für dieses eine Mal noch reicht. Außerdem stehen Sie definitiv auf der sicheren Seite, wenn Sie zu Ihrer Kamera einen zusätzlichen Akku kaufen.

Um mehrere Akkus optimal zu nutzen, sollten Sie diese abwechselnd verwenden. Benutzen Sie einen Akku und laden Sie den zweiten unterdessen auf; nach dem Shooting laden Sie den gebrauchten Akku auf, während der Ersatz-Akku zu seinem Einsatz in der Kamera kommt.

Kamera-Zubehör

Im einfachsten Fall besteht Ihre Fotoausrüstung aus dem Gehäuse und einem Objektiv. Je weiter Sie sich jedoch entwickeln, umso größer wird das Bedürfnis, neue Wege zu beschreiten. Je nachdem, was Sie fotografieren möchten, kann Ihnen das richtige Zubehör enorme Vorteile bringen. Die folgende Liste enthält einige Zubehörteile, deren Anschaffung Sie wenigstens in Erwägung ziehen sollten.

Kameratasche

Bei der Anschaffung Ihrer ersten Spiegelreflexkamera werden Sie vielleicht noch keine große Kameratasche benötigen – aber es ist immer eine gute Idee, vorauszudenken. Eine Kameratasche ist ein Ort, an dem Sie Ihre Ausrüstung aufbewahren können. Sie schützt Ihre Kamera und nimmt Ihr Equipment auf, wenn Sie es nicht benötigen. Hier einige Tipps, die es Ihnen leichter machen, die richtige Tasche zu finden:

✔ **Entscheiden Sie sich für eine Tasche, die so groß ist, dass sie auch Platz für die Ausrüstungsteile bietet, die Sie erst in naher Zukunft kaufen werden.**

✔ **Kaufen Sie ein komfortables Modell.** Probieren Sie die Tasche im Fachgeschäft aus. Verstauen Sie die Kamera und alles Zubehör, das Sie bereits besitzen und hängen Sie sich die

Tasche über die Schulter. Wenn Sie mit dem Komfort nicht zufrieden sind, versuchen Sie eine andere Tasche. Es gibt fast nichts Schlimmeres als einen aufgescheuerten Nacken am Ende eines langen Shootings.

✔ **Überzeugen Sie sich, dass genug Fächer vorhanden sind.** Eine gute Tasche ist gespickt mit zusätzlichen Fächern, in denen Sie Speicherkarten, Batterien und anderes Zubehör getrennt aufbewahren können. Die Tasche sollte außerdem ein variables Innenleben haben, so dass Sie die Fächer Ihren Bedürfnissen anpassen können.

✔ **Die Tasche sollte steif genug sein, um Ihre Ausrüstung zuverlässig zu schützen.**

✔ **Achten Sie darauf, dass Sie bequem auf Ihr Equipment zugreifen können.** Wenn Sie eine spontane Situation verpassen, weil Sie erst mühsam die Kamera aus der Tasche fummeln mussten, dann sind Frustrationen vorprogrammiert. Achten Sie darauf, dass Sie die Tasche so einteilen können, dass Sie schnell und bequem an das benötigte Material herankommen.

✔ **Teilen Sie Ihre Ausrüstung sinnvoll auf.** Wenn Ihre Fotoausrüstung eine gewisse Größe erreicht hat, sollten Sie sie vielleicht aufteilen. Verwenden Sie einen Hartschalenkoffer, der groß genug für die ganze Ausrüstung ist, sowie eine kleinere, weiche Tasche für Tagesausflüge.

✔ **Trotzen Sie den Elementen.** Wenn Sie in einer Gegend leben, in der es häufig regnet, kaufen Sie eine wasserabweisende Tasche oder eine, die mit einer regenabweisenden Hülle ausgestattet ist.

Filter

Früher war es an der Tagesordnung, dass jeder Fotograf ein Dutzend Filter mit sich herumschleppte. Diese Filter wurden auf das Objektiv geschraubt und sorgten für Spezialeffekte, reduzierten Farbstiche oder neutralisierten Spiegelungen. Doch die Zeiten ändern sich; die meisten Filtereffekte können heute schnell und einfach am PC nachgeholt werden. Trotzdem gibt es immer noch den einen oder anderen Filter, dessen Funktion sich nicht oder nur mit enormem Aufwand am Computer simulieren lässt. Viele Filter ändern außerdem die Aufnahmebedingungen und greifen damit aktiv in die Fotografie ein. Hier ist eine Liste der Filter, die auch heute noch wertvolle Dienste leisten:

✔ **Skylight-Filter (auch UV-Filter genannt).** In der analogen Fotografie wurden Skylight-Filter dazu verwendet, um den Blaustich in den Bergen oder auf Meereshöhe herauszufiltern. Diese Farbkorrekturen lassen sich jedoch heute mit wenigen Klicks am Computer nachholen. Trotzdem verwenden sehr viele Fotografen auch heute noch Skylight-Filter, weil sie einen hervorragenden Schutz für das teure Objektiv abgeben.

✔ **Polarisationsfilter.** Dieser Filter sorgt für einen tiefblauen Himmel mit dramatischen weißen Wolken. Er ist außerdem in der Lage, nicht-metallische Reflexionen zu eliminieren, so dass zum Beispiel Gewässer und Glasscheiben absolut transparent werden. Polarisationsfilter gehören zu jenen Filtern, deren Effekt am Computer kaum nachzuvollziehen ist.

✔ **Neutraler Graufilter.** Neutrale Graufilter kommen in verschiedenen Stärken und reduzieren das verfügbare Licht. Sie werden immer dann eingesetzt, wenn zu viel Licht vorhanden ist – also etwa dann, wenn an einem strahlend hellen Tag mit weit geöffneter Blende fotografiert werden soll.

✔ **Verlaufsfilter.** Diese Filter sind ungleichmäßig getönt und erlauben es, einzelne Bildteile anders zu belichten, als den Rest des Bildes. Wenn Sie zum Beispiel auf den blauen Himmel mit den weißen Wolken belichten, kann es sein, dass das Motiv im Vordergrund unterbelichtet wird. Ein Verlaufsfilter deckt hingegen den Himmel ab und verschont den Vordergrund, so dass die Belichtung für beide Bildteile optimal ist.

✔ **Weichzeichner.** Ein Weichzeichner-Filter ist eine großartige Hilfe in der Porträt-Fotografie. Er lässt dem Bild seine Schärfe, reduziert aber den Kontrast. Dadurch wirkt das Bild ein wenig diffus, während Unregelmäßigkeiten oder kleine Fältchen auf der Haut verschwinden. Weichzeichner gibt es in verschiedenen Ausführungen und Stärken. Verwenden Sie einen schwächeren Filter für junge Modelle, während die reiferen Semester einen kräftigen Filter verdienen. Verwenden Sie den Filter jedoch nicht, um die Falten aus einem Charaktergesicht à la Clint Eastwood herauszubügeln. Ich persönlich habe es mir zur Regel gemacht, Weichzeichner ausschließlich bei weiblichen Modellen einzusetzen.

 Die Größe des Filtergewindes variiert von Objektiv zu Objektiv. Sie können sehr viel Geld sparen, wenn Sie einen Filter immer mit dem Durchmesser des größten Objektivs kaufen. Anschließend reichen preiswerte Adapterringe, um den Filter an die kleineren Objektive anzupassen.

So erzielen Sie scharfe Fotos

In den meisten Fällen wird es Ihr Ziel sein, knackig-scharfe Aufnahmen zu schießen. Damit Ihnen das gelingt, müssen zwei Voraussetzungen erfüllt sein: Die Kamera muss korrekt fokussieren und Sie dürfen das Bild nicht verwackeln. Gegen verwackelte Bilder helfen verschiedene Maßnahmen:

✔ **Stativ.** Montieren Sie die Kamera auf einem Stativ. Damit erreichen Sie die besten Resultate. Punkt.

✔ **Bildstabilisator.** Heute werden viele Zooms mit einem integrierten Bildstabilisator ausgerüstet – das heißt, ein bewegliches Linsensystem im Innern gleicht die kleinen Bewegungen aus, die entstehen, wenn mit der Kamera aus der Hand heraus fotografiert wird. Diese Stabilisatoren leisten heute Unglaubliches, aber sie sind keinesfalls ein Ersatz für ein Stativ.

✔ **Kurze Verschlusszeit.** Wenn Sie mit einer Verschlusszeit von einer 1/30 Sekunde fotografieren, ist die Chance auf ein verwackeltes Bild ungleich viel größer als bei einer 1/1000 Sekunde.

Ein Stativ ist jedoch das Maß aller Dinge. Zugegeben, niemand hat Spaß daran, so ein sperriges Zubehörteil durch die Gegend zu schleppen, und trotzdem führt kein Weg daran vorbei, wenn Sie das Letzte aus Ihrer Kamera herausholen möchten.

Das richtige Stativ

Die folgenden Kriterien sollten Sie berücksichtigen, wenn Sie auf der Suche nach dem idealen Stativ sind:

✔ **Wie viel Last trägt das Stativ?** Jedes Stativ hält nur ein begrenztes Gewicht aus. Wenn Sie neben einer relativ schweren Kamera auch noch ein schweres Tele montieren, dann kann diese Konfiguration das Stativ überfordern. Dabei geht es weniger um die Tragfähigkeit, sondern darum, ob der bewegliche Stativkopf die Kamera in einer bestimmten Position halten kann. Ihr neues Stativ muss in der Lage sein, die schwerste mögliche Konfiguration zu tragen. Außerdem sollten Sie eine zusätzliche Reserve von 20 Prozent einrechnen.

✔ **Wie schwer ist das Stativ?** Wenn Sie das Stativ vorwiegend zu Hause oder im Studio einsetzen, dann spielt das Gewicht nur eine untergeordnete Rolle. Wenn Sie hingegen häufig draußen fotografieren, sieht die Sache anders aus: Je leichter das Stativ ist, umso größer ist die Chance, dass Sie es auch mitnehmen. Eine interessante Variante des Themas sind die GorillaPod-Stative der Firma Joby (www.joby.com). Sie bestehen aus flexiblen Beinen, mit denen Sie die Ausrüstung nicht nur auf eine feste Unterlage stellen, sondern zum Beispiel auch um einen Laternenpfahl wickeln können (siehe Abbildung A-5). Die Stative benötigen wenig Platz und sind leicht zu transportieren – allerdings sollten Sie hier ganz genau hinsehen, für welche Gewichtsklasse ein GorillaPod-Stativ ausgelegt ist.

✔ **Verwenden Sie das Stativ draußen?** Wenn dem so ist, muss das Stativ wetterfest und leicht zu reinigen sein. Bei einigen Modellen können Sie die Gummifüße entfernen, so dass metallene Spikes hervortreten, die auch auf wackeligem Untergrund Halt finden.

✔ **Ist eine Wasserwaage integriert?** Viele Stative verfügen über eine integrierte Wasserwaage, mit deren Hilfe Sie die Kamera absolut waagerecht ausrichten können – das ist eine große Hilfe bei Landschaftsaufnahmen.

✔ **Befestigen Sie die Kamera mit einer Wechselplatte?** Die meisten besseren Stative befestigen die Kamera mit einer Wechselplatte. Das heißt, die Kamera wird nicht direkt an das Stativ geschraubt; stattdessen wird eine Wechselplatte an die Kamera geschraubt, die wiederum mit einem Handgriff mit dem Stativ verbunden werden kann. Der Zeitvorteil ist so enorm, dass Sie keine andere Lösung akzeptieren dürfen!

✔ **Wie hoch ist das Stativ?** Achten Sie darauf, dass die maximale Auszugshöhe Ihren Anforderungen gerecht wird.

✔ **Wie groß ist das Stativ, wenn es komplett eingefahren ist?** Dieses Kriterium spielt vor allem eine Rolle, wenn Sie das Stativ mit auf Reisen nehmen. In diesem Fall muss es nämlich in Ihrem Gepäck Platz finden.

✔ **Lassen sich die Beine einfach entriegeln?** Die besseren Stative verfügen über einen Schnellverschluss, mit dem Sie die Beine mit einem Handgriff ein- und ausfahren können.

 Kaufen Sie sich eine Tasche für das Stativ. Der Transport ist unendlich viel angenehmer, wenn Sie das Stativ im Freien über die Schulter hängen können und es nicht dauernd in der Hand halten müssen.

Abbildung A.5: Die GorillaPod-Stative finden überall Halt.

Der Markt für Stative ist fast unüberschaubar groß. Es gibt sie in allen Größen und Gewichtsklassen, so dass Sie am besten fahren, wenn Sie einen Fachhändler aufsuchen und sich dort einige Modelle zeigen lassen. Denken Sie daran, dass die Investition in ein teures Stativ gut angelegtes Geld ist, denn dieses Zubehörteil kann Sie ein Leben lang begleiten.

Maßnahmen gegen verwackelte Fotos

Ich kann die Wichtigkeit eines Stativs gar nicht genug betonen. Trotzdem werden Sie immer wieder in Situationen geraten, in denen Sie ein Foto bei relativ schwachem Licht aus der Hand schießen müssen. Das ist sicher nicht optimal, aber mit den folgenden Tipps können Sie das Beste aus der Sache machen.

Sie sollten die Verschlusszeit an die Brennweite des Objektivs anpassen. Die Regel ist ganz einfach: Wenn Sie mit einer Brennweite von 120 Millimeter fotografieren, wählen Sie eine Verschlusszeit von mindestens einer 1/125 Sekunde. Bei einem 35-Millimeter-Objektiv sollten Sie wenigstens eine 1/30 Sekunde verwenden. Und so weiter. Diese Werte können Sie jedoch gegebenenfalls unterschreiten, wenn das Objektiv mit einem Bildstabilisator ausgerüstet ist. Doch denken Sie daran: Ein solcher Bildstabilisator kann zwar unruhigen Händen entgegenwirken, aber bei sich bewegenden Objekten ist er wirkungslos.

Die zweite wichtige Maßnahme besteht darin, dass Sie die Kamera so ruhig wie möglich halten. Stellen Sie sich breitbeinig hin und drücken Sie die Arme gegen den Körper. Kurz vor der Aufnahme atmen Sie tief ein, halten die Luft an und drücken den Auslöser langsam nach unten. Einige Fotografen gehen sogar so weit, dass sie für die eigentliche Auslösung den Selbstauslöser verwenden und damit eine weitere Bewegung der Hand vermeiden. Das mag auf den ersten Blick ein wenig übertrieben wirken, doch häufig macht diese Maßnahme den Unterschied zwischen einer brauchbaren Aufnahme und einem Kandidaten für den Papierkorb.

Unverzichtbares Zubehör

Das Leben eines Fotografen ist voller Unwägbarkeiten und Überraschungen. Das richtige Zubehör hilft Ihnen, auf alle möglichen Situationen vorbereitet zu sein. Darüber hinaus verlangt eine Spiegelreflexkamera nach mehr Pflege und Zubehör, als eine einfache Kompaktkamera.

Die folgenden Zubehörteile werden Ihr Leben vereinfachen.

✔ **Zweiter Akku.** Eine Kamera ohne Strom ist so nützlich wie ein Stück Holz im Wald. Deshalb sollten Sie immer einen zweiten, voll aufgeladenen Akku mit sich führen – das gilt erst recht, wenn Sie Anlässe wie Geburtstage oder Hochzeiten fotografieren.

✔ **Große, schnelle Speicherkarte.** Auch leistungsfähige Speicherkarten sind heutzutage unheimlich günstig. Investieren Sie deshalb ein wenig mehr und kaufen Sie eine schnelle, viel zu große High-End-Karte. Sie bietet Ihnen zwei massive Vorteile: Zum einen reduziert eine schnelle Speicherkarte die Zeit, die die Kamera benötigt, um ein Bild abzuspeichern. Das spielt vor allem dann eine Rolle, wenn Sie in schneller Folge Serienaufnahmen machen. Eine überdimensionierte Speicherkarte erlaubt Ihnen wiederum die unbeschwerte Fotografie, ohne dass Sie einen einzigen Gedanken an mögliche Kapazitätsengpässe verschwenden müssen – selbst dann, wenn Sie bei einem Shooting Hunderte von RAW-Aufnahmen machen.

✔ **Objektivpinsel.** Diese extrem weichen Pinsel sind häufig mit einem kleinen Blasebalg kombiniert und helfen Ihnen, losen Staub von der Linse zu entfernen.

✔ **Reinigungstuch.** Ein Reinigungstuch wird benötigt, um festsitzende Verschmutzungen vom Objektiv zu entfernen. Verwenden Sie es erst, nachdem Sie den Staub mit dem Objektivpinsel entfernt haben.

✔ **Halter für Speicherkarten.** Wenn Sie mit mehreren Speicherkarten unterwegs sind, sollten Sie diese in eine kleine Tasche stecken. Sie bietet nicht nur Schutz vor mechanischen Beschädigungen, sondern ist in der Fototasche viel einfacher aufzuspüren, als eine einzelne, winzige Speicherkarte.

✔ **Komfortabler Kamerariemen.** Mit jeder Digitalkamera wird ein Kamerariemen mitgeliefert, auf dem meistens der Schriftzug des Herstellers prangt. Diese Riemen sind meistens aus einem unangenehmen Material gefertigt und so dünn, dass sie schnell einmal in die Haut einschneiden. Ein komfortabler Kamerariemen ist deshalb eine ausgezeichnete Investition, und genau wie ein Stativ kann er Sie jahrelang begleiten.

Abbildung A.6: Ein bequemer Kamerariemen macht Ihnen das Leben angenehmer.

Ich selbst bin ein großer Fan der Kameragurte von Blackrapid (`www.blackrapid.com`). Diese werden mit wenigen Drehungen am Stativgewinde der Kamera oder des Objektivs festgeschraubt, die Fummelei mit den Ösen an der Kamera entfällt gänzlich (siehe Abbildung A.6). So ausgestattet, reicht ein Griff, um die Kamera innerhalb einer Sekunde ans Auge zu führen und auszulösen. Vor allem aber ist dieser Gurt so weich und komfortabel, dass die Kamera gefühlt nur noch ein Drittel wiegt.

Die Vorteile von RAW-Dateien

Jede digitale Spiegelreflexkamera bietet Ihnen die Möglichkeit, die Fotos wahlweise im JPEG- oder RAW-Format zu speichern. Der Unterschied ist bedeutend: Beim RAW-Format wird das Bild exakt so gespeichert, wie es der Sensor der Kamera gesehen hat. Es wird nicht optimiert, korrigiert oder anderweitig verändert. Deshalb wirken Bilder im RAW-Format beim Öffnen meistens blass und kraftlos und müssen überarbeitet werden, bevor sie weiterverwendet werden können. Hingegen wurden JPEG-Dateien bereits in der Kamera diversen Korrekturen unterzogen und lassen sich – wenn die Aufnahme gelungen ist – ohne weitere Verarbeitung verwenden. Außerdem benötigen JPEG-Dateien viel weniger Platz als ihre Geschwister im RAW-Format.

Auch wenn es so klingt, als wären RAW-Dateien unterlegen, so ist doch genau das Gegenteil der Fall. Kameras zeichnen im RAW-Format mehr Farbinformationen auf, die später am PC zu einem unschätzbaren Vorteil werden – besonders in Grenzsituationen. Außerdem erhalten Sie die Möglichkeit, Bilder später am PC besser zu korrigieren, als dies die Kamera vermag.

Ein typisches Beispiel ist das Bildrauschen: Wenn Sie bei hohen ISO-Werten fotografieren, dann kommt es zu digitalem Bildrauschen. Wenn Sie im JPEG-Format fotografieren, dann wird die Kamera versuchen, dieses Rauschen zu korrigieren – was ihr meistens nur leidlich gelingt. Viel häufiger produziert sie einen Pixelmatsch, der sich auch mit spezialisierten Software-Paketen kaum mehr korrigieren lässt. Wenn Sie hingegen dieselbe Aufgabe im RAW-Format aufzeichnen, dann liegt auch das Bildrauschen in bester Qualität vor. Jetzt können spezialisierte Plug-Ins oder Programme wie Photoshop Lightroom das Rauschen mindern – und zwar sehr viel besser, als dies die Kamera vermag.

Und noch ein zweites Beispiel: Wenn Sie im RAW-Format fotografieren, spielt es keine Rolle, wie Sie den Weißabgleich eingestellt haben, denn die Kamera ändert sowieso nichts an den Farben. Sie können den Weißabgleich später ganz bequem am PC nachholen und sicher sein, dass Sie das beste Ergebnis erzielen. Wenn Sie hingegen im JPEG-Format fotografieren und bei der Aufnahme einen falschen Weißabgleich eingestellt haben, dann wird das Bild irreparabel durch einen Farbstich in Mitleidenschaft gezogen, der sich nur sehr schwer und auf Kosten der anderen Farben entfernen lässt.

Kurz, wenn Sie das Maximum aus Ihrer Kamera herausholen möchten, dann führt am RAW-Format kein Weg vorbei. In den letzten Jahren hat sich die Situation außerdem so weit verbessert, dass leistungsfähige Bildverwaltungsprogramme zahlreiche Automatismen bieten, um die RAW-Fotos in eine gefällige Form zu bringen. Ich persönlich empfehle Ihnen das Paket Adobe Photoshop Lightroom, das Ihre Bilder nicht nur verwalten kann, sondern gleichzeitig eine hervorragende RAW-Umsetzung mit zahlreichen, raffinierten Korrekturmöglichkeiten bietet. Eine kostenlose Demoversion finden Sie unter der Adresse `http://www.adobe.com/de/products/photoshoplightroom/`. Das Paket wirkt zwar mit einem Preis von ca. 300 Euro nicht gerade günstig, doch schließlich haben Sie auch eine Menge Geld in Ihre Kamera-Ausrüstung gesteckt – und da wäre es doch schade, wenn Sie auf der Zielgeraden Kompromisse bei der Qualität eingehen würden.

Teil I

Action-Fotografie

In diesem Teil ...

Die Action-Fotografie kennt zahlreiche Facetten: Marathon-läufer, die mit letzter Kraft die Zielgerade überqueren. Rennpferde, die mit ihrem Jockey verschmelzen. Autorennen, die mit qualmenden Reifen und dramatischen Momenten den puren Nervenkitzel bieten. Wenn das Ihre Welt ist, dann kommen Sie in diesen Kapiteln voll auf Ihre Kosten. Erfahren Sie alles darüber, wie Sie die Schönheit und die Spannung dieser kurzen, aber bedeutenden Augenblicke mit Ihrer Kamera einfrieren können.

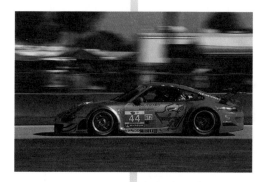

1 Kinder beim Sport

Kamera-Einstellungen

▶ **Belichtungsmessung:** Integralmessung

▶ **Aufnahme-Betriebsart:** Einzelbild oder Serienaufnahmen

▶ **Belichtungssteuerung:** Blendenautomatik (S)

▶ **Belichtungszeit:** 1/250 Sekunde oder kürzer

▶ **ISO-Empfindlichkeit:** So gering, wie es die Lichtverhältnisse zulassen

▶ **Autofokus:** Kontinuierlicher Autofokus

▶ **Fokus-Messfeld:** Einzelfeldsteuerung

▶ **Brennweite:** 100 mm oder mehr (bezogen auf das Kleinbild-Format)

▶ **Bildstabilisator:** Eingeschaltet

Wenn Sie stolze Eltern sportbegeisterter Kinder sind, dann werden Sie kein Training und kein Turnier auslassen. Haben Sie jemals daran gedacht, diese Momente mit Ihrer Kamera zu erfassen? Sie werden unzählige Bilder schießen, die später einmal lieb gewordenen Erinnerungen zu neuer Frische verhelfen. Ihre Kamera, die kleinen Athleten und die Tipps in diesem Kapitel bilden das Rezept für einige wunderschöne Bilder.

Bereiten Sie Ihre Kamera vor

Falls Sie Ihre Kinder beim Sport fotografieren, dann werden Sie dies als außerordentlich befriedigend empfinden. Nun können Sie Ihren Arbeitskollegen und Verwandten endlich zeigen, welch großartige Athleten unter Ihren Fittichen heranwachsen! Bei solchen Gelegenheiten können Sie sowohl einzelne Bilder schießen als auch Serienbilder, die zeigen, wie Junior gerade auf das Tor zusteuert. Eine schnelle Verschlusszeit friert die Action ein, während eine möglichst lange Brennweite den Betrachter nahe an das Geschehen heranrückt.

Schießen Sie Ihre Fotos

Wenn Sie Kinder beim Sport fotografieren, dann müssen Sie vor allem schnell sein. Wenn Sie nicht gerade topfit sind, kann das an die Substanz gehen – etwa dann, wenn Ihr Sohn das ganze Feld hinunter in Richtung Tor rennt und Sie ihm mit der Kamera im Anschlag folgen sollten.

1. **Nehmen Sie an der Kamera die Einstellungen vor, die am Anfang dieses Kapitels beschrieben sind.**

2. **Warten Sie geduldig, bis die Kinder mit dem Spiel beginnen.**

3. **Sobald sich eine besonders spannende Szene anbahnt, zoomen Sie auf Ihr Kind und drücken den Auslöser halb herunter, um zu fokussieren.**

   Wenn der kontinuierliche Autofokus aktiviert ist, wird die Kamera so lange auf das Motiv fokussieren, wie Sie den Auslöser angetippt halten. Es ist nicht einfach, den besten Bildausschnitt zu finden, während auf dem Feld die Action tobt, aber geben Sie nicht auf. Wenn es sich lediglich um ein Training handelt, wird Ihnen der Trainer wahrscheinlich erlauben, näher an den Spielfeldrand heranzurücken, was Ihre Chancen auf das perfekte Bild natürlich verbessert (siehe Abbildung 1.1).

4. **Drücken Sie den Auslöser ganz herunter, um das Bild aufzunehmen.**

   Wenn Ihre Kamera auf Serienbild eingestellt ist, nimmt sie so lange Bilder auf, wie Sie den Auslöser gedrückt halten. Die Serienaufnahme endet, wenn Sie den Auslöser loslassen oder der Speicher der Kamera voll ist.

 Bleiben Sie auch dran, wenn Ihr Partner Ihrem Kind eine neue Sportart beibringt. Wenn Ihr Sohn zum Beispiel gerade Poolbillard lernt, fotografieren Sie ihn mit einem Blick über seine Schulter, also dem Queue entlang. Wenn hingegen gerade Bowling-Stunden angesagt sind und die Bahn neben Ihnen leer ist, schnappen Sie sich die Kamera und fotografieren Sie aus Sicht der Pins, wie Ihr Partner den Sprössling über die korrekte Haltung unterrichtet.

Praktische Hilfe

✔ **Mein Kind befindet sich nicht im Fokus.** Der Autofokus-Punkt muss sich im Sucher der Kamera über Ihrem Kind befinden, wenn Sie den Auslöser antippen. Dieser Punkt ist es, den die Kamera jetzt verfolgt.

Abbildung 1.1: Fotografieren Sie die kleinen Athleten auch aus einem ungewöhnlichen Winkel heraus.

✔ **Die Tiefenschärfe ist zu gering.** Dieses Problem taucht immer dann auf, wenn Sie ein Sportereignis bei schwachem Licht fotografieren. Um das fehlende Licht zu kompensieren, wählt die Kamera eine offene Blende, die wiederum zu einer geringen Tiefenschärfe führt. In solchen Fällen bleibt Ihnen nichts anderes übrig, als die Empfindlichkeit der Kamera heraufzusetzen – also einen höheren ISO-Wert zu wählen. Dadurch verstärkt sich zwar das Bildrauschen, aber Sie können jetzt der Kamera eine kleinere Blendenöffnung diktieren.

2 Athleten

Kamera-Einstellungen

▶ **Belichtungsmessung:** Integralmessung

▶ **Aufnahme-Betriebsart:** Einzelbild

▶ **Belichtungssteuerung:** Blendenautomatik (S)

▶ **Belichtungszeit:** 1/15 Sekunde

▶ **ISO-Empfindlichkeit:** 100

▶ **Autofokus:** Kontinuierlicher Autofokus

▶ **Fokus-Messfeld:** Einzelfeldsteuerung

▶ **Brennweite:** Variabel

▶ **Bildstabilisator:** Eingeschaltet

Athleten in Bewegung verkörpern Schönheit, Grazie unter Druck und Kraft. Wenn Sie jemals einem Geländelauf oder einem Marathon zugesehen haben, dann wissen Sie, dass Laufen nichts für Weichlinge ist. Und Sie wissen auch, dass es für ein künstlerisches Bild eines Läufers mehr braucht, als die Person einfach einzufrieren.

Wenn Sie einen Läufer mit der Kamera einfangen, dann wollen Sie nicht nur die Person sehen, sondern auch die Dynamik und die Bewegung festhalten. Mit den Einstellungen in diesem Kapitel wird Ihnen das gelingen.

Bereiten Sie Ihre Kamera vor

Für diese Art der Fotografie arbeiten Sie mit der Blendenautomatik – das heißt, Sie geben die Verschlusszeit vor, während die Kamera die dazu passende Blende einstellt. Ein tiefer ISO-Wert garantiert rauschfreie Bilder. Die Blendenöffnung und die damit verbundene Tiefenschärfe sind in diesem Fall nicht so wichtig, denn Sie werden dem Bild sowieso eine eher abstrakte Anmutung verleihen, um die Bewegung zu visualisieren. Auf jeden Fall sollten Sie den kontinuierlichen Autofokus nutzen, so dass Sie dem Läufer folgen können, während die Kamera die Schärfe ständig nachreguliert. Der Oberkörper und der Kopf des Läufers müssen erkennbar bleiben, aber seine Beine und Arme eignen sich ideal, um durch eine Bewegungsunschärfe die Dynamik des Augenblicks zu unterstreichen. Den Bildstabilisator können Sie eingeschaltet lassen, auch wenn sein Wirkungsgrad in dieser speziellen Situation nicht besonders hoch ist.

Schießen Sie Ihre Fotos

Wenn Sie eine Leichtathletik-Veranstaltung fotografieren, dann ist der Blickwinkel extrem wichtig. Wenn Sie den Läufer von der Seite her fotografieren, brauchen Sie einen ungestörten Blick auf den Athleten, und dasselbe gilt für Marathons. Dort kommt jedoch erschwerend hinzu, dass Sie auch Straßen, Gebäude und jede Menge Zuschauer in die Bildgestaltung einbeziehen müssen. Auf jeden Fall lohnt es sich, wenn Sie früh vor Ort sind und sich den besten Platz somit aussuchen können. Wenn Sie einen Marathon fotografieren, können Sie dies an verschiedenen Streckenabschnitten tun, doch auf jeden Fall sollten Sie ein Foto vom Start schießen. Anschließend können Sie sich ein ruhiges Plätzchen suchen, an dem Sie die Läufer einzeln ablichten.

1. **Wählen Sie eine günstige Perspektive, aus der Sie die Läufer beim Vorbeirennen fotografieren können. Entscheiden Sie sich für einen unauffälligen Hintergrund, wie zum Beispiel eine Gruppe von Bäumen.**

   Wenn Sie diesen Tipp nicht beherzigen, laufen Sie Gefahr, dass der Hintergrund vom eigentlichen Motiv, also dem Läufer, ablenkt.

2. **Nehmen Sie an der Kamera die Einstellungen vor, die am Anfang dieses Kapitels beschrieben sind.**

3. **Wenn sich Ihnen ein Läufer nähert, den Sie fotografieren möchten, visieren Sie ihn durch den Sucher an, zoomen Sie heran und komponieren Sie den Ausschnitt.**

   Lassen Sie vor dem Läufer noch ein wenig Raum, um die Tiefenwirkung zu verstärken.

 Wenn Sie einen Marathon fotografieren, machen Sie eine Aufnahme des Kopfes und der Schultern, während der Läufer die Ziellinie überschreitet. Das Gesicht des Läufers wird seinen Schmerz widerspiegeln und sein Haar wird vor Schweiß triefen – sogar an einem kalten Tag. Sie werden ein großartiges Foto machen, das die Anstrengung und das Leiden eines Marathonläufers perfekt zum Ausdruck bringt.

4. **Drücken Sie den Auslöser halb herunter, um zu fokussieren.**

5. **Folgen Sie durch einen Schwenk dem Läufer, der an Ihnen vorbeizieht.**

6. **Drücken Sie den Auslöser ganz herunter, um das Foto zu machen.**

Erzählen Sie den Anlass in Form einer Geschichte. Fotografieren Sie die Gruppe, wenn sie die Startlinie verlässt, und machen Sie anschließend mehrere Fotos von Ihrem bevorzugten Läufer, indem Sie die hier beschriebenen Techniken einsetzen. Richten Sie es so ein, dass »Ihr« Läufer beim Zieleinlauf zusammen mit seiner Zeit auf dem Bild ist, so wie in Abbildung 2.1 gezeigt. Das verlangt natürlich nach einer kürzeren Verschlusszeit, um die Ereignisse scharf abzubilden. Verwenden Sie deshalb eine 1/250 Sekunde oder kürzer.

Abbildung 2.1: Erzählen Sie eine Geschichte.

Praktische Hilfe

✔ **Auf dem Foto sieht es so aus, als ob der Kopf des Läufers sich nach oben und unten bewegt.** In solchen Fällen haben Sie die Kamera nicht absolut waagrecht geschwenkt. Wenn Sie die Kamera während des Schwenks nach oben und unten bewegen, sieht es aus, als würde der Läufer herumhüpfen. Ein Bildstabilisator kann diesem Effekt bis zu einem gewissen Grad entgegenwirken, falls Ihr Objektiv mit einer solchen Vorrichtung ausgestattet ist.

✔ **Der Körper des Läufers sieht verzerrt aus.** Sie haben sich während der Aufnahme nach vorne geneigt. Achten Sie darauf, dass Sie Ihren Körper absolut gerade halten, während Sie das Foto schießen.

3 Radfahrer

Kamera-Einstellungen

▶ **Belichtungsmessung:** Integralmessung

▶ **Aufnahme-Betriebsart:** Einzelbild

▶ **Belichtungssteuerung:** Blendenautomatik (S)

▶ **Belichtungszeit:** 1/15 bis 1/30 Sekunde

▶ **ISO-Empfindlichkeit:** 100

▶ **Autofokus:** Kontinuierlicher Autofokus

▶ **Fokus-Messfeld:** Einzelfeldsteuerung

▶ **Brennweite:** Variabel

▶ **Bildstabilisator:** Eingeschaltet

Wenn Sie Ereignisse wie die Tour de France genießen und in Ihrer Umgebung Radrennen oder Triathlon-Wettkämpfe stattfinden, dann sollten Sie diesen Nervenkitzel mit Ihrer Kamera festhalten. Professionelle Radfahrer erreichen mit ihren ultraleichten Bikes eine erstaunliche Geschwindigkeit. Um diesen Eindruck bildlich festzuhalten, stehen Ihnen dieselben Techniken zur Verfügung wie den Profifotografen. Wenn sich der Fahrer im rechten Winkel zu Ihnen bewegt, folgen Sie mit der Kamera seiner Bewegung. Bei Amateurfahrern verwenden Sie hingegen eine längere Verschlusszeit, die fast schon einen träumerischen Eindruck vermittelt und den Fahrer schneller erscheinen lässt, als er es tatsächlich ist. Dieselbe Technik verwenden Sie auch bei professionellen Fahrern – allerdings mit einer kürzeren Verschlusszeit.

Bereiten Sie Ihre Kamera vor

Für diese Art der Fotografie arbeiten Sie mit der Blendenautomatik und geben eine relativ lange Verschlusszeit vor. Diese erzeugt eine leichte Unschärfe und damit einen Eindruck von der Bewegung. Der tiefe ISO-Wert garantiert rauschfreie Bilder. Da es sowieso in unserer Absicht liegt, Bewegung durch Unschärfe zu visualisieren, spielt die Tiefenschärfe praktisch keine Rolle. Das Rad wird eindeutig als solches zu erkennen sein, doch die Räder werden zusammen mit den Details verschwimmen, weil wir mit einer relativ langen Verschlusszeit arbeiten. Verwenden Sie den kontinuierlichen Autofokus, so dass die Kamera den Fokus an die Bewegungen des Fahrers anpasst. Der Bildstabilisator hilft wiederum, vertikale Bewegungen der Kamera zu kompensieren, während Sie mit einer horizontalen Bewegung dem Fahrer folgen.

Wenn Sie sehr schnelle Fahrer fotografieren, verwenden Sie als Verschlusszeit eine 1/30 Sekunde. Sie werden trotzdem die gewünschte Bewegungsunschärfe erzielen, aber der Fahrer im Fokus wird dabei schärfer abgebildet.

Schießen Sie Ihre Fotos

Wie bei jeder Leichtathletik-Veranstaltung ist auch in diesem Fall der Blickwinkel entscheidend. Sie brauchen freie Sicht auf Ihr Motiv. Wenn Sie einen Triathlon fotografieren, werden die Radfahrer nicht in Gruppen starten, aber Sie können einige großartige Fotos schießen, während die Athleten ihren Schwimmanzug gegen das Rad austauschen. Anschließend müssen Sie nur noch dieser Anleitung folgen, um sich einige tolle Fotos zu sichern:

1. **Wählen Sie einen Blickwinkel, aus dem der Hintergrund nicht von den Fahrern ablenkt, wie zum Beispiel eine farbige Mauer oder dichtes Gebüsch.**

   Ein unruhiger Hintergrund lenkt den Blick des Betrachters vom eigentlichen Geschehen ab.

2. **Nehmen Sie an der Kamera die Einstellungen vor, die am Anfang dieses Kapitels beschrieben sind.**

Wenn Sie eine Brennweite von 80 Millimeter oder länger verwenden, verkürzen Sie die Verschlusszeit auf eine 1/50 Sekunde.

3. **Wenn sich der ausgewählte Fahrer nähert, blicken Sie durch den Sucher, zoomen Sie heran und komponieren Sie Ihr Bild.**

   Lassen Sie vor dem Fahrer noch Raum, um die Tiefenwirkung zu verstärken.

4. **Drücken Sie den Auslöser halb herunter, um zu fokussieren.**

5. Folgen Sie dem Fahrer mit einem Schwenk, wenn er an Ihnen vorbeizieht.

6. Drücken Sie den Auslöser ganz herunter, um das Foto zu machen.

Jeder Sportanlass hat einen Anfang, eine Mitte und ein Ende. Um zum Beispiel einen ganzen Triathlon zu dokumentieren, fotografieren Sie auch die Aufwärmübungen der Athleten. Fotografieren Sie anschließend den Start des Triathlons, wenn die ganze Gruppe von der Startlinie ins Wasser rennt und mit der ersten Disziplin beginnt, dem Schwimmen. Als Nächstes fotografieren Sie die Bikes, die für die Fahrer in Stellung gebracht worden sind (siehe Abbildung 3.1). Fotografieren Sie die Athleten, wie sie die Räder besteigen und in der Ferne verschwinden. Verpassen Sie auf keinen Fall den Übergang vom Radfahren zum Laufen! Und zu guter Letzt fotografieren Sie natürlich die Athleten, wenn sie die Ziellinie erreichen. Jetzt bieten sich einige hervorragende Gelegenheiten für Fotos der Teilnehmer, die zwar am Ende ihrer Kräfte angelangt, aber hoch zufrieden sind.

Abbildung 3.1: Machen Sie keine Bilder, sondern erzählen Sie Geschichten.

Praktische Hilfe

✔ **Der Fahrer befindet sich nicht im Fokus.** Dieses Problem tritt auf, wenn die Kamera nicht auf das Motiv fokussieren kann – und leider ist das nicht immer zu verhindern. Wenn der Fahrer in Sichtweite kommt, vergewissern Sie sich, dass der Autofokus-Punkt über ihm aufleuchtet. So können Sie sicher sein, dass die Kamera genau das erfasst hat, was Sie wollen.

✔ **Das Bild wirkt schief.** Überzeugen Sie sich, dass Sie die Kamera parallel zum Boden halten. Genauso wichtig ist es jedoch, dass Sie Ihren Körper aufrecht halten, während Sie dem Fahrer mit der Kamera folgen. Auch wenn Sie sich leicht nach vorne neigen, kann es zu unschönen Verzerrungen kommen.

✔ **Das Bild ist nicht so scharf, wie es sein könnte.** Denken Sie daran, dem Fahrer während der Belichtung weiterhin zu folgen. Wenn Sie den Schwenk stoppen, während Sie den Auslöser drücken, erreichen Sie nicht den gewünschten Effekt.

4 Sportveranstaltungen

Kamera-Einstellungen

▶ **Belichtungsmessung:** Integralmessung

▶ **Aufnahme-Betriebsart:** Einzelbild oder Serienaufnahmen

▶ **Belichtungssteuerung:** Blendenautomatik (S) oder Zeitautomatik (A)

▶ **Belichtungszeit:** 1/250 Sekunde oder schneller

▶ **Blendenöffnung:** Variabel

▶ **ISO-Empfindlichkeit:** So gering, wie es die Lichtverhältnisse zulassen

▶ **Autofokus:** Kontinuierlicher Autofokus

▶ **Fokus-Messfeld:** Einzelfeldsteuerung

▶ **Brennweite:** Variabel

▶ **Bildstabilisator:** Eingeschaltet

Fotografie ist ein wundervoller Zeitvertreib. Sie können Ihre Kamera verwenden, um Erinnerungen festzuhalten, die Ihnen etwas bedeuten. Wenn Sie ein Sportfan sind, dann bieten sich Ihnen Motive ohne Ende. Sie können zum Beispiel einzelne Athleten fotografieren (siehe Kapitel 48), doch Sport bietet mehr als nur Personen. Egal, ob Sie Fußball oder Autorennen bevorzugen: Jede Sportart kennt ihre eigenen Rituale. Außerdem gehört oft eine Mannschaft im Hintergrund dazu, die den eigentlichen Akteur unterstützt. Wenn Sie also ein Sportereignis fotografieren, dann sollten Sie es in seiner Gesamtheit erfassen – angefangen bei den Vorbereitungen über die Eröffnung bis zur Siegesfeier. Ihre Kreativität, Ihr Wissen um die Sportart und die Einstellungen in diesem Kapitel sind alles, was Sie benötigen, um eine spannende Geschichte zu erzählen. Und diese Geschichte beginnt am Anfang, bevor sich die Athleten aufwärmen oder die Fahrer ihre Motoren starten.

Bereiten Sie Ihre Kamera vor

Dieses Kapitel bereitet Sie auf verschiedene Szenarien vor. Wenn Sie die Vorbereitungen ablichten, fotografieren Sie mit Zeitautomatik und geben die Blende vor. Wenn Sie zum Beispiel einen Athleten fotografieren möchten, der sich auf seinen Einsatz vorbereitet, verwenden Sie vorzugsweise eine weit geöffnete Blende (also eine kleine Blendenzahl), so dass sich der Sportler vom unscharfen Hintergrund abhebt. Wenn Sie hingegen das Publikum ablichten möchten, dann werden Sie die Blende schließen, um einen möglichst großen Bereich scharf abzubilden. Sobald die sportlichen Aktivitäten beginnen, sollten Sie zur Blendenautomatik wechseln, bei der Sie die Verschlusszeit vorgeben. Bei einem Athleten reicht in vielen Fällen bereits eine 1/250 Sekunde, um ihn scharf abzubilden. Wenn Sie hingegen einen Rennwagen fotografieren, benötigen Sie eine sehr kurze Verschlusszeit von einer 1/2000 Sekunde (mehr dazu in Kapitel 5). Wenn Sie hingegen einen Rennwagen nicht einfrieren, sondern mit einem Bewegungseffekt in Szene setzen möchten, wählen Sie eine längere Verschlusszeit von einer 1/125 Sekunde und schwenken die Kamera mit, während der Wagen an Ihnen vorbeirast (siehe auch Kapitel 6). Die Brennweite wiederum hängt davon ab, wie weit Sie sich dem Geschehen nähern können und was Sie fotografieren möchten. Wenn Sie ein Bild vom Publikum machen, dann fangen Sie die Massen am besten mit einer Brennweite zwischen 28 und 35 Millimeter ein. Wenn Sie hingegen eine Aufnahme des Sportlers Ihrer Wahl schießen möchten, benötigen Sie ein starkes Teleobjektiv.

Schießen Sie Ihre Fotos

Wenn Sie ein Sportereignis fotografieren, müssen Sie frühzeitig auf dem Platz sein. Bevor es losgeht, können Sie interessante Bilder vom Publikum einfangen oder von den Athleten, die sich gerade aufwärmen und ihren eigenen Ritualen nachgehen. Wenn die Wettkämpfe starten, fotografieren Sie natürlich die zahlreichen aktionsgeladenen Szenen. Bleiben Sie stets wachsam und halten Sie nach Situationen Ausschau, bei denen sich etwas Überraschendes ergeben könnte. Beim Mannschaftssport zielen Sie wiederum auf den Spieler, der gerade den Punkt macht.

1. **Treffen Sie frühzeitig auf dem Platz ein und fotografieren Sie alles, was Sie interessiert.**

   Je nachdem, was Sie fotografieren, werden Sie zwischen den verschiedenen Automatiken wechseln.

2. **Fotografieren Sie Szenen außerhalb des eigentlichen Wettkampfes: den Trainer, der die Mannschaft instruiert, oder den Rennfahrer, der seinen Wagen ein letztes Mal überprüft.**

   Werden Sie kreativ, wenn Sie die Vorbereitungen zu einem Rennen fotografieren. Halten Sie die Kamera ein wenig schief, nehmen Sie einen ungewöhnlichen Standpunkt ein und lassen Sie dem Kind in Ihrem Inneren freien Lauf.

3. **Fotografieren Sie den Start des Ereignisses.**

   Oft dauert es nicht lange, bis sich die Action überschlägt. Jedes Team versucht, einen Vorteil für sich herauszuholen. Wenn Sie ein Rennen fotografieren, dann spielen sich die Dramen bereits unmittelbar vor der ersten Kurve ab, die jeder zuerst erreichen will. Sie werden nie wissen, was als Nächstes passiert und müssen entsprechend wachsam bleiben. Führen Sie die Kamera vors Auge, wenn auch nur der leiseste Verdacht besteht, dass sich gerade etwas Interessantes anbahnt.

4. **Im Mittelteil der Veranstaltung ergeben sich großartige Möglichkeiten für Fotografen.**

Wenn Sie ein Sportereignis wie ein Basketball-Spiel fotografieren, konzentrieren Sie sich nicht nur auf die Spieler. Nehmen Sie auch die Fans ins Visier, die ihre Mannschaft anfeuern oder in Jubel ausbrechen, wenn sie einen Korb macht. Und während eines Autorennens gewinnen die Autos an Attraktivität, wenn die ersten Abnutzungserscheinungen sichtbar werden, so wie in Abbildung 4.1.

5. **Verpassen Sie nicht das Ende.**

Seien Sie auf der Hut, vor allem, wenn das Ende des Sportereignisses naht. Jetzt geht es um alles, und die Athleten holen den letzten Rest Energie aus sich heraus, um noch einmal zu punkten. Eine großartige Zeit für genauso großartige Fotos!

6. **Fotografieren Sie auch nach dem Wettkampf.**

Fotografieren Sie das Gewinnerteam genauso wie die langen Gesichter der Verlierer. Schießen Sie Bilder von jeder Siegeszeremonie und natürlich von der Schlussfeier. Erzählen Sie die ganze Geschichte!

Abbildung 4.1: In der Mitte des Events machen sich die ersten Abnutzungserscheinungen bemerkbar.

Fotografieren Sie einen Sportler bei seinem Ritual vor dem Wettkampf. Abbildung 4.2 zeigt den hoch konzentrierten Rennfahrer Allan McNish während der Besprechung.

Abbildung 4.2: Jeder Athlet führt vor dem Wettkampf sein persönliches Ritual durch.

Praktische Hilfe

✔ **Ich weiß nicht, welche Automatik ich verwenden soll.** Wenn Sie Athleten in Bewegung fotografieren, benutzen Sie die Blendenautomatik, um mit der vorgegebenen Verschlusszeit die Bewegungen einzufrieren. Wenn Sie hingegen das Publikum oder Personen fotografieren, verwenden Sie die Zeitautomatik, damit Sie die Tiefenschärfe über die Blende steuern können.

✔ **Das Bild wirkt irgendwie schief.** Dies geschieht häufig, wenn Sie Menschen in Bewegung fotografieren – erst recht, wenn Sie die Kamera mit dem vorbeiziehenden Sportler schwenken. Denken Sie daran, aufrecht zu stehen und sich nicht nach vorne zu neigen. Ihre Kamera kann eventuell auch ein Gittermuster im Sucher einblenden, das Ihnen bei der Ausrichtung behilflich ist.

✔ **Ich komme nicht nahe genug an das Geschehen heran.** Manchmal benötigen Sie ein wenig Geduld, bis ein guter Platz frei wird. Wenn Sie einen Sitz reservieren können, nutzen Sie diese Möglichkeit. Wenn nicht, sollten Sie als einer der ersten auf dem Platz sein.

5 Autorennen (knackig-scharf)

Kamera-Einstellungen

▶ **Belichtungsmessung:** Integralmessung

▶ **Aufnahme-Betriebsart:** Einzelbild

▶ **Belichtungssteuerung:** Blendenautomatik (S)

▶ **Belichtungszeit:** 1/2000 Sekunde oder schneller

▶ **ISO-Empfindlichkeit:** Wählen Sie eine Empfindlichkeit, die das Fotografieren mit Blende 8 oder kleiner ermöglicht – also mit einer größeren Blendenzahl.

▶ **Fokus-Modus:** Manueller Fokus

▶ **Fokus-Messfeld:** Einzelfeldsteuerung

▶ **Brennweite:** zwischen 100 und 300 Millimeter (bezogen auf das Kleinbild-Format)

▶ **Bildstabilisator:** Nicht nötig

*W*enn sich ein Rennwagen Ihrem Aussichtspunkt nähert, werden Sie versuchen wollen, seine Bewegungen einzufrieren – und dazu benötigen Sie eine schnelle Verschlusszeit. Im Idealfall erwischen Sie das Rennauto direkt im Fokus, zusammen mit seinen dichtesten Verfolgern. Der Rest des Feldes und der Hintergrund sollten hingegen unscharf sein, damit sich die Akteure vom unruhigen Treiben absetzen können. Ein Teleobjektiv ist für solche Zwecke fast unabdingbar, da es nicht nur das Geschehen näher heranholt, sondern auch eher für eine Unschärfe im Hintergrund sorgt.

Ein gutes Bild von einem Rennwagen in Aktion erfordert sowohl Wissen als auch ein wenig Vorbereitung. Dazu gehört, dass Sie ein Rennen aufmerksam im Fernsehen verfolgen und sich bereits jetzt überlegen, wo die interessanten Plätze für Ihre Aufnahmen sind. Wenn Sie ohne Vorbereitung einfach auf der Rennstrecke auftauchen, werden Sie mit hoher Wahrscheinlichkeit eine Enttäuschung erleben. Wenn es sich um eine Rallye im Freien handelt, studieren Sie die Strecke auf der Karte und entscheiden Sie sich anschließend, an welchem Punkt Sie am besten auf Motivjagd gehen. Wenn es sich einrichten lässt, suchen Sie die Rennstrecke vorher auf und schießen Sie einige Probeaufnahmen – vielleicht sogar während des Trainings. So vorbereitet, steigen Ihre Chancen auf den perfekten Schuss.

Bereiten Sie Ihre Kamera vor

Wenn Sie die Action einfrieren wollen, verwenden Sie die Blendenautomatik und wählen die Verschlusszeit manuell vor. Mit einer 1/2000 Sekunde fangen Sie auch das schnellste Auto gestochen scharf ein. Den Autofokus lassen Sie in dieser Situation ausgeschaltet, denn in den meisten Fällen wird er mit den hektischen Ereignissen nicht Schritt halten können. Stattdessen verwenden Sie die manuelle Fokussierung und stellen bereits vorher auf einen Punkt scharf, den der Rennwagen voraussichtlich passieren wird. Anschließend müssen Sie nur noch im richtigen Augenblick abdrücken. Die empfohlene Brennweite beträgt in solchen Situationen mindestens 100 Millimeter, selbst wenn Sie sich relativ nah an der Piste aufhalten dürfen. Wenn Sie hingegen weiter entfernt sind, sollten Sie eine Brennweite von wenigstens 300 Millimeter verwenden. Sie können diesen Wert unterschreiten, wenn Sie eine ganze Gruppe von Autos ablichten möchten – in solchen Fällen empfiehlt es sich sowieso, ein wenig Raum um das Feld zu lassen. Der verwendete ISO-Wert hängt von den Lichtverhältnissen ab.

 Während des Rennens sollten Sie unbedingt die von der Kamera gewählte Blende im Auge behalten. Wenn das Licht heller wird, verzichten Sie auf eine kleinere Blendenöffnung und reduzieren Sie stattdessen den ISO-Wert, um das Rauschen zu reduzieren. Umgekehrt erhöhen Sie den ISO-Wert, wenn das Licht schlechter wird.

Schießen Sie Ihre Fotos

Um ein gestochen scharfes Bild von einem heranrasenden Rennauto zu ergattern, muss der Fokus perfekt positioniert sein. Das heißt einerseits, dass Sie genau wissen müssen, wo sich das Auto befindet, wenn sich der Verschluss öffnet. Andererseits bedeutet es aber auch, dass Sie ein Gefühl dafür entwickeln müssen, wann Sie den Auslöser betätigen – denn meistens müssen Sie einen Sekundenbruchteil für das Reaktionsverhalten Ihres Zeigefingers und Ihrer Kamera einrechnen.

1. **Suchen Sie sich Ihren Platz und nehmen Sie an der Kamera die Einstellungen vor, die am Anfang dieses Kapitels beschrieben sind.**

2. **Regulieren Sie den ISO-Wert, so dass Sie auf Blende 8 oder kleiner (also eine größere Blendenzahl) kommen.**

   Wenn der Himmel bewölkt ist, sollten Sie den ISO-Wert ein wenig erhöhen.

3. **Fokussieren Sie manuell auf den Punkt, an dem Sie den Rennwagen fotografieren wollen.**

4. Zoomen Sie so weit heran, wie Sie es für richtig halten.

Kalkulieren Sie vor dem Rennwagen ein wenig Raum ein, um die Tiefenwirkung zu verstärken.

5. Drücken Sie den Auslöser ganz herunter, und zwar unmittelbar bevor der Rennwagen die angepeilte Stelle erreicht.

Wenn ein Rennwagen einem anderen auf kürzester Distanz folgt, dann gelingen Ihnen fantastische Bilder, wenn Sie eine Brennweite von 200 Millimeter oder länger verwenden. Mit einem solchen Objektiv verdichtet sich die Atmosphäre, so dass die Wagen näher zusammen erscheinen, als sie es in Wirklichkeit sind. Wenn der Motor in der Mitte oder hinten eingebaut ist, können Sie sogar die heiße Luft flimmern sehen, so wie in Abbildung 5.1 gezeigt.

Abbildung 5.1: Fotografieren Sie die Autos dicht an dicht.

Praktische Hilfe

✔ **Meine Bilder sind unscharf.** Wählen Sie eine schnelle Verschlusszeit und aktivieren Sie den Bildstabilisator, sofern das Objektiv über eine solche Einrichtung verfügt. Es ist außerdem sehr hilfreich, wenn Sie die Kamera auf einem Stativ montieren, denn häufig steigt die Gefahr von verwackelten Aufnahmen, wenn Ihre Arme nach einem langen Rennen müde werden.

✔ **Meine Bilder wirken schief.** Achten Sie auf eine aufrechte Körperhaltung. Viele Kameras blenden auf Wunsch ein Linienraster im Sucher ein, das Ihnen dabei hilft, die Kamera zum Beispiel an einem Zaun auszurichten.

✔ **Die Schärfe erfasst nicht das ganze Auto.** Erhöhen Sie den ISO-Wert, damit Sie eine kleinere Blendenöffnung (also eine größere Blendenzahl) verwenden können. Dadurch erhöht sich die Tiefenschärfe und das Problem sollte gelöst sein.

✔ **Der vordere Teil des Autos ist unscharf.** Versuchen Sie, einen Sekundenbruchteil früher auszulösen, so dass sich das Auto genau an jenem Punkt befindet, auf den Sie vorher fokussiert haben.

6 Autorennen (mit Bewegungs-unschärfe)

Ein heranrasender Rennwagen ist ein visuelles Fest für jeden Autosport-Fan. Rennautos wirken oft wie kunstvolle Skulpturen – mit den Farbtupfern der Sponsoren, außergewöhnlichen Grafiken und kräftigen Farben. Einen geparkten Rennwagen zu fotografieren ist ziemlich einfach. Doch wie fangen Sie die Schönheit eines Rennautos ein, das gerade mit 300 Stundenkilometern an Ihnen vorbeirast?

Der Trick besteht darin, sowohl die Details als auch das Tempo des Autos in einer einzigen Aufnahme zu kombinieren. Dazu benötigen Sie eine relativ langsame Verschlusszeit, während Sie mit der Kamera dem Rennauto in einer fließenden Bewegung folgen. Wenn die Verschlusszeit zu kurz ist, scheint es auf dem Foto, als würde das Auto still stehen. Wenn Sie vergessen, die Kamera mit dem Auto zu schwenken, dann erhalten Sie ein Foto mit einer scharf abgebildeten Piste und einem undefinierbaren Farbfleck in der Mitte. In diesem Kapitel zeige ich Ihnen die Einstellungen, mit denen Sie die besten Resultate erzielen.

Bereiten Sie Ihre Kamera vor

Das Ziel bei dieser Art der Fotografie besteht darin, das Auto mit all seinen subtilen Details abzubilden, während der verschwommene Hintergrund das rasante Tempo versinnbildlicht. Dieses Ziel erreichen Sie, indem Sie mit Blendenautomatik fotografieren und eine Verschlusszeit von einer 1/125 Sekunde vorgeben. Verwenden Sie eine schnellere Verschlusszeit von etwa einer 1/160 Sekunde, wenn die Brennweite länger als 200 Millimeter ist (bezogen auf das Kleinbild-Format). Wählen Sie einen ISO-Wert, der es Ihnen erlaubt, mit Blende f/8 zu fotografieren. Verwenden Sie den kontinuierlichen Autofokus, so dass die Schärfe nachgestellt wird, während sich der Rennwagen nähert.

Sie können die Ausbeute erhöhen, wenn Sie die Kamera auf Serienbilder umschalten. In diesem Fall wird sie kontinuierlich Bilder schießen, solange Sie den Auslöser gedrückt halten. Die Länge der Brennweite hängt davon ab, wie nah Sie sich an der Piste aufhalten dürfen. Bei vielen Rennen auf Naturpisten dürfen Sie sich relativ nahe an die Strecke begeben, so dass Sie auch mit einer Brennweite von 100 Millimeter beeindruckende Resultate erzielen. Wenn Sie sich hingegen auf einer Tribüne oder weiter weg aufhalten, sollten Sie wenigstens eine Brennweite von 200 Millimeter verwenden. Wenn das Objektiv mit einem Bildstabilisator ausgerüstet ist, schalten Sie ihn ein; er wird die vertikalen Verwackelungen ausgleichen, während Sie dem Auto mit einem horizontalen Schwenk der Kamera folgen.

 Während des Rennens sollten Sie unbedingt die von der Kamera gewählte Blende im Auge behalten. Wenn das Licht heller wird, verzichten Sie auf eine kleinere Blendenöffnung und reduzieren Sie stattdessen den ISO-Wert, um das Rauschen zu reduzieren. Umgekehrt erhöhen Sie den ISO-Wert, wenn das Licht schlechter wird.

 Verwenden Sie keine Blende über f/8. Sogar wenn Sie mit einem Schwenk dem Rennwagen folgen, kann eine größere Blendenöffnung (also eine kleinere Blendenzahl) dafür sorgen, dass Teile des Hintergrunds scharf abgebildet werden – und damit zu einem störenden Element werden.

Schießen Sie Ihre Fotos

Jedes Autorennen hat seine Höhen und Tiefen. Während der Aufwärmrunde bieten sich Ihnen die ersten Chancen auf einige großartige Bilder; bleiben Sie also wachsam. Wenn die Fahrer nach einigen Runden des Rennens ihren Rhythmus gefunden haben, werden die Abläufe vorhersehbar. Beobachten Sie das Rennen aufmerksam und nutzen Sie die relative Ruhe, um Ihre Bildausbeute zu erhöhen.

1. **Begeben Sie sich zu der Stelle, die Sie für Ihr Shooting ausgesucht haben, und nehmen Sie an der Kamera die Einstellungen vor, die am Anfang dieses Kapitels beschrieben sind.**

   Wenn Sie sich auf den Tribünen aufhalten müssen, suchen Sie diese beizeiten auf, damit Sie einen guten Platz ergattern. Der Organisator kann Ihnen eventuell auch Tipps geben, welche Plätze für Fotos besonders geeignet sind.

2. **Stabilisieren Sie die Kamera, indem Sie sich breitbeinig hinstellen und die Arme leicht anwinkeln, so wie in Abbildung 6.1 gezeigt.**

Abbildung 6.1: Stabilisieren Sie die Kamera mit Ihrer Körperhaltung.

3. **Stützen Sie die Kamera mit der linken Hand und zoomen Sie auf die gewünschte Brennweite.**

   Zoomen Sie auf den Rennwagen, bis er fast den ganzen Sucher ausfüllt, und zoomen Sie anschließend ein wenig zurück. Komponieren Sie den Bildausschnitt so, dass vor dem Wagen noch Raum ist (hinten jedoch nicht). Diese Perspektive verstärkt die Tiefenwirkung.

4. **Drehen Sie den Oberkörper aus der Hüfte heraus in die Richtung, aus der das Rennauto kommt und blicken Sie durch den Sucher.**

   Wenn der Wagen in Sichtweite kommt, drehen Sie sich aus der Hüfte und folgen ihm. Drücken Sie den Auslöser halb herunter, um zu fokussieren. Achten Sie darauf, dass der Wagen immer an derselben Stelle im Sucherbild ist; ansonsten werden die meisten der Fotos unscharf.

5. **Wenn der Autofokus den Wagen nicht korrekt erfassen kann, wechseln Sie zur manuellen Fokussierung und peilen Sie die Stelle an, an der Sie das Rennauto aufnehmen möchten.**

   Orientieren Sie sich dazu an einem markanten Punkt, wie zum Beispiel einem Farbfleck auf der Piste.

6. **Drücken Sie den Auslöser ganz herunter, während Sie mit einer Schwenkbewegung dem Wagen folgen.**

   Wenn Sie die Schwenkbewegung stoppen und weiter fotografieren, wird das Rennauto unscharf abgebildet, weil es sich ja weiter bewegt. Aus diesem Grund sollten Sie den Schwenk kurz weiterführen, auch wenn Sie bereits ausgelöst haben.

Die Schwenkbewegung erfordert ein wenig Übung. Suchen Sie die Rennstrecke frühzeitig auf und üben Sie während der Proberunden.

Wenn das Rennen während der Nacht oder in der Dämmerung stattfindet, fotografieren Sie die Wagen kurz vor einer Kurve, wo sie abbremsen müssen. Dadurch leuchten die Bremslichter und die Scheibenbremsen glühen, was Ihren Aufnahmen einen zusätzlichen Kick verleiht (siehe Abbildung 6.2).

Abbildung 6.2: Rennen bei Sonnenuntergang üben einen zusätzlichen Reiz aus.

Praktische Hilfe

✔ **Meine Bilder sind verschwommen.** Schwenken Sie gleichmäßig. Wenn Sie das Tempo beim Schwenken ändern, resultieren daraus unscharfe Bilder.

✔ **Meine Bilder wirken schief.** Das kann passieren, wenn Sie sich während der Schwenkbewegung leicht neigen. Ihr Oberkörper muss senkrecht zum Untergrund stehen.

✔ **Details auf dem Wagen sind nicht kristallklar.** Dieses Problem taucht meistens auf, wenn das Rennen bereits einige Zeit läuft und die Arme müde werden. Sie können dem entgegenwirken, indem Sie eine kürzere Verschlusszeit verwenden.

✔ **Es fällt mir schwer, den Wagen im Sucher zu behalten.** Prüfen Sie die Position des Wagens auf der Strecke. Wenn Sie ihn auf einer langen Geraden fotografieren, ist sein Tempo relativ konstant und leicht einzuschätzen. Wenn er jedoch vor einer Kurve massiv abbremsen muss oder nach der Kurve beschleunigt, müssen Sie dieses Verhalten mit einkalkulieren.

7 Pferderennen

Die fließenden Bewegungen eines Pferdes und seines Reiters reichen als Zutaten, damit Sie außergewöhnliche Bilder schießen können. Es gibt die verschiedensten Formen von Pferderennen: Galopprennen, Hindernisrennen, Trabrennen und so weiter. Dieses Kapitel konzentriert sich auf die Anlässe, bei denen Ross und Reiter gegen die Zeit antreten. Dabei versucht der Reiter das Pferd zu Aktionen zu überreden, die nicht wirklich seiner Natur entsprechen. Die Bilder, die Sie schießen, zeigen die Interaktion zwischen den beiden, während der Reiter sein Pferd um oder über die Hindernisse lotst.

Bereiten Sie Ihre Kamera vor

Wenn Sie ein Pferderennen fotografieren, dann werden Sie nach besonders dramatischen Momenten suchen und diese mit Ihrer Kamera einfrieren wollen. Um das zu erreichen, verwenden Sie die Blendenautomatik und geben eine relativ kurze Verschlusszeit vor. Wenn es sich bei dem Rennen um einen Hindernisparcours handelt, können Sie eventuell auch längere Verschlusszeiten verwenden, nämlich dann, wenn das Pferd vor einem Hindernis abbremst und sich zum Sprung bereit macht. Wenn Sie hingegen Pferde auf der Rennbahn fotografieren, dann werden Sie schnellere Verschlusszeiten benötigen. Bei Hindernisrennen sollten Sie außerdem auf Serienaufnahmen umschalten, damit Sie während eines Sprungs möglichst viele Bilder schießen können, aus denen Sie anschließend das beste Foto herauspicken. Den ISO-Wert sollten Sie so wählen, dass Sie wenigstens Blende f/5,6 oder kleiner verwenden können (also eine größere Blendenzahl); dadurch dürfte es Ihnen nicht allzu schwerfallen, Pferd und Reiter im Fokus zu erwischen. Verwenden Sie den kontinuierlichen Autofokus, damit die Kamera den Bewegungen der Akteure folgt und die Schärfe ständig nachreguliert. Der Bildstabilisator verhilft ebenfalls zu scharfen Fotos, besonders, wenn Ihre Arme nach einer längeren Veranstaltung müde werden. Wenn Ihr Objektiv oder Ihre Kamera nicht mit einem Bildstabilisator ausgerüstet sind, dann sollten Sie den ISO-Wert ein wenig heraufsetzen.

Schießen Sie Ihre Fotos

Bei solchen Veranstaltungen ist der richtige Blickwinkel auf die Geschehnisse elementar. Evaluieren Sie die besten Plätze vor dem Rennen. Wenn Sie bereits beim Training auf dem Platz sind, umso besser; in diesem Fall können Sie einige Tests machen und sehen sofort, ob die Position geeignet ist.

1. **Begeben Sie sich zu der Stelle, die Sie für das Shooting ausgesucht haben und nehmen Sie an der Kamera die Einstellungen vor, die am Anfang dieses Kapitels beschrieben sind.**

   Suchen Sie sich eine Stelle, an der etwas los ist. Ein Platz in der Nähe eines Hindernisses oder Fasses bietet sich besonders an (siehe Abbildung 7.1).

2. **Stellen Sie einen ISO-Wert ein, der Ihnen eine Blendenöffnung von f/5,6 oder kleiner ermöglicht.**

   Wenn Sie in der Dämmerung oder bei bewölktem Himmel fotografieren, werden Sie den ISO-Wert ein wenig erhöhen müssen. Dadurch nimmt das Rauschen in den Bildern zwar zu, aber das ist immer noch wesentlich besser, als unscharfe Fotos.

3. **Nehmen Sie Ross und Reiter ins Visier, noch während diese auf dem Weg zu der Stelle sind, an der Sie sie fotografieren möchten.**

   Während Sie den beiden folgen, führt der Autofokus die Schärfe kontinuierlich nach. Wenn sich die Akteure parallel zu Ihnen bewegen, müssen Sie die Kamera schwenken, um ihnen zu folgen (mehr dazu in Kapitel 6). Als Alternative können Sie beim Hindernis zuerst manuell auf einen anderen Reiter fokussieren und von nun an diesen Punkt für Ihre nächsten Aufnahmen verwenden.

4. **Zoomen Sie auf die gewünschte Brennweite.**

Abbildung 7.1: Ein Pferd und seinen Reiter fotografieren, während sie ein Hindernis erreichen.

 Lassen Sie ein wenig Raum vor dem Reiter und seinem Pferd, um die Tiefenwirkung zu verstärken.

5. **Drücken Sie den Auslöser halb herunter, um zu fokussieren.**

6. **Drücken Sie den Auslöser ganz herunter, um Ihr Bild zu machen.**

   Wenn Sie Serienaufnahmen machen, halten Sie den Auslöser gedrückt, bis das Pferd das Hindernis überwunden hat. Später werden Sie aus der Menge der Fotos das optimale Bild herauspicken können.

 Wenn Sie an einem bewölkten Nachmittag oder in der Nacht fotografieren, versuchen Sie einmal eine Verschlusszeit von einer 1/6 oder einer 1/15 Sekunde. Schwenken Sie die Kamera, während Pferd und Reiter an ihnen vorbeiziehen. Damit erzielen Sie einen verstärkten Eindruck der Bewegung, so wie in Abbildung 7.2 gezeigt.

Praktische Hilfe

✔ **Der größte Blendenwert meines Objektivs blinkt im Sucher.** Das geschieht, wenn Sie im hellen Sonnenlicht eine langsame Verschlusszeit verwenden möchten, denn in solchen Fällen ist ganz einfach zu viel Licht vorhanden. Stellen Sie an der Kamera den tiefsten ISO-Wert ein. Wenn das Problem damit nicht gelöst wird, verwenden Sie einen neutralen Graufilter, um die Lichtmenge zu reduzieren.

Abbildung 7.2: Eine lange Verschlusszeit intensiviert den Eindruck von Bewegung.

✔ **Pferd und Reiter befinden sich nicht im Fokus.** Überzeugen Sie sich, dass Sie den kontinuierlichen Autofokus eingeschaltet haben. Wenn dem so ist, prüfen Sie, dass sich der Autofokus-Punkt über den Akteuren befindet, während Sie fokussieren.

✔ **Das Pferd ist im Fokus, der Reiter hingegen nicht.** Dieses Problem tritt bei schwachem Licht auf. Die Kamera wählt eine große Blendenöffnung, womit die Tiefenschärfe reduziert wird. Erhöhen Sie den ISO-Wert. Damit nimmt das Bildrauschen zwar ein wenig zu, doch nun sollten Pferd und Reiter im Bereich der Tiefenschärfe liegen.

Teil II

Tiere

The 5th Wave

By Rich Tennant

»Warte! Warte! Ich hole rasch meine Kamera. Der Ausdruck auf ihren Gesichtern wird einmalig sein!«

In diesem Teil ...

Tiere gehören ganz gewiss zu den lohnendsten Motiven für jeden Fotografen. Seien sie nun edel, verspielt, charaktervoll oder einfach nur lustig: Jedes Tier bringt seine Besonderheiten und Marotten mit, die es nur zu entdecken gilt. Wenn Sie auch dieser Meinung sind, dann sind Sie in diesem Teil genau richtig. Hier erfahren Sie, welche Kamera-Einstellungen unseren quirligen Mitbewohnern gerecht werden.

8 Watvögel

Kamera-Einstellungen

▶ **Belichtungsmessung:** Integralmessung

▶ **Aufnahme-Betriebsart:** Serienaufnahmen

▶ **Belichtungssteuerung:** Zeitautomatik (A)

▶ **Blendenöffnung:** f/3,5 oder größer (also eine kleinere Blendenzahl)

▶ **ISO-Empfindlichkeit:** So gering, wie es die Lichtverhältnisse zulassen, damit Sie die Kamera ohne Stativ verwenden können

▶ **Autofokus:** Einzelautofokus

▶ **Fokus-Messfeld:** Einzelfeldsteuerung

▶ **Brennweite:** 100 mm oder mehr (bezogen auf das Kleinbild-Format)

▶ **Bildstabilisator:** Eingeschaltet

Wenn Sie das Glück haben, in der Nähe eines Naturschutzgebietes mit Flüssen und Seen zu leben, dann bieten sich Ihnen großartige Gelegenheiten, um Watvögel zu fotografieren. Reiher und Kraniche fliegen ständig von einer Stelle zur nächsten, was es nicht unbedingt einfacher macht, sie in aller Ruhe abzulichten. Doch diese Vögel jagen in flachen Gewässern, was Ihre Chancen auf ein gutes Bild erhöht. Wenn in der Nähe auch noch Menschen leben, zeigen diese prächtigen Vögel nur wenig Scheu, wenn man sich Ihnen nähert. Wenn die Vögel hingegen ungestört sind, müssen Sie auf Distanz bleiben und benötigen eine entsprechend lange Brennweite.

Wenn Sie solche Motive fotografieren, ist es wichtig, ihre Rufe und Gewohnheiten zu kennen. Kraniche geben im Flug einen trompetenartigen Schrei von sich, während Reiher laut zu kreischen anfangen, wenn sich andere Vögel nähern. Es ist unabdingbar zu wissen, wo sich die Vögel aufhalten. Sie können diese Informationen recherchieren, sich mit anderen Fotografen austauschen oder ganz einfach eine großartige Zeit in der Natur verbringen und es selbst herausfinden.

Bereiten Sie Ihre Kamera vor

Wenn Watvögel auf Nahrungssuche sind, halten sie sich in der Nähe von Seen und Flüssen auf. Wenn Sie jedoch nicht nur einen Vogel, sondern auch etwas von seinem Umfeld abbilden möchten, dann verwenden Sie eine große Blendenöffnung (also eine kleine Blendenzahl) und fotografieren mit Zeitautomatik. Der ISO-Wert hängt vom Umgebungslicht ab. Wählen Sie ihn so, dass Sie ohne Stativ fotografieren können. Wenn Sie zum Beispiel mit einer Brennweite von 100 Millimeter fotografieren, sollten Sie als Verschlusszeit wenigstens eine 1/125 Sekunde oder kürzer verwenden. In den meisten Fällen werden Sie nicht nahe genug an den Vogel herankommen, um ihn formatfüllend abzubilden. Die meisten Vögel verhalten sich gegenüber dem Menschen scheu und bleiben auch dann wachsam, während sie fressen. Der Einzelautofokus ermöglicht eine punktgenaue Fokussierung und schont dabei die Batterie. Der einzelne Autofokus-Punkt sorgt außerdem dafür, dass Sie die Schärfe präzise auf die gewünschte Stelle legen können. Der Bildstabilisator ist bei diesen langen Brennweiten besonders nützlich und trägt seinen Teil dazu bei, dass Sie mit unverwackelten Bildern nach Hause kommen.

Schießen Sie Ihre Fotos

 Wenn Sie in tropischen Gegenden Watvögel fotografieren, achten Sie auch auf Raubtiere wie zum Beispiel Alligatoren. Machen Sie sich wenn möglich nur mit einem Begleiter auf die Fotopirsch; so kann der eine fotografieren, während der andere auf die Umgebung achtet.

Wenn Sie ein gutes Plätzchen für die Fotos gefunden haben, steht einigen gelungenen Aufnahmen nichts mehr im Weg.

1. **Nehmen Sie an der Kamera die Einstellungen vor, die am Anfang dieses Kapitels beschrieben sind.**

2. **Suchen Sie den Platz auf, an dem Sie das letzte Mal die Watvögel beobachten konnten.**

   Am besten setzen Sie sich hin und warten geduldig auf die Vögel – das gilt besonders dann, wenn Sie an Plätzen fotografieren, an denen sich die Federtiere nicht an Menschen gewöhnt haben. Wenn Sie besonders schreckhafte Vögel fotografieren, wählen Sie einen Platz, an dem Sie mit der Umgebung verschmelzen können.

   Überprüfen Sie bei der Wahl des Standortes auch, ob der Hintergrund einen schönen Kontrast zu den Farben der Vögel erzeugt. So passen zum Beispiel grüne Blätter ausgezeichnet zu weißen Vögeln.

Vögel haben in der Natur zahlreiche Feinde, so dass sie dauernd auf der Hut sind. Sie werden sich also ein wenig tarnen müssen. Machen Sie keine plötzlichen Bewegungen. Wenn Sie einen fotogenen Vogel entdecken, schießen Sie einige Aufnahmen aus der aktuellen Position, damit Sie nicht mit leeren Händen dastehen. Dann nähern Sie sich behutsam dem Vogel und versuchen dabei, noch bessere Aufnahmen ins Trockene zu bringen.

3. **Wenn ein Vogel auftaucht, zoomen Sie ihn heran und komponieren Sie das Bild.**

   Viele Watvögel haben einen langen Hals. Wenn sie ihren Kopf senken, formt dieser eine S-Linie, die Sie in Ihre Komposition integrieren können. Beziehen Sie auch die Beine und den Schnabel mit ein.

4. **Machen Sie das Bild.**

   Bei schlechtem Licht oder in schattigen Gegenden müssen Sie den ISO-Wert erhöhen oder ein Stativ verwenden. Wenn Sie sich für das Stativ entscheiden, schalten Sie den Bildstabilisator aus – ansonsten kann es zu unerwarteten Resultaten kommen.

   Fotografieren Sie Vögel, während sie fressen (siehe Abbildung 8.1). Um die Szene einzufrieren, verwenden Sie eine Verschlusszeit von einer 1/250 Sekunde oder kürzer sowie eine offene Blende, um den Hintergrund verschwimmen zu lassen. Wenn Sie bei bewölktem Himmel oder in der Dämmerung fotografieren, verwenden Sie einen höheren ISO-Wert, um auf eine kurze Verschlusszeit zu kommen.

Abbildung 8.1: Drücken Sie auf den Auslöser, während die Vögel fressen.

Praktische Hilfe

✔ **Den weißen Vögeln fehlt es an Zeichnung.** Wenn Sie weiße Vögel fotografieren und feststellen, dass im Gefieder jegliche Zeichnung verloren gegangen ist, dann hat die Kamera die Belichtung auf die ganze Szene angepasst und den Vogel selbst überbelichtet. Greifen Sie korrigierend ein und reduzieren Sie die Belichtung um 1/3 oder 2/3 Blendenstufen.

✔ **Der Vogel wird zu dunkel abgelichtet.** Das kann passieren, wenn sich die Sonne hinter dem Vogel befindet. Die Kamera passt die Belichtung an die helle Szene an, wobei der Vogel selbst unterbelichtet wird. Sie können die Belichtung manuell verlängern, aber dann wird sehr wahrscheinlich der Himmel ausgebleicht. Die bessere Lösung sieht so aus, dass Sie eine andere Position suchen, an der die Sonne aus einer anderen Richtung scheint.

✔ **Der Vogel befindet sich außerhalb des Fokus.** Überzeugen Sie sich, dass Sie an der Kamera einen einzelnen Autofokus-Punkt eingestellt haben und dass sich dieser genau über dem Vogel befindet, wenn Sie den Auslöser antippen. Danach können Sie den Bildausschnitt festlegen.

✔ **Der Vogel verschmilzt mit dem Hintergrund.** Dieses Problem tritt zum Beispiel auf, wenn Sie einen dunklen Vogel vor einem dunklen Hintergrund fotografieren, oder einen hellen Vogel vor einem hellen Hintergrund. Die einfachste Lösung besteht darin, sich eine andere Position für die Aufnahme zu suchen.

Foto mit freundlicher Genehmigung von Roxanne Evans, www.dougplusrox.com.

9 Vögel in der Luft

Kamera-Einstellungen

▶ **Belichtungsmessung:** Integralmessung

▶ **Aufnahme-Betriebsart:** Serienaufnahmen

▶ **Belichtungssteuerung:** Blendenautomatik (S)

▶ **Belichtungszeit:** 1/500 Sekunde

▶ **ISO-Empfindlichkeit:** 100 bis 200

▶ **Autofokus:** Kontinuierlicher Autofokus

▶ **Fokus-Messfeld:** Einzelfeldsteuerung

▶ **Brennweite:** 100 mm oder länger (bezogen auf das Kleinbild-Format)

▶ **Bildstabilisator:** Nicht erforderlich

Vögel wirken in der Luft majestätisch. Sie können einige großartige Fotos von Vögeln schießen, die auf einem Ast sitzen oder fressen (so wie in den Kapiteln 8, 10 und 11 beschrieben). Doch Sie werden auch Vögel im Flug fotografieren wollen – und darum geht es in diesem Kapitel.

Wenn Sie einen Vogel in der Luft fotografieren, haben Sie die Chance auf ein Bild, das es wert ist, in einen Rahmen gesteckt und an die Wand gehängt zu werden. Allerdings müssen Sie den Vogel nicht nur im Flug einfrieren, sondern auch so nahe an ihn herankommen, dass auf dem Foto mehr zu sehen ist als ein kleiner, schwarzer Fleck.

Bereiten Sie Ihre Kamera vor

Wenn Sie Vögel im Flug fotografieren, gehört es zu Ihren Zielen, die Bewegung einzufrieren. Dazu reicht in den meisten Fällen eine 1/500 Sekunde. Der ISO-Wert sollte so gewählt werden, dass Sie mit Blende f/4 fotografieren können; dabei verschwimmt der Hintergrund in der Unschärfe und setzt die Vögel noch besser in Szene. Der kontinuierliche Autofokus sorgt dafür, dass die Vögel stets im Fokus sind, wenn sie sich nähern oder von Ihnen wegbewegen. Die Serienbild-Funktion der Kamera erhöht die Bildausbeute, wenn Sie die Vögel im Landeanflug oder beim Abheben fotografieren. Die empfohlene Brennweite von 100 Millimeter funktioniert, solange Sie nahe genug an die Tiere herankommen. Wenn Sie hingegen Vögel in der Luft fotografieren möchten, dann wird Ihnen eine Brennweite mit 200 Millimeter und länger (bezogen auf das Kleinbild-Format) gute Dienste leisten.

 Wenn Sie einen ganzen Schwarm fotografieren, erhöhen Sie den ISO-Wert, damit Sie eine kleinere Blendenöffnung verwenden können. Blende f/8 oder f/11 sorgen dafür, dass alle Mitglieder des Schwarms scharf abgebildet werden (siehe Abbildung 9.1).

Abbildung 9.1: Der kleine Schwarm wurde durch eine schnelle Verschlusszeit eingefroren.

Schießen Sie Ihre Fotos

Wenn Sie einen Vogel aufs Bild bannen, während er majestätisch durch die Lüfte schwebt, dann können Sie mit der Ausbeute mehr als zufrieden sein. Vögel in Städten zu fotografieren, stellt Sie jedoch vor neue Herausforderungen, weil auf den Bildern fast zwangsläufig auch nichtnatürliche Strukturen zu sehen sind. Doch mit einem geschulten Auge und den Einstellungen in diesem Kapitel werden Ihnen auch in solchen Umgebungen großartige Bilder gelingen.

 Schalten Sie die Serienbild-Funktion ein, um schnell mehrere Bilder in Folge zu schießen, während Sie dem Vogel mit der Kamera folgen.

1. **Wählen Sie einen geeigneten Standort.**

   Der ideale Standort befindet sich dort, wo die Vögel vor einem dezenten Hintergrund fliegen, wie etwa vor Bäumen oder dem Himmel. Wenn Sie in einer urbanen Umgebung fotografieren, suchen Sie nach einem Ort, wo die Vögel regelmäßig vor einem unauffälligen Hintergrund auftauchen.

2. **Nehmen Sie an der Kamera die Einstellungen vor, die am Anfang dieses Kapitels beschrieben sind.**

3. **Wenn der Vogel auftaucht, erfassen Sie ihn im Sucher und drücken den Auslöser halb herunter, um zu fokussieren.**

4. **Machen Sie Ihre Bilder.**

Probieren Sie zur Abwechslung eine lange Verschlusszeit von etwa einer 1/50 Sekunde und schwenken Sie die Kamera, um der Bewegung des Vogels zu folgen (siehe Kapitel 5). Auf dem Foto erscheint der Hintergrund als weiche, verwischte Fläche, während der Vogel scharf abgebildet und präzise fokussiert wird (siehe Abbildung 9.2).

Abbildung 9.2: Schwenken Sie die Kamera mit dem Vogel, um die Bewegungen zu betonen.

Praktische Hilfe

✔ **Der Vogel ist unscharf.** Vielleicht ist die Verschlusszeit zu lang. Verwenden Sie für den nächsten vorbeifliegenden Vogel eine kürzere Verschlusszeit.

✔ **Einige der Vögel in einem Schwarm befinden sich außerhalb des Fokus.** Dieses Problem tritt auf, wenn Sie einen größeren Schwarm fotografieren. Verwenden Sie einen höheren ISO-Wert, so dass Sie eine kleine Blendenöffnung einstellen können. Dadurch wird die Tiefenschärfe vergrößert und Ihre Chancen steigen, dass alle Mitglieder des Schwarms scharf abgebildet werden.

✔ **Der Vogel ist nicht im Fokus.** Die Kamera fokussiert beim Vogel auf die falsche Stelle. Wenn Sie einen einzelnen Vogel im Flug fotografieren, versuchen Sie, den Autofokus-Punkt auf den Kopf zu richten. Drücken Sie anschließend den Auslöser halb herunter, um zu fokussieren. Der Autofokus-Punkt leuchtet auf, um zu signalisieren, auf welche Stelle fokussiert worden ist. Drücken Sie anschließend den Auslöser ganz herunter, um das Foto zu schießen.

Foto mit freundlicher Genehmigung von Roxanne Evans, www.dougplusrox.com.

10 Greifvögel

Greifvögel gehören zu den eindrucksvollsten Vögeln überhaupt. Ausgestattet mit rasiermesserscharfen Krallen und spitzen Schnäbeln sind sie perfekt für die Jagd gerüstet und ein fantastisches Motiv für jeden Fotografen.

Wenn Sie in der Nähe des Meeres, eines Sees oder eines Flusses leben, dann werden Sie zahlreiche Gelegenheiten haben, um Greifvögel abzulichten. Doch ohne die geeignete Ausrüstung und die passenden Kamera-Einstellungen werden Sie es schwer haben, diese majestätischen Vögel standesgerecht in Szene zu setzen.

Bereiten Sie Ihre Kamera vor

Wenn Sie Greifvögel fotografieren, ist die Ausrüstung von großer Bedeutung. Das Kit-Objektiv, das standardmäßig mit Ihrer Kamera geliefert worden ist, wird den Anforderungen nicht gerecht. Wenn es Ihnen wirklich ernst mit dieser Art der Fotografie ist, kommen Sie um die Anschaffung eines starken Teleobjektivs nicht herum. Idealerweise handelt es sich dabei um ein Zoom mit einer Telebrennweite von mindestens 200 Millimeter. Fotografieren Sie mit Zeitautomatik und geben Sie eine große Blendenöffnung vor (also eine kleine Blendenzahl), damit die geringe Tiefenschärfe die Aufmerksamkeit des Betrachters auf den Vogel lenkt. Ein tiefer ISO-Wert belohnt Sie mit scharfen Bildern ohne Rauschen. Wenn Sie im Dämmerlicht fotografieren, sollten Sie idealerweise mit einem Stativ arbeiten, denn wenn Sie stattdessen den ISO-Wert erhöhen, verstärkt sich das Bildrauschen – was sich vor allem in den Schattenpartien unangenehm bemerkbar macht.

Schießen Sie Ihre Fotos

Das Fotografieren von Greifvögeln verlangt Übung, Hartnäckigkeit und Geduld. Außerdem müssen Sie etwas über die Vögel in Erfahrung bringen, um zu wirklich guten Fotos zu kommen. Viele dieser Tiere überleben nur deshalb, weil sie sehr vorsichtig sind, und entsprechend schwierig ist es, sie auf dem offenen Feld zu erwischen; außerdem nisten sie meistens versteckt in hohen Bäumen. Wenn Sie zum Beispiel wissen, welche Geräusche eine bestimmte Vogelart macht, erhöhen Sie Ihre Chancen, das Nest zu finden und einige besondere Aufnahmen zu machen.

 Für die besten Aufnahmen müssen Sie selbst zum Jäger werden, genau wie die Vögel, die Sie fotografieren wollen. Folgen Sie dieser Anleitung, um Ihren »Jägerinstinkt« zu wecken:

1. **Suchen Sie den Ort auf, an dem Sie zuvor die Vögel gesehen haben, die Sie fotografieren möchten.**

   Wenn Greifvögel auf die Jagd gehen, setzen sie sich häufig auf tote Bäume und überwachen die unmittelbare Umgebung auf potenzielle Opfer, so wie in Abbildung 10.1 gezeigt.

   Große Greifvögel wie Seeadler oder Fischadler bauen große Nester, die Sie vom Boden aus leicht erkennen können.

   Wenn sich Vogelfreunde in Ihrer Nähe in einem Verein treffen, werden Sie aktives Mitglied und fragen Sie die anderen, welche Orte für die Vogelfotografie besonders lohnenswert sind.

2. **Warten Sie geduldig, bis Sie den Vogel sehen, den Sie fotografieren möchten.**

   Wenn Sie in einem Nationalpark einen Fotografen mit einem langen Objektiv sehen, sprechen Sie ihn an. Diese Leute können Ihnen sehr häufig tolle Standorte verraten, um besonders lohnenswerte Motive einzufangen.

Foto mit freundlicher Genehmigung von Roxanne Evans, www.dougplusrox.com.

Abbildung 10.1: Der richtige Standort ist das Wichtigste.

3. **Zoomen Sie an den Vogel heran und drücken Sie den Auslöser halb herunter, um zu fokussieren.**

   Wenn Sie nahe genug dran sind, richten Sie den Autofokus-Punkt genau auf seine Augen und drücken Sie den Auslöser halb herunter, um den Fokus zu speichern. Nun können Sie ein wenig zurückzoomen und den Bildausschnitt festlegen, während die Schärfe weiterhin auf den Augen des Vogels liegt. Wenn seine Augen scharf sind, gilt das auch für den Rest des Körpers.

4. **Machen Sie Ihre Bilder.**

Foto mit freundlicher Genehmigung von Roxanne Evans, www.dougplusrox.com.

Abbildung 10.2: Ein Greifvogel mit Charakter

Sogar Greifvögel haben das Zeug zum Komödiantentum. Wenn Sie einen Vogel fotografieren, der auch nach dem Auslösen der Kamera nicht wegfliegt, behalten Sie ihn weiter im Auge. Nach einer Weile wird er sich wundern, was Sie da so treiben und wird Sie mit einem Ausdruck ansehen, den Sie garantiert nicht verpassen wollen (siehe Abbildung 10.2).

Praktische Hilfe

✔ **Der Vogel ist unscharf.** Kontrollieren Sie, ob die Verschlusszeit schnell genug ist, um die Kamera ohne Stativ zu bedienen. Wenn die Lichtverhältnisse eine kurze Verschlusszeit nicht zulassen, müssen Sie den ISO-Wert heraufsetzen. Als Alternative können Sie die Kamera auch auf einem Stativ montieren. In diesem Fall sollten Sie jedoch den Bildstabilisator deaktivieren; ansonsten kann es zu unerwarteten Resultaten kommen, weil der Stabilisator versucht, nicht vorhandene Bewegungen zu kompensieren.

✔ **Der Vogel befindet sich nicht im Fokus.** Überzeugen Sie sich, dass Sie den Autofokus-Punkt genau über dem Vogel platzieren, wenn Sie den Auslöser halb herunterdrücken. Im Idealfall platzieren Sie ihn direkt auf dem Auge des Vogels. Achten Sie außerdem darauf, dass die Kamera die korrekte Fokussierung durch die Anzeige im Sucher bestätigt.

✔ **Die Kamera kann nicht fokussieren.** Das passiert manchmal, wenn der Vogel von Objekten umgeben ist, mit denen der Autofokus nicht klarkommt. Um das Problem zu lösen, können Sie Ihre Position ändern. Sie können aber auch auf manuelle Fokussierung umschalten und selber scharf stellen. Nachdem Sie einige Aufnahmen sicher im Kasten haben, wechseln Sie die Position und versuchen Sie, noch attraktivere Fotos zu schießen.

11 Kleine Vögel

Kamera-Einstellungen

▶ **Belichtungsmessung:** Integralmessung

▶ **Aufnahme-Betriebsart:** Serienaufnahmen

▶ **Belichtungssteuerung:** Zeitautomatik (A)

▶ **Blendenöffnung:** 4,0

▶ **ISO-Empfindlichkeit:** 100 bis 400

▶ **Autofokus:** Kontinuierlicher Autofokus

▶ **Fokus-Messfeld:** Einzelfeldsteuerung

▶ **Brennweite:** 100 mm oder länger (bezogen auf das Kleinbild-Format)

▶ **Bildstabilisator:** Eingeschaltet

Kleine Vögel sind nicht minder interessant als ihre großen Verwandten. Um sie ins richtige Licht zu rücken, benötigen Sie ein wenig Wissen über ihre Eigenarten und vor allem Geduld. Vielleicht steht in Ihrer Nähe jedoch ein Vogelhäuschen oder eine Futterstelle; solche Orte sind ideal, um unseren gefiederten Freunden aufzulauern. Die benötigte Ausrüstung hängt davon ab, wie nah Sie an die Vögel herankommen. Futterplätze bieten ideale Voraussetzungen – wenn Sie nur lange genug in deren Nähe sitzen bleiben, werden die Vögel Sie als Teil der Umgebung akzeptieren und ihre Scheu verlieren. Natürlich können Sie kleine Vögel auch zu Hause vom Fenster aus fotografieren.

Bereiten Sie Ihre Kamera vor

Sie fotografieren kleine Vögel auf eine ähnliche Weise wie bei einem klassischen Porträt: Sie möchten Ihr Modell (also den kleinen Vogel) genau im Fokus haben, aber in den meisten Fällen sollen der Vorder- und der Hintergrund in der Unschärfe versinken. Die besten Resultate erzielen Sie, wenn Sie mit Zeitautomatik fotografieren und eine große, offene Blende verwenden. Arbeiten Sie nur mit einem einzelnen Autofokus-Punkt und fokussieren Sie wenn möglich auf die Augen des Vogels. Verwenden Sie den kontinuierlichen Autofokus, da Vögel zum Herumhüpfen neigen; in diesem Fall wird die Kamera die Schärfe automatisch nachführen. Verwenden Sie die Serienbild-Funktion.

Schießen Sie Ihre Fotos

Wenn Sie einen guten Platz für Ihre Aufnahmen gefunden haben, müssen Sie dort nur noch zur richtigen Zeit auftauchen. Wie bei fast allen Außenaufnahmen erreichen Sie auch in diesem Fall die besten Ergebnisse, wenn Sie nicht zur Mittagszeit fotografieren, weil das Licht dann besonders hart ist.

1. **Finden Sie eine Stelle, an der Sie die Vögel diskret fotografieren können.**

    Wenn in der Nähe ein Futterplatz steht, kommen Sie recht nahe an die Vögel heran. Wenn Sie die Vögel hingegen in der Wildnis fotografieren, achten Sie auf einen unauffälligen Hintergrund, so wie in Abbildung 11.1 gezeigt.

Foto mit freundlicher Genehmigung von Roxanne Evans, www.dougplusrox.com.

Abbildung 11.1: Finden Sie einen passenden Hintergrund.

2. **Nehmen Sie an der Kamera die Einstellungen vor, die am Anfang dieses Kapitels beschrieben sind.**

3. **Wenn Sie einen Vogel im Sucher haben, zoomen Sie heran und drücken Sie den Auslöser halb herunter, um zu fokussieren.**

    Wenn möglich, sollten Sie auf die Augen des Vogels fokussieren.

4. **Drücken Sie den Auslöser ganz herunter, um den Verschluss auszulösen.**

Wenn Sie die Serienbild-Funktion verwenden, macht die Kamera so lange Bilder, wie Sie den Auslöser drücken. Vögel ändern ihre Position sehr häufig und sehr schnell, so dass Ihre Chancen auf eine gelungene Ausbeute mit der Anzahl der Bilder steigen.

 Besuchen Sie einen Park, ein Naturschutzgebiet oder einen anderen Ort, an dem kleine Vögel geschützt sind. Häufig sind die Federtiere dort zutraulicher. So kam ich zum Foto des Buschhähers, der es sich auf der Fahrradstange gemütlich gemacht hatte (siehe Abbildung 11.2). Der Vogel ist außerdem beringt – das heißt, er wurde durch Vogelforscher identifiziert und markiert, damit seine Aktivitäten beobachtet werden können.

Abbildung 11.2: Zahme Vögel sind besonders dankbare Modelle.

Praktische Hilfe

✔ **Der Vogel ist unscharf (1).** Die Verschlusszeit ist zu langsam für das verwendete Objektiv. Besonders im Telebereich müssen Sie eine schnelle Verschlusszeit verwenden. Erhöhen Sie dazu den ISO-Wert.

✔ **Der Vogel ist unscharf (2).** Die Kamera hat nicht korrekt auf den Vogel fokussiert. Der Autofokus-Punkt muss sich genau über dem Vogel befinden, im Idealfall sogar genau über dem Auge. Drücken Sie den Auslöser halb herunter und warten Sie, bis die Markierung im Sucher die korrekte Fokussierung bestätigt. Wählen Sie erst dann den gewünschten Ausschnitt und lösen Sie den Verschluss aus.

✔ **Die Flügel des Vogels sind unscharf.** Dieses Problem taucht oft auf, wenn man Vögel beim Fressen fotografiert. Oft schlagen sie dabei kurz mit den Flügeln, was zu dieser Unschärfe führt. Doch solange der Körper des Vogels scharf bleibt, können sich dadurch einige interessante Aufnahmen ergeben.

✔ **Der Vogel ist zu klein.** Sie kommen nicht nahe genug an den Vogel heran und die Brennweite des Objektivs ist zu kurz. Wenn Ihre Kamera die Bilder mit mehr als 12 Megapixeln auflöst, können Sie später am PC eine Ausschnittvergrößerung anfertigen und damit trotzdem zu interessanten Fotos kommen.

12 Hausvögel

Einige Menschen lieben Katzen, andere Hunde und wieder andere bevorzugen gefiederte Geschöpfe. Einige Vögel haben gegenüber Hunden und Katzen sogar den Vorteil, dass sie sprechen können. Wenn Sie Vogelliebhaber sind oder einen solchen kennen, dann haben Sie ein perfektes Motiv für Ihr fotografisches Hobby gefunden. Vögel tragen meist ein farbenprächtiges Federkleid und einige sind sogar dressiert. Vor allem aber können Vögel neugierig sein und sich für Ihre glänzende Kamera interessieren. Bringen Sie deshalb zu Ihrer Foto-Session einen robusten Gegenstand mit, für den sich der Vogel interessieren könnte.

Bereiten Sie Ihre Kamera vor

Sogar wenn Sie einen relativ großen Vogel mit der empfohlenen Brennweite fotografieren, müssen Sie immer noch relativ nahe herangehen. Wenn Sie möchten, dass sich Ihr Modell vom Hintergrund abhebt, verwenden Sie eine große, offene Blende – das ist der Grund, warum Sie mit Zeitautomatik fotografieren. Eventuell müssen Sie den ISO-Wert ein wenig heraufsetzen, um im Dämmerlicht oder in Räumen zu fotografieren. Sie haben die Wahl zwischen Einzelbildaufnahmen und Serienbildern. Verwenden Sie Serienbilder, wenn sich der Vogel anschickt, gerade etwas Interessantes zu tun. Der Bildstabilisator ist besonders nützlich, wenn Sie den Vogel mit einer relativ langen Brennweite aus der Hand fotografieren.

Schießen Sie Ihre Fotos

Eine geschlossene Veranda oder ein Innenhof sind ideale Plätze, um Hausvögel zu fotografieren. Wenn kein Licht durch das Dach dringt, fotografieren Sie nach Möglichkeit am Morgen oder am Nachmittag. Zu diesen Zeiten erhalten Sie eine wundervolle, warme Beleuchtung.

1. **Finden Sie eine Stelle mit einem unauffälligen Hintergrund.**

   Ein unruhiger Hintergrund erzeugt ein konfuses Bild. Eine gleichmäßig gefärbte Mauer, die im Kontrast zu den Farben des Vogels steht, ist hingegen ideal. Selbstverständlich können Sie auch einen natürlichen Hintergrund verwenden, solange der Kontrast mit dem Vogel harmoniert.

2. **Bitten Sie den Eigentümer des Vogels (oder einen Freund, falls Sie der Eigentümer sind), den Vogel auf einer natürlichen Unterlage abzusetzen.**

   Ein Zweig oder ein abgestorbener Baumstamm eignen sich dafür natürlich ideal.

   Wenn Sie es mit einem trainierten Vogel zu tun haben, werden Sie relativ einfach zu gelungenen Bildern kommen. Doch auch bei untrainierten Vögeln werden Ihnen ausgezeichnete Fotos gelingen, wenn jemand den Vogel während der Foto-Session ein wenig beschäftigt, zum Beispiel mit einem Spielzeug.

3. **Nehmen Sie an der Kamera die Einstellungen vor, die am Anfang dieses Kapitels beschrieben sind.**

4. **Zoomen Sie heran, positionieren Sie den Autofokus-Punkt über dem Auge des Vogels und drücken Sie den Auslöser halb herunter, um zu fokussieren.**

5. **Gestalten Sie das Bild.**

   Sie können die Eigenheiten des Vogels nutzen, um den Blick des Betrachters ins Bild zu lenken. Ein gekrümmter Schnabel ist ein ideales Gestaltungselement, so wie in Abbildung 12.1 gezeigt. Sie erhalten außerdem ein interessanteres Bild, wenn Sie den Vogel nicht genau in der Mitte platzieren.

6. **Drücken Sie den Auslöser ganz herunter, um den Verschluss auszulösen.**

PhotoDisc/Getty Images

Abbildung 12.1: Machen Sie sich die Eigenheiten des Vogels zunutze, um das Bild zu komponieren.

Praktische Hilfe

✔ **Der Vogel ist zu dunkel.** Wenn sich hinter dem Vogel eine helle Lichtquelle befindet, versucht die Kamera diese zu kompensieren, indem sie das Bild heller macht. Dies führt zur Unterbelichtung des Vogels. Deshalb sollten Sie mit der manuellen Belichtungskorrektur eingreifen, bis der Vogel perfekt belichtet ist.

✔ **Die Farben sind nicht korrekt.** Unterschiedliche Lichtquellen können den automatischen Weißabgleich Ihrer Kamera durcheinanderbringen – etwa dann, wenn sich natürliches Licht mit künstlichen Lichtquellen vermischt. Sie können das korrigieren, indem Sie einen manuellen Weißabgleich vornehmen oder das Kunstlicht ausschalten.

✔ **Der Schnabel des Vogels befindet sich nicht im Fokus.** Sie werden stets versuchen, auf die Augen des Vogels zu fokussieren. Dabei kann es jedoch vorkommen, dass der Schnabel außerhalb des Fokus liegt. Fotografieren Sie den Vogel von der Seite, um diese Unschärfe zu vermeiden.

✔ **Der Vogel ist stellenweise zu dunkel.** Wenn sich die Lichtquelle direkt über dem Vogel befindet, kann es unter den Flügeln und unter dem Schnabel zu unschönen Schatten kommen. Bitten Sie jemanden, ein großes weißes Stück Papier vor den Vogel zu halten, so dass das reflektierte Licht diese Schatten aufhellt. Überprüfen Sie die Wirkung im Sucher. Gegebenenfalls muss Ihr Assistent das Papier in einem anderen Winkel halten, damit die Schatten gemildert werden.

Foto mit freundlicher Genehmigung von Roxanne Evans, www.dougplusrox.com.

13 Spielende Katzen

Katzen haben ihren eigenen Willen. Sie schlafen mehrere Stunden am Tag und suchen sich anschließend ein sonniges Plätzchen für ein weiteres Nickerchen. Schlussendlich sitzen sie auf der Fensterbank und starren für längere Zeit nach draußen, als würden sie nach Vögeln Ausschau halten.

Katzen spielen völlig anders als Hunde. Die meisten Katzen apportieren nicht und verschmähen sogar das Spielzeug, das Sie ihnen kaufen. Hingegen kann ein Papierkorb voller zerknüllter Blätter für eine Katze zu einem endlosen Quell des Entzückens werden.

Bereiten Sie Ihre Kamera vor

Wenn Sie eine spielende Katze fotografieren, möchten Sie die Bewegungen einfrieren, indem Sie mit Blendenautomatik fotografieren und eine kurze Verschlusszeit von einer 1/125 Sekunde vorgeben. Der gewählte ISO-Wert hängt vom Umgebungslicht ab: Wenn Sie die Blende ganz öffnen und mit der gewählten Verschlusszeit keine korrekt belichteten Bilder erhalten, müssen Sie den ISO-Wert erhöhen. In einem Raum ohne Tageslicht kann es durchaus sein, dass Sie sich für eine Empfindlichkeit von ISO 800 oder sogar noch höher entscheiden müssen. Bei Serienaufnahmen fotografiert die Kamera so lange, bis Sie den Auslöser freigeben. Der kontinuierliche Autofokus sorgt außerdem dafür, dass die Kamera die Schärfe ständig nachführt, wenn sich die Katze bewegt. Die empfohlene Brennweite erlaubt sowohl Aufnahmen der ganzen Szene als auch Nahaufnahmen.

Schießen Sie Ihre Fotos

Wenn Sie Ihre eigene Katze fotografieren möchten, dann benötigen Sie jemanden, der mit der Katze spielt. Allerdings ist selbst dann noch eine Menge Geduld nötig, falls es der Katze nicht beliebt, ausgerechnet jetzt zu spielen.

1. **Schnappen Sie sich das Spielzeug der Katze und bitten Sie Ihren Assistenten, mit der Katze zu spielen.**

   Verlassen Sie sich dabei nicht auf gekauftes Spielzeug. Die meisten Katzen weigern sich, ein solches auch nur anzufassen. Verwenden Sie stattdessen Schnüre, Papierkugeln oder was Ihre Katze sonst so mag.

2. **Nehmen Sie an der Kamera die Einstellungen vor, die am Anfang dieses Kapitels beschrieben sind.**

3. **Legen Sie sich auf den Boden, damit Sie sich auf derselben Höhe befinden wie die Katze.**

   Aus dieser Perspektive gelingen Ihnen wesentlich natürlichere Fotos, so wie in Abbildung 13.1 gezeigt.

4. **Finden Sie einen interessanten Blickwinkel und zoomen Sie heran.**

   Lassen Sie ein wenig Raum rund um die Katze. Wenn Sie zu nahe heranzoomen und sich die Katze ein wenig bewegt, endet das in einem Bild von einer Katze ohne Schwanz oder Pfoten.

5. **Wenn das Interesse der Katze am Spielzeug erwacht, drücken Sie den Auslöser halb herunter, um zu fokussieren.**

   Wenn sich die Katze bewegt, wird der Fokus von der Kamera automatisch nachgeführt.

6. **Drücken Sie den Auslöser ganz herunter, um den Verschluss auszulösen.**

   Die Kamera schießt so lange ein Foto nach dem anderen, bis Sie den Auslöser freigeben.

7. **Lassen Sie den Auslöser los, wenn Sie genug Fotos gemacht haben.**

   Nun haben Sie eine ganze Reihe von Bildern im Kasten, die die Katze beim Spielen zeigen.

Foto mit freundlicher Genehmigung von Roxanne Evans, www.dougplusrox.com.

Abbildung 13.1: Fotografieren Sie eine Katze auf Augenhöhe.

Wenn Sie junge Kätzchen fotografieren, besorgen Sie sich vorher ein Stück Schnur oder ein Tuch, das Sie zum Beispiel von einem Tisch herabhängen lassen können. Fotografieren Sie die Katze anschließend, wie sie mit der Schnur spielt oder versucht, mit ausgefahrenen Krallen am Tuch emporzuklettern.

Praktische Hilfe

✔ **Die ganze Katze ist nicht im Fokus.** Das kann passieren, wenn Sie bei gedämpftem Licht fotografieren. Erhöhen Sie den ISO-Wert, bis Sie eine Blende von f/7.1 oder kleiner (also eine größere Blendenzahl) verwenden können, um die ganze Katze im Fokus zu halten. Allerdings kann die Unschärfe außerhalb des Fokus manchmal auch gewünscht sein, wenn Sie die Aufmerksamkeit des Betrachters auf eine bestimmte Stelle lenken wollen – wie zum Beispiel auf die Pfoten, wenn die Katze mit einem Wollknäuel spielt.

✔ **Die Katze ist unscharf.** Wenn sich die Katze schnell bewegt, reicht vielleicht eine 1/125 Sekunde nicht, um die Action einzufrieren. Versuchen Sie die Schwenktechnik einzusetzen, die in Kapitel 6 erklärt wird, doch verwenden Sie dabei eine Verschlusszeit von ungefähr einer 1/30 Sekunde.

✔ **Die ganze Katze bewegt sich nur langsam.** Wenn Sie es mit einer älteren Katze zu tun haben, die nicht mit Warp-Geschwindigkeit spielt, können Sie die Verschlusszeit auch auf eine 1/60 Sekunde reduzieren – die Katze wird trotzdem wie eingefroren wirken.

Foto mit freundlicher Genehmigung von Roxanne Evans, www.dougplusrox.com.

14 Katzenporträts

Kamera-Einstellungen

▶ **Belichtungsmessung:** Integralmessung

▶ **Aufnahme-Betriebsart:** Einzelbild

▶ **Belichtungssteuerung:** Zeitautomatik (A)

▶ **Blendenöffnung:** f/3,5 oder größer (also eine kleinere Blendenzahl)

▶ **ISO-Empfindlichkeit:** Die tiefste ISO-Zahl, die nötig ist, um eine Verschlusszeit von einer 1/125 Sekunde oder kürzer zu erreichen

▶ **Autofokus:** Einzelautofokus

▶ **Fokus-Messfeld:** Einzelfeldsteuerung

▶ **Brennweite:** 80 bis 100 mm (bezogen auf das Kleinbild-Format)

▶ **Bildstabilisator:** Optional

Katzen befinden sich immer in einem dieser drei Modi: im beschaulichen Zen-Modus, im total verspielten Modus (als wären sie voll auf Katzenminze) oder im Schlafmodus. Für ein gutes Katzenporträt müssen Sie das Tier im beschaulichen Zen-Modus erwischen. Doch warten Sie nicht zu lange, denn wer weiß, wann der nächste Vogel vor dem Fenster landet oder eine unscheinbare Feder den Katzenminzen-Modus aktiviert. Dieses Kapitel zeigt Ihnen die besten Einstellungen für gelungene Katzenporträts.

Bereiten Sie Ihre Kamera vor

Wenn Sie für diese Art von Aufnahmen die Zeitautomatik verwenden und eine große, offene Blende vorgeben, verschwindet der Hintergrund in einer angenehmen Unschärfe – was wiederum die Aufmerksamkeit des Betrachters auf die Katze lenkt. Ein mittleres Tele holt den kuscheligen Mitbewohner näher heran und leistet großartige Arbeit, wenn es darum geht, die charakteristischen Eigenschaften hervorzuheben. Verwenden Sie den geringstmöglichen ISO-Wert, um die Bilder so rauscharm wie möglich zu halten. Ihre Katze wird sich vielleicht mehr für Ihre Kamera interessieren, als Ihnen lieb ist – deshalb sind Helfer so praktisch, weil sie den Vierbeiner auf Distanz halten können. Verwenden Sie den Bildstabilisator, damit Sie auch bei schummerigem Licht den ISO-Wert nicht allzu sehr erhöhen müssen, um unverwackelte Aufnahmen zu bekommen. Wenn Ihre Katze jedoch besonders aktiv ist, benötigen Sie eine schnelle Verschlusszeit, um die Bewegungen einzufrieren.

Schießen Sie Ihre Fotos

Die besten Fotos von Katzen gelingen Ihnen, wenn Sie die Gewohnheiten des Vierbeiners kennen. Katzen sind Gewohnheitstiere und erledigen dieselben Dinge meistens zur selben Zeit des Tages. Bringen Sie Ihre Kamera in Stellung, wenn Ihre Katze dazu bereit ist, den Futterplatz der Vögel im Hinterhof zu beobachten. Sie müssen schnell sein, wenn Sie den passenden Moment erwischen wollen, denn innerhalb einer Sekunde kann bereits ein anderes Objekt die Aufmerksamkeit des Vierbeiners auf sich ziehen.

1. **Wenn Ihre Katze eine interessante Pose einnimmt, positionieren Sie den Autofokus-Punkt über ihren Augen und drücken Sie den Verschluss halb herunter, um zu fokussieren.**

2. **Zoomen Sie heran und komponieren Sie das Bild.**

Abbildung 14.1: Die Augen der Katze sind die Fenster zur Seele.

Die Augen der Katze müssen sich genau im Fokus-Punkt befinden, so wie in Abbildung 14.1 gezeigt. Die Augen sind die Fenster zur Seele, und das gilt auch für Ihre Lieblingskatze.

Platzieren Sie die Katze nicht in der Bildmitte. Sie kommen zu interessanteren Fotos, wenn Sie Ihre Katze gemäß der Drittelregel positionieren.

3. **Machen Sie Ihr Bild.**

Fotografieren Sie Ihre Katze wenigstens ein bis zwei Meter vom Hintergrund entfernt. Verwenden Sie eine Brennweite von etwa 85 Millimeter und öffnen Sie die Blende so weit wie möglich. (Verwenden Sie also die kleinstmögliche Blendenzahl.) Wenn Sie ein lichtstarkes Objektiv mit einer Blendenöffnung von f/2,8 oder größer einsetzen, werden Sie mit einem wunderbaren Katzenporträt belohnt, bei dem kein Hintergrund den Blick des Betrachters ablenkt (siehe Abbildung 14.2).

Foto mit freundlicher Genehmigung von Roxanne Evans, www.douglusrox.com.

Abbildung 14.2: Kein Hintergrund lenkt hier von der Katze ab.

Praktische Hilfe

✔ **Meine Katze kommt der Kamera zu nahe.** Bitten Sie ein Familienmitglied, die Katze beim Namen zu rufen und sie ein wenig auf Distanz zu halten.

✔ **Meine Katze bewegt sich zu oft.** Ihrer Katze steht der Sinn vielleicht eher nach Spielen. Lesen Sie Kapitel 13 und schießen Sie einige Bilder von Ihrer Katze beim Spielen. Wenn sie endlich müde wird, können Sie mit der Porträtfotografie weitermachen.

✔ **Meine Katze wirkt im Bild zu dunkel.** Wenn Sie Ihre Katze im Gegenlicht fotografieren, führt das zur Unterbelichtung. Verwenden Sie die manuelle Belichtungskorrektur, um das Bild ein wenig aufzuhellen. Sie können jedoch auch ein Blitzgerät verwenden, um die Szene aufzuhellen. Verwenden Sie den Aufhellblitz jedoch nicht zusammen mit der Belichtungskorrektur, sonst wirken die Details wie ausgewaschen.

Wenn Sie die Katze direkt anblitzen, wird sie das grelle Licht nicht mögen. Im schlimmsten Fall wird sie der Kamera von nun an aus dem Weg gehen. Direktes Blitzlicht führt außerdem zu einem ähnlichen Effekt wie den roten Augen bei Menschen, nur dass bei einer Katze die Augen unheimlich zu glühen anfangen. Aus diesen Gründen benötigen Sie ein Blitzgerät, mit dem Sie zum Beispiel indirekt über die Decke blitzen können.

Corbis Digital Stock

15 *Spielende Hunde*

Kamera-Einstellungen

▶ **Belichtungsmessung:** Integralmessung

▶ **Aufnahme-Betriebsart:** Serienaufnahmen

▶ **Belichtungssteuerung:** Blendenautomatik (S)

▶ **Belichtungszeit:** 1/250 Sekunde oder schneller

▶ **ISO-Empfindlichkeit:** 100 bis 400

▶ **Autofokus:** Kontinuierlicher Autofokus

▶ **Fokus-Messfeld:** Einzelfeldsteuerung

▶ **Brennweite:** 50 bis 150 mm (bezogen auf das Kleinbild-Format)

▶ **Bildstabilisator:** Eingeschaltet

Hunde wollen einfach nur Spaß haben. Und den haben sie auch, wenn ihnen ihr Besitzer die Chance dazu gibt. Hunde lieben ihr Spielzeug, doch sie können genauso gut mit einem anderen Gegenstand improvisieren. Und wenn gar nichts verfügbar ist, tollen sie einfach wie verrückt herum. Sie können einige großartige Fotos schießen, während der Hund seinem Spieltrieb nachgibt – sei es nun im Hinterhof oder am Meer. Alles, was Sie dazu benötigen, sind ein verspielter Welpe und die Einstellungen in diesem Kapitel.

Bereiten Sie Ihre Kamera vor

Wenn Sie einen Hund beim Spielen fotografieren, wollen Sie die Bewegungen einfrieren. Deshalb verwenden Sie die Blendenautomatik und geben die Verschlusszeit vor. Denken Sie daran, dass Sie für diese Art von Fotos eine möglichst kurze Verschlusszeit benötigen. Der empfohlene ISO-Wert eignet sich perfekt für einen hellen sonnigen Tag, eventuell auch mit leichter Bewölkung. Wenn Sie hingegen in der Dämmerung fotografieren, müssen Sie den ISO-Wert erhöhen. Allerdings produziert heutzutage jede halbwegs moderne Kamera auch dann noch relativ rauscharme Bilder, wenn Sie die Empfindlichkeit auf ISO 1000 hochfahren. Doch was soll's; ein wenig Rauschen spielt überhaupt keine Rolle, wenn Sie dafür zu außerordentlichen Fotos kommen. Die Brennweite hängt davon ab, wie nahe Ihnen der Hund beim Spiel ist. Der Bildstabilisator ist in solchen Situationen immer nützlich, um die Gefahr einer Verwacklungsunschärfe zu minimieren.

Schießen Sie Ihre Fotos

Die besten Resultate erhalten Sie, wenn sich jemand aus Ihrer Familie mit dem Hund beschäftigt. Wenn Sie alleine sind, wird der Hund denken, dass Sie sein Spielgefährte sind und dass die Kamera unbedingt genauer untersucht werden muss.

1. **Besuchen Sie mit dem Hund jenen Ort, an dem er normalerweise spielt.**

   Am besten eignen sich Orte, wo Bäume, eine nette Landschaft oder ein Strand einen dekorativen Hintergrund abgeben.

2. **Gehen Sie in die Knie.**

   Die Bilder sehen sehr viel natürlicher aus, wenn Sie sich auf derselben Höhe befinden wie der Hund – es sei denn, dieser springt gerade in die Luft, um einen Ball oder einen Frisbee zu fangen.

3. **Während der Hund spielt, zoomen Sie heran und drücken den Auslöser halb herunter, um zu fokussieren.**

   Wenn der kontinuierliche Autofokus eingeschaltet ist, führt die Kamera den Fokus nach, während sich der Hund bewegt.

4. **Wenn Ihnen die Szene gefällt, drücken Sie den Verschluss ganz herunter.**

   Die Kamera macht so lange Fotos, wie Sie den Auslöser gedrückt halten.

5. **Lassen Sie den Auslöser los, nachdem Sie die Szene eingefangen haben.**

   Nun haben Sie eine Menge Bilder im Kasten, aus denen Sie die besten auswählen können. Fotografieren Sie weiter, bis einer von beiden müde ist: Sie oder der Hund.

 Wechseln Sie zu einer langsamen Verschlusszeit von etwa einer 1/15 Sekunde. Schwenken Sie die Kamera mit dem Hund (siehe Kapitel 6) und Sie erhalten ein Bild, das die schnellen Bewegungen des Hundes perfekt symbolisiert (siehe Abbildung 15.1).

Corbis Digital Stock

Abbildung 15.1: Verwenden Sie eine lange Verschlusszeit, um das Gefühl der Bewegung zu vermitteln.

Praktische Hilfe

✔ **Der Hund ist nicht komplett im Fokus.** Dieses Problem tritt auf, wenn Sie bei wirklich schlechtem Wetter fotografieren. Wenn Sie die Verschlusszeit vorgeben, steuert die Kamera automatisch die Blende dazu bei. Bei schlechtem Licht wird die Blende entsprechend weit geöffnet und die Tiefenschärfe reduziert sich. Erhöhen Sie in solchen Fällen den ISO-Wert, bis die Kamera eine Blende von ca. f/7,1 oder kleiner (größere Blendenzahl) einstellt.

✔ **Der Hund ist nicht ganz im Bild.** Das kommt vor, wenn Sie nahe an den Hund heranzoomen und sich dieser auf Sie zubewegt. Lassen Sie um den Hund herum ein wenig Raum, wenn Sie das Bild komponieren – auch vor ihm, damit die Tiefenwirkung verstärkt wird.

Corbis Digital Stock

16 Hundeporträts

Kamera-Einstellungen

▶ **Belichtungsmessung:** Integralmessung

▶ **Aufnahme-Betriebsart:** Einzelbild

▶ **Belichtungssteuerung:** Zeitautomatik (A)

▶ **Blendenöffnung:** f/3,5 oder eine kleinere Blendenzahl

▶ **ISO-Empfindlichkeit:** 100 bis 400

▶ **Autofokus:** Einzelautofokus

▶ **Fokus-Messfeld:** Einzelfeldsteuerung

▶ **Brennweite:** 80 bis 100 mm (bezogen auf das Kleinbild-Format)

▶ **Bildstabilisator:** Eingeschaltet

*J*eder Hund verfügt über eine einmalige Persönlichkeit, was ihn zu einer wunderbaren Vorlage für Porträts macht. Während er Sie mit seinen treuen Hundeaugen ansieht, scheint er zu lächeln.

Wenn der Hund bereits auf Ausstellungen posiert hat, erleichtert das Ihre Arbeit ungemein. Wenn Sie hingegen einen verspielten Welpen fotografieren, haben Sie alle Hände voll zu tun. Er wird keinesfalls still sitzen, sondern ständig herumtoben wollen oder versuchen, die Linse Ihres Objektivs mit der Zunge zu reinigen.

So oder so: Die Einstellungen in diesem Kapitel liefern Ihnen das nötige Rüstzeug, um einige wundervolle Fotos von Ihrem Hund zu schießen.

Bereiten Sie Ihre Kamera vor

Wenn Sie ein Porträt von Ihrem Hund anfertigen möchten, dann sollte er natürlich im Mittelpunkt des Interesses stehen – und das bedeutet, dass Sie der Tiefenschärfe besondere Aufmerksamkeit schenken müssen; deshalb fotografieren Sie mit Zeitautomatik und geben die Blende selbst vor. Benutzen Sie für die Fokussierung nur einen einzelnen Autofokus-Punkt, so dass Sie die Schärfe genau auf die Augen Ihres besten Freundes legen können. Der empfohlene ISO-Wert passt perfekt zu einem hellen, sonnigen Tag. Wenn Sie jedoch unter schwachen Lichtbedingungen fotografieren, erhöhen Sie den ISO-Wert entsprechend. Die Brennweite von 80 bis 100 Millimeter erzeugt einen natürlichen Eindruck. Der Bildstabilisator hilft Ihnen dabei, Unschärfen zu verhindern, die durch das Zittern der Hände entstehen.

Schießen Sie Ihre Fotos

Wenn Sie Ihren Hund draußen fotografieren, sollten Sie das am Morgen oder am Abend tun, wenn das Licht weich ist und keine harten Schatten erzeugt. Ein bewölkter Himmel liefert in jedem Fall eine diffuse, weiche Beleuchtung, die überhaupt keine Schatten erzeugt und sich damit perfekt für Porträts eignet. Jetzt fehlt nur noch ein wenig Fellpflege vor der Aufnahme, und schon sind alle Beteiligten bestens gerüstet.

1. **Finden Sie eine geeignete Stelle für die Aufnahmen.**

   Suchen Sie nach einem Ort, an dem der Hintergrund einen gelungenen Kontrast zum Fell des Hundes bildet. Ein dunkles Fell verlangt nach einem hellen Hintergrund. Entsprechend sollten Sie bei einem hellen Fell einen dunklen Hintergrund wählen.

2. **Bringen Sie den Hund dazu, sich zu setzen.**

   Wenn der Hund nicht Ihnen gehört, sollte sein Besitzer unbedingt dabei sein, um die Kommandos zu erteilen. Vergessen Sie trotzdem nicht, einige kulinarische Belohnungen mitzunehmen.

3. **Begeben Sie sich auf die Höhe des Hundes.**

   Jedes der folgenden Bilder kann nur gewinnen, wenn Sie sich auf Augenhöhe mit dem Hund befinden. Wenn Sie jedoch einen Dackel fotografieren, sollten Sie den Hund auf einem Tisch posieren lassen.

4. **Zoomen Sie auf den Hund und positionieren Sie den Autofokus-Punkt genau über dem Auge, das sich näher bei der Kamera befindet. Drücken Sie den Auslöser halb herunter, um zu fokussieren.**

5. **Komponieren Sie das Bild.**

   Ihre Porträts werden automatisch besser, wenn sich der Hund nicht symmetrisch in der Mitte des Bildes befindet. Eine ausgezeichnete Pose ist die Dreiviertel-Ansicht. Bitten Sie den Hund still zu stehen und nennen Sie seinen Namen.

6. **Machen Sie Ihr Bild.**

   Schießen Sie viele weitere Fotos. Ein lebhafter Hund wird seine Pose ständig ein wenig verändern und Ihnen damit zahlreiche Gelegenheiten für weitere tolle Fotos bieten. Doch irgendwann wird jeder Hund seiner Modellrolle überdrüssig und will sich verziehen, um eine Pause einzulegen. Folgen Sie ihm und nutzen Sie die Möglichkeit für weitere Fotos, so wie in Abbildung 16.1 gezeigt.

Beobachten Sie den Hund, während er sein Revier erkundet. Sobald er an einer interessanten Stelle steht, machen Sie sich schussbereit und rufen Sie ihn beim Namen. Er wird sich Ihnen mit einem neugierigen Gesichtsausdruck zuwenden, so wie in Abbildung 16.2 gezeigt.

Abbildung 16.1: Fotografieren Sie Ihren Hund, wenn er sich ausruht.

Praktische Hilfe

✔ **Der Hund kommt zu nahe an die Kamera.** Lassen Sie sich von einem Familienmitglied dabei helfen, den Hund in die gewünschte Position zu bringen und fordern Sie ihn auf, »Sitz!« zu machen. Bitten Sie Ihren Assistenten, den Hund zu halten, während Sie das Bild komponieren. Wenn Sie so weit sind, kann der Assistent den Hund loslassen und sich aus dem Bild bewegen. Rufen Sie sofort den Namen des Hundes und machen Sie Ihre Bilder.

✔ **Das Bild ist nicht wirklich scharf.** Fokussieren Sie immer auf das Auge, das näher bei der Kamera ist. Wenn Sie mit Zeitautomatik fotografieren und eine große, offene Blende vorgeben, ist die Tiefenschärfe entsprechend gering. Solange jedoch das Auge bei der Kamera scharf abgebildet ist, scheint auch der restliche Hund scharf – und außerdem erzeugen Sie eine hübsche Unschärfe im Hintergrund.

✔ **Ich fotografiere einen großen Hund, doch Teile seines Körpers sind nicht im Fokus.** Bei großen Hunden benötigen Sie mehr Tiefenschärfe. Wählen Sie also eine Blende von f/6,3 oder f/7,1, damit der ganze Hund scharf abgebildet wird.

✔ **Mein Hund wirkt im Bild zu dunkel.** Wenn Sie Ihren Hund im Gegenlicht fotografieren, führt das zur Unterbelichtung. Verwenden Sie die manuelle Belichtungskorrektur, um das Bild ein wenig aufzuhellen. Sie können jedoch auch ein Blitzgerät verwenden, um die Szene aufzuhellen. Verwenden Sie den Aufhellblitz jedoch nicht zusammen mit der Belichtungskorrektur – ansonsten wirken die Details wie ausgewaschen.

Corbis Digital Stock

Abbildung 16.2: Die meisten Hunde reagieren mit Neugierde, wenn man sie ruft.

17 Tiere im Zoo

Ein Zoo bietet für jeden Fotografen fantastische Möglichkeiten. An keinem anderen Ort haben Sie die Möglichkeit, so viele verschiedene Tiere zu fotografieren – große und kleine, zahme und wilde, einheimische und exotische. Ein Zoobesuch bedeutet jedoch nicht, dass die tollen Motive Sie förmlich anspringen. Stattdessen ist ein wenig Arbeit nötig, um Gehege und Gitterstäbe auszublenden und die Tiere so darzustellen, als würden sie in der freien Wildbahn leben.

Bereiten Sie Ihre Kamera vor

Es liegt in der Natur der Sache, dass Zootiere ziemlich sesshaft sind. Deshalb eignet sich die Zeitautomatik mit Blendenvorwahl, weil

Sie keine spontane Action und sprunghafte Bewegungen mit einberechnen müssen. Der empfohlene Brennweitenbereich eignet sich ideal, um sowohl das Tier komplett scharf abzubilden als auch den Hintergrund verschwimmen zu lassen. Wenn Sie die kleinere Blendenöffnung wählen (also eine größere Blendenzahl), dann werden Hintergrund und Hauptmotiv gleichermaßen scharf. Der ISO-Wert eignet sich hervorragend für direktes Sonnenlicht, einen bewölkten Himmel oder auch schattige Plätzchen. In dunklen Umgebungen oder bei Innenaufnahmen kann es jedoch sein, dass Sie den ISO-Wert auf ISO 800 heraufsetzen müssen.

Viele Zootiere haben wenig Scheu, sich den Zuschauern bis auf eine kurze Distanz zu nähern. Wenn Sie hingegen natürliche Bilder schießen möchten, bei denen sich die Tiere scheinbar in ihrer natürlichen Umgebung befinden, dann benötigen Sie eine längere Telebrennweite. Sie erlaubt es Ihnen, die Tiere auch an ihren bevorzugten Ruheplätzen oder in den Ästen zu fotografieren. Gerade in solchen Situationen wird Ihnen der Bildstabilisator gute Dienste leisten, weil er besonders bei langen Brennweiten Verwackelungen entgegenwirkt.

Schießen Sie Ihre Fotos

Wenn Sie einen populären Zoo aussuchen, sollten Sie sich für einen Tag entscheiden, an dem normalerweise nicht allzu viel los ist. Wenn möglich, sollten Sie den Zoo aufsuchen, kurz bevor die Tiere zu fressen bekommen, denn dann sind sie durch das Fressen ihrer Mahlzeit meistens ein wenig aktiver. Für solche Abklärungen reicht normalerweise ein kurzer Anruf beim Zoo.

1. **Wenn Sie ein Tier sehen, das Sie fotografieren möchten, bewegen Sie sich um das Gehege, bis Sie eine geeignete Perspektive finden.**

   Je weniger Artefakte sich auf dem Bild befinden, umso eher können Sie die Illusion erzeugen, es handle sich um eine Aufnahme in der freien Wildbahn. Manchmal ist es schwierig, einen solchen Platz zu finden; in solchen Fällen sollten Sie nach Plätzen Ausschau halten, an denen Sie künstliche Objekte hinter Pflanzen oder Ähnlichem verbergen können.

2. **Zoomen Sie heran und drücken Sie den Auslöser halb nach unten, um zu fokussieren.**

   Wenn Sie nahe am Tier sind, positionieren Sie den Autofokus-Punkt über dem Auge, das näher bei der Kamera ist.

3. **Komponieren Sie das Bild.**

   Verwenden Sie die Objekte rund um das Tier, um die Aufmerksamkeit des Betrachters auf das Motiv zu lenken. Fotografieren Sie Ihr Modell wenn möglich auf Augenhöhe. Wenn Sie einen engen Bildausschnitt verwenden, verschwinden auch störende Bildelemente (siehe Abbildung 17.1).

4. **Machen Sie Ihr Bild.**

    Nachdem Sie Ihre Bilder geschossen haben, warten Sie noch eine Minute oder zwei. Nicht selten bietet sich Ihnen die Chance, das Tier aus einer anderen Perspektive aufzunehmen, so wie in Abbildung 17.2 gezeigt. Geduld zahlt sich für jeden Fotografen aus.

Big Cat Rescue www.bigcatrescue.org

Abbildung 17.1: Durch ein starkes Heranzoomen eliminieren Sie einen störenden Hintergrund.

Praktische Hilfe

✔ **Im Bild sind Reflexionen zu sehen.** Reflexionen treten auf, wenn Sie ein Tier durch eine Glasscheibe fotografieren. Drücken Sie das Objektiv gegen das Glas, um Spiegelungen auszuschalten.

✔ **Der Autofokus arbeitet durch das Glas nicht korrekt.** Wechseln Sie zum manuellen Fokus, um ein scharfes Bild zu erhalten.

✔ **Ich höre den Autofokus-Motor, aber die Kamera findet den Fokus nicht.** Das kann vorkommen, wenn sich ein Maschendrahtzaun zwischen Ihnen und dem Tier befindet. In den meisten Fällen hat die Kamera Mühe, durch das störende Muster hindurch zu fokussieren. Die einzige Abhilfe besteht darin, dass Sie zur manuellen Fokussierung übergehen.

✔ **Ich kann in den Bildern die Drähte des Zauns sehen.** Gehen Sie so nahe an den Zaun heran, wie möglich. Verwenden Sie eine offene Blende, um die Tiefenschärfe möglichst klein zu halten. Der Draht wird so unscharf werden, dass er mit dem restlichen Bild verschmilzt. In Abbildung 17.1 kamen eine Brennweite von 200 Millimeter und eine Blende von f/4 zum Einsatz. Der Zaun ist nahezu unsichtbar und lenkt nicht länger von diesem prächtigen Tier ab.

Abbildung 17.2: Mit ein wenig Geduld erwischen Sie das Tier auch in einer anderen Pose.

18 Tiere in freier Wildbahn

Wenn Sie draußen in der Natur leben, bieten sich Ihnen einige wunderschöne Motive wie Rehe, Füchse, Fischotter oder Dachse an – und das auch noch in ihrem natürlichen Umfeld. Allerdings befinden sich einige dieser Tiere ganz am Ende der Nahrungskette und sind entsprechend scheu, vor allem Menschen gegenüber. Um diese Tiere ansprechend zu fotografieren, brauchen Sie Geduld, Geduld und noch mehr Geduld. Wenn Sie sich dann auch noch umsichtig bewegen, können Ihnen einige hervorragende Schüsse gelingen.

Wenn sich ein Nationalpark in Ihrer Nähe befindet, suchen Sie ihn regelmäßig auf und machen Sie sich mit den Eigenheiten der Tiere vertraut – einschließlich ihrer Ernährungsgewohnheiten. Wenn Sie sich so vorbereiten und dazu die Einstellungen in diesem Kapitel verwenden, stehen außergewöhnlichen Naturfotografien nichts mehr im Weg.

Bereiten Sie Ihre Kamera vor

Bei dieser Art von Fotografie verwenden Sie die Zeitautomatik mit Blendenvorwahl. So können Sie die Tiefenschärfe exakt kontrollieren und mit einer großen Blendenöffnung das Tier scharf abbilden, während der Hintergrund in der Unschärfe verschwindet. Der kontinuierliche Autofokus führt die Schärfe automatisch nach, wenn sich das Motiv bewegt. Nehmen Sie mit der Serienbild-Funktion ganze Bilderreihen auf, während sich das Tier durch die Gegend bewegt. Die verwendete Brennweite hängt davon ab, wie stark Sie sich den Tieren nähern können. Auf jeden Fall wird Ihnen der Bildstabilisator helfen, unverwackelte Bilder aus der Hand zu schießen.

Die längste Verschlusszeit, die Sie verwenden sollten, können Sie von der verwendeten Brennweite ableiten. Wenn Sie zum Beispiel eine Brennweite von 100 Millimeter verwenden (bezogen auf das Kleinbild-Format), dann sollte die Verschlusszeit im Optimalfall eine 1/100 Sekunde oder kürzer betragen. Bei einer Brennweite von 300 Millimeter verwenden Sie eine Verschlusszeit von einer 1/300 Sekunde oder kürzer. Und so weiter. (Wobei die Kamera vielleicht nicht exakt diesen Wert zulässt; verwenden Sie im Idealfall die nächstkürzere Verschlusszeit.) In jedem Fall verschafft Ihnen der Bildstabilisator eine zusätzliche Reserve.

Schießen Sie Ihre Fotos

1. **Suchen Sie den Platz auf, an dem Sie zuvor die Tierart gesehen haben, die Sie fotografieren möchten. Verstecken Sie sich und warten Sie.**

Fotografieren Sie während der frühen Morgenstunden oder am späten Nachmittag, wenn das Licht besser ist und sich die Tiere auf Futtersuche begeben.

2. **Nehmen Sie an der Kamera die Einstellungen vor, die am Anfang dieses Kapitels beschrieben sind.**

3. **Wenn Sie das Tier sehen, zoomen Sie heran bis es den Sucher füllt und zoomen Sie dann ein wenig zurück.**

4. **Richten Sie den Autofokus-Punkt auf das näher gelegene Auge, drücken Sie den Auslöser halb herunter, um zu fokussieren, komponieren Sie Ihr Bild und drücken Sie anschließend den Auslöser ganz herunter, um den Verschluss auszulösen.**

Wenn die Serienbild-Funktion aktiviert ist, macht die Kamera so lange Bilder, bis Sie den Finger vom Auslöser nehmen.

Zoomen Sie an das Tier heran, um ein intimes Porträt zu schaffen, und gestalten Sie das Bild nach der Drittelregel (siehe Abbildung 18.1). Im Kapitel »Über das Knipsen hinaus« finden Sie weitere Informationen zu dieser Regel.

Abbildung 18.1: Zoomen Sie für ein gutes Porträt nahe heran.

Praktische Hilfe

✔ **Das Bild ist nicht scharf.** Überzeugen Sie sich, dass der ISO-Wert hoch genug für eine schnelle Verschlusszeit ist. Verwenden Sie den Bildstabilisator, wenn Ihre Kamera oder das Objektiv mit einer solchen Vorrichtung ausgestattet ist – falls nicht, greifen Sie auf ein Stativ zurück.

 Schalten Sie den Bildstabilisator aus, wenn die Kamera auf einem Stativ steht. Ansonsten kann es zu unerwarteten Resultaten kommen, wenn die Technik eine Bewegung kompensieren will, die gar nicht existiert.

✔ **Das Tier verschwindet fast völlig vor dem Hintergrund.** Einige Tiere verschmelzen förmlich mit dem Hintergrund. Versuchen Sie einen anderen Blickwinkel. Verwenden Sie die größte Blendenöffnung, um den Hintergrund so unscharf wie möglich abzubilden. Wegen der geringen Tiefenschärfe müssen Sie jedoch darauf achten, den Autofokus-Punkt genau über das näher gelegene Auge des Tieres zu legen.

✔ **Das Tier ist verschwunden, bevor ich ein Bild machen konnte.** Sie müssen an Ihrem Ort gut getarnt sein und der Wind darf Ihren Geruch nicht in die Richtung des Tieres tragen.

19 Gefährliche Tiere in der Wildnis

Kamera-Einstellungen

- **Belichtungsmessung:** Mittenbetont
- **Aufnahme-Betriebsart:** Einzelbild oder Serienaufnahmen
- **Belichtungssteuerung:** Zeitautomatik (A)
- **Blendenöffnung:** f/3,5
- **ISO-Empfindlichkeit:** Gerade so hoch, dass Sie die Kamera bei der gewählten Brennweite verwacklungsfrei in der Hand halten können
- **Autofokus:** Kontinuierlich
- **Autofokus-Messpunkt:** Einzelner Messpunkt
- **Brennweite:** Die längste Brennweite, auf die Sie zurückgreifen können
- **Bildstabilisator:** Eingeschaltet

In vielen Teilen der Welt können Sie exotische und gefährliche Tiere in ihrem natürlichen Lebensraum fotografieren, und die daraus resultierenden Fotos sind ganz bestimmt schöner und befriedigender, als solche von Tieren in einem Käfig.

Allerdings müssen Sie bei dieser Art der Fotografie extrem vorsichtig sein. Oberstes Ziel ist, dass Sie nicht direkt mit dem Tier konfrontiert werden oder sogar in Gefahr geraten.

Die meisten Tiere fürchten sich vor Menschen, aber an Orten wie zum Beispiel in Nationalparks haben sie sich an uns gewöhnt und agieren entsprechend kühner, als man sich das vielleicht vorstellt. Doch solange Sie vorsichtig bleiben und sich an die empfohlenen Einstellungen halten, können Sie ganz erstaunliche Fotos schießen.

Bereiten Sie Ihre Kamera vor

Natürlich möchten Sie ein Bild, das den Blick des Betrachters direkt auf das Tier richtet. Dazu verwenden Sie die Zeitautomatik und geben eine große Blendenöffnung vor, um die Tiefenschärfe möglichst gering zu halten. Wenn Sie ein großes Tier fotografieren, wie zum Beispiel einen Bären, müssen Sie möglicherweise eine etwas kleinere Blende verwenden, damit das ganze Tier im Fokus ist. Außerdem sollten Sie Ihren Blickwinkel mit viel Bedacht wählen, so dass eine natürliche und angenehme Atmosphäre entsteht. Verwenden Sie den kontinuierlichen Autofokus, so dass die Kamera die Schärfe nachführt, während sich das Tier bewegt. Sie können zwar in Einzelbildern fotografieren, doch Serienbilder verschaffen Ihnen eine kleine Versicherung, dass Sie nichts verpassen. Denken Sie daran: Sicherheit geht über alles! Verwenden Sie die längste Brennweite, die Sie zur Verfügung haben, so dass Sie das Tier aus sicherer Entfernung fotografieren können. Achten Sie außerdem darauf, dass der Wind nicht in die Richtung des Tieres bläst.

Hier noch einige zusätzliche Punkte, die Sie beachten sollten:

✔ Wenn Sie ein Teleobjektiv mit einer sehr langen Brennweite verwenden, können Sie die Blendenöffnung vielleicht nicht bis zu einem Wert von f/3,5 schließen. Verwenden Sie in diesem Fall die kleinstmögliche Blendenöffnung.

✔ Wenn Sie in einer sehr hellen Umgebung fotografieren, können Sie vielleicht nicht die größte Blendenöffnung einstellen, da sonst selbst bei der kürzesten Verschlusszeit noch zu viel Licht vorhanden ist. Verwenden Sie in diesem Fall einen neutralen Graufilter, der die Lichtmenge reduziert.

✔ Die längste Verschlusszeit, die Sie verwenden sollten, können Sie von der verwendeten Brennweite ableiten. Wenn Sie zum Beispiel eine Brennweite von 100 Millimeter verwenden (bezogen auf das Kleinbild-Format), dann sollte die Verschlusszeit im Optimalfall eine 1/100 Sekunde oder kürzer betragen. Bei einer Brennweite von 300 Millimeter verwenden Sie eine Verschlusszeit von einer 1/300 Sekunde oder kürzer. Und so weiter.

Schießen Sie Ihre Fotos

Wenn Sie Tiere in der freien Wildbahn fotografieren, müssen Sie so unauffällig wie möglich agieren. Wenn Sie auf dem offenen Gelände losmarschieren, könnten Sie die Tiere verscheuchen oder – noch schlimmer – zu einem Angriff provozieren. Tragen Sie Kleidung, die Sie in der jeweiligen Umgebung möglichst gut tarnt.

1. **Suchen Sie die Stelle auf, an der Sie bereits vorher das Tier gesehen haben und warten Sie.**

    Geduld ist in diesem Fall das A und O. Versuchen Sie, sich möglichst unauffällig zu verhalten und achten Sie darauf, dass der Wind nicht in die Richtung des Tieres bläst.

Einige Tiere verhalten sich um die Mittagszeit recht lethargisch. Suchen Sie Ihren bevorzugten Platz am frühen Morgen oder am späten Nachmittag auf, wenn sich die Tiere auf die Futtersuche machen.

2. **Nehmen Sie an der Kamera die Einstellungen vor, die am Anfang dieses Kapitels beschrieben sind.**

3. **Wenn ein Tier auftaucht, zoomen Sie heran.**

In vielen Nationalparks haben sich die Bären an den Menschen gewöhnt und sind dabei ziemlich fett geworden. Wenn Sie einen solchen Park besuchen, lassen Sie keine offenen Behälter mit Essen herumliegen. Immer wieder brechen Bären vor dem Winterschlaf in Autos ein, stets auf der Suche nach einer kostenlosen Mahlzeit. Das führt häufig zu beachtlichen Schäden – von der Gefahr einmal abgesehen! Wenn Sie Tiere beim Fressen fotografieren möchten (siehe Abbildung 19.1), sollte die Brennweite des Teleobjektivs lang genug sein, um auf sicherer Distanz zu bleiben. Achten Sie außerdem darauf, dass Sie sich in der Deckung befinden und der Wind nicht in die Richtung der Tiere bläst.

4. **Positionieren Sie den Autofokus-Punkt über dem näher gelegenen Auge des Tieres, drücken Sie den Auslöser halb herunter, um zu fokussieren, komponieren Sie Ihr Bild und drücken Sie anschließend den Auslöser ganz herunter, um den Verschluss auszulösen.**

Abbildung 19.1: Fotografieren Sie die Tiere beim Fressen.

Um außergewöhnliche Fotos von Wildtieren zu schießen, sollten Sie mit der Parkleitung sprechen. Diese kann Ihnen unter Umständen Tipps geben, wo Sie zu welcher Tageszeit eine bestimmte Tiersorte finden (siehe Abbildung 19.2), und wo Sie gefahrlos fotografieren können.

Abbildung 19.2: Die Parkleitung kann Ihnen bei der Wahl des richtigen Ortes und der richtigen Zeit helfen.

Praktische Hilfe

✔ **Das Tier ist nicht im Fokus.** Fokussieren Sie auf das Auge des Tieres und warten Sie, bis die Kamera die korrekte Fokussierung durch eine Anzeige im Sucher bestätigt. Schlagen Sie für Details im Handbuch zu Ihrer Kamera nach.

✔ **Das Tier ist vom Hintergrund kaum zu unterscheiden.** Einige Tiere verschmelzen förmlich mit dem Hintergrund. Versuchen Sie einen anderen Blickwinkel. Verwenden Sie die größte Blendenöffnung, um den Hintergrund so unscharf wie möglich erscheinen zu lassen. Legen Sie den Autofokus-Punkt genau über das näher gelegene Auge des Tieres; wenn nicht, wirkt das ganze Tier unscharf.

20 Fische in einem öffentlichen Aquarium

Selbst erfahrene Taucher stehen vor einer echten Herausforderung, wenn sie Fische fotografieren sollen – sei es im Ozean, einem See oder einem Fluss. Man muss nicht nur Fotograf, sondern gleichzeitig auch Taucher sein, und außerdem verlangt die Kamera nach einem wasserdichten Gehäuse. Natürlich können Sie eine wasserdichte Wegwerfkamera kaufen, doch diese liefert Ihnen bestimmt nicht die Bilder, die Ihnen vorschweben. Doch glücklicherweise können Sie heute beeindruckende Unterwasseraufnahmen schießen, indem Sie einfach das nächst gelegene, öffentliche Aquarium besuchen.

Wie bei allen anderen Motiven gilt es auch bei Aquarienaufnahmen einige Regeln zu beachten, damit Sie mit einer entsprechenden Bildausbeute nach Hause kommen. Doch deren Befolgung ist immer noch sehr viel einfacher, als mit einer sehr teuren Unterwasserausrüstung ins Salzwasser zu springen – immer in der Hoffnung, dass nicht ausgerechnet jetzt ein Hai auf der Suche nach seiner nächsten Mahlzeit ist.

Bereiten Sie Ihre Kamera vor

Für solche Aufnahmen arbeiten Sie am besten mit der Blendenautomatik und geben eine Verschlusszeit von einer 1/125 Sekunde vor. Wählen Sie einen ISO-Wert, der die Verwendung einer offenen Blende erlaubt. Dadurch wird die Tiefenschärfe reduziert und mechanische Einrichtungen (wie zum Beispiel Röhren oder Unterwasserpumpen) verschwinden in der Unschärfe. Der kontinuierliche Autofokus führt die Schärfe automatisch nach, während der Fisch im Sucher Ihrer Kamera seine Bahnen zieht.

 Wenn die Kamera oder das Objektiv nicht mit einem Bildstabilisator ausgestattet sind, verwenden Sie eine Verschlusszeit, die dem Reziprokwert der Blende entspricht: Bei einer Brennweite von 100 Millimeter verwenden Sie eine 1/100 Sekunde, bei 300 Millimeter eine 1/300 Sekunde und so weiter.

Verwenden Sie die Serienbild-Schaltung, um eine Reihe von Fotos zu schießen, während der Fisch an Ihnen vorbeigleitet. In diesem Modus schießt die Kamera so lange Bilder, wie Sie den Auslöser gedrückt halten.

Verwenden Sie keine Brennweite, die kürzer als 35 Millimeter ist (bezogen auf das Kleinbild-Format). In solchen Fällen wird der Fisch nämlich so stark verzerrt, dass er im schlimmsten Fall wie eine Comicfigur wirkt.

Schießen Sie Ihre Fotos

Fische in einem Aquarium zu fotografieren, kann eine Menge Spaß machen – doch man braucht auch ein wenig Geduld. Besuchen Sie das Aquarium an einem Tag, an dem normalerweise nicht so viele Leute oder Schulklassen unterwegs sind.

1. **Wählen Sie einen Standort, an dem im Hintergrund nicht zu viele störende Elemente sichtbar sind.**

   Das gilt vor allem dann, wenn Sie große Fische fotografieren möchten.

2. **Pressen Sie das Objektiv vorsichtig gegen die Glasscheibe.**

   Wenn Sie das Objektiv nicht gegen die Glasscheibe drücken, wird das Foto durch die Reflexionen der Beleuchtung ruiniert.

3. **Zoomen Sie heran und komponieren Sie das Bild.**

   Wenn Sie einen Fisch in Bewegung fotografieren, müssen Sie ein wenig raten und schätzen. Sie können beim großen Fisch auf Teile des Körpers zoomen, oder bei kleineren Fischen den ganzen Körper sowie einen Teil der Umgebung mit aufs Bild nehmen (siehe Abbildung 20.1).

4. **Wenn Sie den gewünschten Ausschnitt gefunden haben, drücken Sie den Auslöser halb herunter, um zu fokussieren, und schießen anschließend Ihr Bild.**

Ihr lokales Aquarium hat mehr zu bieten als nur große Fische. Vergessen Sie nicht die kleineren Vertreter wie Seepferdchen, Korallen oder Nacktschnecken (siehe Abbildung 20.2).

Abbildung 20.1: Zoomen Sie den Fisch und seine Umgebung heran.

Praktische Hilfe

✔ **Das Foto ist dunkel.** In einigen Fällen kann ein Aquarium mit seiner ungewöhnlichen Beleuchtung für den Belichtungsmesser eine echte Herausforderung werden. Verwenden Sie die Belichtungskorrektur, um eine korrekte Belichtung zu erzielen.

✔ **Der Fisch ist verschwommen.** Mit diesem Problem werden Sie konfrontiert, wenn der zu fotografierende Fisch klein und vor allem schnell ist. Verkürzen Sie die Verschlusszeit, bis Sie seine Bewegungen einfrieren können.

✔ **Der Fisch befindet sich außerhalb des Fokus.** Einige Kameras haben Mühe mit der Fokussierung, wenn durch eine dicke Glasscheibe fotografiert wird. Gehen Sie in diesem Fall zur manuellen Fokussierung über.

Abbildung 20.2: Fotografieren Sie auch die anderen Bewohner des Aquariums.

Teil III

Landschaft und Natur

The 5th Wave   By Rich Tennant

In diesem Teil ...

Berge, Flüsse und Seen, Blumen und viele andere wundervolle Motive finden Sie in der Natur – und sie alle warten nur darauf, von Fotografen entdeckt zu werden. Viele Fotografen vertrauen bei solchen Aufnahmen einfach auf das Motivprogramm »Landschaft«. In diesem Abschnitt des Buches zeige ich Ihnen, wie Sie aus diesem Einheitsbrei ausbrechen können und welche Objektive und Einstellungen Sie benötigen, um Naturaufnahmen und Landschaften gekonnt einzufangen. Wenn Sie schon immer für die Werke von Fotografen wie Ansel Adams, Clyde Butcher oder David Muench geschwärmt haben, dann ist dieser Teil wie für Sie gemacht.

Digital Vision

21 *Wüsten*

Wüsten sind Landschaften von einer ganz eigenen Schönheit. Der Wind formt den Sand zu ästhetischen Dünen und in der kargen Trockenheit findet man immer wieder Pflanzen wie Kakteen oder Sukkulente. Doch Sie werden auch Tiere finden, die sich an die unwirtlichen Lebensbedingungen angepasst haben.

Für den geduldigen Fotografen, dem auch ein wenig Hitze nichts ausmacht, wird die Wüste zu einem wundervollen Platz voller außergewöhnlicher Motive. Verwenden Sie die Einstellungen in diesem Kapitel, um sie einzufangen.

Bereiten Sie Ihre Kamera vor

Wenn Sie eine so wunderschöne Umgebung wie eine Wüste fotografieren, dann werden Sie ein Maximum an Tiefenschärfe wünschen, damit alles knackig-scharf abgebildet wird. Verwenden Sie dazu eine kleine Blendenöffnung (also eine große Blendenzahl), die Sie bei Zeitautomatik vorgeben. Tagsüber herrscht in der Wüste wahrlich kein Mangel an hellem Licht, so dass Sie den niedrigsten ISO-Wert verwenden sollten, den die Kamera zulässt. Ich empfehle außerdem mehrere Autofokus-Punkte, so dass die Kamera selbst den besten Ort für die Fokussierung auswählen kann. Passen Sie auf, dass die Kamera nicht ausgerechnet auf einen kleinen Busch fokussiert, der sich drei Meter vor Ihnen befindet. Wüsten faszinieren vor allem auch durch ihre endlose Weite; deshalb sollten Sie ein starkes Weitwinkel verwenden, um diesen Eindruck auf das Bild zu übertragen. Den Bildstabilisator werden Sie wahrscheinlich nicht brauchen, da das helle Licht stets für sehr kurze Verschlusszeiten sorgt, so dass sich die Kamera problemlos ohne Stativ verwenden lässt.

Schießen Sie Ihre Fotos

 Das Durchqueren eines Wüstengebietes ist wie das Reisen in feindlichem Territorium, und deshalb sind bestimmte Vorsichtsmaßnahmen unerlässlich. Zuallererst müssen Sie dafür sorgen, dass genug Wasser vorhanden ist und sich ausreichend vor der Sonne schützen – nicht nur mit Sonnencreme, sondern auch mit der passenden Kleidung. Doch auch Ihre Kamera braucht Schutz. Tragen Sie das Gerät stets mit dem Kamerariemen um den Hals, denn wenn sie in den Sand fällt, können einzelne Körner eindringen oder das Objektiv zerkratzen, was in beiden Fällen teure Reparaturen nach sich zieht. Außerdem sollten Sie in der Wüste niemals das Objektiv wechseln – es sei denn, Sie befinden sich in einem Gebäude oder in einem geschlossenen Auto. Ansonsten wird der Wind garantiert einige Sandkörner in das Innere der Kamera blasen; was ihr überhaupt nicht bekommen wird.

Nachdem Sie sich auf die Hitze vorbereitet haben, genug Wasser für zwei durstige Kamele mit sich führen und mental auf eine zufällige Begegnung mit einem Skorpion gefasst sind, werden die Aufnahmen selbst zum Kinderspiel:

1. **Nehmen Sie an der Kamera die Einstellungen vor, die am Anfang dieses Kapitels beschrieben sind.**

2. **Wenn Sie eine interessante Szene entdecken, suchen Sie einen passenden Aussichtspunkt.**

    Wenn Sie eine Wüstenlandschaft fotografieren und sich über dieser nichts anderes befindet als der blaue Himmel, positionieren Sie den Horizont im oberen Drittel des Bildes.

3. **Wählen Sie die gewünschte Brennweite und komponieren Sie das Bild.**

    Finden Sie ein interessantes Objekt, das den Blick des Betrachters auf sich ziehen kann. Achten Sie auf Muster im Sand oder auf lange, kurvige Dünen, die sich ideal eignen, um den Betrachter eine Weile zu beschäftigen.

4. Drücken Sie den Auslöser halb herunter, um zu fokussieren.

Jetzt sollten im Sucher mehrere Autofokus-Punkte aufleuchten. Wenn einer davon über ein Objekt liegt, das zu nah bei Ihnen ist, lassen Sie den Auslöser los, bewegen Sie die Kamera ein klein wenig und drücken Sie den Auslöser erneut, damit sich die Kamera ein anderes Ziel suchen kann.

5. Machen Sie Ihr Bild.

Wenn Sie ein interessantes Muster im Sand gefunden haben, suchen Sie sich einen erhöhten Aussichtspunkt. Komponieren Sie das Bild so, dass der Betrachter sich mit dem Muster auseinandersetzen kann (siehe Abbildung 21.1).

Abbildung 21.1: Im Sand gibt es jede Menge interessanter Strukturen zu entdecken.

Praktische Hilfe

✔ **Das Bild wirkt hart.** Diese Stimmung entsteht, wenn die Sonne im Zenit steht. Fotografieren Sie die Wüste am frühen Morgen oder am späten Nachmittag, die Sonne scheint dann in einem flacheren Winkel und erzeugt ein weiches Licht. Dieser Sonnenstand erzeugt außerdem interessante Schatten von Pflanzen und Dünen, die dem Bild einen zusätzlichen Reiz verleihen. Zu diesen Tageszeiten erzeugt das Sonnenlicht außerdem einen wundervollen goldenen Glanz.

✔ **Der Vordergrund ist unruhig.** Die Ursache für diese Unruhe sind meistens kleine Pflanzen und Gräser in der Nähe der Kamera. Verschieben Sie den Standort um einige Meter, bis diese Objekte nicht mehr im Sucher zu sehen sind. Natürlich möchten Sie möglichst viel von der Landschaft aufs Bild bekommen, doch gleichzeitig müssen Sie darauf achten, dass solche störenden Elemente draußen bleiben.

✔ **Objekte in der Ferne wirken trüb.** Atmosphärische Einflüsse können Objekte in der Ferne verzerren. Verwenden Sie einen UV-Filter auf dem Objektiv, der die ultravioletten Strahlen absorbiert – und damit wird auch der Dunst reduziert. Die Wirkung dieses Filters grenzt fast schon an Magie, ohne dass dabei die Farben des Bildes betroffen wären. Einige Fotografen lassen den UV-Filter ständig auf dem Objektiv, um es gegen Schläge und andere unerfreuliche Einflüsse zu schützen. Auf jeden Fall ist ein UV-Filter sehr viel günstiger als eine neue Linse.

22 _Wälder_

Wälder sind grün, und es gibt da jede Menge Bäume. Das ist ein Naturgesetz. Wenn Sie in der Nähe eines Waldes leben oder eine waldgeprägte Gegend bereisen, dann wissen Sie, dass man sich bei einem Waldspaziergang nicht nur herrlich entspannen kann, sondern dass sich zahlreiche Gelegenheiten für interessante Fotos bieten.

Viele Leute scheuen sich davor, Wälder zu fotografieren. Schließlich gibt es da vor allem endloses Blattwerk und einige Stöcke am Boden – Motive also, die nicht automatisch für prickelnde Fotos sorgen. Wenn Sie es jedoch schaffen, einige interessante Elemente einzufangen (wie zum Beispiel einen gewundenen Pfad oder das Sonnenlicht, das durch die Blätter bricht), dann werden Sie sehen, dass Wälder einem Fotografen sehr wohl etwas zu bieten haben.

Bereiten Sie Ihre Kamera vor

Das Fotografieren von Wäldern schreit förmlich nach einer großen Tiefenschärfe. Diese erhalten Sie, wenn Sie in der Zeitautomatik eine kleine Blende vorwählen (also eine große Blendenzahl). Ein Wert von f/16 ist meistens ideal. Ein tiefer ISO-Wert stellt sicher, dass das Bildrauschen gering bleibt. Bei schwachem Licht sind Sie vielleicht gezwungen, den ISO-Wert eine wenig heraufzusetzen, doch stattdessen können Sie die Kamera auch auf einem Stativ montieren. Da sich Wälder nicht bewegen, empfehle ich Ihnen für die Fokussierung den Einzelautofokus. Verwenden Sie außerdem mehrere Fokuspunkte, damit die Kamera selbst nach einem geeigneten Ort für die Scharfstellung suchen kann. Die Fotografie mit einem Weitwinkel erlaubt es Ihnen, die ganze Szene auf einem Bild zu vereinen. Wenn das Objektiv mit einem Bildstabilisator ausgerüstet ist, sollten Sie ihn einschalten, denn damit können Sie die Verschlusszeit und damit den ISO-Wert reduzieren. Wenn Sie mit einer Brennweite von 28 Millimeter fotografieren und der Bildstabilisator eingeschaltet ist, können Sie eine Verschlusszeit von einer 1/15 Sekunde wahrscheinlich noch aus der Hand halten.

 Einige Fotografen denken, dass sie mit der kleinsten Blende (üblicherweise f/22) die besten Resultate erzielen. Allerdings zeichnen viele Objektive bei der kleinsten und der größten Blendenöffnung ein eher weiches Bild; aus diesem Grund empfehle ich diese Blendenstufen nur, wenn es absolut notwendig ist.

Schießen Sie Ihre Fotos

Wenn Sie mit der Kamera in der Hand durch Ihren Lieblingswald streifen, halten Sie nach interessanten Szenen Ausschau, wie zum Beispiel nach einem kurvigen Pfad, der sich durch das Gehölz schlängelt. Achten Sie auf Kontraste, denn Grün-in-Grün ergibt nur selten spannende Bilder. Sobald Sie jedoch andere Farben und Kontraste hinzufügen (wie zum Beispiel das Sonnenlicht, das durch das Blätterdach fällt), erzeugen Sie eine interessante Aura und damit auch wertvolle Fotos.

1. **Nehmen Sie an der Kamera die Einstellungen vor, die am Anfang dieses Kapitels beschrieben sind.**

2. **Komponieren Sie die Szene und drücken Sie den Auslöser halb herunter, um zu fokussieren.**

   Achten Sie darauf, welcher Autofokus-Punkt im Sucher aufleuchtet; damit wissen Sie, dass die Kamera auf die richtige Stelle fokussiert hat.

3. **Wenn die Kamera auf ein Objekt in der Nähe fokussiert, lassen Sie den Auslöser los und drücken Sie ihn erneut, bis sich die Kamera für das Objekt entscheidet, auf das Sie fokussieren möchten.**

 Wenn Sie eine Szene ablichten, die hohe Bäume und einen schmalen Weg zeigt, halten Sie die Kamera im Hochformat, um eine interessantere Komposition zu erreichen (siehe Abbildung 22.1).

Abbildung 22.1: Fotografieren Sie den Wald auch im Hochformat.

4. Machen Sie Ihr Bild.

Wenn Sie in einem Wald mit hohen Bäumen stehen, stellen Sie an der Kamera den kleinsten ISO-Wert ein und wählen Sie die kleinste Blendenöffnung (also die größte Blendenzahl). Verkleinern Sie den Ausschnitt, richten Sie die Kamera gegen den Himmel und drücken Sie den Auslöser halb herunter, um zu fokussieren. Lösen Sie die Kamera aus und zoomen Sie gleichzeitig in den Telebereich, um einen künstlerischen Verwischeffekt zu erzielen (siehe Abbildung 22.2).

Bei einem bewölkten Himmel können Sie wundervolle Fotos im Wald schießen. Da kein direktes Sonnenlicht auf die Szene fällt, wirken die Farben des Waldes gedämpft – achten Sie also darauf, dass die Motive kontrastreich genug sind. Farbiges Laub oder bunte Blumen sind in solchen Fällen ideale Kandidaten.

Abbildung 22.2: Eine künstlerische Ansicht des Waldes

Praktische Hilfe

✔ **Das Foto wirkt uninteressant.** Das ist meistens der Fall, wenn Sie den Wald und nichts als den Wald fotografieren. Wenn Ihnen das Resultat auf dem Display der Kamera nicht gefällt, wandern Sie herum, bis Sie eine kontrastreichere oder anderweitig interessante Szene ausfindig machen.

✔ **Helle Stellen im Sonnenlicht erscheinen komplett weiß.** Wenn Sie einen Wald im direkten Sonnenlicht fotografieren, befinden sich auf dem Bild sowohl sehr helle als auch dunkle Bereiche, die von der Sonne nicht erreicht werden. Solche extremen Kontraste überfordern die Kamera. Suchen Sie sich einen anderen Ort, an dem die Sonne nicht direkt auf die Kamera fällt.

23 Landschaften

Kamera-Einstellungen

▶ **Belichtungsmessung:** Mittenbetont

▶ **Aufnahme-Betriebsart:** Einzelbild

▶ **Belichtungssteuerung:** Zeitautomatik (A)

▶ **Blendenöffnung:** f/11 bis f/16

▶ **ISO-Empfindlichkeit:** 100 bis 200

▶ **Autofokus:** Einzelautofokus

▶ **Autofokus-Messpunkt:** Einzelner Messpunkt

▶ **Brennweite:** 24 bis 35 mm (bezogen auf das Kleinbild-Format)

▶ **Bildstabilisator:** Wenn die Kamera oder das Objektiv diese Einrichtung bieten, aktivieren Sie den Bildstabilisator – besonders, wenn die Verschlusszeit unter eine 1/30 Sekunde fällt.

*E*gal, wo Sie wohnen: Meistens finden Sie in der Nähe großartige Landschaften, die nur darauf warten, von Ihnen abgelichtet zu werden. Wenn die Landschaftsfotografie richtig zelebriert wird, können atemberaubende Bilder entstehen, denn sie zeigen die mysteriöse Schönheit und die Großartigkeit der Natur. Wenn Sie eine Landschaft fotografieren, dann bestimmt der Standort die Art und Weise, wie Sie das Bild komponieren. Allerdings braucht es einiges, damit statt eines belanglosen Schnappschusses ein Foto entsteht, das den Betrachter in seinen Bann zieht.

Bereiten Sie Ihre Kamera vor

Wenn Sie eine schöne Landschaft einfangen möchten, dann soll natürlich jedes Detail zu sehen sein; deshalb verwenden Sie die Zeitautomatik und wählen eine kleine Blendenöffnung vor. Ein Weitwinkel hilft, das Majestätische der Gegend auf das Bild zu bannen, und ein tiefer ISO-Wert erzeugt ein rauschfreies Bild. Wenn Sie allerdings eine Landschaft an einem bewölkten Tag fotografieren, müssen Sie den ISO-Wert so weit erhöhen, dass Sie wenigstens eine Verschlusszeit von einer 1/30 Sekunde oder kürzer erreichen. Wenn diese Verschlusszeit nicht machbar ist, schalten Sie den Bildstabilisator ein (falls verfügbar), oder Sie montieren die Kamera auf einem Stativ.

Eine Landschaftsaufnahme besticht auch durch die vielen kleinen Details, die es zu entdecken gilt. Damit auch die subtilen Feinheiten zu erkennen sind, benötigen Sie eine große Tiefenschärfe. Doch auch die Bildkomposition spielt eine entscheidende Rolle. Beachten Sie die Platzierung des Baumes auf der vorherigen Aufnahme: Das Bild wäre nur halb so interessant, wenn er sich genau in der Mitte befinden würde.

 Wenn Sie großartige Landschaftsbilder einfangen möchten, dann benötigen Sie gleichermaßen praktische Erfahrungen und ein wenig Studium. Fotografieren Sie Landschaften bei jeder Gelegenheit und analysieren Sie die Meisterwerke von Fotografen wie Ansel Adams, Clyde Butcher und David Muench. Diese Analysen können Ihnen dabei helfen, den Blick für die Feinheiten zu schärfen, und mit zunehmender Praxis entwickeln Sie Ihren eigenen Stil. Googeln Sie nach diesen Fotografen und sehen Sie selbst, mit welchen fantastischen Fotos sie berühmt geworden sind.

Schießen Sie Ihre Fotos

Natürlich können Sie Landschaften jederzeit und überall fotografieren. Doch ungeachtet dessen, ob Sie Landschaften zu Hause oder im Urlaub ablichten, sollten Sie sich die gebührende Zeit dafür nehmen. Besuchen Sie Ihre bevorzugte Gegend oder auch Orte, an denen Sie noch nie waren. Dann genießen Sie die Muße und erkunden die Schönheit der Natur in aller Ruhe, bevor Sie das perfekte Foto schießen.

1. **Nehmen Sie an der Kamera die Einstellungen vor, die am Anfang dieses Kapitels beschrieben sind.**

2. **Wenn Sie eine Umgebung finden, die Ihnen gefällt, suchen Sie den idealen Standort für Ihre Aufnahmen.**

   Vermeiden Sie es, den Horizont in der Bildmitte zu platzieren. Wenn sich der dominante Teil des Bildes unterhalb befindet (wie zum Beispiel spektakuläre Sanddünen in der Wüste), platzieren Sie den Horizont im oberen Drittel. Platzieren Sie den Horizont hingegen im unteren Drittel, wenn Sie eine eindrucksvolle Gebirgskette abbilden möchten.

3. **Komponieren Sie die Szene und drücken Sie den Auslöser halb herunter, um zu fokussieren.**

   Wenn Sie mit einem Zoom fotografieren, verändern Sie den Ausschnitt so lange, bis er Ihren Vorstellungen entspricht.

4. **Machen Sie Ihr Bild.**

Um die bestmöglichen Resultate zu erreichen, halten Sie sich diese Punkte vor Augen:

✔ Wenn Sie in der Landschaft ein interessantes Element finden (wie zum Beispiel einen fotogenen Felsen oder einen toten Baumstrunk), gehen Sie nahe an das Motiv heran und bewegen Sie sich anschließend drum herum, bis Sie im Sucher eine interessante Komposition sehen (siehe Abbildung 23.1).

Abbildung 23.1: Verwenden Sie interessante Elemente, um ebenso interessante Bilder zu schießen.

✔ Viele Landschaftsfotografen leiden an einem Tunnelblick und schauen stets geradeaus. Achten Sie auch darauf, was sich über und unter Ihnen befindet. Oft verstecken sich dort die interessantesten Motive.

✔ Einige Leute können es einfach nicht lassen, ihren Müll in der freien Natur wegzuwerfen. Bevor Sie den Verschluss auslösen, kontrollieren Sie im Sucher, dass kein Abfall zu sehen ist, der das Foto ruinieren könnte.

✔ Die besten Zeiten für Landschaftsaufnahmen sind kurz nach Sonnenaufgang oder am späten Nachmittag, wenn das Licht besonders schmeichelhaft ist. Die erste und die letzte Stunde Tageslicht sind bekannt als die »Goldene Stunde« – während dieser Zeit eignet sich das Licht hervorragend, weil es die Formen von Felsen und Bäumen besonders schön akzentuiert.

Öde Landschaften können trotzdem spektakulär wirken, wenn sich dramatische Wolken über ihnen auftürmen. Wenn Sie in der Nähe einer solchen Gegend leben, suchen Sie sie auf, wenn sich Wolkenformationen oder sogar Gewitterwolken nähern. Unterstreichen Sie die dramatische Stimmung, indem Sie den Horizont in das untere Drittel des Bildes verlegen (siehe Abbildung 23.2).

Abbildung 23.2: Mit den richtigen Wolken gewinnen auch eher langweilige Landschaften an Attraktivität.

Praktische Hilfe

✔ **Der Vordergrund wirkt zu unruhig.** Wenn Elemente wie Zweige, Reben oder Äste den Gesamteindruck des Bildes stören, wechseln Sie den Standort.

✔ **Der Hintergrund wirkt nicht besonders scharf.** Wenn Sie Landschaften fotografieren, die sich über Kilometer erstrecken, dann legen sich atmosphärische Störungen wie ein dunstiger Schleier über das Bild. Um dem entgegenzuwirken, sollten Sie für das Objektiv einen UV-Filter kaufen.

 Wenn Ihre Objektive mit unterschiedlich großen Filtergewinden ausgestattet sind, können Sie mit einem einfachen Trick viel Geld sparen: Kaufen Sie den Filter für das größte Gewinde und verwenden Sie anschließend Adapterringe, um den Filter auch für die anderen Objektive anzupassen.

✔ **Häuser und Telefonleitungen ruinieren das Bild.** Manchmal lässt sich nicht verhindern, dass ein wenig Zivilisation mit aufs Bild gerät. Vielleicht reicht es bereits, dass Sie Ihren Standpunkt verlagern. Wenn nicht, suchen Sie eine Position, an der störende Elemente zum Beispiel durch Bäume verdeckt werden.

✔ **Der Himmel wirkt langweilig.** Wenn die Aufnahme von einigen Wolken profitieren könnte, warten Sie geduldig einige Minuten. Ansonsten kommen Sie einfach zu einem anderen Zeitpunkt wieder, wenn die atmosphärischen Bedingungen Ihr Bild aufpeppen.

24 Landschaftspanoramen

Kamera-Einstellungen

▶ **Belichtungsmessung:** Mittenbetont

▶ **Aufnahme-Betriebsart:** Einzelbild

▶ **Belichtungssteuerung:** Manuell

▶ **Blendenöffnung:** f/11 oder f/16

▶ **ISO-Empfindlichkeit:** 100

▶ **Autofokus:** Einzelautofokus

▶ **Autofokus-Messpunkt:** Einzelner Messpunkt

▶ **Brennweite:** 50 mm (bezogen auf das Kleinbild-Format)

▶ **Bildstabilisator:** Aus

Wenn Sie inmitten einer atemberaubenden Landschaft stehen, dann wollen Sie so viel wie nur irgendwie möglich auf das Bild bekommen. Ein starkes Weitwinkel kann diesen Zweck erfüllen, aber es gibt bessere Wege, um eine majestätische Landschaft abzulichten. Wenn Sie am Computer mit Adobe Photoshop Elements arbeiten oder einer anderen Software, die Panoramen herstellen kann, lässt sich eine ganz eigene Art von Bild erschaffen. Einige Programme setzen sogar Aufnahmen zusammen, die aus der Hand geschossen wurden. Sie erzielen jedoch in jedem Fall die besseren Resultate, wenn Sie die Kamera auf einem Stativ montieren.

Bereiten Sie Ihre Kamera vor

Wenn Sie ein Panoramafoto anfertigen, möchten Sie möglichst alle Elemente scharf abbilden – deshalb wählen Sie eine kleine Blendenöffnung (also eine große Blendenzahl). Die Belichtung muss manuell eingestellt werden, damit die einzelnen Bildsegmente einheitlich belichtet werden. Die manuelle Steuerung verhindert in diesem Fall, dass die Kamera jeden Ausschnitt anders belichtet. Dasselbe gilt für den Weißabgleich, den Sie ebenfalls vorgeben. Der tiefe ISO-Wert sorgt dafür, dass das Bild scharf und rauschfrei aufgenommen wird.

Die Brennweite ist wichtig. Vielleicht denken Sie, dass bei solchen Aufnahmen unbedingt ein Weitwinkel verwendet werden muss. Allerdings neigen Weitwinkel zu Verzeichnungen und können außerdem zu Vignettierungen führen (also zu abgedunkelten Bildecken), die später am Rechner das Panorama verunstalten. Deshalb eignet sich eine Brennweite von 50 Millimeter ideal für die verzeichnungsfreie Aufnahme der einzelnen Bildelemente.

Schießen Sie Ihre Fotos

Für gelungene Panoramaaufnahmen ist es elementar, dass die einzelnen Segmente möglichst optimal zueinanderpassen. Da ist zum einen die horizontale Ausrichtung: Wenn Ihr Stativ nicht mit einer Wasserwaage ausgestattet ist, kaufen Sie sich eines dieser kleinen, günstigen Modelle, die auf den Blitzschuh der Kamera gesteckt werden können. Zum anderen müssen sich die einzelnen Segmente um wenigstens 30 Prozent überlappen – diesen Spielraum braucht die Software am Rechner, um ein nahtloses Panorama zu erstellen.

1. **Nehmen Sie an der Kamera die Einstellungen vor, die am Anfang dieses Kapitels beschrieben sind.**

2. **Wechseln Sie zur Zeitautomatik und wählen Sie Blende f/11 oder f/16.**

   Jetzt geht es darum, die passende Verschlusszeit zu finden, damit Sie anschließend die manuellen Einstellungen vornehmen können, so wie es in den Schritten 5 bis 8 erklärt wird.

3. **Wählen Sie manuell den gewünschten Weißabgleich.**

   Wählen Sie den Weißabgleich, der zur Lichtstimmung passt. In den meisten Fällen werden Sie die Einstellung »Sonnenlicht« oder »Bewölkt« verwenden. Wenn Sie hingegen den automatischen Weißabgleich verwenden, variiert dieser zwischen den einzelnen Segmenten, was dem Bild ein unnatürliches Aussehen verleiht.

4. **Montieren Sie die Kamera im Hochformat auf das Stativ (siehe Abbildung 24.1).**

5. **Richten Sie die Kamera so aus, dass sie auf die Mitte der Szene zeigt.**

   Üblicherweise sollte die Belichtung auf den Mittelpunkt der Szene ausgerichtet werden.

6. **Drücken Sie den Auslöser halb herunter und notieren Sie sich die Verschlusszeit.**

7. **Richten Sie die Kamera auf die linke Seite der Szene, drücken Sie den Verschluss halb herunter und notieren Sie sich auch diese Verschlusszeit.**

Abbildung 24.1: Fotografieren Sie das Panorama im Hochformat.

8. **Wenn die Verschlusszeit auf der linken Seite deutlich von derjenigen in der Mitte abweicht, reduzieren Sie die Verschlusszeit, die Sie in Schritt 6 notiert haben, um 2/3 einer Blende.**

   Wenn die Differenz eher klein ist, reduzieren Sie die Verschlusszeit lediglich um 1/3 einer Blende.

9. **Wechseln Sie in den manuellen Modus und stellen Sie die Verschlusszeit ein, die Sie in Schritt 8 ermittelt haben.**

10. **Schwenken Sie die Kamera auf dem Stativ an den linken Rand der Szene und machen Sie die erste Aufnahme.**

11. **Schwenken Sie die Kamera nach rechts, so dass sich die nächste Aufnahme um ca. 30 Prozent mit der vorherigen überlagert.**

    Diese 30 Prozent müssen nicht sklavisch genau eingehalten werden. Wichtig ist lediglich, dass Sie der Software am PC oder Mac die Chance geben, die Aufnahmen durch die großzügigen Überlagerungen perfekt auszurichten.

12. **Schießen Sie das nächste Bild.**

13. **Wiederholen Sie Schritt 11 und 12, bis Sie das gesamte Panorama fotografiert haben.**

14. **Fügen Sie die einzelnen Segmente in einer Bildverarbeitung wie Adobe Photoshop Elements zusammen.**

Erstellen Sie das Panorama einer dynamischen Landschaft mit herannahenden Sturmwolken am Horizont. Denken Sie daran, den Horizont im unteren Drittel des Bildes zu platzieren, um die Aufmerksamkeit des Betrachters auf die Wolken zu lenken (siehe Abbildung 24.2).

Abbildung 24.2: Erstellen Sie ein Panorama mit dynamischen Wolkenlandschaften.

Praktische Hilfe

✔ **Das Bild steht schief.** Sie haben die Kamera nicht exakt horizontal ausgerichtet. Verwenden Sie als Hilfe eine preiswerte Wasserwaage, die Sie auf dem Blitzschuh der Kamera befestigen können.

✔ **Jedes Segment des Panoramas scheint eine andere Farbe zu haben.** Der Weißabgleich wurde nicht manuell eingestellt.

✔ **Die Bildverarbeitungssoftware kann die Bilder nicht korrekt ausrichten.** Die einzelnen Segmente überlagern sich zu wenig, so dass die Software keine Bezugspunkte ausmachen kann. Achten Sie darauf, dass sich die Bilder um wenigstens 30 Prozent überlappen.

25 Berge

Kamera-Einstellungen

▶ **Belichtungsmessung:** Mittenbetont
▶ **Aufnahme-Betriebsart:** Einzelbild
▶ **Belichtungssteuerung:** Zeitautomatik (A)
▶ **Blendenöffnung:** f/16
▶ **ISO-Empfindlichkeit:** 100 oder gerade so hoch, dass Sie eine Verschlusszeit von einer 1/30 Sekunde oder schneller erreichen
▶ **Autofokus:** Einzelautofokus
▶ **Autofokus-Messpunkt:** Mehrere Messpunkte
▶ **Brennweite:** 28 mm oder weniger (bezogen auf das Kleinbild-Format)
▶ **Bildstabilisator:** Wenn die Kamera oder das Objektiv diese Einrichtung bieten, aktivieren Sie den Bildstabilisator – besonders, wenn die Verschlusszeit unter eine 1/30 Sekunde fällt.

Wenn Sie in der Nähe einer Gebirgskette leben oder dort Urlaub machen, finden Sie dort eine unglaubliche Fülle an Motiven. Gebirgszüge sind wie Menschen – zumindest insofern, als dass jeder seinen eigenen Charakter mitbringt. Einige von ihnen sind hügelig und scheinen von einem ständigen Dunstschleier umgeben zu sein. Andere wirken schroff und steinig, ja fast schon Angst einflößend. Manche Gebirge wirken karg und öde, während andere noch bis in die höheren Regionen mit Vegetation bedeckt sind.

Besonders die Berge in Nationalparks sind relativ einfach mit dem Auto zu erreichen, während andere Gegenden vom Fotografen einiges abverlangen. Nicht selten müssen Sie durch unwegsames Gelände wandern, bis Sie den besten Aussichtspunkt gefunden haben. Doch wenn Sie erst einmal so weit sind, benötigen Sie nur noch die richtigen Kamera-Einstellungen, um großartige Fotos zu schießen – Fotos, die Ihre Freunde und andere Fotografen vor Neid erblassen lassen.

Bereiten Sie Ihre Kamera vor

Wenn Sie einen Berg fotografieren, dann möchten Sie seine majestätische Erscheinung abbilden und dem Betrachter eine Vorstellung davon vermitteln, wie großartig die Szenerie ausgesehen hat. Dazu benötigen Sie ein starkes Weitwinkel mit einer Brennweite von 28 Millimeter oder sogar noch weniger. Bestimmt wollen Sie jedes subtile Detail der Landschaft einfangen; deshalb empfiehlt sich Blende f/16, die zusammen mit dem Weitwinkel eine enorme Tiefenschärfe erzeugt. Mehrere Autofokus-Punkte eignen sich ideal für diese Art der Fotografie. Achten Sie jedoch darauf, dass keiner dieser Punkte auf ein Objekt im Vordergrund fokussiert, wie zum Beispiel auf einen Zweig. Ein tiefer ISO-Wert eignet sich natürlich ideal für rauscharme Bilder, doch wenn Sie bei schwachen Lichtverhältnissen fotografieren, müssen Sie ihn entweder anheben oder stattdessen die Kamera auf einem Stativ montieren.

 Verzichten Sie auf den Bildstabilisator, wenn die Kamera auf einem Stativ steht. Sonst erhalten Sie vielleicht unerwünschte Resultate, wenn die Technik versucht, nicht vorhandene Bewegungen auszugleichen.

Schießen Sie Ihre Fotos

Wenn Sie so fit und erfahren sind wie eine Bergziege, dann können Sie einfach zu Ihrem angepeilten Aussichtspunkt wandern. Wenn Sie hingegen als Stadtmensch nur wenig Erfahrung im Umgang mit Bergen haben, dann werden Sie sich eher auf jene Stellen beschränken, die durch einen einfachen Spaziergang oder sogar mit dem Auto erreichbar sind. Wenn es eine Parkaufsicht gibt, fragen Sie diese nach geeigneten Aussichtspunkten oder kaufen Sie sich einen Reiseführer. So oder so: Folgen Sie einfach dieser Anleitung, um die magisch-majestätische Szene vor Ihnen einzufangen.

1. **Nehmen Sie an der Kamera die Einstellungen vor, die am Anfang dieses Kapitels beschrieben sind.**

   Um ein besseres Gefühl für die Landschaftsfotografie zu entwickeln, studieren Sie die Meisterwerke berühmter Fotografen wie Ansel Adams oder David Muench.

2. **Finden Sie einen Aussichtspunkt, der Ihren Vorstellungen entspricht.**

   Halten Sie nach interessanten Details Ausschau, mit denen sich der Betrachter später beschäftigen kann. Wählen Sie zum Beispiel einen Standpunkt, bei dem die Gebirgszüge durch Bäume eingerahmt werden.

3. **Komponieren Sie die Szene und drücken Sie den Auslöser halb herunter, um zu fokussieren.**

   Ein tiefer Standpunkt unterstreicht den majestätischen Eindruck der Berge. Doch auch in der Höhe warten interessante Ansichten – etwa dann, wenn sich die Gebirgszüge scheinbar ins Endlose erstrecken (siehe Abbildung 25.1).

Abbildung 25.1: Finden Sie einen interessanten Aussichtspunkt.

4. Machen Sie Ihr Bild.

Großartige Berge verlangen nach großartigem Licht. An einem sonnigen Tag bringen Sie die besten Bilder zustande, wenn Sie die Aufnahmen auf die frühen Morgenstunden oder in den späten Nachmittag verlegen. Unter allen Umständen sollten Sie es vermeiden, die Landschaft im Mittagslicht zu fotografieren, weil die Szenerie dann unfreundlich hart wirkt.

 Halten Sie nach interessanten Objekten Ausschau, wie zum Beispiel diese alte Jeffrey-Kiefer, die bereits von Ansel Adams in den Vierzigern des letzten Jahrhunderts fotografiert wurde, als sie noch am Leben war (siehe Abbildung 25.2). Solche Objekte verkörpern eigenständige Motive, aber sie eignen sich auch ideal, um zum Beispiel eine weit entfernte Bergkette einzurahmen.

Praktische Hilfe

✔ **Die Berge wirken flach und uninteressant.** Dieser Eindruck entsteht meistens, wenn Sie um die Mittagszeit fotografieren – also dann, wenn sich die Sonne im Zenit befindet. Beschränken Sie sich auf die frühen Morgenstunden oder den späten Nachmittag. Dann erzeugt der flache Winkel der Sonne interessante Schatten, die den Berg modellieren und ihn plastischer erscheinen lassen. Zu diesen Stunden erzeugt das Licht außerdem einen wundervollen goldenen Farbton.

✔ **Der Vordergrund wirkt nervös.** Kleine, verstreute Objekte im Vordergrund können die Szenerie stören. Meistens reicht es, den eigenen Standort einfach um einige wenige Meter zu verschieben. Wiesen und andere unauffällige Elemente unterstreichen die Wirkung eines Bildes, ohne abzulenken. Sie können sogar so weit gehen, gefällige Elemente wie Äste oder Steine in einer ansprechenden Art im Vordergrund anzuordnen.

Abbildung 25.2: Charakteristische Objekte fesseln den Blick des Betrachters.

26 Sümpfe

Kamera-Einstellungen

▶ **Belichtungsmessung:** Mitten-betont

▶ **Aufnahme-Betriebsart:** Einzel-bild

▶ **Belichtungssteuerung:** Zeitautomatik (A)

▶ **Blendenöffnung:** Variiert mit dem Motiv

▶ **ISO-Empfindlichkeit:** 100 oder 200

▶ **Autofokus:** Einzelautofokus

▶ **Autofokus-Messpunkt:** Einzelner Mess-punkt

▶ **Brennweite:** Variiert mit dem Motiv

▶ **Bildstabilisator:** Optional

Sümpfe sind mysteriöse Orte, bedeckt mit Laub und bewohnt von unfreundlichen Tieren wie Alligatoren und Spinnen. Wenn Sie nicht der berühmte Landschaftsfotograf Clyde Butcher sind oder es lieben, bis zur Brust in einem Morast zu waten, der von allen möglichen Tieren mit spitzen Zähnen bewohnt ist, empfehle ich Ihnen zur Ein-stimmung den Besuch eines Parks, wie zum Beispiel den Corkscrew Sanctuary in Naples, Florida. In solchen Parks finden Sie eine breite Vielfalt an Themen, angefangen beim Sumpf selbst, über die Flora und Fauna bis hin zu den Reptilien, die dort leben. Be-suchen Sie einen Sumpf vorzugsweise bei nebligem Wetter, um ein wirklich mysteriös aussehendes Foto einzufangen (siehe Kapitel 45).

Bereiten Sie Ihre Kamera vor

In Sumpf wartet ein breites Spektrum an Motiven auf Sie. Wann immer Sie eine Landschaft, eine Blume, einen Vogel oder einen Alligator fotografieren: Für solche Motive ist die Zeitautomatik mit Blendenvorwahl stets die beste Wahl. Durch die Größe der Blendenöffnung bestimmen Sie die Tiefenschärfe. Denken Sie daran, eine große Blendenöffnung zu verwenden (also eine kleine Blendenzahl), wenn Sie nur eine geringe Tiefenschärfe wünschen. Umgekehrt verwenden Sie eine kleine Blendenöffnung (also eine große Blendenzahl), wenn weite Bereiche des Bildes scharf sein sollen. Die Brennweite variiert hingegen mit dem von Ihnen gewählten Motiv.

Wenn Sie die Weiten des Sumpfes einfangen möchten, verwenden Sie eine kleine Blendenöffnung (zum Beispiel f/16) sowie ein Weitwinkel mit einer Brennweite von ca. 28 Millimeter. Diese Kombination gewährleistet einen wundervollen Überblick über die Szene, kombiniert mit einer großen Tiefenschärfe.

Wenn Sie hingegen eine Blume fotografieren möchten, zoomen Sie an das Pflänzchen heran, indem Sie ein Teleobjektiv mit einer Brennweite von 100 Millimeter oder länger verwenden. Kombiniert mit einer mittleren Blendenöffnung von f/4 oder f/5,6 erzielen Sie eine eher geringe Tiefenschärfe, mit der sich die Blume gestochen scharf vom Hintergrund abhebt. Verwenden Sie dieselbe Kombination, um Aufnahmen von den tierischen Bewohnern des Sumpfes zu machen.

Schießen Sie Ihre Fotos

Wenn Sie einen Sumpf in einem Nationalpark fotografieren, bleibt Ihnen meistens nur der befestigte Bohlenweg als Aussichtspunkt. Halten Sie die Augen offen, während Sie den Park erkunden. Sie wissen nie, wann Sie einen Vogel in den Bäumen entdecken oder ein Alligator an der Wasseroberfläche auftaucht.

 Bevor Sie sich in Ihrem Hobby verlieren, sorgen Sie dafür, dass Ihnen jemand den Rücken freihält.

1. **Besuchen Sie den Sumpf, den Sie fotografieren möchten.**

   Besuchen Sie den Sumpf am frühen Morgen oder in den späten Nachmittagsstunden, wenn das Licht eine goldene Atmosphäre verbreitet.

2. **Finden Sie einen passenden Aussichtspunkt.**

   Wenn Sie einen Sumpf in einem Park fotografieren, bleibt Ihnen oft nichts anderes übrig, als dies von den Holzstegen aus zu tun. Achten Sie darauf, dass sich keine künstlichen Objekte (wie zum Beispiel Masten oder andere störende Objekte) im Bild befinden.

3. **Drücken Sie den Auslöser halb herunter, um zu fokussieren.**

   Achten Sie darauf, dass der aktive Autofokus-Punkt auf einem Objekt in der Mitte der Szene liegt. Kombiniert mit einer kleinen Blendenöffnung kann die Kamera dank der großen Tiefenschärfe nahezu die ganze Szene scharf abbilden.

4. Komponieren Sie das Bild.

Die Platzierung des Horizonts ist elementar, wenn Sie eine Landschaft fotografieren. Platzieren Sie ihn nicht in der Mitte des Bildes. Wenn der dominante Teil der Szene aus Wasser besteht, platzieren Sie den Horizont im oberen Drittel des Bildes. Wenn das Bild hingegen von Laub dominiert wird, verschieben Sie den Horizont in das untere Drittel.

 Die meisten Sümpfe überzeugen nicht gerade durch ihre Farbvielfalt. Sie können jedoch den einen oder anderen Farbtupfer hinzufügen, indem Sie die Sonnenstrahlen mit aufs Bild nehmen, die durch das Blätterdach fallen (siehe Abbildung 26.1).

Abbildung 26.1: Die Sonne fügt dem Bild einen Farbtupfer hinzu.

5. Machen Sie Ihr Foto.

 Besuchen Sie den Sumpf in den frühen Morgenstunden, wenn die Atmosphäre mit Dunst oder sogar Nebel angereichert ist. Fotografieren Sie kleine Objekte wie zum Beispiel Beeren, Blätter oder Spinnennetze, auf denen sich Wassertropfen festgesetzt haben.

Praktische Hilfe

✔ **Das Bild wirkt langweilig.** Wenn Sie einen Sumpf fotografieren, benötigen Sie einen Blickfang. Das kann zum Beispiel ein Farbtupfer sein, aber auch ein Vogel. Komponieren Sie das Bild so, dass sich dieser Blickfang nicht genau in der Mitte befindet.

✔ **Das Bild wirkt farblos.** Wenn die Szene lediglich aus grünen Blättern und grünem Wasser besteht, konvertieren Sie das Foto später am Rechner in Schwarz-Weiß und erhöhen Sie den Kontrast.

27 Sonnenaufgänge

Kamera-Einstellungen

▶ **Belichtungsmessung:** Mitten-betont

▶ **Aufnahme-Betriebsart:** Einzel-bild

▶ **Belichtungssteuerung:** Zeitautomatik (A)

▶ **Blendenöffnung:** f/8 bis f/16

▶ **ISO-Empfindlichkeit:** 400 bis 800

▶ **Autofokus:** Einzelautofokus

▶ **Autofokus-Messpunkt:** Einzelner Mess-punkt

▶ **Brennweite:** 28 bis 35 mm (bezogen auf das Kleinbild-Format)

▶ **Bildstabilisator:** Eingeschaltet

Wenn Sie zu den Frühaufstehern gehören, bieten sich Ihnen bei Tagesanbruch oftmals tolle Ansichten, wenn die Sonne langsam am Horizont emporsteigt. Der Himmel ist dann in ein wundervolles, orangenes Licht getaucht, vermischt mit Pink und Violett. Doch viele Fotografen machen den Fehler und erscheinen erst kurz vor dem eigentlichen Sonnenaufgang. Um außerordentliche Fotos zu schießen, müssen Sie ungefähr 30 Minuten vor Sonnenaufgang auf dem Platz stehen. Diese zusätzliche Zeit hilft Ihnen dabei, einen geeigneten Aussichtspunkt zu finden und die Ausrüstung an die fotografischen Anforderungen anzupassen. In diesem Kapitel zeige ich Ihnen, mit welchen Einstellungen Sie den schönsten Sonnenaufgang Ihres Lebens fotografieren.

Bereiten Sie Ihre Kamera vor

Wenn Sie eine Landschaft bei Sonnenaufgang fotografieren möchten, verwenden Sie am besten eine große Tiefenschärfe. Fotografieren Sie also mit Zeitautomatik und geben Sie eine ziemlich kleine Blendenöffnung vor. Verwenden Sie die größte Blende (f/8) bevor die Sonne aufgeht und die Lichtverhältnisse schwach sind. Die kleinste Blende (f/16) wird verwendet, wenn sich die Sonne über dem Horizont befindet und deshalb mehr Licht spendet. Der empfohlene ISO-Bereich soll Ihnen als Anhaltspunkt dienen. Reduzieren Sie die Empfindlichkeit, sobald die Sonne über dem Horizont steht. Die empfohlene Brennweite eignet sich wiederum ideal für die Landschaftsfotografie. Der eingeschaltete Bildstabilisator verhilft Ihnen zu schärfere Fotos, besonders wenn Sie mit einer Verschlusszeit von weniger als einer 1/30 Sekunde arbeiten müssen.

Schießen Sie Ihre Fotos

Die schönsten Sonnenaufgänge fotografieren Sie, wenn der Himmel zusätzlich von einigen Wolken dekoriert wird. Diese werden zu einer Leinwand für die Sonne, und die herrlichen Farben verleihen der Aufnahme erst die richtige Stimmung. Wenn Sie rechtzeitig zur Stelle sind, können Sie sich in aller Ruhe um die Wolken kümmern. Stehen Sie früh auf, packen Sie eine große Kanne Ihres bevorzugten Kaffees ein, schnappen Sie sich die Fototasche und fahren Sie zu Ihrem bevorzugten Aussichtspunkt.

1. **Treffen Sie wenigstens eine halbe Stunde vor Sonnenaufgang am ausgewählten Standort ein.**

   Sie werden beinahe in völliger Dunkelheit arbeiten. Nehmen Sie deshalb eine Taschenlampe mit, die Ihnen bei der Konfiguration der Kamera und dem Aufstellen des Stativs ausgezeichnete Dienste leisten wird. Besonders praktisch sind Stirnleuchten, so dass beide Hände frei bleiben.

2. **Nehmen Sie an der Kamera die Einstellungen vor, die am Anfang dieses Kapitels beschrieben sind.**

   Beginnen Sie mit einem hohen ISO-Wert, um das fehlende Licht zu kompensieren. Damit erreichen Sie eine Verschlusszeit, die kurz genug ist, dass Sie die Kamera in der Hand halten können. Die Bilder werden jedoch noch besser, wenn Sie die Kamera auf ein Stativ stellen und den tiefsten ISO-Wert verwenden.

3. **Beobachten Sie die Wolken, kurz bevor die Sonne aufgeht.**

   Wenn die Wolken ihre Farbe ändern, geht es los.

4. **Drücken Sie den Auslöser halb herunter, um zu fokussieren, und komponieren Sie die Szene.**

   Unmittelbar vor Sonnenaufgang sollten Sie auf ein Schimmern am Horizont achten. Dieser Hinweis zeigt Ihnen, wo die Sonne auftauchen wird. Komponieren Sie das Bild so, dass die Sonne nicht genau in der Mitte steht (siehe Abbildung 27.1). Achten Sie außerdem darauf, wo Sie den Horizont platzieren: Wenn die Wolken den dominanten Teil des Bildes ausmachen, platzieren Sie den Horizont im unteren Drittel des Bildes. Wenn Sie hingegen den Sonnenaufgang über dem schimmernden Meer fotografieren, platzieren Sie den Horizont im oberen Drittel.

Abbildung 27.1: Positionieren Sie die Sonne links oder rechts von der Bildmitte, wenn Sie das Bild gestalten.

5. Machen Sie Ihr Bild.

Fotografieren Sie weiter, während sich die Sonne über dem Horizont erhebt. Wenn die Wolken an Farbe verlieren, packen Sie Ihre Ausrüstung zusammen und gönnen Sie sich ein Frühstück.

Warten Sie, bis die Sonne etwa in einem Winkel von 15 Grad über dem Horizont steht. Gestalten Sie das Bild so, dass die Sonne hinter einem Baum verschwindet. Diese Technik entfaltet ihre Wirkung vor allem an einem nebligen Morgen, wenn der Eindruck entsteht, als würden die Strahlen hinter den Baumstämmen hervorschießen (siehe Abbildung 27.2).

Praktische Hilfe

✔ **Das Bild wirkt unscharf.** Wenn das Licht wirklich schwach ist, reicht es selbst bei einem hohen ISO-Wert lediglich für eine Verschlusszeit von einer 1/15 Sekunde oder sogar noch weniger. Wählen Sie eine etwas größere Blendenöffnung vor, bis Sie eine Verschlusszeit erreichen, die kürzer als eine 1/15 Sekunde ist. Allerdings fahren Sie in jedem Fall besser, wenn Sie die Kamera auf einem Stativ montieren.

✔ **Der Vordergrund ist zu dunkel.** Wenn Sie einen Sonnenaufgang fotografieren, dann wird die Kamera ihr Bestes geben, um das Bild korrekt zu belichten. Allerdings kann das

Abbildung 27.2: Machen Sie die Lichtstrahlen der Sonne sichtbar, indem Sie die Sonne hinter einem Baum platzieren.

menschliche Auge einen wesentlich größeren Dynamikumfang wahrnehmen, als der Chip in der Kamera. Wo Sie vielleicht noch Details in den Schatten erkennen, erzeugt die Kamera nur noch eine schwarze Fläche.

Dieses Problem lässt sich lösen, indem Sie einen neutralen Grauverlaufsfilter auf das Objektiv schrauben. Damit können Sie den Himmel über dem Horizont gezielt abdunkeln, so dass die Kontraste zwischen Vorder- und Hintergrund reduziert werden. Damit kommt auch der Belichtungsmesser der Kamera klar, und die Bilder wirken wesentlich ausgewogener. Anstelle des Grauverlauffilters können Sie jedoch auch die HDR-Technik einsetzen, die in Kapitel 99 beschrieben wird.

28 *Sonnenuntergänge am Strand*

Der Sonnenuntergang ist eine fantastische Zeit für Fotografen. Die Zeit unmittelbar davor nennt man die »Goldene Stunde«: Die Sonne steht tief und ihr Licht wird von der Atmosphäre gedämpft. Die Wolken schimmern in den Farben Orange, Pink und Purpur. Zusammen mit dem Sandstrand, den Wellen und vielleicht noch einem Spaziergänger am Ufer, halten Sie das Rezept für perfekte Fotos in den Händen.

Der Trick besteht darin, darauf zu warten, dass neben der Sonne selbst auch noch einige interessante Wolken am Himmel stehen. Wenn Sie in der Nähe des Strandes wohnen, sollten Sie etwa 45 Minuten vor dem eigentlichen Sonnenuntergang vor Ort sein.

Wenn Sie einige interessante Wolken aufziehen sehen, schnappen Sie sich Ihre Kamera und ziehen Sie los.

Bereiten Sie Ihre Kamera vor

Wenn Sie einen Sonnenuntergang am Strand fotografieren, möchten Sie, dass alles im Fokus ist – angefangen bei den Sanddünen im Vordergrund bis hin zu den Wolken am Horizont. Aus diesem Grund arbeiten Sie mit Zeitautomatik und wählen eine relativ kleine Blendenöffnung von f/8 vor. Ein möglichst tiefer ISO-Wert garantiert scharfe Fotos mit einem Minimum an Bildrauschen. Der Einzelautofokus eignet sich für diese Situation perfekt, weil sich Landschaften normalerweise nicht bewegen. Sobald die Kamera den Schärfepunkt gefunden hat, sind Sie für die Aufnahmen bereit. Das Weitwinkel erfasst dabei einen großen Bereich der Szenerie, so dass von den Wolken bis zu den hübschen Reflexionen auf dem Wasser alles zu finden ist.

 Während die Sonne hinter den Horizont verschwindet, ändert sich das verfügbare Licht. Deshalb müssen Sie den ISO-Wert erhöhen, damit Sie weiterhin mit einer Blendenöffnung von f/8 oder kleiner fotografieren können.

Schießen Sie Ihre Fotos

 Herauszufinden, wann und wo die Sonne untergeht, artet manchmal fast in eine Wissenschaft aus. Wenn Sie dieses Gefühl teilen, sollten Sie sich die Anwendung »The Photographer's Ephemeris« ansehen. Sie zeigt Ihnen, wann die Sonne an einem bestimmten Ort und zu einer bestimmten Jahreszeit auf- und untergeht. Die Software wird sowohl für Mac als auch für PCs angeboten und kann kostenlos von der Website der Programmierer geladen werden (http://www.photoephemeris.com). Mittlerweile wird auch eine App für das iPhone und das iPad angeboten, allerdings sind diese Versionen kostenpflichtig.

Nachdem Sie herausgefunden haben, wo und wann die Sonne untergeht, sind Sie für die Aufnahmen bereits bestens gerüstet:

1. **Finden Sie sich etwa 20 Minuten vor Sonnenuntergang am Strand ein. Suchen Sie sich den passenden Aussichtspunkt und nehmen Sie an der Kamera die Einstellungen vor, die am Anfang dieses Kapitels beschrieben sind.**

2. **Fangen Sie zu fotografieren an, wenn das Sonnenlicht von der Unterseite der Wolken reflektiert wird und die Szenerie in ein goldenes Licht taucht.**

3. **Ändern Sie ab und zu den Standort und suchen Sie nach interessanten Objekten, die Sie zwischen sich und dem Sonnenuntergang platzieren können.**

   Die Vegetation am Strand oder Menschen, die am Wasser entlang spazieren, eignen sich ideal als Ergänzung zur Szene.

 Wenn Sie Strände in tropischen oder subtropischen Gebieten fotografieren, achten Sie auf kleine Schlangen und Spinnen, die sich in der Vegetation verstecken und zu einer unangenehmen Begegnung führen können.

Verwenden Sie ein mittleres Teleobjektiv mit einer Brennweite zwischen 85 und 100 Millimeter. Damit können Sie interessante Motive näher heranholen, wie zum Beispiel den Hochsitz des Bademeisters oder Teile der Vegetation. Fokussieren Sie auf diese Objekte und verwenden Sie eine größere Blendenöffnung, wie zum Beispiel f/5,6. Damit bleibt die Tiefenschärfe eher gering. Ihr Motiv wird als Silhouette abgebildet und befindet sich im Fokus, während die Sonne und die Wolken in einer angenehmen Unschärfe im Hintergrund verschwimmen (siehe Abbildung 28.1).

Abbildung 28.1: Bilden Sie interessante Objekte als Silhouette im Sonnenuntergang ab.

Viele Fotografen machen den Fehler und packen ihre Ausrüstung zusammen, sobald die Sonne hinter dem Horizont verschwunden ist. Wenn sich am Himmel jedoch viele Wolken befinden, sollten Sie unbedingt noch eine Viertelstunde abwarten. Während die Sonne weiter verschwindet, reicht ihr Licht dennoch aus, um die Wolken in herrliche Farben zu tauchen (siehe Abbildung 28.2).

Praktische Hilfe

✔ **Das Bild ist heller als die Szene.** Der Belichtungsmesser versucht, die vermeintlich zu dunkle Szene zu kompensieren. Verwenden Sie die manuelle Belichtungskorrektur, um das Bild ein wenig unterzubelichten.

✔ **Die Sonne sieht aus wie ein oranger Klecks.** Der Chip der Kamera kann die enorme Helligkeit der Sonne nicht wiedergeben, so dass keine Details zu erkennen sind. Sie können die Stimmung im Foto verbessern, wenn Sie das Bild mit der Belichtungskorrektur unter-

Abbildung 28.2: Diese Szene wurde ungefähr 15 bis 20 Minuten nach Sonnenuntergang aufgenommen.

belichten. Stattdessen können Sie auch einen Aussichtspunkt wählen, an dem die Sonne durch die Vegetation scheint und so ein wenig mehr Charakter erhält.

✔ **Das Meer ist zu dunkel.** Eine digitale Kamera kann niemals einen so hohen Kontrastumfang wahrnehmen wie das menschliche Auge. Deshalb ist diese Art der Fotografie immer von Kompromissen begleitet: Entweder entscheiden Sie sich für einen korrekt belichteten Himmel und ein zu dunkles Meer oder für einen zu hellen Himmel mit sichtbaren Strukturen auf der Wasseroberfläche. Sie können diesem Dilemma jedoch entkommen, wenn Sie einen neutralen Grauverlaufsfilter auf das Objektiv schrauben, der den Himmel gezielt abdunkelt. So werden die Kontraste reduziert, und Sie erhalten die gewünschte Lichtstimmung.

29 Meeresbrandungen

Kamera-Einstellungen

▶ **Belichtungsmessung:** Mittenbetont

▶ **Aufnahme-Betriebsart:** Einzelbild

▶ **Belichtungssteuerung:** Blendenautomatik (S)

▶ **Verschlusszeit:** 1/160 bis 1/250 Sekunde

▶ **ISO-Empfindlichkeit:** 100 bis 400

▶ **Autofokus:** Einzelautofokus

▶ **Autofokus-Messpunkt:** Einzelner Messpunkt

▶ **Brennweite:** 28 bis 70 mm (bezogen auf das Kleinbild-Format)

▶ **Bildstabilisator:** Optional

Die Menschheit hatte schon immer eine Affinität zum Meer. Vielleicht liegt es daran, dass unser Blut denselben Salzgehalt aufweist wie Meerwasser. Das Rauschen der Brandung am Strand lädt Sie förmlich ein, mit der Kamera eine tolle Szene einzufangen. Einige Strände an der Westküste der USA locken fast immer mit einer starken Brandung. Andere Strände, wie man sie zum Beispiel entlang der Golfküste von Florida findet, sind meistens ziemlich ruhig – manchmal ist der Golf von Mexiko sogar fast windstill. Doch sobald ein Sturm aufzieht, geht es auch an diesen Stränden ziemlich turbulent zu!

Bereiten Sie Ihre Kamera vor

Wenn Sie die Brandung des Meeres fotografieren, dann möchten Sie die Wellen entweder einfrieren oder deren Dynamik durch eine leichte Bewegungsunschärfe symbolisieren. In beiden Fällen fahren Sie am besten, wenn Sie die Blendenautomatik verwenden und die Verschlusszeit vorgeben. So können Sie zum Beispiel die Bewegung der Wellen erstarren lassen, indem Sie eine Verschlusszeit von einer 1/250 Sekunde oder schneller diktieren. Wenn Sie sich jedoch für eine langsame Verschlusszeit von etwa einer 1/60 Sekunde entscheiden, dann werden die Bewegungen der Wellen deutlich, während Sie immer noch aus der Hand fotografieren können. Die verwendete Brennweite hängt davon ab, ob Sie die Landschaft weiträumig ablichten oder ob Sie auf Details heranzoomen möchten, wie zum Beispiel einen Fischer oder Vögel. Der empfohlene ISO-Wert eignet sich für helles Sonnenlicht und sogar für einen leicht bewölkten Himmel.

Schießen Sie Ihre Fotos

Wenn Sie in der Nähe des Meeres wohnen oder dort Urlaub machen, bieten sich Ihnen einige wundervolle Gelegenheiten für außergewöhnliche Bilder. Wenn das Wetter umschlägt und die Brandung stärker wird, greifen Sie zur Kamera und machen Sie einen Spaziergang am Strand.

1. **Spazieren Sie am Strand entlang, bis Sie einen passenden Aussichtspunkt gefunden haben.**

   Wählen Sie einen Ort, an dem sich einige interessante Bezugspunkte befinden, wie zum Beispiel ein Pier oder einen Fischer (siehe Abbildung 29.1).

Abbildung 29.1: Versuchen Sie, interessante Objekte in die Szenerie einzubinden.

2. **Zoomen Sie heran und drücken Sie den Auslöser halb herunter, um zu fokussieren.**

3. **Komponieren Sie das Bild.**

   Platzieren Sie den Horizont im oberen Drittel des Bildes, wenn das Bild vom Meer dominiert wird. Wenn der Himmel jedoch wesentlich interessanter aussieht und Sie von einem tiefen Aussichtspunkt aus fotografieren, platzieren Sie den Horizont im oberen Drittel.

4. **Machen Sie Ihr Bild.**

    Montieren Sie die Kamera auf einem Stativ und verwenden Sie eine möglichst lange Verschlusszeit. Eine 1/15 Sekunde eignet sich für diese Technik ideal; sie führt dazu, dass die Brandung nicht mehr scharf abgebildet wird, sondern fast wie Nebel wirkt (siehe Abbildung 29.2). Wenn das Licht zu hell für solche langen Verschlusszeiten ist, verwenden Sie einen neutralen Graufilter, um die Lichtmenge zu reduzieren.

Abbildung 29.2: Um das Wasser wie Nebel aussehen zu lassen, fotografieren Sie mit einer relativ langen Verschlusszeit.

Praktische Hilfe

- ✔ **Die Wellen sehen nicht so groß aus, wie ich sie in Erinnerung habe.** Dieser Effekt tritt auf, wenn Ihr Standpunkt zu hoch ist. Kauern Sie nieder, um die Wellen größer aussehen zu lassen.

- ✔ **Der Hintergrund ist nicht im Fokus.** Sie haben eine kurze Verschlusszeit im Dämmerlicht verwendet. Die Kamera hat dazu eine große Blendenöffnung beigesteuert, die eine entsprechend geringe Tiefenschärfe erzeugt. Zwei Lösungen stehen zur Auswahl: Verwenden Sie einen höheren ISO-Wert oder wählen Sie eine kürzere Verschlusszeit. Wenn das Licht besonders schwach ist, müssen Sie vielleicht sogar beide Maßnahmen ergreifen.

30 *Seen*

Kamera-Einstellungen

▶ **Belichtungsmessung:** Mitten-betont

▶ **Aufnahme-Betriebsart:** Einzelbild

▶ **Belichtungssteuerung:** Zeitautomatik (A)

▶ **Blendenöffnung:** f/16

▶ **ISO-Empfindlichkeit:** 100 bis 400

▶ **Autofokus:** Einzelautofokus

▶ **Autofokus-Messpunkt:** Mehrere Messpunkte

▶ **Brennweite:** 28 bis 35 mm (bezogen auf das Kleinbild-Format)

▶ **Bildstabilisator:** Eingeschaltet

Gewässer sind für Fotografen ein uner-schöpfliches Thema mit zahlreichen Facetten. Es gibt große Gewässer (Meere), kleine Gewässer (Teiche und Bäche) und mittlere Gewässer (dazu gehören Seen, die jedoch manchmal so groß sind, dass man das Ufer auf der anderen Seite nicht mehr sehen kann und die darum dieselbe Wirkung haben wie kleine Ozeane).

Einige Seen wirken wie Sümpfe, andere wie die dunkle Seite des Mondes – dazu zählt zum Beispiel der Mono Lake in Kalifornien (siehe Abbildung oben).

Bereiten Sie Ihre Kamera vor

Egal, welchen See Sie fotografieren: Sie werden auf dem endgültigen Bild möglichst die ganze Szene im Fokus haben wollen. Deshalb fotografieren Sie mit Zeitautomatik und geben eine kleine Blendenöffnung vor. Der empfohlene ISO-Wert passt gleichermaßen zum hellen Sonnenlicht als auch zu einem leicht bewölkten Himmel. Die empfohlene Brennweite erlaubt es Ihnen, weite Teile der Szene zu erfassen. In dieser Situation sind mehrere Autofokus-Punkte hilfreich. Der Bildstabilisator unterstützt Sie im Bestreben nach unverwackelten Bildern, wenn Sie bei schwachen Lichtverhältnissen aus der Hand fotografieren.

Schießen Sie Ihre Fotos

Jede Abbildung eines Gewässers wird gleich viel interessanter, wenn darauf einige Wolken zu sehen sind. Wenn Sie einen stillen See fotografieren, spiegeln sich die Wolken im Wasser. Bei vielen Seen finden Sie Details, die Sie in die Bildkomposition mit einbeziehen können. Dazu gehören zum Beispiel Seerosen und Schilf, die am Ufer wachsen. Fotografieren Sie vorzugsweise in den frühen Morgenstunden oder am späten Nachmittag, wenn das Licht golden und die Schatten schmeichelhaft weich sind.

1. **Reisen Sie zum See Ihrer Wahl.**

2. **Suchen Sie einen geeigneten Aussichtspunkt.**

    Halten Sie nach interessanten Details Ausschau, wie zum Beispiel eine auffällige Vegetation.

3. **Nehmen Sie an der Kamera die Einstellungen vor, die am Anfang dieses Kapitels beschrieben sind.**

    Wenn Sie einen See an einem wolkenlosen Tag fotografieren, suchen Sie nach einer Umgebung, an der sich interessante Elemente auf der Wasseroberfläche spiegeln – wie zum Beispiel die Bäume, die Sie in Abbildung 30.1 sehen. Platzieren Sie den Horizont im unteren Drittel, so dass die wunderschönen Spiegelungen voll zur Geltung kommen.

Abbildung 30.1: Spiegelungen auf dem ruhigen Wasser führen zu wunderschönen Bildern.

4. **Drücken Sie den Auslöser halb herunter, um zu fokussieren.**

5. **Machen Sie Ihr Bild.**

Geben Sie sich nie mit einem Bild zufrieden. Wandern Sie umher und suchen Sie andere Aussichtspunkte, die mindestens genauso gut sind. Die erste Aufnahme ist nicht zwangsläufig die beste.

6. Suchen Sie andere geeignete Aussichtspunkte.

 Ein See ist ein wundervoller Ort, um einen Vormittag oder Nachmittag zu verbringen. Verwenden Sie dieselben Einstellungen, um interessante Details zu fotografieren, wie Wasserlilien oder Treibholz (siehe Abbildung 30.2).

Abbildung 30.2: Vergessen Sie nicht, die Details im Auge zu behalten.

Praktische Hilfe

✔ **Die Kamera fokussiert auf ein Objekt, das zu nah am Ufer ist.** Das kann dazu führen, dass der Hintergrund nicht mehr im Fokus ist. Lassen Sie den Auslöser los und fokussieren Sie noch einmal. Wenn die Kamera wieder dieselbe Stelle anvisiert, schalten Sie auf manuelle Fokussierung um.

✔ **Das Bild ist heller als die eigentliche Szene.** Wenn Sie am späten Nachmittag oder bei bewölktem Himmel fotografieren, versucht die Kamera, die Belichtung auszugleichen. Verwenden Sie die manuelle Belichtungskorrektur, um das Bild um 1/3 bis 2/3 einer Blende unterzubelichten.

31 Flüsse

Kamera-Einstellungen

▶ **Belichtungsmessung:** Mittenbetont

▶ **Aufnahme-Betriebsart:** Einzelbild

▶ **Belichtungssteuerung:** Zeitautomatik (A)

▶ **Blendenöffnung:** f/16

▶ **ISO-Empfindlichkeit:** 100 bis 400

▶ **Autofokus:** Einzelautofokus

▶ **Autofokus-Messpunkt:** Einzelner Messpunkt

▶ **Brennweite:** 28 bis 50 mm (bezogen auf das Kleinbild-Format)

▶ **Bildstabilisator:** Eingeschaltet

Flüsse erstrecken sich über enorme Distanzen. Einige wirken wie bessere Bäche, andere sind so groß, dass man sie auch für Seen halten könnte. Manche Flüsse sind stille Wasser, auf deren Oberfläche sich kaum etwas rührt; andere bestehen aus einer brodelnden, tobenden Wassermasse, die alles mitreißt, was ihr zu nahe kommt. Wenn es Sie also das nächste Mal in die Nähe eines Flusses verschlägt, vergessen Sie Ihre Kamera nicht. Flüsse bestehen nicht nur aus Wasser, sondern bieten zahlreichen Pflanzen und Tieren eine Lebensgrundlage. Die Motive werden Ihnen also so schnell nicht ausgehen.

Bereiten Sie Ihre Kamera vor

Ein Fluss wird ähnlich abgelichtet wie eine Landschaft. Sie benötigen eine große Tiefenschärfe, um sowohl das Gewässer selbst als auch die subtilen Details scharf abzubilden. Deshalb fotografieren Sie mit Zeitautomatik und geben eine kleine Blendenöffnung von f/16 vor. Der ISO-Wert eignet sich ideal für Aufnahmen im hellen Sonnenlicht. Wenn Sie hingegen in der Dämmerung arbeiten, können Sie entweder die Blendenöffnung auf f/8 reduzieren, den ISO-Wert ein wenig erhöhen oder – noch besser – ein Stativ verwenden. Die Brennweite hängt davon ab, wie nahe Sie sich dem Fluss nähern können.

Schießen Sie Ihre Fotos

Ein Fluss kann energiegeladen wirken oder still und leise daherkommen; der Trick, um die enormen Wassermassen interessanter abzubilden, besteht darin, das direkte Umfeld einzubeziehen. Wenn Sie einen langweiligen Teil des Flusses in einer langweiligen Umgebung ablichten, wird daraus garantiert kein interessantes Foto entstehen. Wenn Sie es hingegen schaffen, eine interessante Umgebung oder wilde Tiere mit einzufangen, dann werden Sie mit einem Bild belohnt, dass sich andere Leute genauer ansehen wollen.

1. **Besuchen Sie den Ort am Fluss, von dem aus Sie fotografieren wollen.**

   Wenn Sie durch dichtes Gebüsch wandern, sehen Sie immer nur einen kleinen Teil des Flusses. Sie sollten nach einem Trampelpfad oder einem Weg Ausschau halten, auf dem Sie den Fluss einfacher erkunden können.

2. **Finden Sie einen interessanten Aussichtspunkt.**

   Eine Flussbiegung ist ein ausgezeichneter Anfang. Viele Flüsse bieten in ihrer Nähe eine Aussicht auf Berge, ästhetische Bäume oder Wasserfälle. Wenn der Himmel von Wolken übersät ist, die sich im Wasser spiegeln, platzieren Sie den Horizont im unteren Drittel des Bildes. Wenn hingegen umspülte Steine an der Wasseroberfläche den Blickfang bilden, platzieren Sie den Horizont im oberen Drittel.

3. **Drücken Sie den Auslöser halb herunter, um zu fokussieren, und komponieren Sie die Szene.**

    Halten Sie nach kleinen Inseln Ausschau. Diese bieten zusätzliche Möglichkeiten bei der Bildkomposition und vermitteln dem Betrachter außerdem eine gute Vorstellung von der Größe des Flusses. Auch ein Kanufahrer hilft dabei, die Ausmaße des Flusses abzuschätzen (siehe Abbildung 31.1).

4. **Machen Sie Ihr Bild.**

    Halten Sie Ausschau nach Stellen mit bewegtem Wasser, wie zum Beispiel kleine Wasserfälle oder Stromschnellen. Montieren Sie die Kamera auf einem Stativ oder auf einer stabilen Unterlage. Wählen Sie die kleinste Blendenöffnung, um eine möglichst lange Verschlusszeit zu erreichen. Eventuell müssen Sie einen neutralen Graufilter verwenden, um die Lichtmenge zu reduzieren. Mit dieser Technik erhalten Sie Bilder, auf denen das schäumende Wasser wie Seide wirkt. Wir kommen in Kapitel 34 auf dieses spannende Thema im Detail zu sprechen.

Abbildung 31.1: Binden Sie Objekte wie diesen Kanufahrer in die Komposition mit ein, um die Größe des Flusses zu verdeutlichen.

Praktische Hilfe

✔ **Die eine Seite des Flusses ist sehr dunkel.** Dieses Problem taucht auf, wenn die Sonne tief am Himmel steht und schon fast hinter den Bäumen verschwindet. Diese werfen lange Schatten, die die eine Hälfte des Flussufers verdunkeln. Die einzige Abhilfe besteht darin, dieselbe Stelle zu einer anderen Tageszeit aufzusuchen, wenn die Sonne hoch am Himmel steht.

✔ **Das Bild ist zu hell.** Wenn Sie einen Fluss am späten Nachmittag fotografieren, versucht die Kamera das fehlende Licht durch eine längere Belichtung auszugleichen – die ganze Szene wirkt zu hell. Verwenden Sie die manuelle Belichtungskorrektur, um das Bild unterzubelichten und prüfen Sie das Resultat auf dem Display der Kamera.

✔ **Der Himmel ist zu hell.** Wenn der Kontrast zwischen dem Himmel und der Landschaft zu groß ist, kann der Bildsensor diese Dynamik nicht mehr erfassen. Verwenden Sie einen Verlaufsfilter auf dem Objektiv, um den Himmel abzudunkeln und damit die Kontraste zu reduzieren.

32 Ströme

Kamera-Einstellungen

▶ **Belichtungsmessung:** Mitten-betont

▶ **Aufnahme-Betriebsart:** Einzelbild

▶ **Belichtungssteuerung:** Blendenautomatik (S)

▶ **Verschlusszeit:** 1/2 bis 1/15 Sekunde

▶ **ISO-Empfindlichkeit:** 100

▶ **Autofokus:** Einzelautofokus

▶ **Autofokus-Messpunkt:** Einzelner Mess-punkt

▶ **Brennweite:** 28 bis 70 mm (bezogen auf das Kleinbild-Format)

▶ **Bildstabilisator:** Eingeschaltet

Ströme sind kleine Flüsse, die sich durch waldige oder gebirgige Landschaften schlängeln. Sie fließen entweder still vor sich hin oder werden ab und zu von Steinen und anderen Hindernissen gebrochen. An einigen Stellen können sich auch kleine, dekorative Wasserfälle bilden. Wenn Sie einen Strom fotografieren, sollten Sie unbedingt darauf achten, dass das Bild durch eine interessante Umgebung aufgewertet wird. In diesem Beispiel wird der Strom durch die Farbenpracht des Herbstlaubs zauberhaft in Szene gesetzt. Sie hingegen brauchen nichts weiter, als ein wenig Kreativität und die Kamera-Einstellungen in diesem Kapitel.

Bereiten Sie Ihre Kamera vor

Wenn Sie einen Strom fotografieren, fotografieren Sie in erster Linie eine Menge Wasser in Bewegung. Deshalb verwenden Sie die Blendenautomatik und geben die Verschlusszeit vor – diese bestimmt nämlich maßgeblich, wie das Wasser auf dem fertigen Bild dargestellt wird. Wenn Sie sich an die Vorschläge in diesem Kapitel halten, erhalten Sie weiche, fast schon traumartige Bilder. Verwenden Sie einen tiefen ISO-Wert, um eine lange Verschlusszeit wählen zu können. Allerdings ist es in diesem Fall unverzichtbar, dass Sie die Kamera auf einem Stativ oder einer anderen festen Unterlage installieren.

Schießen Sie Ihre Fotos

Wenn Sie durch die Wälder wandern und nach einem idealen Aussichtspunkt suchen, dann sollten Sie mit leichtem Gepäck reisen – ansonsten werden Sie den Tag als außerordentlich erschöpfter Fotograf beenden. Achten Sie außerdem auf die Tageszeit: In den frühen Morgenstunden oder am späten Nachmittag wird die Landschaft in ein wundervolles goldenes Licht getaucht.

Ströme geben auch an einem bewölkten Tag ein hervorragendes Motiv ab. Typischerweise benötigen Sie ein Zoom, das sowohl den Weitwinkel- als auch den Telebereich abdeckt. Viele Spiegelreflexkameras werden mit einem Kit-Objektiv geliefert, das ungefähr eine Brennweite zwischen 24 und 85 mm abdeckt (bezogen auf das Kleinbild-Format). Damit sind Sie in der Landschaftsfotografie bestens bedient, weil Sie mit demselben Objektiv sowohl im Weitwinkelbereich (24 Millimeter) als auch im leichten Telebereich arbeiten können (85 Millimeter). Da wir jedoch mit sehr langen Verschlusszeiten arbeiten, müssen Sie die Kamera durch ein Stativ oder eine andere feste Unterlage stabilisieren.

1. **Wenn Sie einen passenden Aussichtspunkt gefunden haben, nehmen Sie an der Kamera die Einstellungen vor, die am Anfang dieses Kapitels beschrieben sind.**

   An einem hellen Tag werden Sie wahrscheinlich einen neutralen Graufilter benötigen, um die Lichtmenge zu reduzieren. Dabei bleiben die Farben des Motivs unverändert, während die Verschlusszeit je nach Filter um eine bis vier Blendenstufen reduziert wird.

2. **Montieren Sie die Kamera auf einem Stativ.**

   Zur Not können Sie die Kamera auch auf einem anderen festen Untergrund platzieren, wie zum Beispiel einem Stein.

3. **Aktivieren Sie an der Kamera den Selbstauslöser.**

   Dadurch verhindern Sie Vibrationen, die entstehen, wenn Sie mit dem Finger den Auslöser drücken.

4. **Zoomen Sie auf den gewünschten Ausschnitt und komponieren Sie die Szene.**

   Suchen Sie einen Aussichtspunkt, an dem Sie eine Flussbiegung oder kleine Stromschnellen sehen, so wie in Abbildung 32.1 gezeigt. Wenn Sie einen sehr kleinen Strom fotografieren, gehen Sie in die Hocke und versuchen Sie, Objekte wie zum Beispiel moosbedeckte Steine mit ins Bild zu nehmen.

Corbis Digital Stock

Abbildung 32.1: Stromschnellen und Laubbäume ergänzen sich perfekt.

5. Drücken Sie den Auslöser halb herunter, um zu fokussieren, und schießen Sie anschließend Ihr Bild.

Finden Sie einen Strom mit einem kleinen Wasserfall (so wie in Abbildung 32.2 gezeigt) und fotografieren Sie die Szene im Hochformat. Verwenden Sie dazu dieselben Einstellungen, die am Anfang des Kapitels beschrieben wurden.

Praktische Hilfe

✔ **Die Tiefenschärfe ist zu gering.** Das passiert häufig, wenn Sie an einem bewölkten Tag fotografieren und der dichte Wald einen Großteil des Sonnenlichtes verschluckt. Sie erreichen eine größere Tiefenschärfe, wenn Sie eine Blendenöffnung von f/7,1 oder kleiner verwenden – wechseln Sie also zu einem höheren ISO-Wert. Eine Blende von f/11 oder f/16 eignet sich ideal für Ströme.

✔ **Die Kamera kann nicht fokussieren.** Wahrscheinlich liefert die Szene zu wenig Kontrast. Wenn die Kamera nicht fokussieren kann, bewegen Sie den Einzelautofokus-Punkt über eine deutlich erkennbare Kante, wie zum Beispiel einen Baumstamm oder einen Felsen. Drücken Sie den Auslöser halb herunter, um den Fokus zu speichern. Ohne den Auslöser loszulassen, können Sie nun das Bild komponieren, während die Kamera den Fokus speichert. Eine andere Lösung besteht darin, dass Sie manuell fokussieren.

Abbildung 32.2: Ein Mini-Wasserfall unterbricht den Lauf des Stroms.

✔ **Das Bild scheint sich vertikal zu bewegen.** Dieser Eindruck entsteht, wenn Ihre Kamera-Ausrüstung zu schwer für das Stativ ist. Das Gewicht sorgt dafür, dass sich die Kamera während der Belichtung leicht senkt, was zum erwähnten Effekt führt. Verwenden Sie entweder ein leichteres Objektiv oder kaufen Sie sich ein stabileres Stativ.

33 *Stille Gewässer (mit Reflexionen)*

*W*enn Sie in der Nähe eines großen Gewässers leben, wissen Sie, dass dieses sein eigenes Temperament hat – genau wie ein Mensch. Manchmal verhält es sich turbulent, dann wiederum liegt es ruhig da, ohne dass sich auf der Oberfläche etwas rührt. Wenn das Wasser spiegelglatt ist, können Sie einige wundervolle Fotos schießen, bei denen sich Objekte auf dem Wasser spiegeln.

Wie bei jeder anderen Art von Fotografie gibt es auch hier geeignete und weniger geeignete Tageszeiten. Die besten Resultate erreichen Sie in den frühen Morgenstunden oder am späten Nachmittag, wenn die Sonne ein wundervolles goldenes Licht verbreitet.

Bereiten Sie Ihre Kamera vor

Bei solchen Fotos drängt sich eine sehr große Tiefenschärfe förmlich auf. Wenn Sie vor einer Szene stehen, bei der sich Objekte kristallklar auf der Wasseroberfläche spiegeln, dann werden Sie möglichst viel davon knackig-scharf einfangen wollen. Das ist auch der Grund, warum Sie mit Zeitautomatik fotografieren und eine kleine Blendenöffnung vorgeben. Eine kurze Brennweite zeigt die Szene in ihrer ganzen Pracht. Wenn möglich, sollten Sie die Kamera auf einem Stativ montieren, um jegliche Form der Bewegungsunschärfe zu verhindern. Wenn Sie ohne Stativ unterwegs sind, helfen ruhige Hände und eine kurze Verschlusszeit.

Die langsamste Verschlusszeit, die man normalerweise aus der Hand halten kann, entspricht dem Reziprokwert der Brennweite; ein Objektiv mit einer Brennweite von 35 Millimeter sollte also mit mindestens einer 1/35 Sekunde oder schneller kombiniert werden.

Schießen Sie Ihre Fotos

Wenn Sie eine Szene mit beeindruckenden Spiegelungen auf der Wasseroberfläche einfangen möchten, dann müssen Sie gleichermaßen spontan und vorbereitet sein. Für ein optimales Licht wählen Sie als Aufnahmezeitpunkt den frühen Morgen oder den späten Nachmittag. Finden Sie außerdem heraus, aus welcher Richtung die Sonne scheint. Wenn Sie nämlich direkt in die Sonne fotografieren, werden die Motive samt den Spiegelungen zu dunkel.

1. **Suchen Sie einen geeigneten Aussichtspunkt und nehmen Sie an der Kamera die Einstellungen vor, die am Anfang dieses Kapitels beschrieben sind.**

Bei dieser Art von Fotografie stehen die Spiegelungen im Mittelpunkt. Platzieren Sie den Horizont deshalb im oberen Drittel des Bildes (siehe Abbildung 33.1).

2. **Drücken Sie den Auslöser halb herunter, um zu fokussieren, und komponieren Sie die Szene.**

3. **Drücken Sie den Auslöser ganz herunter, um den Verschluss auszulösen.**

Eine dekorative Spiegelung muss sich nicht zwangsläufig auf einer Wasseroberfläche befinden. Halten Sie Ausschau nach Reflexionen in großen Schaufensterscheiben, so wie in Abbildung 33.2 gezeigt.

Praktische Hilfe

✔ **Die Reflexionen sind zu dunkel.** Dieses Problem tritt dann auf, wenn der Kontrastumfang die Möglichkeiten des Kamera-Chips sprengt – etwa dann, wenn sich die Sonne mit im Bild befindet. Ändern Sie die Komposition, damit sich die Sonne hinter einem Gebäude oder Baum befindet. Vielleicht reicht es aber auch, wenn Sie Ihre Position ein wenig ändern.

✔ **Die Farben in den Reflexionen wirken kraftlos.** Die Farben ändern sich mit der Tageszeit. Wahrscheinlich haben Sie im harten Mittagslicht fotografiert. Auch ein bewölkter Him-

Abbildung 33.1: Platzieren Sie den Horizont im oberen Drittel des Bildes.

Abbildung 33.2: Ansehnliche Reflexionen gibt es nicht nur auf der Wasseroberfläche.

mel kann zu matten Farben führen. Warten Sie, bis sich die Lichtverhältnisse bessern oder kehren Sie zu einer anderen Tageszeit zurück.

✔ **Das ganze Bild wirkt zu hell oder zu dunkel.** Reflexionen auf der Wasseroberfläche gehören zu den schwierigsten Motiven, die ein Belichtungsmesser erfassen kann. Wenn das Bild zu hell oder zu dunkel ist, verwenden Sie die manuelle Belichtungskorrektur und überprüfen Sie das Ergebnis nach jeder Aufnahme auf dem Display Ihrer Kamera.

34 Wasserfälle

Kamera-Einstellungen

- ▶ **Belichtungsmessung:** Mittenbetont
- ▶ **Aufnahme-Betriebsart:** Einzelbild
- ▶ **Belichtungssteuerung:** Blendenautomatik (S)
- ▶ **Verschlusszeit:** 1/2, 1/15 Sekunde oder langsamer
- ▶ **ISO-Empfindlichkeit:** 100
- ▶ **Autofokus:** Einzelautofokus
- ▶ **Autofokus-Messpunkt:** Einzelner Messpunkt
- ▶ **Brennweite:** Je nach Situation
- ▶ **Bildstabilisator:** Ausgeschaltet

Wasserfälle gibt es in allen möglichen Variationen. Einige sind nur einen Meter hoch und wirken entsprechend harmlos. Bei anderen stürzen nach der Schneeschmelze Tausende Liter Wasser pro Sekunde in die Tiefe und bieten dabei ein Ehrfurcht gebietendes Schauspiel. Sie können einen Wasserfall so fotografieren, dass er weich und fast schon ein wenig verträumt vor sich hin fließt; oder aber Sie entschließen sich für eine Darstellung, bei der die ganze Gewalt und Kraft spektakulär in Szene gesetzt wird. Schlussendlich ist alles eine Frage der Technik.

Bereiten Sie Ihre Kamera vor

Um das Wasser fließend und weich darzustellen, verwenden Sie die Blendenautomatik und geben eine sehr lange Verschlusszeit vor. Durch diese Einstellung sieht das Wasser fast wie Nebel aus, und es wird nicht jeder einzelne Tropfen eingefroren. Der tiefe ISO-Wert ermöglicht eine langsame Verschlusszeit, während die kleine Blendenöffnung die ganze Szene scharf abbildet. Die Brennweite hängt davon ab, wie stark Sie sich dem Wasserfall nähern können und wie hoch er ist. Bei kurzen Distanzen empfiehlt sich ein Weitwinkel. Wenn Sie hingegen weiter entfernt sind, kann ein Teleobjektiv nützlich sein.

Da Sie mit einer langen Verschlusszeit fotografieren, ist die Verwendung eines Stativs unerlässlich.

Schießen Sie Ihre Fotos

Oft findet man den besten Blick auf einen Wasserfall mitten im Gelände. Achten Sie deshalb darauf, dass Sie mit leichtem Gepäck reisen. Trotzdem ist es unerlässlich, dass Sie ein Stativ mitnehmen. Die Szenerie wird am schönsten ausgeleuchtet, wenn Sie am frühen Morgen oder in den Abendstunden fotografieren. Wenn Sie mit so langen Verschlusszeiten fotografieren, dann erreichen Sie diese vielleicht nur, wenn Sie einen neutralen Graufilter verwenden, der die Lichtmenge reduziert.

1. **Suchen Sie den idealen Aussichtspunkt.**

   Wenn Sie einen hohen Wasserfall fotografieren, halten Sie die Kamera im Hochformat (siehe Abbildung 34.1).

   Falls Sie großen Stativen nichts abgewinnen können, sollten Sie die Anschaffung eines GorillaPod von Joby ins Auge fassen (www.joby.com). Diese Stative verfügen über flexible Beine, die auf jedem Untergrund und sogar an Ästen Halt finden. Die Stative werden in verschiedenen Größen angeboten, so dass Sie bei der Anschaffung auf die richtige Gewichtsklasse achten müssen.

2. **Montieren Sie die Kamera auf dem Stativ.**

3. **Nehmen Sie an der Kamera die Einstellungen vor, die am Anfang dieses Kapitels beschrieben sind.**

   An einem hellen Tag wird es Ihnen wahrscheinlich nicht gelingen, die empfohlene langsame Verschlusszeit zu erreichen. Verwenden Sie einen Graufilter, um die einfallende Lichtmenge zu reduzieren.

4. **Zoomen Sie heran und komponieren Sie das Bild.**

   Achten Sie bei der Komposition darauf, dass Sie auch genügend Elemente der Umgebung mit aufs Bild nehmen. So vermitteln Sie dem Betrachter eine genaue Vorstellung davon, wie die ganze Szene gewirkt hat.

Abbildung 34.1: Hohe Wasserfälle fotografiert man am besten im Hochformat.

Wenn Sie einen Wasserfall aus nächster Nähe fotografieren, können die nebelartigen Wassertröpfchen Ihre Kamera in Mitleidenschaft ziehen. Im besten Fall verwenden Sie einen Kunststoffbeutel, der auf Ihr Kameramodell zugeschnitten ist. Zur Not funktioniert jedoch auch eine Duschhaube, die Sie um das Gehäuse und den hinteren Teil des Objektivs wickeln können.

5. **Drücken Sie den Auslöser halb herunter, um zu fokussieren – anschließend drücken Sie den Auslöser ganz herunter, um Ihr Bild zu schießen.**

Wenn Sie einen mächtigen Wasserfall fotografieren, wie zum Beispiel die »Yosemite Falls« oder die »Bridal Veil Falls«, wechseln Sie zu einer Verschlusszeit von einer 1/125 Sekunde oder schneller, um die Bewegungen des Wassers einzufrieren. Wenn Sie einen sehr hohen Wasserfall fotografieren, drehen Sie die Kamera außerdem ins Hochformat, so wie in Abbildung 34.2 gezeigt.

Praktische Hilfe

✔ **Die Tiefenschärfe ist zu gering.** Häufig liegt das daran, dass Sie an einem stark bewölkten Tag fotografieren oder in einer Gegend, in der dichte Wälder viel Licht schlucken. Dadurch entscheidet sich die Kamera für eine Blendenöffnung von f/8 oder größer, wodurch die Tiefenschärfe abnimmt. Erhöhen Sie den ISO-Wert, bis Sie eine Blendenöffnung von f/11 oder f/16 erreichen.

Abbildung 34.2: Eine kurze Verschlusszeit friert die Bewegungen des Wassers ein.

✔ **Die Kamera kann nicht fokussieren.** Wahrscheinlich ist der Kontrast der Szene so gering, dass die Kamera-Automatik keine Kanten findet, an denen sie sich orientieren könnte. Richten Sie die Kamera auf eine kontrastreiche Umgebung und drücken Sie den Auslöser halb durch, um zu fokussieren; halten Sie anschließend den Auslöser gedrückt, um die Schärfe zu speichern, und kehren Sie zur ursprünglichen Komposition zurück.

✔ **Der Himmel über dem Wasserfall ist zu hell.** Der Bildteil unter dem Himmel ist relativ dunkel, so dass die Kamera die Belichtung verlängert – und damit den Himmel überbelichtet. Verwenden Sie einen neutralen Grauverlaufsfilter, um den Himmel gezielt abzudunkeln und damit die Kontraste zu senken.

✔ **Das Foto ist nicht klar.** Gestochen scharfe Fotos erhalten Sie meistens nur, wenn Sie die Kamera auf einem Stativ montieren – ansonsten kann jede kleinste Erschütterung oder das Drücken des Auslösers dazu führen, dass eine hauchdünne Unschärfe entsteht. Verwenden Sie deshalb ein Stativ, um dieses Problem zu lösen.

✔ **Das Bild scheint sich vertikal zu bewegen.** Dieser Eindruck entsteht, wenn Ihre Kamera-Ausrüstung zu schwer für das Stativ ist. Das Gewicht sorgt dafür, dass sich die Kamera während der Belichtung leicht senkt, was zum erwähnten Effekt führt. Verwenden Sie entweder ein leichteres Objektiv oder kaufen Sie sich ein stabileres Stativ.

35 *Stürmisches Wetter*

Kamera-Einstellungen

▶ **Belichtungsmessung:** Mittenbetont

▶ **Aufnahme-Betriebsart:** Einzelbild

▶ **Belichtungssteuerung:** Zeitautomatik (A)

▶ **Blendenöffnung:** f/8 bis f/11

▶ **ISO-Empfindlichkeit:** 400

▶ **Autofokus:** Einzelautofokus

▶ **Autofokus-Messpunkt:** Einzelner Messpunkt

▶ **Brennweite:** 28 mm (bezogen auf das Kleinbild-Format)

▶ **Bildstabilisator:** Optional

Viele Fotografen mögen kein regnerisches Wetter. Zu den üblichen kreativen Herausforderungen gesellt sich meistens die Sorge, dass eindringendes Wasser die Kamera oder das Objektiv beschädigen könnte. Zusätzliche Sicherheitsmaßnahmen bieten sich also an, und das führt natürlich zu mehr Aufwand. Doch wenn Sie sich nicht gerade im Monsunregen nach draußen begeben und sich entsprechend vorbereiten, warten grandiose Ansichten auf Sie.

Bereiten Sie Ihre Kamera vor

Wenn sich ein Sturm zusammenbraut, ist das Licht meist entsprechend schwach. Aus diesem Grund müssen Sie die Empfindlichkeit der Kamera auf ISO 400 heraufsetzen. Natürlich wollen Sie auch die maximale Tiefenschärfe, um die Szene in ihrer ganzen Pracht einzufangen. Deshalb verwenden Sie eine Blendenöffnung von f/8 oder f/11. Das klingt zwar eher nach wenig, aber zusammen mit einer Brennweite von 28 Millimeter ergibt sich trotzdem eine enorme Tiefenschärfe.

Schießen Sie Ihre Fotos

Wenn Sie an einem regnerischen Tag unterwegs sind, sollten Sie auf das Schlimmste vorbereitet sein. Beobachten Sie stets die Umgebung und prüfen Sie im Voraus, wo Sie Schutz suchen können. Ein plötzlicher Sturm oder Platzregen kann nicht nur den Tag ruinieren, sondern auch Ihre Kamera. Verwenden Sie deshalb zum Schutz des Equipments einen speziellen Plastikbeutel oder zumindest eine Duschhaube. Sobald Sie und Ihre Kamera geschützt sind, verlassen Sie Ihr Zelt, Ihre Hütte oder Ihr Fahrzeug und lassen Sie sich von der Lichtstimmung berauschen.

1. **Wenn die Landschaft und die Lichtstimmung Ihren Geschmack treffen, nehmen Sie an der Kamera die Einstellungen vor, die am Anfang dieses Kapitels beschrieben sind.**

2. **Suchen Sie einen passenden Aussichtspunkt.**

   Bleiben Sie in Bewegung und nehmen Sie ab und zu den Sucher der Kamera vors Auge, um die Szene zu prüfen.

3. **Zoomen Sie auf eine Brennweite von ca. 28 Millimeter.**

   Sie müssen sich nicht sklavisch an diese Empfehlung halten. Blicken Sie durch den Sucher und prüfen Sie die Szene. Wenn sich störende Elemente im Bild befinden, zoomen Sie heran oder bewegen Sie sich näher an die Szene, bis Sie den passenden Ausschnitt gefunden haben.

4. **Komponieren Sie das Bild.**

   Kontrollieren Sie das Bild sowohl im Sucher als auch auf dem Display, nachdem Sie einige Probeaufnahmen gemacht haben. Als Faustregel gilt, dass eine Komposition nicht symmetrisch sein sollte. Platzieren Sie interessante Objekte gemäß der Drittelregel. Wenn Sie bei stürmischem Wetter fotografieren, hängt der Himmel meistens voller wütender Wolken. Diese sollten Sie zum dominierenden Element des Bildes machen und deshalb den Horizont auf das untere Drittel des Bildes legen (siehe Abbildung 35.1).

5. **Drücken Sie den Auslöser halb herunter, um zu fokussieren – anschließend drücken Sie den Auslöser ganz herunter, um Ihr Bild zu schießen.**

   Prüfen Sie nach jeder Aufnahme auf dem Display, ob die Belichtung Ihren Vorstellungen entspricht.

Abbildung 35.1: Wenn spektakuläre Wolkenberge das Bild dominieren, platzieren Sie den Horizont im unteren Drittel des Bildes.

 Warten Sie, bis sich der Sturm langsam verzieht, und greifen Sie dann noch einmal zur Kamera, wenn der Himmel langsam wieder aufklart. Eine der berühmtesten Aufnahmen von Ansel Adams zeigt genau diese Stimmung und nennt sich »Clearing Winter Storm«.

Praktische Hilfe

✔ **Das Bild ist heller als die Szenerie.** Die Automatik der Kamera versucht automatisch, aus der düsteren Beleuchtung eine helle Tageslicht-Aufnahme zu machen – was natürlich nicht der Sinn der Sache ist. Verwenden Sie die manuelle Belichtungskorrektur, um die Szene wieder zu verdunkeln.

✔ **Die Sonne bricht durch die Wolken und sieht aus wie ein orangefarbener Fleck.** Die Helligkeit der Sonne ist zu intensiv, als dass sie vom Kamera-Chip erfasst werden könnte. Wenn Ihnen die Sonne nicht gefällt, warten Sie, bis sie von Wolken verdeckt wird – oder wählen Sie den Ausschnitt so, dass sich die Sonne nicht im Bild befindet.

✔ **Die Wolken sind heller als die Szenerie.** Dieses Problem tritt auf, wenn der Untergrund wesentlich dunkler ist als der Himmel. Verwenden Sie einen Grauverlaufsfilter, um den Himmel abzudunkeln und die Kontraste ein wenig zu mildern.

✔ **Die Kamera beschlägt mit Kondenswasser.** Das passiert, wenn Sie einen klimatisierten Raum verlassen und die Luftfeuchtigkeit draußen hoch ist. Geben Sie der Kamera einige Minuten Zeit, um sich zu akklimatisieren, indem Sie sie in der Fototasche lassen, während sie sich langsam erwärmt. Wenn Sie im klimatisierten Auto sitzen, schalten Sie die Klimaanlage einige Minuten vor dem Aussteigen ab.

36 Nahaufnahmen von Blumen

Kamera-Einstellungen

▶ **Belichtungsmessung:** Mittenbetont

▶ **Aufnahme-Betriebsart:** Einzelbild

▶ **Belichtungssteuerung:** Zeitautomatik (A)

▶ **Blendenöffnung:** f/3,5 bis f/5,6

▶ **ISO-Empfindlichkeit:** Gerade so hoch, dass
Sie die Kamera bei der gewählten Brennweite verwacklungsfrei in der Hand halten
können

▶ **Autofokus:** Einzelautofokus

▶ **Autofokus-Messpunkt:** Einzelner Messpunkt

▶ **Brennweite:** 100 mm oder länger (bezogen
auf das Kleinbild-Format)

▶ **Bildstabilisator:** Eingeschaltet

*W*enn in Ihrem Garten Blumen wachsen oder Sie in der Nähe eines botanischen Gartens wohnen, dann bieten sich Ihnen zahlreiche Motive, die an Schönheit kaum zu übertreffen sind. Dabei können Sie gleichermaßen ein Blumenbeet fotografieren oder eine einzelne Blume durch eine Nahaufnahme in allen Details verewigen. Durch die starke Vergrößerung zeigt die Pflanze ihre ganze Schönheit – angefangen bei den seidigen Stempeln über die zarten Stängel bis hin zu den wundervollen Farben der Blüten.

Wenn Sie eine Blume richtig in Szene setzen, kann der Betrachter ihren Duft förmlich riechen. Dazu benötigen Sie das richtige Licht, einen geübten Blick für Bildkompositionen und natürlich die Einstellungen und Techniken in diesem Kapitel.

Bereiten Sie Ihre Kamera vor

Das Fotografieren einer Blume ähnelt in vielen Fällen dem Porträt eines Menschen: Bei beiden ist eine gelungene Komposition das Maß aller Dinge. Wenn Sie mit Zeitautomatik arbeiten, geben Sie eine große Blendenöffnung vor – damit erhalten Sie eine geringe Tiefenschärfe und ziehen damit den Blick des Betrachters auf das Motiv. Durch den einzelnen Autofokus-Punkt können Sie die Schärfe präzise auf die gewünschte Stelle legen, wie zum Beispiel den Blütenstempel oder den Stängel. Der tiefe ISO-Wert garantiert hochwertige Bilder ohne Rauschen. Eine Brennweite von 100 Millimeter ermöglicht ein bequemes Arbeiten. Allerdings können Sie noch bessere Resultate erzielen, wenn Sie ein spezialisiertes Makro-Objektiv verwenden, das auch winzige Details gestochen scharf abbildet. Wenn Ihre Kamera oder das Objektiv mit einem Bildstabilisator ausgerüstet sind, aktivieren Sie ihn – schalten Sie ihn hingegen aus, wenn Sie die Kamera auf ein Stativ montieren.

 Viele Linsen sind zwar keine echten Makro-Objektive, doch sie sind mit einem Makro-Modus ausgestattet, dank dem Sie wirklich nahe ans Objekt herangehen können. Dieser Modus wird zu einem idealen Lückenfüller, wenn Sie sich kein spezialisiertes Makro-Objektiv kaufen möchten.

Schießen Sie Ihre Fotos

Beim Fotografieren von Blumen sind Sie auf ein schmeichelhaftes, weiches Licht angewiesen. Dabei lassen sich Blumen sowohl in Räumen als auch draußen ablichten. Bei Außenaufnahmen sollten Sie darauf achten, dass Sie die frühen Morgenstunden oder den späten Nachmittag nutzen, wenn das Licht besonders angenehm ist. Auch ein bewölkter Himmel eignet sich hervorragend, da er für ein weiches, diffuses Licht sorgt, das kaum Schatten erzeugt.

1. **Suchen Sie eine passende Perspektive und nehmen Sie an der Kamera die Einstellungen vor, die am Anfang dieses Kapitels beschrieben sind.**

   Fotografieren Sie eine helle Blume vor einem dunklen Hintergrund und umgekehrt. Wenn Sie in Innenräumen fotografieren, platzieren Sie die Blume in der Nähe des Fensters, so dass sie nicht direkt dem Sonnenlicht ausgesetzt ist – damit erhalten Sie ein weiches, gefälliges Licht.

2. **Drücken Sie den Auslöser halb herunter, um zu fokussieren.**

3. **Komponieren Sie die Szene.**

   Wenn Sie die ganze Blume aufnehmen möchten, lassen Sie ihr ein wenig Platz zum Atmen.

4. **Drücken Sie den Auslöser ganz herunter, um den Verschluss auszulösen.**

Verwenden Sie den Blitz der Kamera, um zusätzliche Lichtakzente zu setzen. Dieses kleine Extralicht erzeugt außerdem einen leichten Schatten, so wie in Abbildung 36.1 gezeigt. Wenn Ihre Kamera eine Belichtungskorrektur für den Blitz bietet, schießen Sie mehrere Fotos mit unterschiedlichen Einstellungen, bis Sie mit dem Resultat zufrieden sind.

Sie können eine Blume auf eine fast schon intime Weise ablichten, indem Sie ihre Erscheinung auf einen kleinen Ausschnitt reduzieren, so wie in Abbildung 36.2 gezeigt. Wenn Sie so nahe heranzoomen, sollten Sie jedoch noch mehr Zeit in die Suche nach dem perfekten Ausschnitt investieren.

Abbildung 36.1: Ein kleiner Aufhellblitz sorgt für gefällige Kontraste.

Praktische Hilfe

✔ **Die Umgebung ist windig und die Kamera kann nicht richtig fokussieren.** Eine Lösung sieht so aus, dass Sie rund um die Blume herum einen Windschutz aufbauen, zum Beispiel mit einem Stück Karton. Sie können jedoch auch auf kontinuierlichen Autofokus umschalten, so dass die Schärfe der Bewegung der Blume folgt.

✔ **Die Blume ist zu dunkel.** Das kann vorkommen, wenn Sie eine helle Blume vor einem dunklen Hintergrund ablichten. Verwenden Sie die manuelle Belichtungskorrektur, um das Bild ein wenig aufzuhellen.

✔ **Die Blume ist zu hell.** Hier liegt der Fall genau umgekehrt: Das Bild wird überbelichtet, wenn eine dunkle Blume vor einem hellen Hintergrund steht. Verwenden Sie auch hier die manuelle Belichtungskorrektur, um die Helligkeit zu korrigieren.

Abbildung 36.2: Zoomen Sie noch näher heran, um auch feinste Details sichtbar zu machen.

37 Insekten und Krabbeltiere unter der Lupe

Kamera-Einstellungen

▶ **Belichtungsmessung:** Mittenbetont

▶ **Aufnahme-Betriebsart:** Einzelbild oder Serienaufnahmen

▶ **Belichtungssteuerung:** Blendenautomatik (S)

▶ **Verschlusszeit:** 1/250 Sekunde oder schneller

▶ **ISO-Empfindlichkeit:** 100 oder 200

▶ **Autofokus:** Kontinuierlich

▶ **Autofokus-Messpunkt:** Einzelner Messpunkt

▶ **Brennweite:** Die längste mögliche Brennweite

▶ **Bildstabilisator:** Durch die schnelle Verschlusszeit nicht nötig

Mitten unter uns leben sie in ihrer eigenen Welt: All die kleinen Kriechtiere, Falter und Spinnen. Wenn Sie ein Naturfreund sind, werden Sie früher oder später auch Insekten fotografieren wollen. Diese Art der Fotografie bedingt jedoch, dass Sie nahe an Ihr Motiv herangehen – sehr nahe.

Fliegende Insekten sind für jeden Fotografen eine Herausforderung, wenn sie von Blume zu Blume hasten. Doch auch Krabbeltiere sind schwer einzufangen, weil sie sich fast ständig in Bewegung befinden. Doch mit ein wenig Geduld und den Einstellungen in diesem Kapitel werden Sie beeindruckende Bilder von Insekten aller Art aufnehmen können.

Vorsicht: Nicht alle Insekten sind harmlos. Gehen Sie nicht zu nah heran, denn einige von ihnen verfügen über einen Stachel, und deren Stiche können schmerzhaft oder sogar gefährlich sein.

Bereiten Sie Ihre Kamera vor

Abgesehen von einigen großen Spinnen sind die meisten Insekten, die Sie fotografieren möchten, relativ klein – und das heißt wiederum, dass Sie ziemlich nah herangehen müssen. Sie fotografieren mit Blendenautomatik, so dass Sie eine kurze Verschlusszeit vorgeben können – kurz genug, um die schlagenden Flügel eines Insekts scharf abzubilden. Eine kurze Verschlusszeit ist auch deshalb nötig, weil Sie mit einer sehr langen Brennweite arbeiten müssen, und dabei steigt naturgemäß die Gefahr, dass die Bilder verwackeln.

Wenn Sie kleine Insekten erfolgreich abbilden möchten, dann arbeiten Sie im Idealfall mit einem Makro-Objektiv, so dass Sie nahe genug an das Motiv herangehen können. Ein tiefer ISO-Wert garantiert, dass die Fotos rauschfrei bleiben. Er ermöglicht außerdem sogar im hellen Sonnenlicht eine große Blendenöffnung mit einer entsprechend geringen Tiefenschärfe. Der kontinuierliche Autofokus hält mit dem Motiv mit, während es sich bewegt. Dieser Modus eignet sich zum Beispiel auch für Aufnahmen von Spinnennetzen, die sich im Wind bewegen.

Wenn Sie versuchen, ein Insekt mit einer Brennweite von weniger als 100 Millimeter zu fotografieren, müssen Sie sehr nah herangehen – und das kann dazu führen, dass das Insekt vor Ihren Augen wegfliegt. Eine lange Brennweite hilft auch, sich von Insekten fernzuhalten, die gefährlich werden könnten (siehe Abbildung 37.1).

Abbildung 37.1: Eine lange Brennweite hält Sie von Insekten fern,
die mit einem Stachel bewaffnet sind.

Wenn Sie Insekten an einem bewölkten Tag fotografieren, müssen Sie unter Umständen den ISO-Wert erhöhen. Wenn Sie nicht gerade mit einer neueren Vollformat-Kamera fotografieren, sollten Sie nicht über ISO 800 hinausgehen. Falls doch, werden die Fotos mit einem deutlich sichtbaren Rauschen überzogen.

Schießen Sie Ihre Fotos

Wenn Sie in Ihrem Garten einen Schmetterling finden, haben Sie bereits alle Elemente beisammen, um Fotos von Insekten zu machen. Natürlich können Sie stattdessen auch den nächsten Park aufsuchen oder einen anderen Ort, an dem es kreucht und fleucht.

1. **Nehmen Sie an der Kamera die Einstellungen vor, die am Anfang dieses Kapitels beschrieben sind.**

2. **Nehmen Sie mit der Kamera eine Blume oder einen Busch ins Visier, wenn sich ein Insekt darauf niederlässt.**

   Es ist bedeutend einfacher, geduldig auf die Ankunft eines Insekts zu warten, als den Insekten mit der Kamera nachzujagen. Wenn Sie zum Beispiel vor einem Blumenbeet warten, dauert es nicht lange, bis Ihre Motive eintreffen.

3. **Zoomen Sie heran.**

   Es gibt keine Regel für eine angemessene Brennweite. Je nach Insekt und Unterlage werden Sie eine spontane Entscheidung darüber fällen müssen, welche Brennweite die beste ist.

4. **Wenn das Insekt im Sucher auftaucht, drücken Sie den Auslöser halb herunter, um zu fokussieren. Kontrollieren Sie kurz den Ausschnitt und drücken Sie den Auslöser ganz herunter, um den Verschluss auszulösen.**

Versuchen Sie, ein wenig Raum um das Insekt herum freizulassen (siehe Abbildung 37.2) – das gilt besonders, wenn es sich um ein nervöses Exemplar handelt, das von Blume zu Blume fliegt. Wenn Sie zu nah heranzoomen, kann es sein, dass Teile des Motivs abgeschnitten werden. Wenn das Insekt hingegen von genügend Raum umgeben ist, können Sie später am PC immer noch eine Ausschnittvergrößerung anfertigen.

Schalten Sie die Kamera auf Serienaufnahmen um. Dadurch können Sie in schneller Folge mehrere Bilder schießen, was die Bildausbeute deutlich erhöhen kann. Zudem ermöglichen es einige Animationsprogramme auf dem PC, die einzelnen Aufnahmen zu einem Film oder einer Animation zusammenzusetzen.

Praktische Hilfe

✔ **Die Flügel des Insekts sind unscharf.** Dieses Problem taucht zum Beispiel bei Bienen auf. Verkürzen Sie die Verschlusszeit, um die schnellen Bewegungen der Flügel scharf einzufangen.

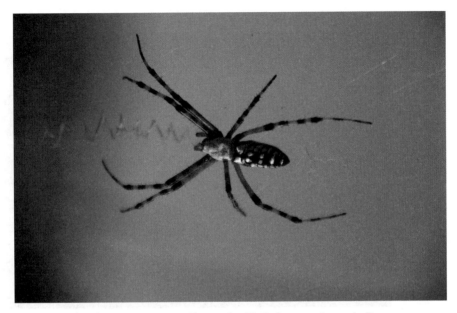

Abbildung 37.2: Lassen Sie um das Motiv herum ein wenig Raum.

✔ **Das Insekt befindet sich nicht im Fokus.** Manche Fotografen sind einfach zu schnell, wenn es darum geht, den Auslöser zu drücken. Dann kann es vorkommen, dass die Kamera auf den falschen Bildbereich fokussiert hat. Nehmen Sie sich die Zeit, um darauf zu achten, dass der Autofokus-Punkt über der richtigen Bildstelle liegt und schießen Sie ein weiteres Foto.

✔ **Die Kamera schafft es nicht, auf das Insekt zu fokussieren.** Dieses Problem taucht auf, wenn Sie zu nahe an das Insekt herangehen. Entfernen Sie sich ein wenig, und versuchen Sie es noch einmal. Wenn es nicht klappt, benötigen Sie für diese Art der Fotografie wahrscheinlich ein Makro-Objektiv.

38 Blitze

Kamera-Einstellungen

▶ **Belichtungsmessung:** Mitten betont

▶ **Aufnahme-Betriebsart:** Einzelbild

▶ **Belichtungssteuerung:** Bulb (auf den meisten Kameras »B«)

▶ **Blendenöffnung:** f/16

▶ **ISO-Empfindlichkeit:** 100

▶ **Autofokus:** Einzelautofokus

▶ **Autofokus-Messpunkt:** Einzelner Messpunkt

▶ **Brennweite:** Variabel

▶ **Bildstabilisator:** Ausgeschaltet

Das Wetter ist stets ein dankbares Motiv für einen Fotografen. Wenn sich am Himmel dunkle Wolken zusammenraufen, die Temperaturen sinken und der Wind stärker wird, wissen Sie, dass sich ein Sturm nähert. Kurz darauf hören Sie Donnergrollen und sehen die ersten Blitze, die den Himmel beleuchten. Gewitterblitze gehören zu den Phänomenen, an denen man sich nicht satt sehen kann. Dabei sind die Anforderungen an die Fotoausrüstung eher bescheiden: Es reicht, wenn Sie mit einer Kamera, einem Stativ und einem Fernauslöser ausgerüstet sind, um Bilder wie das auf dieser Seite zu schießen.

Bereiten Sie Ihre Kamera vor

Wenn Sie ein Gewitter bei Nacht fotografieren, werden Sie mehrere Blitze auf einem Bild vereinen wollen. Das erreichen Sie, indem der Verschluss für eine längere Zeit offen gelassen wird, während die Blitze einschlagen. Für solche Zwecke bietet Ihre Kamera einen »Bulb«-Modus, der meistens durch den Buchstaben »B« repräsentiert wird. Er sorgt dafür, dass der Verschluss der Kamera so lange offen bleibt, wie Sie den Fernauslöser gedrückt halten. Die kleine Blendenöffnung (große Blendenzahl) und der tiefe ISO-Wert sorgen dafür, dass Sie den Verschluss für zehn Sekunden oder sogar noch länger geöffnet halten können; das sollte reichen, um von einem entfernten Gewitter einige spektakuläre Aufnahmen zu schießen. Und da die Kamera auf einem Stativ montiert worden ist, muss der Bildstabilisator ausgeschaltet werden.

Schießen Sie Ihre Fotos

Wenn Sie den Donner hören, stehen die Chancen gut, dass es auch Blitze zu sehen gibt. Sie können die Distanz zu einem Gewitter abschätzen, indem Sie zählen, wie viel Zeit zwischen dem Blitz und dem Donnergrollen vergeht. Schall benötigt ungefähr drei Sekunden, um einen Kilometer zurückzulegen. Nutzen Sie diesen Wert als Anhaltspunkt, um die Distanz zu berechnen. Vielleicht denken Sie, dass Sie in Sicherheit sind, solange Sie sich nur weit genug vom Gewitter entfernt aufhalten – doch das sind Sie nicht. Man hat herausgefunden, dass Blitze Distanzen von bis zu 15 Kilometern überwinden können, bevor sie in den Boden einschlagen. Suchen Sie sich deshalb einen Aussichtspunkt, an dem Sie gegen Blitze geschützt sind.

 Solange Sie sich an einem sicheren Ort befinden, können Sie wunderschöne Aufnahmen von einem elektrisch geladenen Sturm schießen. Sie können Fotos von Landschaften schaffen, die durch kunstvolle Formationen in einem ganz neuen Licht erscheinen – im wahrsten Sinne des Wortes.

Nun können Sie sich mit der gebotenen Vorsicht an die Arbeit machen:

1. **Begeben Sie sich zu der Stelle, an der Sie die Aufnahmen machen möchten.**

   Ein Hügel ist ein ausgezeichneter Standort, um das Gewitter über einer entfernten Stadt zu fotografieren. Stellen Sie jedoch unbedingt sicher, dass Sie sich sofort in ein Gebäude oder in das Auto zurückziehen können, falls der Sturm seine Richtung ändert.

2. **Montieren Sie die Kamera auf dem Stativ und schließen Sie den Fernauslöser an.**

3. **Nehmen Sie an der Kamera die Einstellungen vor, die am Anfang dieses Kapitels beschrieben sind.**

4. **Zoomen Sie auf den gewünschten Ausschnitt und komponieren Sie die Szene.**

   Wenn Sie eine Stadt während eines Gewitters fotografieren, platzieren Sie ein dominantes Element links oder rechts von der Bildmitte. Damit erreichen Sie einen interessanten Bildaufbau, der den Betrachter fesselt. Wenn es sich bei diesem Hingucker um ein Gebäude handelt, haben Sie vielleicht das Glück, dass es während der Aufnahme vom Blitz getroffen wird. Platzieren Sie den Horizont außerdem im unteren Drittel des Bildes, damit die Blitze und Wolken voll zur Geltung kommen.

5. **Drücken Sie den Knopf am Fernauslöser halb herunter, um zu fokussieren.**

6. **Drücken Sie den Knopf am Fernauslöser ganz herunter, um den Verschluss zu öffnen.**

Der Verschluss bleibt so lange offen, wie Sie den Knopf gedrückt halten.

7. **Zählen Sie bis 20 und lassen Sie den Knopf los.**

Mit ein wenig Glück haben Sie nun mindestens einen Blitz eingefangen. Wenn es am Himmel besonders heftig zugeht, befinden sich vielleicht sogar mehrere Blitze auf demselben Bild.

Fotografieren Sie eine Landschaft während eines Gewitters. Da kein künstliches Licht vorhanden ist, werden Bäume und andere Elemente als Silhouette vor einem dramatischen Himmel abgebildet, so wie in Abbildung 38.1 gezeigt.

Abbildung 38.1: Fotografieren Sie eine Landschaft im Gewitter.

Praktische Hilfe

✔ **Die Kamera fokussiert nicht richtig.** Ein klassisches Problem, wenn Sie bei Nacht fotografieren. Wechseln Sie zur manuellen Fokussierung und drehen Sie den Fokusring am Objektiv auf »Unendlich«.

✔ **Ich kann die Anzeigen an der Kamera nicht ablesen.** Viele Kameras haben am Gehäuse einen kleinen Schalter, mit dem sich das LED beleuchten lässt. Und wenn nicht, können Sie stattdessen eine kleine Taschenlampe benutzen.

✔ **Die Bäume in der Nähe sind zu hell.** Meistens liegt es daran, dass Autos mit eingeschaltetem Scheinwerfer vorbeigefahren sind, während der Verschluss der Kamera offen stand. Warten Sie, bis sich kein Fahrzeug in Sichtweite befindet oder ändern Sie die Perspektive, damit die betroffenen Bäume nicht mehr im Bild sind.

✔ **Das Bild ist zu dunkel.** Das kommt vor, wenn die Szene kaum beleuchtet ist. Lassen Sie den Verschluss für fünf oder zehn Sekunden länger offen, damit mehr Licht auf den Sensor fallen kann.

39 Detailaufnahmen

Kamera-Einstellungen

▶ **Belichtungsmessung:** Mittenbetont

▶ **Aufnahme-Betriebsart:** Einzelbild

▶ **Belichtungssteuerung:** Zeitautomatik (A)

▶ **Blendenöffnung:** f/4,0 oder größer (kleinere Blendenzahl)

▶ **ISO-Empfindlichkeit:** Der kleinste Wert, damit die Verschlusszeit dem Reziprokwert der Brennweite entspricht

▶ **Autofokus:** Einzelautofokus

▶ **Autofokus-Messpunkt:** Einzelner Messpunkt

▶ **Brennweite:** 100 mm oder länger (bezogen auf das Kleinbild-Format)

▶ **Bildstabilisator:** Eingeschaltet

Manche Fotografen sind so besessen davon, spektakuläre Naturbilder zu schießen, dass sie die Schönheit links und rechts vom Weg komplett übersehen. Wenn Sie in der freien Natur fotografieren, halten Sie natürlich nach spektakulären Motiven Ausschau – doch ab und zu sollten Sie einen Moment innehalten und den feinen Details um Sie herum Beachtung schenken.

Diese Art der Fotografie ähnelt sehr stark derjenigen, die wir in Kapitel 36 durchleuchtet haben (»Nahaufnahmen von Blumen«): Sie zoomen auf das Motiv, befolgen oder brechen die Regeln der Bildgestaltung und setzen so das Motiv passend in Szene.

Halten Sie also die Augen offen, wenn Sie das nächste Mal durch den Stadtpark schlendern. Sie wissen nie, was Sie erwartet – und wenn es nur ein kunstvoller Haufen Herbstlaub ist, wie in der Abbildung am Kapitelanfang gezeigt.

Bereiten Sie Ihre Kamera vor

Wenn Sie sich entschlossen haben, die Details dieser Welt einzufangen, dann möchten Sie natürlich alle störenden Einflüsse eliminieren. Um sich ganz auf das Motiv zu konzentrieren benötigen Sie ein Teleobjektiv mit einer Brennweite von mindestens 100 Millimeter, so dass Sie wirklich auf Tuchfühlung gehen können. Verwenden Sie die Zeitautomatik und geben Sie eine große Blendenöffnung vor, um die Tiefenschärfe so gering wie möglich zu halten; so liegt die ganze Aufmerksamkeit auf dem Objekt, das Sie ablichten möchten. Der tiefe ISO-Wert sorgt für rauschfreie Bilder. Der Bildstabilisator reduziert Verwackelungen bei schwachem Licht, doch vergessen Sie nicht, ihn auszuschalten, wenn Sie die Kamera auf einem Stativ montieren.

Wenn Sie ein Makro-Objektiv besitzen, sind Sie für diese Aufgabe optimal gerüstet. Eventuell ist Ihr Teleobjektiv mit einem Makro-Modus ausgerüstet. Beide Varianten erlauben es Ihnen, sehr nahe an das Motiv heranzugehen.

Schießen Sie Ihre Fotos

Diese Art der Fotografie schreit förmlich nach einem weichen Licht. Fotografieren Sie vorzugsweise am Morgen oder am späten Nachmittag, wenn die Sonne einen goldenen Schleier auf die Szene wirft. Auch ein bewölkter Tag eignet sich bestens, weil das Licht dann stark gestreut wird und somit besonders weich ist.

1. **Finden Sie ein Objekt, das Ihr Interesse weckt, und nehmen Sie an der Kamera die Einstellungen vor, die am Anfang dieses Kapitels beschrieben sind.**

   Wenn Sie ein solches Objekt gefunden haben, fotografieren Sie nicht von der Stelle aus, an der Sie gerade stehen. Gehen Sie stattdessen um das potenzielle Motiv herum und suchen Sie die beste Perspektive. Wenn Sie sich nicht auf eine Ansicht festlegen können, fotografieren Sie aus allen infrage kommenden Richtungen.

2. **Drücken Sie den Auslöser halb herunter, um zu fokussieren.**

3. **Halten Sie den Auslöser halb gedrückt und komponieren Sie die Szene.**

Bei solchen Aufnahmen haben Sie alle Zeit der Welt. Versuchen Sie verschiedene Blickwinkel, rücken Sie das Hauptmotiv in die Mitte oder an den Rand und experimentieren Sie nach Herzenslust.

4. **Drücken Sie den Auslöser ganz herunter und schießen Sie Ihr Foto.**

Natürlich können Sie auch den Aufhellblitz verwenden, um die Schatten ein wenig aufzuweichen.

Reben oder Spinnennetze geben hervorragende Motive ab (siehe Abbildung 39.1). Auch ein nebliger Morgen oder die Zeit unmittelbar nach einem Regenguss bietet spannende Ansichten, wenn sich winzige Wassertropfen auf den Blättern sammeln.

Abbildung 39.1: Zoomen Sie so stark wie möglich auf die Details.

Praktische Hilfe

✔ **Das Motiv sieht großartig aus, aber das Bild lässt die Spannung vermissen.** Wenn ein Foto wenig ansprechend wirkt, sollten Sie eine andere Bildkomposition verwenden. Ändern Sie den Blickwinkel, kippen Sie die Kamera ein wenig oder zoomen Sie noch näher heran.

✔ **Das Bild wirkt farblos.** Viele Objekte in der Natur sind eher einfarbig und deshalb nicht die erste Wahl für knallbunte Fotos. So geben zum Beispiel grüne Blätter vor einem grünen Hintergrund kein besonders spannendes Motiv ab. Suchen Sie sich deshalb ein Motiv, das einen farbenfrohen Anblick bietet. Denken Sie daran, dass sich Menschen besonders von warmen Farben angezogen fühlen, also von Rot- und Gelbtönen.

✔ **Die Kamera fokussiert nicht auf das Motiv.** Wenn Sie kein Makro-Objektiv besitzen und zu nahe an das Motiv herangehen, unterschreiten Sie sehr schnell den Mindestabstand. In diesem Fall kann die Kamera nicht korrekt auf das Motiv fokussieren. Vergrößern Sie den Abstand ein wenig und versuchen Sie es noch einmal.

40 Regen

Bestimmt haben Ihnen die Eltern einge-
bläut, dass Sie nicht im Regen spielen
sollen. Doch die meisten kreativen Menschen
halten sich nicht immer an die Richtlinien
und bevorzugen es stattdessen, nach ihren
eigenen Vorstellungen zu arbeiten oder zu
spielen. Die Tatsache, dass Sie dieses Kapitel
lesen, bedeutet wahrscheinlich, dass Sie als
Kind gerne im Regen gespielt haben. Und
ehrlich gesagt, sind viele von uns in ihrem
Herzen Kinder geblieben. Wenn Sie im
Regen fotografieren, erhalten Sie weiche,
gedämpfte Farben. Und wenn es wirklich in
Strömen gießt, können Sie einige interessante Szenen einfangen, indem Sie auf die
Regentropfen an der Windschutzscheibe
fokussieren; alles, was sich dahinter befindet,
wirkt dann wie ein Gemälde von Monet.

Fotografieren im Regen verlangt nach einigen Vorsichtsmaßnahmen. Solange Sie angemessen gekleidet sind und kein Gewitter aufzieht, ist der Regen für Sie kein Problem. Etwas anders sieht es bei der Ausrüstung aus. Wenn Wasser in die Kamera oder in die Objektive eindringt, können diese beschädigt werden. In diesem Kapitel möchte ich Ihnen die Feinheiten der Fotografie im Regen näherbringen und außerdem einen Tipp geben, wie Sie Ihre Kamera angemessen schützen können.

Bereiten Sie Ihre Kamera vor

Wenn Sie im Regen fotografieren, können Sie traumhaft schöne Bilder mit gedämpften Farben einfangen. Regen und Wolken sind die Softbox von Mutter Natur. Auch die Heftigkeit des Regens hat einen großen Einfluss auf die Bildstimmung. Wenn es sintflutartig regnet, erhalten Sie verträumte Bilder. Wenn Sie hingegen bei leichtem Nieselregen fotografieren, sehen Sie auf den Straßen dekorative Spiegelungen von Menschen, Autos und der Straßenbeleuchtung. Und wenn es außerdem ein wenig windig ist, werden die Regentropfen als schräge Striche sichtbar. Die empfohlene Blendenöffnung erzeugt eine große Tiefenschärfe, während Sie mit der empfohlenen Brennweite in den meisten Fällen aus der Hand fotografieren können. Der ISO-Wert repräsentiert einen Kompromiss zwischen Bildqualität und der Möglichkeit, auch bei bewölktem Wetter ohne Stativ zu fotografieren. Wenn die Lichtverhältnisse jedoch weiter abnehmen und die Verschlusszeit unter eine 1/50 Sekunde fällt (oder unter eine 1/15 bei aktivem Bildstabilisator), müssen Sie ein Stativ verwenden.

Schießen Sie Ihre Fotos

Wenn Sie bei Regen fotografieren, müssen Sie sich schützen. Versuchen Sie nicht, draußen im Gewitter zu fotografieren. Fotografieren Sie stattdessen dann, wenn der Regen nachlässt oder ganz aufgehört hat. Doch auch Ihre Kamera benötigt Schutz. Sie können zum Beispiel aus dem Auto durch die saubere Windschutzscheibe oder durch ein offenes Fenster fotografieren. Wenn der Regen in ein Tröpfeln übergeht, bieten sich Ihnen einige hervorragende Motive wie zum Beispiel Reflexionen in Pfützen oder auf dem Asphalt. Sie können das Auto auch kurz verlassen, wenn die Kamera ausreichend geschützt ist. Dabei hilft Ihnen bereits eine reguläre Plastiktüte oder eine Duschhaube. Verwenden Sie Gummibänder, um die Kamera einzupacken (siehe Abbildung 40.1).

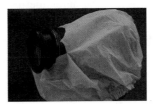

Abbildung 40.1: Schützen Sie die Kamera vor der Witterung.

1. **Nehmen Sie an der Kamera die Einstellungen vor, die am Anfang dieses Kapitels beschrieben sind.**

2. **Gestalten Sie den Ausschnitt.**

3. **Drücken Sie den Auslöser halb herunter, um zu fokussieren – anschließend drücken Sie den Auslöser ganz herunter, um Ihr Bild zu schießen.**

 Wenn die Sonne durchbricht, schießen Sie einige Fotos von Reflexionen in Pfützen (siehe Abbildung 40.2). Nehmen Sie dazu eine tiefe Position ein, um die Pfütze zum dominierenden Teil des Bildes zu machen. Achten Sie außerdem darauf, dass neben den Reflexionen auch das originale Objekt zu sehen ist. Andererseits, wenn Sie vor der perfekten Reflexion stehen, könnte das Fehlen dieses Originals auch dazu dienen, die Neugierde des Betrachters zu wecken.

Abbildung 40.2: Fotografieren Sie Reflexionen in Pfützen.

Praktische Hilfe

✔ **Die Kamera kann nicht fokussieren.** Wenn Sie während sintflutartiger Regenfälle fotografieren, kann das den Autofokus der Kamera überfordern. Fokussieren Sie stattdessen manuell.

✔ **Die Frontlinse der Kamera beschlägt.** Das passiert dann, wenn Sie einen klimatisierten Raum verlassen und nach draußen in die feuchte Luft treten. Sie können versuchen, die Frontlinse mit einem weichen Tuch zu reinigen, doch in den meisten Fällen wird die Linse gleich wieder beschlagen. Am besten warten Sie einige Minuten, so dass sich die Kamera akklimatisieren kann.

 Wenn die Kamera beschlägt, weil Sie aus einer klimatisierten Umgebung nach draußen treten, wechseln Sie auf keinen Fall das Objektiv, die Batterie oder die Speicherkarte. Warten Sie stattdessen, bis sich die Temperatur der Kamera an diejenige der Umgebung angepasst hat. Ansonsten kann sich im Inneren der Kamera Kondenswasser bilden, das die Geräte beschädigt.

41 Regenbögen

Kamera-Einstellungen

▶ **Belichtungsmessung:** Mitten-betont

▶ **Aufnahme-Betriebsart:** Einzelbild

▶ **Belichtungssteuerung:** Zeitautomatik (A)

▶ **Blendenöffnung:** f/11 oder kleiner

▶ **ISO-Empfindlichkeit:** 100 bis 200

▶ **Autofokus:** Einzelautofokus

▶ **Autofokus-Messpunkt:** Mehrere Messpunkte

▶ **Brennweite:** 28 bis 35 mm (bezogen auf das Kleinbild-Format)

▶ **Bildstabilisator:** Eingeschaltet

Sie werden niemals am Ende eines Regen-bogens einen mystischen Geldtopf fin-den – aber Sie können mit der Spiegelreflex-kamera fantastische Bilder dieser Lichtge-bilde schießen. Regenbögen entstehen, wenn die Sonne in einem bestimmten Winkel durch die Wassertropfen in der Luft fällt. Am häufigsten entstehen Regenbögen, wenn der Himmel nach einem heftigen Regen aufhellt. Auch in der Nähe von Wasserfällen sind diese Gebilde häufig anzutreffen.

Wenn Sie einen Regenbogen sehen, benöti-gen Sie für beeindruckende Aufnahmen lediglich Ihre Kamera und die Einstellungen in diesem Kapitel.

Bereiten Sie Ihre Kamera vor

Regenbögen tauchen auf, wenn Sie es am wenigsten erwarten – deshalb sollten Sie das Haus nie ohne Kamera verlassen. Doch wenn Sie einen zu Gesicht bekommen, wollen Sie ihn natürlich möglichst scharf abbilden. Verwenden Sie deshalb die Zeitautomatik und geben Sie eine kleine Blendenöffnung vor (also eine große Blendenzahl), so dass die Tiefenschärfe möglichst groß ist. Verwenden Sie die empfohlenen ISO-Werte, denn die Sonne scheint ja immer, wenn ein Regenbogen präsent ist. Mehrere Autofokus-Punkte helfen der Kamera dabei, ein Objekt mit kontrastreichen Kanten zu finden, denn die Fokussierung auf den Regenbogen selbst ist kaum möglich – stattdessen werden die Objekte in der Nähe mit einbezogen. Die Weitwinkel-Brennweite wiederum sorgt dafür, dass Sie den Regenbogen in seiner ganzen Pracht einfangen können.

Schießen Sie Ihre Fotos

Regenbögen tauchen nach Regenfällen auf. Genau genommen ist es in vielen Fällen sogar so, dass Sie den Regenbogen bereits sehen, noch während es nieselt. Wenn Sie Donnergrollen hören, sollten Sie vorsichtig sein; ein Blitz kann in Ihrer Nähe einschlagen, selbst wenn das Gewitter noch kilometerweit entfernt ist. Abgesehen davon dürfen Sie nicht vergessen, Ihre Ausrüstung zu schützen. Mit Hilfsmitteln wie einer Plastiktüte oder einer Duschhaube können Sie sich problemlos einen improvisierten Regenschutz basteln. So sind Sie gut ausgestattet für einige großartige Fotos.

1. **Nehmen Sie an der Kamera die Einstellungen vor, die am Anfang dieses Kapitels beschrieben sind.**

2. **Wenn Sie einen Regenbogen finden, suchen Sie sich einen geeigneten Aussichtspunkt.**

   Wenn möglich sollten Sie versuchen, den Regenbogen als Ganzes einzufangen. Und da Sie den Regenbogen nicht bewegen können, müssen Sie stattdessen vielleicht in eine andere Position wechseln, um den gewünschten Bildausschnitt zu finden. Idealerweise trifft das Ende des Regenbogens auf einen markanten Punkt in der Landschaft, wie zum Beispiel in Abbildung 41.1 gezeigt.

Abbildung 41.1: Finden Sie einen interessanten Aussichtspunkt.

3. Wählen Sie den gewünschten Ausschnitt.

Auch wenn der Regenbogen das ganze Bild dominiert, sollte ein Teil der Landschaft einbezogen werden.

4. Drücken Sie den Auslöser halb herunter, um zu fokussieren; komponieren Sie anschließend die Szene.

5. Drücken Sie den Auslöser ganz herunter, um den Verschluss auszulösen.

 Wenn Sie sich in einem Nationalpark mit einem Wasserfall befinden, fragen Sie einen der Mitarbeiter, zu welcher Tageszeit am ehesten mit einem Regenbogen zu rechnen ist. Mit ein wenig Nachforschung und Geduld sind Sie schlussendlich im Besitz von einigen tollen Bildern eines Wasserfalls, Regenbogen inklusive (siehe Abbildung 41.2).

PhotoDisc/Getty Images

Abbildung 41.2: Fotografieren Sie einen Regenbogen, der durch einen Wasserfall entsteht.

Praktische Hilfe

✔ **Die Farben des Regenbogens leuchten nicht so wie im wirklichen Leben.** Ein Polarisationsfilter kann dieses Problem lösen, weil er die Farben verstärkt und der Regenbogen an Leuchtkraft gewinnt. Drehen Sie den äußeren Ring des Filters, bis Ihnen das Bild im Sucher der Kamera gefällt.

✔ **Der Regenbogen ist im Bild kaum zu sehen.** Regenbögen sind transparent und deshalb schwer zu erkennen, wenn der Hintergrund zum Beispiel lediglich aus grauen Wolken besteht. Versuchen Sie einen anderen Betrachtungswinkel zu finden, von dem aus sich der Regenbogen abhebt.

✔ **Der Regenbogen ist so nah, dass er nicht ganz auf das Bild passt.** Drehen Sie die Kamera ins Hochformat, so dass der Regenbogen elegant durch einen Teil des Bildes läuft, so wie in Abbildung 41.1 gezeigt.

Corbis Digital Stock

42 *Schnee*

Kamera-Einstellungen

▶ **Belichtungsmessung:** Mittenbetont

▶ **Aufnahme-Betriebsart:** Einzelbild

▶ **Belichtungssteuerung:** Zeitautomatik (A)

▶ **Blendenöffnung:** f/7,1 bis f/16

▶ **ISO-Empfindlichkeit:** 100 bis 800

▶ **Autofokus:** Einzelautofokus

▶ **Autofokus-Messpunkt:** Einzelner Messpunkt

▶ **Brennweite:** 28 bis 85 mm (bezogen auf das Kleinbild-Format)

▶ **Bildstabilisator:** Eingeschaltet

Winterliche Landschaften geben hervorragende Motive für Fotografen ab. Die verschneiten Gegenden und Gebäude vermitteln eine ganz eigene Anmutung, und Sie können sogar einen Schneesturm fotografieren. Die Möglichkeiten werden nur durch Ihre Vorstellungskraft eingeschränkt.

Das Fotografieren von verschneiten Landschaften kann allerdings zu einer unangenehmen Erfahrung werden, wenn Sie nicht passend auf die tiefen Temperaturen vorbereitet sind. Denken Sie vor allem daran, Ihre Hände warm zu halten, denn schließlich müssen Sie in der Lage sein, die Kamera mit ihren kleinen Knöpfen und Schaltern zu bedienen. Im Fachhandel finden Sie Handschuhe, bei denen die Fingerspitzen fehlen;

so bleiben die Hände trotzdem warm, während Sie die Kamera bedienen. Wenn Sie gerade keine Fotos machen, stecken Sie die Hände in die Taschen. Auch sollten Sie darauf achten, dass der Kamera nicht zu kalt wird, denn sonst verliert die Batterie ihre Leistungsfähigkeit. Im Optimalfall tragen Sie die Kamera in Körpernähe, zum Beispiel unter der Jacke.

Bereiten Sie Ihre Kamera vor

Wie bei anderen Landschaften auch werden Sie sich eine große Tiefenschärfe wünschen, und deshalb fotografieren Sie mit Zeitautomatik. Die kleinste empfohlene Blendenöffnung (f/16) garantiert eine große Tiefenschärfe – vor allem, wenn sie mit einem Weitwinkel kombiniert wird (28 Millimeter). Die größte Blendenöffnung (f/7,1) liefert immer noch eine beachtliche Tiefenschärfe, aber sie lässt mehr Licht zum Sensor durch, was besonders bei einem bewölkten Himmel eine gute Sache ist. Der empfohlene ISO-Bereich ändert sich mit den Lichtkonditionen; so reicht bei sonnigem Wetter ISO 100, während bei bewölktem Wetter bis ISO 800 nötig werden. Am oberen Ende dieser Skala sind Sie jedoch sogar in der Lage, einen Schneesturm zu fotografieren; das Bildrauschen wird dabei zwar zunehmen, aber das wird zwischen den fliegenden Schneeflocken nicht weiter auffallen. Die empfohlene Brennweite deckt sowohl ganze Winterlandschaften ab (28 Millimeter) als auch die kleinen Details (85 Millimeter).

Schießen Sie Ihre Fotos

Wenn Sie eine Landschaft während oder nach einem Schneesturm fotografieren möchten, dann besteht die erste Aufgabe darin, Ihr Equipment zusammenzupacken. Die zweite Aufgabe besteht darin, der Kamera genug Zeit zu lassen, um sich an die Kälte zu akklimatisieren. Diesen Aspekt diskutieren wir am Ende dieses Kapitels im Abschnitt »Vorsichtsmaßnahmen«.

1. **Bereiten Sie sich für Ihren Außeneinsatz vor.**

   Die Batterie in der Kamera muss vollständig geladen sein; im Idealfall nehmen Sie einen zweiten geladenen Satz zur Reserve mit. Packen Sie außerdem ein kleines Baumwolltuch in die Kameratasche für den Fall, dass Schnee auf der Ausrüstung landet. Wasser und Digitalkameras sind wie Öl und Wasser: Sie passen einfach nicht zueinander. Sie können Ihre Kamera zusätzlich schützen, indem Sie diese unter dem Mantel tragen, falls dort genug Platz ist.

2. **Nehmen Sie an der Kamera die Einstellungen vor, die am Anfang dieses Kapitels beschrieben sind.**

3. **Wenn Ihnen die Landschaft zusagt, finden Sie einen geeigneten Aussichtspunkt.**

   Gehen Sie dabei ein wenig umher, wechseln Sie mehrmals die Position und wenn Sie das Gefühl haben, den optimalen Ort gefunden zu haben, nehmen Sie die Kamera zur Hand.

4. **Komponieren Sie die Szene.**

   Lassen Sie immer ein wenig Raum um das eigentliche Motiv frei, damit Sie den Bildausschnitt später am PC optimieren können. Einen spannenden Bildaufbau erhalten Sie, wenn das Motiv nach der Drittelregel angeordnet wird – so wie der Baum zu Beginn dieses Kapitels.

Auch diagonale Linien eignen sich hervorragend, um die Aufmerksamkeit des Betrachters auf sich zu ziehen. Ein typisches Beispiel sehen Sie in Abbildung 42.1, bei dem die Schatten die Aufmerksamkeit auf die Birken lenken. Das Bild wurde im Hochformat komponiert, weil es sich bei den hohen Bäumen förmlich aufgedrängt hat.

5. **Drücken Sie den Auslöser halb herunter, um zu fokussieren – anschließend drücken Sie den Auslöser ganz herunter, um Ihr Bild zu schießen.**

   Verschneite Landschaften zu fotografieren, stellt immer eine Herausforderung dar. Prüfen Sie nach der Aufnahme am Display der Kamera, ob die Belichtung und der Weißabgleich der Situation gerecht werden.

Corbis Digital Stock

Abbildung 42.1: Komponieren Sie das Bild so, dass die Linien den Blick des Betrachters auf die interessanten Elemente lenken.

In einer Winterlandschaft bieten Eiszapfen einen besonders hübschen Anblick. Halten Sie danach Ausschau und wenn Sie fündig geworden sind, fotografieren Sie diese Eisgebilde mit einer großen Blendenöffnung – also einer kleinen Blendenzahl. Damit wird die Tiefenschärfe verringert und der Hintergrund wird auf eine dekorative Unterlage reduziert.

Praktische Hilfe

✔ **Der Schnee ist blau.** Gerade in einer Schneelandschaft fällt jede kleinste Fehlleistung des automatischen Weißabgleichs auf. Oft hilft es, den automatischen Weißabgleich einfach auf »Bewölkt« zu setzen. Schlagen Sie außerdem im Handbuch zu Ihrer Kamera nach, um herauszufinden, wie Sie den Weißabgleich manuell setzen können.

✔ **Die Szene wirkt dunkler als sie ist.** Das passiert fast zwangsläufig, wenn Sie eine verschneite Landschaft im hellen Sonnenlicht fotografieren. Dabei scheint die Szene für den

Belichtungsmesser so hell, dass er sich gezwungen sieht, die Belichtung sehr stark zu reduzieren. Verwenden Sie die manuelle Belichtungskorrektur, um die Belichtung anzupassen.

Vorsichtsmaßnahmen

✔ **Die Batterie ist schnell erschöpft.** Kaltes Wetter führt dazu, dass die Batterie schneller leer ist. Deshalb sollten Sie stets eine Ersatzbatterie mit sich führen, die Sie in einer Tasche oder (noch besser) in einer Hemdtasche am Körper bei sich tragen. Batterien, die bei großer Kälte ihre Leistung verlieren, sind jedoch nicht beschädigt, sondern arbeiten bei Zimmertemperatur und nach einer erneuten Aufladung wieder ganz normal.

✔ **Wechseln Sie im Freien keine Objektive oder Speicherkarten.** Im Inneren der Kamera ist es ein wenig wärmer als außerhalb. Wenn Sie in der kalten Luft die Kamera öffnen, kann im Inneren Kondenswasser entstehen, das die Kamera beschädigt. Investieren Sie ein wenig Geld in eine größere Speicherkarte (8 GB oder 16 GB), und Sie werden draußen nie mehr einen Grund haben, um die Karte zu wechseln.

✔ **Geben Sie der Kamera Zeit, sich an die Wärme anzupassen.** Wenn Sie aus der Eiseskälte in einen warmen Raum kommen, werden die Kamera und das Objektiv fast zwangsläufig beschlagen. Dieses Kondenswasser kann im schlimmsten Fall die Elektronik der Kamera beschädigen. Deshalb sollten Sie die Kamera und das Objektiv in eine Tasche stecken, bevor Sie den geheizten Raum betreten; auf diese Weise erwärmt sich die Kamera so langsam, dass das Wasser in der Luft nicht kondensiert.

iStockphoto

43 Nachthimmel

Kamera-Einstellungen

▶ **Belichtungsmessung:** Mittenbetont

▶ **Aufnahme-Betriebsart:** Einzelbild

▶ **Belichtungssteuerung:** Bulb (»B«)

▶ **Blendenöffnung:** f/16

▶ **ISO-Empfindlichkeit:** 100

▶ **Autofokus:** Einzelautofokus

▶ **Autofokus-Messpunkt:** Einzelner Messpunkt

▶ **Brennweite:** 28 bis 50 mm (bezogen auf das Kleinbild-Format)

▶ **Bildstabilisator:** Ausgeschaltet

Wenn die Sonne langsam hinter dem Horizont verschwindet, packen die meisten Fotografen ihre Ausrüstung zusammen und machen sich auf den Heimweg. Doch dabei werden einige großartige Möglichkeiten für außergewöhnliche Fotos verschenkt. Das gilt besonders, wenn Sie in einer Gegend mit wenig Umgebungslicht wohnen, das zum Beispiel von hell erleuchteten Städten erzeugt wird. Im Herbst und im Winter ist die Luftfeuchtigkeit geringer, es sei denn, Sie leben in einem tropischen Paradies. Das wiederum bedeutet, dass die Sterne sehr viel besser zu sehen sind. Um eine solche Szene erfolgreich festzuhalten, benötigen Sie eine lange Verschlusszeit. Genauso unerlässlich sind ein Stativ und ein Fernauslöser, mit dem der Verschluss gesteuert werden kann. Der Trick bei der Sache ist, einen geeigneten Aussichtspunkt ohne Umgebungslicht zu finden, so dass Sie eine Szenerie ohne störende Einflüsse erfassen können.

Bereiten Sie Ihre Kamera vor

Wenn Sie eine Szene fotografieren möchten, die den Nachthimmel einschließt, dann möchten Sie eine große Tiefenschärfe – also verwenden Sie eine kleine Blendenöffnung von f/16. Wenn Sie sich bei der Aufnahme auf den Belichtungsmesser der Kamera verlassen würden, dann sähen Sie auf dem Foto überhaupt nichts; deshalb wird bei diesen Aufnahmen die Belichtung manuell gesteuert, indem der Belichtungsmodus auf »Bulb« (B) gesetzt wird. Dabei bestimmen Sie mithilfe eines Fernauslösers, wie lange der Verschluss für die Belichtung offen bleibt. Solche wertvollen Hilfen finden Sie in jedem besseren Kamerageschäft. Ich empfehle außerdem einen tiefen ISO-Wert von 100, so dass sich das Bildrauschen in Grenzen hält. Die optimale Brennweite variiert mit dem Ausschnitt, den Sie vor einem prächtigen Nachthimmel ablichten möchten.

Schießen Sie Ihre Fotos

Je nachdem wo Sie wohnen, müssen Sie vielleicht ein wenig Reisezeit in Kauf nehmen, um einen guten Aussichtspunkt zu finden. Dieser definiert sich in diesem Fall so, dass möglichst keine künstlichen Lichtquellen in der Nähe sind, die die Belichtung stören könnten.

1. **Finden Sie einen interessanten Platz mit minimalem künstlichem Umgebungslicht.**

   Eine Szenerie mit Bergen oder einzelnen Bäumen kann dem Foto eine interessante Note verleihen.

2. **Montieren Sie die Kamera auf einem Stativ und nehmen Sie die Einstellungen vor, die am Anfang dieses Kapitels beschrieben wurden.**

3. **Montieren Sie den Fernauslöser an der Kamera und schalten Sie die manuelle Fokussierung ein.**

4. **Drehen Sie den Fokusring des Objektivs auf »Unendlich« (siehe Abbildung 43.1).**

   Diese Einstellung, kombiniert mit der kleinen Blendenöffnung, liefert Ihnen eine große Tiefenschärfe.

5. **Montieren Sie die Gegenlichtblende auf dem Objektiv.**

   Die Gegenlichtblende verhindert, dass Umgebungslicht von der Seite her einfällt und das Foto verblassen lässt.

6. **Komponieren Sie die Szene.**

   Durch die lange Belichtungszeit werden auf dem Foto auch Details der Landschaft sichtbar. Wenn zum Beispiel Bäume mit auf dem Bild sind, komponieren Sie die Szene so, dass die Bäume nach der Drittelregel angeordnet sind.

7. Drücken Sie die Taste auf dem Fernauslöser und halten Sie diese gedrückt.

Experimentieren Sie mit verschiedenen Belichtungszeiten. Beginnen Sie mit ungefähr 30 Sekunden.

8. Lassen Sie die Taste auf dem Fernauslöser los und kontrollieren Sie das Foto auf dem Display der Kamera.

 Nehmen Sie aus derselben Position mehrere Bilder auf, und zwar in einem Intervall von etwa fünf Minuten. Die Sterne erscheinen jedes Mal an einer anderen Position. Wenn Sie auf dem PC eine Software installiert haben, mit der Sie Filme oder Animationen erstellen können, dann lassen sich die einzelnen Aufnahmen zu einer Animation des Nachthimmels zusammensetzen.

Abbildung 43.1: Stellen Sie den Fokusring auf »Unendlich«.

Praktische Hilfe

✔ **Der Himmel ist auf dem Foto zu hell.** Das Bild ist überbelichtet. Reduzieren Sie die Belichtungszeit um etwa fünf Sekunden.

✔ **Auf dem Foto sind helle Bereiche zu sehen.** Wechseln Sie die Position und finden Sie einen Bereich, der nicht durch Fremdlicht »verschmutzt« ist. Achten Sie darauf, dass zwischen Ihnen und dem Himmel keine Straße liegt, auf der Autos mit brennenden Scheinwerfern verkehren.

✔ **Die Silhouette der Bäume ist unscharf.** Dieses Problem taucht meistens dann auf, wenn ein Wind weht und sich die Kamera dabei auf dem Stativ ganz leicht bewegt. Die einzige Abhilfe besteht darin, dass Sie auf ein Moment der Windstille warten oder die Aufnahmen auf einen anderen Abend verschieben.

44 *Reisende Sterne*

*W*enn auf Ihrem Foto die Sterne ihre Bahnen ziehen, dann sieht das einfach cool aus. Diese Technik bedingt jedoch eine Belichtungszeit von bis zu einer Stunde oder sogar noch länger. Es ist absolut unerlässlich, dass die Umgebung frei von künstlichen Lichtquellen ist, wie zum Beispiel Städte oder Straßenlampen. Das Foto auf dieser Seite zeigt die Szenerie wesentlich heller, als sie eigentlich war. Die Sterne selbst bleiben zwar an Ort und Stelle, doch die Erdrotation erzeugt die Illusion der Bewegung.

Bereiten Sie Ihre Kamera vor

Bei solchen Aufnahmen benötigen Sie eine große Tiefenschärfe, so dass Sie mit Zeitautomatik fotografieren und eine kleine Blendenöffnung von etwa f/16 vorgeben. Diese Art der Fotografie verlangt nach sehr langen Belichtungszeiten, so dass die Batterie voll aufgeladen sein sollte. Wenn Sie bei kaltem Wetter fotografieren, nehmen Sie die Batterie aus der Kamera und tragen Sie diese in Körpernähe, um sie bis zur Aufnahme warm zu halten. Verwenden Sie einen tiefen ISO-Wert, damit die Fotos weitgehend rauschfrei bleiben. Allerdings werden Sie feststellen, dass die Fotos durch die lange Aufnahmezeit mehr Rauschen aufweisen, als bei diesem tiefen ISO-Wert üblich ist. Auf den Fokuspunkt brauchen Sie nicht zu achten, da Sie manuell fokussieren. Die kurze Brennweite ermöglicht wiederum eine großzügige Sicht auf die Landschaft und den Himmel.

Schießen Sie Ihre Fotos

Viele Kameras bieten die Möglichkeit, den LCD-Monitor zu beleuchten. Allerdings sollten Sie bei solchen Aufnahmen stets eine kleine Taschenlampe mit sich tragen, die Ihnen ein wenig Licht spendet, während Sie zum Beispiel versuchen, die Wasserwaage auf dem Stativ auszurichten. Mit der Taschenlampe in der Hand, folgen Sie diesen Schritten:

1. **Finden Sie eine interessante Stelle, an der praktisch kein Kunstlicht zu sehen ist.**

   Idealerweise enthält die Szene auch Berge oder Bäume, die das Bild interessanter gestalten. Auf jeden Fall sollten Sie weit genug vom störenden Lichteinfluss der nächsten Stadt entfernt sein.

2. **Montieren Sie die Kamera auf dem Stativ und nehmen Sie die Einstellungen vor, die am Anfang dieses Kapitels beschrieben sind.**

   Überzeugen Sie sich, dass die Kamera gerade ausgerichtet ist. Viele Stative verfügen über eine eingebaute Wasserwaage – wenn Ihres nicht dazugehört, können Sie eine solche Wasserwaage für wenige Euro im Fachhandel kaufen. Diese nützlichen kleinen Helfer werden auf dem Blitzschuh der Kamera montiert.

3. **Verbinden Sie den Fernauslöser mit der Kamera und schalten Sie auf manuelle Fokussierung um.**

   Die meisten Objektive sind mit einem Schalter bestückt, der mit »AF« (Autofokus) und »M« (Manuell) beschriftet ist. Bringen Sie den Schalter in die Position »M«.

4. **Drehen Sie den Fokusring des Objektivs auf »Unendlich«.**

   Diese Einstellung, kombiniert mit einer kleinen Blendenöffnung, liefert Ihnen eine große Tiefenschärfe, so dass die Sterne und die Szenerie gleichermaßen scharf abgebildet werden.

5. **Setzen Sie die Gegenlichtblende auf.**

   Die Gegenlichtblende verhindert, dass Streulicht von der Seite eintritt und das Bild ausbleicht. Die meisten Objektive werden standardmäßig mit einer Gegenlichtblende geliefert; ansonsten kann diese als Zubehör nachgekauft werden.

6. **Komponieren Sie die Szene.**

   Durch die lange Belichtungszeit können auch Objekte sichtbar werden, die Sie vorher nicht gesehen haben. Achten Sie darauf, dass der Himmel das dominante Element ist. Platzieren Sie den Horizont weit am unteren Ende des Bildes.

7. Drücken Sie die Taste auf dem Fernauslöser, um den Verschluss zu öffnen.

Wenn Sie im Modus »Bulb« fotografieren, bleibt der Verschluss so lange offen, wie die Taste am Fernauslöser gedrückt wird. Fangen Sie mit einer Verschlusszeit von etwa zehn Minuten an. Verwenden Sie einen Fernauslöser, bei dem sich die Taste arretieren lässt – sonst müssen Sie den Knopf selber drücken, um den Verschluss offen zu halten. Je länger der Verschluss geöffnet ist, umso deutlicher werden die Bahnen der Sterne sichtbar (siehe Abbildung 44.1).

Abbildung 44.1: Öffnen Sie den Verschluss für eine längere Zeit, um die Reise der Sterne sichtbar zu machen.

Wenn Sie sich für diese Art der Fotografie begeistern können, erwägen Sie die Anschaffung eines Intervalltimers. Diese Geräte sind relativ preiswert und agieren als Fernauslöser – allerdings mit der Möglichkeit, nahezu beliebige Belichtungszeiten und Intervalle vorzugeben. Ihr Fachhändler weiß mehr darüber.

Praktische Hilfe

✔ **Über dem Horizont ist ein Lichtstreifen zu sehen.** In den meisten Fällen liegt es daran, dass die Aufnahme zu nahe an einer Großstadt gemacht wurde. Sogar wenn Sie 100 Kilometer davon entfernt sind, kann es sein, dass die schwache Beleuchtung durch die lange Belichtungszeit ihre Spuren hinterlässt – selbst dann, wenn das Licht mit bloßem Auge nicht wahrzunehmen ist.

✔ **Das Bildrauschen ist sehr hoch.** Je länger die Verschlusszeit, desto stärker tritt das Bildrauschen in Erscheinung. Wenn Sie eine Aufnahme von einer Stunde Dauer planen, zerlegen Sie diese in drei Aufnahmen à 20 Minuten. Später können Sie die drei Bilder am PC zu einer neuen Aufnahme zusammensetzen – und zwar in einer wesentlich besseren Qualität.

✔ **Ich habe Bilder gesehen, bei denen die Sterne eine perfekte, vollständige Kreisbahn erzeugt haben. Wie werden solche Aufnahmen gemacht?** Richten Sie die Kamera so aus, dass sich der Polarstern exakt in der Mitte des Bildes befindet. Wenn Sie den Verschluss lange genug offen halten, formen die Sterne einen perfekten Kreis um den Polarstern.

45 Natur bei Nebel

Wenn Sie noch nie bei nebliger Witterung fotografiert haben, dann haben Sie etwas versäumt. Das Licht ist sehr gleichmäßig und herrlich diffus, die Farben wirken gedämpft und entfernte Details verschwinden im Dunst. Wenn es neblig ist und Sie einen Fluss oder See fotografieren, dann erscheinen diese Gewässer endlos, weil man das andere Ufer nur erahnen kann. Selbst Flüsse in der Stadt wirken, als würden sie mitten durch die Wildnis fließen.

Wie auf diesem Bild gezeigt, können Wolken in höheren Lagen wie Nebel wirken. Die Schwaden bewegen sich geheimnisvoll und tauchen die Umgebung in ein mystisches Licht. Mit einem scharfen Auge und den Einstellungen in diesem Buch schaffen Sie es vielleicht sogar, einige wilde Tiere mit aufs Bild zu bringen.

Bereiten Sie Ihre Kamera vor

Wenn Sie bei nebligem Wetter eine Landschaft fotografieren, dann steht Ihnen weniger Licht zur Verfügung als an einem sonnigen Tag – deshalb müssen Sie den ISO-Wert ein wenig erhöhen. Die kleine Blendenöffnung garantiert eine große Tiefenschärfe, denn selbst bei der eingeschränkten Sichtweite eines dunstigen Tages möchten Sie alle Details der Szene im Fokus haben. Die Brennweite hängt vom Motiv ab. Sie können mit einem Tele den Details nachjagen und sich auf eine spezielle Stelle konzentrieren, oder Sie können ein Weitwinkel verwenden und die Szene in ihrer ganzen Größe einfangen. Der Bildstabilisator leistet Ihnen gute Dienste, wenn Sie bei gedämpftem Licht aus der Hand fotografieren möchten, ohne dabei den ISO-Wert zu erhöhen.

Schießen Sie Ihre Fotos

Wenn nicht gerade der Tau von den Ästen tropft, unterscheidet sich das Fotografieren im Nebel nicht allzu sehr vom Fotografieren an einem sonnigen Tag. Sie benötigen lediglich ein kreatives Auge, um diese spezielle Lichtsituation auszunutzen.

 Wenn Sie relativ einfarbige Szenen fotografieren (wie zum Beispiel grüne Blätter vor einem grünen Hintergrund), dann entstehen fast zwangsläufig langweilige Bilder – es sei denn, Sie wandeln das Foto später am PC in eine kontrastreiche Schwarz-Weiß-Aufnahme um. Halten Sie deshalb Ausschau nach Farbtupfern, mit denen Sie die Aufmerksamkeit des Betrachters wecken. Beim Bild am Anfang dieses Kapitels übernehmen die gelben Wildblumen diese Aufgabe.

1. **Suchen Sie die Gegend aus, die Sie bei Nebel fotografieren möchten.**

2. **Komponieren Sie die Szene und drücken Sie den Auslöser halb herunter, um zu fokussieren.**

   Finden Sie ein interessantes Objekt und positionieren Sie es am linken oder rechten Rand. Platzieren Sie den Horizont nicht in der Mitte des Bildes, sondern je nach Motiv im oberen oder im unteren Drittel.

3. **Drücken Sie den Auslöser ganz herunter, um den Verschluss auszulösen.**

 Vögel im Nebel geben ein gutes Sujet ab. Wechseln Sie zur Zeitautomatik und geben Sie eine Verschlusszeit von einer 1/200 Sekunde oder schneller vor. Wenn sich der Vogel anschickt, seinen Ast im Nebel zu verlassen, drücken Sie den Auslöser. Wenn Sie einen Vogel über dem Wasser fotografieren, sehen Sie auch seine Reflexion, was dem Bild eine besondere Note verleiht (siehe Abbildung 45.1).

Abbildung 45.1: Wildtiere an einem nebligen Tag.

Halten Sie stets Ausschau nach Details wie Blätter oder Spinnennetze. Die hohe Luftfeuchtigkeit im Nebel führt zur Tröpfchenbildung, die auch feinste Strukturen sichtbar macht (siehe Abbildung 45.2). Um solche Feinheiten fotografisch zu erfassen, benötigen Sie eine längere Brennweite – oder noch besser ein Makro-Objektiv.

Abbildung 45.2: Fotografieren Sie auch Details.

Praktische Hilfe

✔ **Dem Bild fehlt es an Kontrast.** Mit diesem Problem werden Sie bei Nebel regelmäßig konfrontiert. Achten Sie darauf, dass sich auf dem Bild einige kontrastreiche Elemente befinden.

✔ **Die Frontlinse des Objektivs beschlägt.** Das passiert meistens, wenn Sie aus dem klimatisierten Auto in die feuchte Natur treten. Warten Sie einige Minuten, bis sich die Kamera an die Umgebung angepasst hat.

✔ **Die Kamera findet den Fokus nicht.** An einem sehr nebligen Tag können die Kontraste so schwach werden, dass der Autofokus keinen Anhaltspunkt mehr findet. Platzieren Sie den Autofokus-Punkt über einer klar definierten Kante, speichern Sie den Fokus und komponieren Sie anschließend das Bild. Natürlich können Sie auch manuell fokussieren.

✔ **Die nebligen Stellen erscheinen auf dem Bild als reine weiße Flächen.** Eine neblige Umgebung stellt besondere Anforderungen an den Belichtungsmesser der Kamera. Bringen Sie die Details zurück, indem Sie die Belichtung manuell um 1/3 oder 2/3 Blendenstufen korrigieren.

Teil IV

Menschen

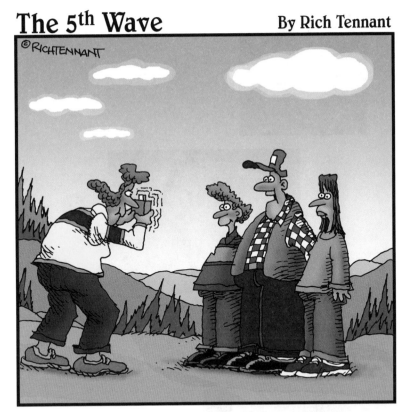

»Denk dran: Wenn alle im Fokus sind, sollte die Kamera piepen.
Doch das nervt, also habe ich auf ›Vibration‹ umgeschaltet.«

In diesem Teil ...

Menschen gibt es in allen Formen und Größen. Es gibt alte Leute, junge Leute und Kinder. Die schiere Vielfalt von Menschen und die Art, wie sie fotografiert werden, lässt die Wahl der richtigen Kamera-Einstellung zu einer Herausforderung werden. Egal, ob Sie Ihren Mann beim Fußballspiel ablichten möchten, den ersten Geburtstag Ihres Kindes oder eine Hochzeit: In diesem Kapitel finden Sie die Einstellungen, um solche Situationen perfekt ins Bild zu setzen. Darüber hinaus besprechen wir viele weitere Aspekte samt den zugehörigen Einstellungen.

46 *Kinder beim Spielen*

Kamera-Einstellungen

▶ **Belichtungsmessung:** Mittenbetont

▶ **Aufnahme-Betriebsart:** Serienaufnahmen

▶ **Belichtungssteuerung:** Zeitautomatik (A)

▶ **Blendenöffnung:** f/3,5 oder größer (kleinere Blendenzahl)

▶ **ISO-Empfindlichkeit:** 100 bis 400

▶ **Autofokus:** Kontinuierlich

▶ **Autofokus-Messpunkt:** Einzelner Messpunkt

▶ **Brennweite:** 50 bis 105 mm (bezogen auf das Kleinbild-Format)

▶ **Bildstabilisator:** Optional

Es ist einfach fantastisch, Kinder zu fotografieren. Sie wachsen so schnell heran, dass sie sich innerhalb weniger Monate signifikant verändern können. Der beste Weg, um diese Erinnerungen zu bewahren, besteht natürlich darin, Kinder häufig zu fotografieren. Halten Sie mit der Kamera fest, wie sie im Hinterhof, in der Schule oder im Park spielen. Sie können sogar interessante Fotos schießen, während sie sich im Haus beschäftigen. Und wenn Sie Jahre später die Fotos hervorkramen und mit Ihren erwachsenen Kindern zusammen betrachten, werden Sie sich an die wundervollen Zeiten erinnern. Wenn Sie Ihre Kinder fotografieren möchten, dann wünschen Sie sich, so unauffällig zu sein wie eine Fliege an der Wand. Wenn Sie der einzige Erwachsene im Raum sind, werden die Kinder ihre Aufmerksamkeit automatisch auf Sie richten. Deshalb ist es wichtig, dass ein weiterer Erwachsener im Raum ist, der die Kinder ein wenig ablenken kann, während Sie sich darauf konzentrieren können, tolle Fotos zu schießen.

Bereiten Sie Ihre Kamera vor

Kinder sind wahre Energiebündel und befinden sich meistens in Bewegung. Deshalb schalten Sie die Kamera auf Serienbild um und schießen so viele Fotos wie möglich; später am PC können Sie die besten herauspicken. Der kontinuierliche Autofokus folgt den Bewegungen der Kinder automatisch – ein Segen, wenn es turbulent wird. Sie fotografieren in Zeitautomatik und geben eine große Blendenöffnung vor, um die Tiefenschärfe klein zu halten. Die relativ kurze Brennweite bedeutet, dass Sie recht nahe an das Kind herantreten müssen – was dazu führen kann, dass es sich mit Ihnen beschäftigt und Fotos vielleicht nicht dem entsprechen, was Sie sich vorgestellt haben. Deshalb kann es nützlich sein, dass ein anderer Erwachsener oder ein Kind die Aufmerksamkeit auf sich zieht, was schlussendlich zu natürlichen Fotos führt. Der ISO-Wert hängt von den Lichtbedingungen ab. Der Bildstabilisator kompensiert Ihre Bewegungen und kann zu schärferen Fotos führen, wenn Sie sich häufig bewegen und Ihre Hände durch die Anstrengung ein wenig zittern. Schalten Sie deshalb den Bildstabilisator ein, wenn Ihre Kamera oder das Objektiv diese Eigenschaft bietet.

 Wenn Sie nicht gerade mit einer Vollformat-Kamera oder einem brandneuen Modell arbeiten, achten Sie darauf, dass die Empfindlichkeit ISO 400 nicht überschreitet – ansonsten kann es zu starkem Bildrauschen kommen.

Schießen Sie Ihre Fotos

Kinder zu fotografieren, kann Sie ganz schön in Atem halten, besonders wenn sich die Kleinen auf einem Spielplatz beschäftigen. Betreiben Sie ein wenig Fitnesstraining, indem Sie ihnen von der Rutsche über den Kletterbaum bis hin zu den Schaukeln folgen. Achten Sie vor allem auf die Perspektive. Fotografieren Sie Kinder nicht von oben herab, sondern gehen Sie in die Knie, damit sich Fotograf und Motiv auf Augenhöhe befinden (siehe Abbildung 46.1). Sie können außerdem einige sehr spezielle Fotos schießen, indem Sie eine ungewöhnliche Position einnehmen – wie zum Beispiel am Ende der Rutsche.

1. **Begleiten Sie Ihr Kind zum Spielplatz und vergessen Sie die Kamera nicht.**

   Kinder wollen nicht warten. Glauben Sie nicht, dass sich die Kleinen gedulden, bis Ihre Kamera schussbereit ist – sie werden sich höchstens langweilen. Überlassen Sie die Betreuung einem anderen Familienmitglied, damit Sie sich ganz auf die Fotografie konzentrieren können.

2. **Bleiben Sie unauffällig und beobachten Sie das Kind.**

3. **Wenn sich etwas Interessantes anbahnt, nehmen Sie die Kamera, komponieren Sie das Bild und drücken Sie den Auslöser halb herunter, um zu fokussieren.**

4. **Drücken Sie den Auslöser ganz herunter, um das Bild zu schießen.**

   Wenn Sie im Serienbild-Modus fotografieren, schießt die Kamera ein Bild nach dem anderen, bis Sie den Auslöser loslassen.

Fotografieren Sie die Kinder in ihren besten Kleidern, bevor Sie zur Kirche gehen.

Abbildung 46.1: Fotografieren Sie Kinder in ihren Festtagskleidern.

Drücken Sie dem Kind sein bevorzugtes Spielzeug oder seine Lieblingssüßigkeiten in die Hand (siehe Abbildung 46.2); dann drücken Sie den Auslöser, um eine Menge Fotos zu schießen.

Praktische Hilfe

✔ **Das Kind befindet sich nicht im Fokus.** Achten Sie darauf, dass nur ein einzelner Autofokus-Punkt aktiviert ist – ansonsten fokussiert die Kamera vielleicht auf etwas anderes als Ihr Kind. Achten Sie außerdem darauf, dass sich dieser Autofokus-Punkt zum Zeitpunkt der Auslösung genau über dem Kind befindet.

✔ **Das Kind ist verschwommen.** Die Verschlusszeit ist zu lang, um das Kind in Bewegung scharf abzubilden. Erhöhen Sie wenn nötig den ISO-Wert, damit die Kamera eine kürzere Verschlusszeit verwenden kann.

Sie erhalten interessante Aufnahmen, wenn Sie bei schwachen Lichtverhältnissen einen tiefen ISO-Wert einstellen. Die Kamera wird eine relativ lange Verschlusszeit wählen. Dabei entstehen Bilder, bei denen die Kinder auf eine künstlerische Art verschwimmen und so die Dynamik des Spiels unterstreichen.

Abbildung 46.2: Fotografieren Sie eine Reihe von Bildern, während Ihr Kind mit seinen Lieblingssüßigkeiten glücklich ist.

47 Straßenkünstler

Kamera-Einstellungen

▶ **Belichtungsmessung:** Mittenbetont

▶ **Aufnahme-Betriebsart:** Einzelbild

▶ **Belichtungssteuerung:** Zeitautomatik (A)

▶ **Blendenöffnung:** f/4,0 bis f/7,1

▶ **ISO-Empfindlichkeit:** 100 bis 200

▶ **Autofokus:** Einzelautofokus

▶ **Autofokus-Messpunkt:** Einzelner Messpunkt

▶ **Brennweite:** 28 bis 85 mm (bezogen auf das Kleinbild-Format)

▶ **Bildstabilisator:** Optional

Fotografen sind Künstler. Wenn Sie fotografieren, entscheiden Sie sich für ein Motiv und mischen anschließend Licht und Schatten zu einem ansprechenden Bild. Es ist also nicht weiter verwunderlich, dass Fotografen gerne andere Künstler fotografieren. Ungeachtet dessen, ob Sie einen Musiker, einen Bildhauer oder einen Maler fotografieren: Die Einstellungen in diesem Kapitel helfen Ihnen dabei, interessante Fotos von einem Kreativen zu schießen, während er seinem Handwerk nachgeht. Als Location kommt dabei sein Arbeitsort infrage, oder ein dekoratives Umfeld in der Nähe.

Bereiten Sie Ihre Kamera vor

Wenn Sie einen Künstler bei der Arbeit fotografieren, sollten Sie eine Übersicht über den kreativen Prozess vermitteln. Das erreichen Sie, indem Sie auf den Künstler und sein Werk fokussieren und die Umgebung in der Unschärfe verschwinden lassen. Dazu geben Sie eine große Blendenöffnung vor, die zu einer entsprechend geringen Tiefenschärfe führt. Der empfohlene ISO-Wert funktioniert sowohl bei hellem Licht als auch an bewölkten Tagen. Die Brennweite hängt davon ab, ob Sie nahe an den Künstler herangehen möchten oder ob das Bild auch sein Umfeld erfassen soll, wie zum Beispiel das Atelier. Sie müssen den Bildstabilisator nicht unbedingt einsetzen, aber er hilft dabei, das leichte Zittern der Hände auszugleichen – das spielt vor allem dann eine Rolle, wenn die Lichtverhältnisse alles andere als optimal sind und die Belichtungszeiten länger werden. Wenn Sie nicht auf den Luxus eines Bildstabilisators zurückgreifen können, müssen Sie den ISO-Wert der Kamera erhöhen.

Schießen Sie Ihre Fotos

Ein Künstler gehört zu den dankbaren Motiven. Lassen Sie ihn einfach seiner Arbeit nachgehen, und begeben Sie sich in Lauerstellung. Wenn er nach einigen Minuten ganz auf sein Werk konzentriert ist, sind Sie an der Reihe.

Allerdings lassen sich einige Künstler auch ablenken, wenn sie sehen, wie jemand mit der Kamera auf sie zeigt. Setzen Sie in diesem Fall Ihr schönstes Lächeln auf und erklären Sie ihm, dass Sie gerne einige Fotos von seiner Arbeit machen möchten.

1. **Nehmen Sie an der Kamera die Einstellungen vor, die am Anfang dieses Kapitels beschrieben sind, und gehen Sie ein wenig umher.**

2. **Finden Sie eine interessante Perspektive.**

   Idealerweise sehen Sie von dort aus den Künstler, sein Werkzeug und natürlich das Kunstwerk selbst.

3. **Drücken Sie den Auslöser halb herunter, um zu fokussieren, und komponieren Sie das Bild.**

   Regeln sind dazu da, dass man sie manchmal bricht – das gilt auch für die Einstellungen, die ich Ihnen empfohlen habe. Wenn der Künstler zum Beispiel eine Landschaft malt, wechseln Sie zu einer kleinen Blendenöffnung (also zu einer großen Blendenzahl) und verwenden Sie eine Brennweite von ungefähr 35 Millimeter. Gehen Sie um den Künstler herum und komponieren Sie das Bild so, dass sowohl der Maler mit seiner Leinwand als auch die Szene im Hintergrund zu sehen sind (siehe Abbildung 47.1).

4. **Drücken Sie den Auslöser ganz herunter, um das Foto zu schießen.**

   In vielen Städten sehen Sie Künstler, die ihre Werke vor Restaurants und Cafés zum Kauf anbieten. Sie geben ein hervorragendes Motiv ab (siehe Abbildung 47.2) – doch vergessen Sie nicht, vor der Aufnahme die Erlaubnis des Betroffenen einzuholen.

Abbildung 47.1: Fotografieren Sie einen Maler und die Szene, die ihm als Vorlage dient.

Abbildung 47.2: Straßenkünstler geben hervorragende Motive ab.

Praktische Hilfe

Künstler bei der Arbeit zu fotografieren, ist keine große Sache. Seien Sie aufmerksam und kreativ, ganz wie der Künstler, den Sie fotografieren möchten. Für diese Art der Fotografie gibt es keine typischen Probleme. Nachdem Sie Ihr Bild gemacht haben, prüfen Sie es auf dem Display der Kamera, bis Sie mit dem Bild zufrieden sind. Achten Sie außerdem auf die korrekte Belichtung. Prüfen Sie das Histogramm, auf dem Sie sehen können, ob in den Schatten und Lichtern noch Details zu erkennen sind.

Corbis Digital Stock

48 *Erwachsene beim Sport*

▶ **Belichtungsmessung:** Mittenbetont

▶ **Aufnahme-Betriebsart:** Einzelbild oder Serienaufnahmen

▶ **Belichtungssteuerung:** Blendenautomatik (S)

▶ **Verschlusszeit:** 1/250 Sekunde oder schneller

▶ **ISO-Empfindlichkeit:** So tief, wie es die Lichtverhältnisse zulassen

▶ **Autofokus:** Kontinuierlich

▶ **Autofokus-Messpunkt:** Einzelner Messpunkt

▶ **Brennweite:** 100 mm oder länger (bezogen auf das Kleinbild-Format)

▶ **Bildstabilisator:** Eingeschaltet

Um Profisportler aus kurzer Nähe bei ihrer Arbeit zu fotografieren, benötigen Sie einen Presseausweis – und um einen solchen zu ergattern, müssen Sie tatsächlich für die Presse arbeiten. Wenn Sie hingegen zu den Normalsterblichen gehören, die nicht für eine berühmte Sportzeitschrift oder für eine wichtige Zeitung arbeiten, dann sollten Sie sich auf die Amateurliga konzentrieren. Dort können Sie näher an das Geschehen heranrücken, und außerdem müssen Sie sich nicht durch endlose Menschenmassen kämpfen. Wenn jemand in Ihrem Freundeskreis eine interessante Sportart betreibt, schnappen Sie sich die Kamera und jagen Sie einige tolle Motive.

Bereiten Sie Ihre Kamera vor

Athleten zu fotografieren macht Spaß. Natürlich hilft es ungemein, wenn Sie etwas über die Sportart wissen. Ich überlasse es Ihnen, ob Sie mit Einzelbild oder mit Serienbildern fotografieren möchten. Doch wenn es auf dem Platz hektisch wird, sollten Sie auf Serienbilder umschalten und später am PC die besten Aufnahmen auswählen. Ich empfehle an dieser Stelle keinen konkreten ISO-Wert, da die Lichtverhältnisse einfach zu unterschiedlich sein können. Mit der empfohlenen Verschlusszeit können die meisten Sportaktionen scharf eingefroren werden, vielleicht mit Ausnahme eines hart geschlagenen Baseballs. Wenn Sie eine leichte Bewegungsunschärfe auf den Bildern entdecken, können Sie diese entweder den künstlerischen Effekten zuordnen, oder Sie verkürzen die Verschlusszeit auf eine 1/500 Sekunde oder noch schneller. Die empfohlene Brennweite lässt Ihnen die Wahl zwischen einer Nahaufnahme und der Übersicht über das Geschehen. Der Bildstabilisator wiederum hilft, die Bewegungen Ihrer zittrigen Hände auszugleichen – und Ihre Hände werden zittern, nachdem Sie das Fußballfeld ein paar Mal rauf und runter gerannt sind, um den besten Moment zu erwischen!

Schießen Sie Ihre Fotos

Wenn Sie Athleten fotografieren, müssen Sie selbst ebenfalls in Bewegung bleiben. Falls Sie die Sportart kennen, erahnen Sie meistens, was als Nächstes passiert. Sollten Sie mit der Sportart jedoch nicht vertraut sein, erscheinen Sie frühzeitig auf dem Platz und beobachten Sie die Athleten bei den Aufwärmübungen. Wenn Sie die Akteure gut kennen, dann fragen Sie diese, was als Nächstes zu erwarten ist. Eine kurze Erklärung und die folgenden Einstellungen sind dann alles, was Sie noch brauchen, um einige großartige Bilder zu schießen.

1. **Nehmen Sie an der Kamera die Einstellungen vor, die am Anfang dieses Kapitels beschrieben sind.**

2. **Warten Sie geduldig, bis das Spiel beginnt.**

3. **Wenn sich eine interessante Szene anbahnt, zoomen Sie auf den Athleten Ihrer Wahl und drücken Sie den Auslöser halb herunter, um zu fokussieren.**

   Wenn der kontinuierliche Autofokus eingestellt ist, führt die Kamera die Schärfe nach, solange Sie den Auslöser halb gedrückt halten. Legen Sie die ganze Konzentration in die Gestaltung des Bildes. Vielleicht finden Sie es bei der Hektik auf dem Platz schwierig, eine ansprechende Bildkomposition zu finden. Versuchen Sie es mit einem ungewöhnlichen Blickwinkel, um ein spezielles Bild zu schießen.

4. **Drücken Sie den Auslöser ganz herunter, um den Verschluss auszulösen.**

   Wenn Sie sich für Serienbilder entschieden haben, nimmt die Kamera so lange Bilder auf, wie Sie den Auslöser gedrückt halten.

 Zoomen Sie heran, wenn der Athlet eine entscheidende Bewegung macht, zum Beispiel wenn er einen Ball fängt oder einen Aufschlag retourniert (siehe Abbildung 48.1). Die Serienbild-Funktion hilft dabei, aus einer Reihe von Bildern jenes auszuwählen, bei dem die Action auf den Punkt getroffen worden ist.

Corbis Digital Stock

Abbildung 48.1: Konzentrieren Sie sich auf die Schlüsselszenen.

Praktische Hilfe

✔ **Der Athlet befindet sich nicht im Fokus.** Der Autofokus-Punkt muss sich genau über dem Athleten befinden, wenn Sie den Auslöser halb herunterdrücken. Im Sucher der Kamera wird angezeigt, für welche Stelle sich die Kamera entschieden hat.

✔ **Die Tiefenschärfe ist zu gering.** Diese Gefahr besteht vor allem bei schwachen Lichtverhältnissen. Um das fehlende Licht zu kompensieren, wählt die Kamera eine große Blendenöffnung, und diese führt wiederum zu einer geringen Tiefenschärfe. Manchmal wird dieser Effekt gewünscht, um den Athleten vom Hintergrund zu isolieren. Wenn das jedoch nicht in Ihrer Absicht liegt, erhöhen Sie den ISO-Wert, so dass die Kamera eine kleine Blendenöffnung verwenden kann – und damit eine größere Tiefenschärfe erzeugt.

PhotoDisc, Inc./Getty Images

49 *Natürliche Porträts*

Spontane, natürliche Porträts machen eine Menge Spaß. Allerdings müssen Sie dabei vorsichtig sein. Wenn Sie mit Ihrer Kamera auftauchen, besteht die Gefahr, dass die Leute auf Distanz gehen. Doch Angriff ist bekanntlich die beste Verteidigung: Nehmen Sie die Kamera einfach überall hin mit, bis sich das Umfeld an den Anblick gewöhnt hat – man kann sich ja nicht ewig verstecken. Wenn dieser Punkt erreicht ist, können Sie Ihrer Kreativität freien Lauf lassen. Fotografieren Sie die Menschen bei ganz alltäglichen Aktivitäten, zum Beispiel wenn Mutter und Tochter einen Kuchen backen. Und weil Ihre Kamera unterdessen ignoriert wird, entstehen dabei die schönsten, weil natürlichsten Bilder.

Bereiten Sie Ihre Kamera vor

Wenn Sie Freunde und Familie fotografieren möchten, dann werden Sie die Personen in den Mittelpunkt rücken. Ihr wichtigstes Werkzeug ist die Tiefenschärfe. Fotografieren Sie mit Zeitautomatik, damit Sie die Blende vorgeben können. Wählen Sie eine große Blendenöffnung, wenn sich die Person bei einer geringen Tiefenschärfe vom Hintergrund abheben soll. Wenn Sie hingegen auch Teile der Umgebung scharf einbeziehen möchten, schließen Sie die Blende ein wenig. Die empfohlenen ISO-Werte decken sowohl sonniges Wetter im Freien (ISO 100) als auch Innenaufnahmen ab (ISO 400 bis 800). Der einzelne Autofokus-Punkt erlaubt es Ihnen, präzise auf Ihr Motiv zu fokussieren. Die Brennweite eignet sich ideal, um mit dem Motiv auch ein wenig von der Umgebung aufzuzeichnen (50 Millimeter) oder um eine Nahaufnahme zu machen (85 Millimeter). Verwenden Sie die Serienbild-Funktion der Kamera, um Bilderreihen zu schießen. Der Bildstabilisator ist immer eine wertvolle Hilfe, wenn die Verschlusszeiten bei schwachem Licht länger werden.

Schießen Sie Ihre Fotos

 Natürliche, ungekünstelte Fotos von Freunden und Familienmitgliedern setzen ein wenig Geduld voraus. Wenn Sie die Kamera ständig um den Hals tragen, wissen Ihre Liebsten, was sie erwartet – und sie werden sich an den Anblick gewöhnen. Erst wenn die Personen um Sie herum diesem Gerät keine Beachtung mehr schenken, entstehen natürliche Fotos.

1. **Besuchen Sie Freunde oder Verwandte, die Sie fotografieren möchten.**

   Die beste Zeit für solche Besuche ist dann, wenn Sie nicht allein sind. Statten Sie den Besuch ab, wenn noch andere Leute anwesend sind.

2. **Bleiben Sie in der Nähe Ihres Motivs und warten Sie, bis sich die Person mit den anderen Anwesenden beschäftigt.**

   Lassen Sie sich nicht in die Konversation hineinziehen und vermeiden Sie auch jegliche Kommentare. Spielen Sie den Gelangweilten, aber behalten Sie Ihr Motiv im Auge. Sie können aber auch ein interessierter Teilnehmer sein, wenn Ihre Kinder und Ehefrau etwas gemeinsam machen (siehe Abbildung 49.1). Manchmal sind die Bilder nicht genau im Lot, aber das geht in Ordnung; häufig wird dadurch der natürliche Eindruck sogar unterstrichen.

3. **Tun Sie so, als würden Sie mit der Kamera herumspielen, während Sie die Einstellungen vornehmen, die am Anfang dieses Kapitels besprochen worden sind.**

4. **Wenn es interessant wird, nehmen Sie die Kamera schnell ans Auge, drücken den Auslöser halb herunter, um zu fokussieren, und schießen sofort Ihr Foto.**

   Sie können einige gute Aufnahmen ins Trockene bringen, bevor Sie bemerkt werden und Ihnen das Modell die Zunge entgegenstreckt. (Was allerdings ebenfalls ein gelungenes Motiv sein kann.)

Abbildung 49.1: Fotografieren Sie die Familie, während sie etwas unternimmt.

Betreten Sie einen Raum, während Sie die Kamera vor dem Gesicht schussbereit halten. Rufen Sie »Hallo!«, während Sie auf die erstbeste Person fokussieren. Nicht selten werden Sie für diesen Klamauk mit einem tollen Foto belohnt (siehe Abbildung 49.2).

Abbildung 49.2: Betreten Sie einen Raum und sagen Sie: »Hallo!«

Praktische Hilfe

✔ **Meine Familie und Freunde erstarren, wenn ich die Kamera zücke.** Das liegt meistens daran, dass Sie es übertrieben haben. Wenn Sie längere Zeit dieselbe Person fotografieren, fühlt sich diese irgendwann gejagt und wird darauf achten, was sie als Nächstes tut. Lassen Sie es für heute gut sein.

✔ **Die Gesichter sind ein wenig zu dunkel.** Das passiert zum Beispiel, wenn Personen neben einem hellen Fenster stehen. Verwenden Sie den Aufhellblitz der Kamera, um die Schatten zu mildern.

✔ **Es funktioniert nicht.** So spielt das Leben. Sie müssen auf Trab sein und die richtigen Einstellungen vorgenommen haben, damit Sie im entscheidenden Moment bereit sind. Schließlich können Sie die Leute nicht bitten, noch einmal dieselbe Pose wie vor ein paar Sekunden einzunehmen.

Flat Earth

50 Auf Reisen Menschen fotografieren

Wenn Sie ferne Länder ohne Kamera bereisen, dann ist das so, als ob man in einem Fünf-Sterne-Restaurant speisen würde und am Schluss den Nachtisch auslässt. Eine Reise ohne Kamera anzutreten, ist einfach undenkbar. Wenn Sie unterwegs sind, fotografieren Sie das Übliche: Landschaften, Gebäude oder was auch immer. Doch wenn Sie ein exotisches Land bereisen, wo sich die Leute ganz anders kleiden, als wir es gewohnt sind, dann warten ganz besondere Motive auf Sie.

Menschen in exotischen Gewändern sind Sujets, die sich in jeder Reiseerzählung gut machen. Allerdings können Sie nicht einfach hingehen und wild drauflos fotografieren – stattdessen müssen Sie die Leute respektieren und zuerst um Erlaubnis bitten, bevor Sie sie ablichten. Die fremde Sprache kann ein Hindernis sein, aber wenn Sie mit einem Reiseführer oder Taxifahrer unterwegs sind, haben Sie ja einen Übersetzer dabei.

Bereiten Sie Ihre Kamera vor

Wenn Sie eine Person in einem fremden Land fotografieren, dann wollen Sie auch Teile der Umgebung mit aufs Bild nehmen, damit der Betrachter einen Bezug herstellen kann. Die Zeitautomatik eignet sich ideal für solche Fotos, weil sie dank der Blendenvorwahl die präzise Kontrolle über die Tiefenschärfe ermöglicht. Verwenden Sie eine mittlere Blendenöffnung; damit erhalten Sie einerseits eine angemessene Tiefenschärfe, doch die Umgebung wird nicht knackig scharf abgebildet. Der vorgeschlagene ISO-Wert eignet sich gleichermaßen für helle, sonnige Tage als auch für einen bewölkten Himmel. Vielleicht denken Sie, dass die Serienbild-Funktion in dieser Situation angemessen ist, doch Einzelbilder sind definitiv die bessere Wahl – ansonsten könnte das hämmernde Klacken des Spiegels zu Irritationen beim Modell führen. Die empfohlene Brennweite ermöglicht großzügige Aufnahmen der Umgebung (28 Millimeter), aber auch intimere Porträts (85 mm). Achten Sie einfach darauf, dass Sie das Modell nicht mit einem Weitwinkel fotografieren, da es sonst bei den Gesichtszügen zu unschönen Verzerrungen kommen kann. Der Bildstabilisator sorgt auch bei langsameren Verschlusszeiten für scharfe Bilder.

Schießen Sie Ihre Fotos

Fotogene Personen finden Sie fast automatisch, während Sie andere Objekte fotografieren. Vielleicht beschäftigen Sie sich gerade mit einer hübschen Gasse und entdecken dabei einen Handwerker, der seiner Arbeit nachgeht.

 Je nach Land, das Sie bereisen, kann Ihre Kamera zu einem Risikofaktor werden. Einige Fotografen gehen sogar so weit, ihre Kamera in einer Plastiktüte herumzutragen. Benutzen Sie außerdem einen stabilen Kameriemen, den man nicht so einfach durchschneiden kann.

1. **Nähern Sie sich der Person, die Sie fotografieren möchten.**

   Das kann zu einem schwierigen Unterfangen werden, wenn Sie in einer größeren Gruppe reisen. Die Einheimischen schauen außerdem meistens weg, wenn eine ganze Horde mit Kameras auf sie zeigt. Reisen Sie deshalb nach Möglichkeit in kleinen Gruppen oder – wenn es sicher ist – allein.

2. **Auch wenn Sie die Sprache nicht sprechen, kommunizieren Sie mit dem Einheimischen.**

   Halten Sie Augenkontakt und lächeln Sie. Heben Sie die Kamera in die Höhe und zeigen Sie darauf. Wenn Ihr Gegenüber mit dem Kopf wackelt, lächeln Sie einfach weiter und gehen Sie.

3. **Wenn die andere Person zurücklächelt, komponieren Sie schnell das Bild.**

   Vielleicht wird sich das Modell für Sie in Pose werfen. Versuchen Sie es dazu zu bringen, wieder der ursprünglichen Tätigkeit nachzugehen.

Wenn die Sprache zu einem Hindernis wird, leistet ein Übersetzer wertvolle Dienste. Falls Sie keinen Übersetzer haben, werden Gesten zu einer universalen Sprache. Wenn Sie sich einig geworden sind, beeilen Sie sich bei der Komposition des Bildes.

4. **Drücken Sie den Auslöser halb herunter, um zu fokussieren – anschließend drücken Sie den Auslöser ganz herunter, um Ihr Bild zu schießen.**

Fragen Sie den Concierge des Hotels, welche Gegenden in der Stadt für Touristen sicher sind. Sie können ihn sogar darum bitten, Sie gegen eine kleine Gebühr zu begleiten.

Stellen Sie sich an eine Straßenecke und beobachten Sie die Szene. Verwenden Sie ein Weitwinkel mit einer Brennweite von etwa 28 Millimeter. Nehmen Sie die Kamera vors Auge und komponieren Sie das Bild im Sucher. Achten Sie auf interessante architektonische Elemente. Lehnen Sie sich an die Mauer und entspannen Sie sich. Ehe Sie sich versehen, wird jemand Interessantes in die Szene treten; heben Sie die Kamera und machen Sie einige Fotos, so wie in Abbildung 50.1 gezeigt.

Abbildung 50.1: Wenn Sie geduldig warten, erscheinen Ihre Motive automatisch im Sucher.

Praktische Hilfe

✔ **Ich fotografiere dunkelhäutige Personen, aber in den Gesichtern sind keine Details zu erkennen.** Wahrscheinlich scheint die Sonne geradewegs in das Gesicht Ihres Modells. Fragen Sie es, ob es sich ein wenig bewegen kann, damit die Sonne von der Seite her scheint. Diese veränderte Beleuchtung macht auch die Details im Gesicht sichtbar.

✔ **Die Person hebt sich zu wenig vom Hintergrund ab.** Wenn Sie dunkelhäutige Personen fotografieren, sollten Sie auf einen hellen, bunten Hintergrund achten – falls das möglich ist.

✔ **Mein Modell will Geld, damit ich es fotografieren darf.** Wenn Sie Kleingeld in den Taschen haben, können Sie sich auf das Geschäft einlassen. Fragen Sie im Hotel, welcher Betrag für solche Dienste angemessen ist. Diese Informationen finden Sie übrigens mit ein wenig Recherche auch im Internet.

Purestock

51 Kindergeburtstage

Kindergeburtstage sind eine wundervolle Gelegenheit für Fotografen, besonders wenn es kleinere Kinder sind. Bei diesen Veranstaltungen können Sie nicht nur Fotos schießen, sondern ganze Geschichten erzählen. Und weil Sie eine Geschichte erzählen wollen, fotografieren Sie alles: die Dekoration, die Geschenke, die Torte und natürlich das Geburtstagskind. Das Beste aber ist, dass die Kinder so sehr mit sich selbst beschäftigt sind, dass Sie und die Kamera gar nicht wahrgenommen werden.

Bereiten Sie Ihre Kamera vor

Kindergeburtstage zu fotografieren macht eine Menge Spaß, weil die gute Stimmung automatisch kommt. Ich empfehle als Aufnahmemodus die Zeitautomatik, damit Sie die Tiefenschärfe exakt kontrollieren können. Wenn Sie die ganze Party fotografieren, werden Sie eine große Tiefenschärfe wünschen, so dass Sie eine mittlere Blendenöffnung von etwa f/8,0 vorgeben. Wenn Sie das Geburtstagskind ablichten, verwenden Sie hingegen eine große Blendenöffnung von ca. f/3,5, damit der Hintergrund verschwimmt und die Aufmerksamkeit ganz auf dem Star des Tages liegt. Der empfohlene ISO-Wert bezieht sich auf Außenaufnahmen (ISO 100) oder Partys in Innenräumen (ISO 400). Die Brennweite befindet sich in einem Bereich, in dem Sie die ganze Gruppe abbilden (50 Millimeter) oder sich auf einzelne Kinder konzentrieren können (100 Millimeter). Wenn Sie einen besonders spannenden Moment erfassen wollen (zum Beispiel wenn die Geschenke geöffnet werden), können Sie auch mit Serienbildern arbeiten, um die Bildausbeute zu erhöhen.

Schießen Sie Ihre Fotos

Wenn Sie die ganze Geschichte eines Kindergeburtstages erzählen möchten, fotografieren Sie bereits die Vorbereitungen. Natürlich sind Sie auch vor Ort, wenn die Gäste eintreffen. Wenn es sich beim Geburtstagskind um eine besonders junge Person handelt, halten Sie außerdem Ausschau nach fliegenden Tortenstückchen. Davon abgesehen ist das Fotografieren an einem Kindergeburtstag ein Kinderspiel – im wahrsten Sinne des Wortes.

1. **Nehmen Sie an der Kamera die Einstellungen vor, die am Anfang dieses Kapitels beschrieben sind.**

2. **Wenn Sie eine Geschichte erzählen möchten, fotografieren Sie die Dekoration und die Partyartikel.**

   Sie können die Sache auf zwei Arten angehen: Entweder verwenden Sie eine kleine Blendenöffnung, damit alle Gegenstände auf dem Tisch scharf abgebildet werden. Oder Sie verwenden eine große Blendenöffnung mit einer entsprechend geringen Tiefenschärfe, um einzelne Objekte in Szene zu setzen – wie zum Beispiel den Partyhut mit dem Namen des Geburtstagskindes. Der Hut wird knackig scharf abgebildet, der Rest des Tisches wirkt eher weich gezeichnet und der Rest verschwindet komplett in der Unschärfe.

3. **Wenn Sie etwas Interessantes sehen, richten Sie den Autofokus-Punkt auf das Objekt und drücken Sie den Auslöser halb herunter.**

4. **Komponieren Sie das Bild.**

   In den meisten Fällen erhalten Sie ein besseres Resultat, wenn die Komposition nicht symmetrisch aufgebaut ist. Verwenden Sie auffällige Elemente, um den Blick des Betrachters auf einen bestimmten Punkt der Szene zu lenken.

5. **Schießen Sie Ihr Foto.**

    Bevor das Geburtstagskind die Kerzen ausbläst, wechseln Sie zur größten empfohlenen Blendenöffnung (f/3,5) und verwenden Sie eine Brennweite von etwa 100 Millimeter. Drehen Sie die Kamera ins Hochformat und komponieren Sie das Bild so, dass nur das Geburtstagskind und der Kuchen im Sucher zu sehen sind. Verwenden Sie unbedingt die Serienbild-Funktion und legen Sie bereits los, wenn der Akteur tief Luft holt, um die Kerzen auszublasen (siehe Abbildung 51.1).

Purestock

Abbildung 51.1: Gehen Sie nah heran, wenn das Geburtstagskind die Kerzen ausbläst.

Praktische Hilfe

✔ **In der Kerzenflamme sind keine Details zu sehen.** Das lässt sich leider nicht verhindern, da die Kamera diesen Dynamikumfang nicht erfassen kann. Solange jedoch die restliche Szene korrekt belichtet ist, sollten Sie sich darüber nicht den Kopf zerbrechen.

✔ **Auf dem Foto sind zu viele Details zu sehen.** Gerade bei chaotischen Kindergeburtstagen taucht dieses Problem auf, wenn Sie eine zu kleine Blendenöffnung verwendet haben und diese eine zu große Tiefenschärfe erzeugt. Öffnen Sie die Blende, damit die Umgebung außerhalb des Motivs unscharf wird.

Kevin Sanchez/Cole Group/Photo Disc

52 *Familienfeste*

Kamera-Einstellungen

▶ **Belichtungsmessung:** Mitten-betont

▶ **Aufnahme-Betriebsart:** Einzelbild

▶ **Belichtungssteuerung:** Zeitautomatik (A)

▶ **Blendenöffnung:** f/3,5 bis f/8,0

▶ **ISO-Empfindlichkeit:** 100 bis 400

▶ **Autofokus:** Einzelautofokus

▶ **Autofokus-Messpunkt:** Einzelner Mess-punkt

▶ **Brennweite:** 50 bis 100 mm (bezogen auf das Kleinbild-Format)

▶ **Bildstabilisator:** Eingeschaltet

Egal, ob Sie Teil einer großen oder einer kleinen Familie sind: Es ist stets ein spezieller Anlass, wenn alle zusammenkommen, um etwas zu feiern. Angenehme Anlässe, wie zum Beispiel ein Hochzeitsjubiläum, sind es wert, dass man sie mit der Kamera festhält. Natürlich fällt Ihnen die Rolle des Familienfotografen zu. Viele Leute begnügen sich damit, nur ein paar wenige Bilder zu schießen – der Form halber. Da Sie aber Ihre Aufgabe ernst nehmen, fotografieren Sie alles, vom Anfang bis zum Ende. Sie werden selbst die kleinsten Details festhalten und sogar dokumentieren, wie das Essen serviert wird.

Bereiten Sie Ihre Kamera vor

Wenn Sie die Geschichte zu einer Familienfeier erzählen möchten, dann ändern sich die Prioritäten ständig. Einmal möchten Sie vielleicht die ganze Gruppe aufnehmen, ein andermal nur eine einzelne Person. Fotografieren Sie deshalb mit Zeitautomatik, damit Sie die Blende vorgeben – und damit auch die Tiefenschärfe. Verwenden Sie eine große Blendenöffnung, wenn Sie eine einzelne Person aus der Masse hervorheben möchten; umgekehrt verwenden Sie eine kleine Blendenöffnung, wenn eine ganze Gruppe scharf abgebildet werden soll. Und wenn es beim Tanzen hoch hergeht, verwenden Sie die Serienbild-Funktion, um eine ganze Reihe von Fotos zu schießen. Der empfohlene ISO-Wert passt sowohl zu Partys im Freien (ISO 100) als auch in Innenräumen (ISO 400). Der empfohlene Brennweitenbereich erlaubt gleichermaßen Gruppenaufnahmen (50 Millimeter) und Porträts von einzelnen Personen (100 Millimeter). Der Bildstabilisator unterstützt Sie im Bestreben nach scharfen Bildern.

Schießen Sie Ihre Fotos

Wenn Sie den ganzen Anlass lückenlos dokumentieren möchten, erscheinen Sie frühzeitig und fotografieren Sie bereits die Vorbereitungen.

1. **Nehmen Sie an der Kamera die Einstellungen vor, die am Anfang dieses Kapitels beschrieben sind.**

2. **Fotografieren Sie die Tischdekoration, das ganze Essen usw.**

   Wenn Sie die Tischdekoration fotografieren, verwenden Sie eine große Blendenöffnung, um ein einzelnes Detail abzulichten. Verwenden Sie hingegen eine kleine Blendenöffnung, wenn sich der ganze Tisch im Fokus befinden soll.

3. **Fotografieren Sie die Gäste, während sie eintreffen.**

4. **Fotografieren Sie, wie die anderen Gäste den Jubilar begrüßen.**

   Für diese Art von Fotos benötigen Sie ein wenig Geduld. Zuerst werden die Gäste feststellen, dass Sie fotografieren und sich vielleicht ein wenig verkrampft verhalten. Doch bereits nach kurzer Zeit lockert sich die Atmosphäre auf und kaum jemand wird von Ihrer Kamera noch Notiz nehmen. Sie können außerdem Porträts vom Ehrengast machen, indem Sie die Techniken anwenden, die in Kapitel 64 beschrieben werden.

5. **Suchen Sie sich einen interessanten Aussichtspunkt und komponieren Sie das Bild.**

   Wenn Sie die Geschichte eines Familienfestes erzählen, dann werden Sie die Aufmerksamkeit des Betrachters auf jene Person lenken, um die sich der Anlass dreht. Abbildung 52.1 zeigt die ganze Gesellschaft, doch die Interaktion findet zwischen der Frau in der violetten Bluse und der zukünftigen Mutter statt. Beide sind scharf im Fokus – aber der Rest der Menge sowie die Geschenke sind es nicht. Außerdem bilden die beiden Damen eine gefällige diagonale Linie innerhalb des Bildes.

6. **Drücken Sie den Auslöser halb herunter, um zu fokussieren – anschließend drücken Sie den Auslöser ganz herunter, um Ihr Bild zu schießen.**

   Machen Sie Fotos von allem, was interessant aussieht; schließlich können Sie die unbrauchbaren Aufnahmen problemlos aussortieren.

Abbildung 52.1: Finden Sie einen interessanten Blickwinkel, um das Bild zu komponieren.

Wenn sich der Partyraum unter einer offenen, zweiten Etage befindet, können Sie einige tolle Bilder von oben schießen.

Praktische Hilfe

✔ **Die Personen auf dem Foto sind zu dunkel.** Vermutlich stehen die Personen in der Nähe einer hellen Lichtquelle, wie zum Beispiel einem Fenster. Verwenden Sie den Aufhellblitz, um die Schatten aufzuweichen (siehe Kapitel 58).

✔ **Der Hintergrund ist im Fokus, aber mein Motiv ist es nicht.** Überzeugen Sie sich, dass die Kamera mit einem einzigen Autofokus-Punkt arbeitet. Kontrollieren Sie außerdem, dass dieser Punkt genau über dem Objekt liegt, das Sie scharf abgebildet haben möchten.

53 Paraden

Kamera-Einstellungen

▶ **Belichtungsmessung:** Mittenbetont

▶ **Aufnahme-Betriebsart:** Einzelbild

▶ **Belichtungssteuerung:** Zeitautomatik (A)

▶ **Blendenöffnung:** f/5,6 bis f/8,0

▶ **ISO-Empfindlichkeit:** 100 bis 800

▶ **Autofokus:** Einzelautofokus

▶ **Autofokus-Messpunkt:** Einzelner Messpunkt

▶ **Brennweite:** 28 bis 100 mm (bezogen auf das Kleinbild-Format)

▶ **Bildstabilisator:** Eingeschaltet

*P*araden können ein pompöses, militärisch straff organisiertes Gebilde sein wie zum Beispiel der Wachwechsel vor dem Buckingham Palast oder aber ein fröhliches, buntes Durcheinander, wie man es beim Festumzug erlebt. So oder so: Eine Parade ist für jeden Fotografen ein dankbares Motiv.

Bereiten Sie Ihre Kamera vor

Es liegt in der Natur der Sache, dass sich eine Parade bewegt – aber sie bewegt sich nur langsam. Sie haben also genug Zeit, sich über die Tiefenschärfe einige Gedanken zu machen, so dass ich Ihnen die Zeitautomatik empfehle, bei der Sie die Blende vorgeben können. Wenn Sie Einzelpersonen in der Parade fotografieren, verwenden Sie eine große Blendenöffnung (und damit eine geringe Tiefenschärfe), um die Person von der Masse abzuheben. Wenn Sie hingegen eine größere Gruppe fotografieren, verwenden Sie eine kleine Blendenöffnung, um die Tiefenschärfe auszudehnen. Der empfohlene ISO-Wert eignet sich sowohl für Paraden im Sonnenlicht als auch für solche unter bewölktem Himmel. Sorgen Sie für ein wenig Extraschärfe, indem Sie den Bildstabilisator einschalten – sofern Ihre Kamera oder das Objektiv diese Einrichtung bietet.

Schießen Sie Ihre Fotos

Wenn Sie eine Parade fotografieren, bieten sich viele kleine Ereignisse als Motiv an. Bleiben Sie stets wachsam, denn Sie wissen nie im Voraus, wann sich plötzlich eine gute Gelegenheit für ein interessantes Foto offenbart.

1. **Seien Sie früh vor Ort.**

   Wenn Sie früh vor Ort sind, können Sie sich einen erhöhten Standort aussuchen, um mehr von der Parade zu sehen. Nehmen Sie nur wenig Gepäck mit. Wenn Sie die ganze Ausrüstung mitschleppen und während der Parade damit anfangen, Objektive zu wechseln, dann werden die Personen in der Nähe irgendwann gereizt reagieren – ganz abgesehen davon, dass Sie ein hervorragendes Ziel für Taschendiebe abgeben, die an Paraden leider zahlreich vertreten sind.

2. **Nehmen Sie an der Kamera die Einstellungen vor, die am Anfang dieses Kapitels beschrieben sind.**

   Die einzigen Einstellungen, um die Sie sich kümmern müssen, sind die Blendenöffnung und die Brennweite. Verwenden Sie eine große Blendenöffnung (also eine kleine Blendenzahl) und zoomen Sie heran, wenn Sie nur eine oder zwei Personen aus der Masse herauspicken möchten. Verwenden Sie eine kleine Blendenöffnung (also eine große Blendenzahl) und wechseln Sie in den Weitwinkelbereich, um möglichst viel von der Parade zu erfassen.

3. **Wenn Sie etwas Interessantes sehen, drücken Sie den Auslöser halb herunter, um zu fokussieren.**

4. **Positionieren Sie den Autofokus-Punkt direkt über dem Motiv.**

5. **Drücken Sie den Verschluss ganz herunter, um das Foto zu schießen.**

6. **Kontrollieren Sie das Ergebnis auf dem Display der Kamera.**

 Zoomen Sie nahe an die Uniform der Teilnehmer heran und wechseln Sie zur manuellen Fokussierung. Bewegen Sie den Fokusring ganz leicht – gerade so, dass die Akteure ein wenig außerhalb des Fokus sind. Damit schaffen Sie Bilder, die so wirken, als wären sie von Monet gemalt worden (siehe Abbildung 53.1).

Abbildung 53.1: Verwandeln Sie eine Parade in ein Kunstwerk.

Praktische Hilfe

✔ **Im Bild sind die Schatten der Zuschauer sichtbar.** Wechseln Sie die Position und suchen Sie sich einen Ort, an dem die Schatten weniger prominent zu sehen sind. Wenn Sie die Gegend kennen und wissen, wo die Sonne zum Zeitpunkt der Parade steht, suchen Sie sich einen Ort mit weniger Schatten.

✔ **Die Personen auf dem Bild sind zu dunkel.** Das passiert, wenn die Sonne von hinten auf die Akteure der Parade scheint. Die einzige Lösung besteht darin, die Belichtung der Kamera manuell zu korrigieren.

54 Hochzeiten (journalistisch)

Für die Hochzeitsfotografie gibt es zwei Ansätze: den journalistischen und den traditionellen. In diesem Kapitel möchte ich den journalistischen Stil behandeln. (Den traditionellen finden Sie im nächsten Kapitel.) »Journalistisch« bedeutet, dass alles fotografiert wird, was mit der Hochzeit auch nur im Entferntesten zu tun hat. Das Hochzeitsprogramm wird genauso fotografiert wie das Schminken der Braut oder die Vorbereitungen im Festsaal. Einige Paare bevorzugen den journalistischen Ansatz, weil er ihnen hilft, sich später an jedes Detail zu erinnern. Wenn Sie mit dieser fotografischen Herausforderung konfrontiert werden, müssen Sie fast omnipräsent sein. Idealerweise sind Sie beim Fotografieren zu zweit und können sich die Aufgaben teilen. Dabei fotografiert

der männliche Fotograf den Bräutigam, während sich die Fotografin an die Fersen der Braut heftet.

Bereiten Sie Ihre Kamera vor

Wenn Sie eine Hochzeit im journalistischen Stil fotografieren, wird von Ihnen einiges abverlangt. Vielleicht knipsen Sie in kurzer Folge ein Porträt, einen Schnappschuss und eine Torte. Bei dieser Art der Fotografie ist die Tiefenschärfe von elementarer Bedeutung, deshalb fotografieren Sie mit Zeitautomatik und geben die Blende vor. Wenn Sie die Kirche oder eine Gruppe von Leuten fotografieren, verwenden Sie eine kleine Blendenöffnung (ungefähr f/8,0), damit sich möglichst viel vom Bild im Fokus befindet. Wenn Sie hingegen das Brautpaar fotografieren oder die Bibel des Pfarrers, dann verwenden Sie eine große Blendenöffnung von ungefähr f/4,0; damit reduziert sich die Tiefenschärfe und bringt das Motiv voll zur Geltung. Ein einzelner Autofokus-Punkt ermöglicht es Ihnen, den Ort der maximalen Schärfe genau zu definieren. Verwenden Sie ein Weitwinkel, um eine Gruppe zu fotografieren – wechseln Sie in den Telebereich, um die Details zu erfassen. Der ISO-Wert variiert zwischen Außenaufnahmen (ISO 100) und den Aufnahmen in der Kirche (ISO 800).

Schießen Sie Ihre Fotos

Wenn Sie eine Hochzeit im journalistischen Stil fotografieren, dann müssen Sie an alles denken. Fotografieren Sie die Braut im Umkleideraum, spielende Kinder, das festliche Gedeck, sämtliche Gäste … einfach alles! Idealerweise teilen Sie sich mit jemandem den Job, der sich ebenfalls für die Fotografie begeistert. Diese Person kann viele Stimmungsaufnahmen machen, denn Sie selbst können schließlich nicht überall sein.

1. **Erscheinen Sie frühzeitig (und planen Sie eine späte Abreise).**

   Sie können einige wundervolle Fotos einfangen, wenn Sie den Organisten oder Pianisten bei seinen Aufwärmübungen beobachten. Sie können auch die Kirche fotografieren, bevor die ersten Gäste eintreffen. Dazu benötigen Sie einerseits ein Weitwinkel für die Aufnahmen der Kirche und andererseits ein mittleres Tele (ungefähr 85 Millimeter), um die Details und den Musiker zu fotografieren.

2. **Fotografieren Sie das Eintreffen der Gäste.**

   Achten Sie besonders auf die Emotionen und Gesichtsausdrücke der Eltern, während das Brautpaar vor den Altar tritt. Fotografieren Sie die Gäste mit einem mittleren Teleobjektiv (bis zu 100 Millimeter). Verwenden Sie eine große Blendenöffnung (also eine kleine Blendenzahl), um den Vordergrund vom Hintergrund zu trennen. Der Hintergrund soll auf keinen Fall von den Emotionen der Gäste ablenken.

3. **Fotografieren Sie die Hochzeitsgesellschaft, während die Gäste auf die Braut warten.**

   Machen Sie sich unsichtbar. Beobachten Sie stets, was gerade geschieht. Hochzeiten können sehr emotional sein. Achten Sie auf Gäste, die lachen oder weinen. Doch manchmal gehört auch ein wenig Glück dazu: In Abbildung 54.1 fokussierte der Fotograf auf die blonde Dame mit den Blumen, aber der emotionale Teil spielt sich im Hintergrund ab. Kurz: Fotografieren Sie alles.

Abbildung 54.1: Achten Sie auf die emotionalen Momente.

4. Fotografieren Sie die Zeremonie.

Natürlich steht die Braut im Mittelpunkt, aber vergessen Sie dabei die anderen Gäste nicht. Zweifelsohne werden Sie viele feuchte Augen zu sehen bekommen. Wenn Sie etwas Interessantes entdecken, zoomen Sie heran und schießen Sie das Foto. Fotografieren Sie die komplette Zeremonie, inklusive dem Anzünden der Kerze.

5. Fotografieren Sie den Schluss der Hochzeit.

Wenn das Brautpaar offiziell zu Mann und Frau erklärt worden ist, geht es erst richtig los. Sie werden eine Menge Emotionen und einige unbezahlbare Momente festhalten können. Und vergessen Sie auf keinen Fall, ein Foto des ersten Kusses zu machen!

 Fotografieren Sie auch die Details, die später angenehme Erinnerungen hervorrufen. Dabei kann es sich um die Tischdekoration handeln, um ein Detail in der Kirche oder um die Kleidung der Kinder (siehe Abbildung 54.2).

Abbildung 54.2: Fotografieren Sie alles!

Praktische Hilfe

✔ **Meine Bilder sind unscharf.** Während einer Hochzeit müssen Sie schnell arbeiten – aber nicht so schnell. Wenn Sie zu einem Nervenbündel werden und die Fotos nicht Ihren Erwartungen entsprechen, atmen Sie tief ein und versuchen Sie es noch einmal. Wenn Sie eine einzelne Person oder eine Gruppe fotografieren möchten, halten Sie die Kamera einfach ruhig und richten Sie den Autofokus-Punkt über die Person, die im Mittelpunkt steht. Warten Sie, bis der Autofokus-Punkt im Sucher der Kamera aufleuchtet, bevor Sie das Bild komponieren.

✔ **Das Hochzeitspaar ist zu dunkel.** Bei Außenaufnahmen fotografieren Sie gegen die Sonne, deshalb sind die Gesichter zu dunkel. Verwenden Sie die manuelle Belichtungskorrektur oder verwenden Sie den Aufhellblitz, um die Schatten zu mildern.

✔ **Die Kamera fokussiert auf die falsche Stelle.** Überzeugen Sie sich, dass die Kamera auf Einzelautofokus eingestellt ist. Wenn Sie versehentlich auf die kontinuierliche Fokussierung umgestellt haben, führt die Kamera die Schärfe ständig nach, während Sie das Bild komponieren. Dabei kann es vorkommen, dass die Kamera genau die falsche Stelle erwischt, wenn Sie den Auslöser betätigen.

55 *Hochzeiten (traditionell)*

Kamera-Einstellungen

- ▶ **Belichtungsmessung:** Mitten-betont
- ▶ **Aufnahme-Betriebsart:** Einzelbild
- ▶ **Belichtungssteuerung:** Zeitautomatik (A)
- ▶ **Blendenöffnung:** f/5,6 bis f/8,0
- ▶ **ISO-Empfindlichkeit:** 100 bis 800
- ▶ **Autofokus:** Einzelautofokus
- ▶ **Autofokus-Messpunkt:** Einzelner Messpunkt
- ▶ **Brennweite:** 50 bis 100 mm (bezogen auf das Kleinbild-Format)
- ▶ **Bildstabilisator:** Eingeschaltet

ie traditionelle Hochzeitsfotografie kann auf eine lange Geschichte zurückblicken. Sie konzentriert sich ganz auf die Braut und den Bräutigam sowie das Hochzeitsfest. Doch das müssen Sie nicht so eng sehen; viele Fotografen wagen den Seiltanz zwischen traditioneller und journalistischer Hochzeitsfotografie (die wir im letzten Kapitel besprochen haben), so dass die Grenzen verschwimmen. Üblicherweise beginnt Ihre Arbeit, wenn das Brautpaar zum Altar schreitet und sie erlebt ihren Höhepunkt, wenn der Bräutigam seiner Liebsten den Ring über den Finger streift.

Wenn Sie eine Hochzeit fotografieren, sprechen Sie unbedingt zuerst mit dem Pfarrer, damit Sie beim Fotografieren in der Kirche

keine religiösen Gefühle oder Vorschriften verletzen. Dieses Kapitel geht außerdem davon aus, dass Sie der offizielle Fotograf sind. Hat das Brautpaar jedoch einen anderen Fotografen für diese Aufgabe auserkoren, versuchen Sie, ihm bei seiner Arbeit nicht in die Quere zu kommen.

Bereiten Sie Ihre Kamera vor

Immer wenn Personen Ihr Motiv sind, müssen Sie die Tiefenschärfe kontrollieren können – deshalb fotografieren Sie mit Zeitautomatik und geben die Blendenöffnung vor. Wenn Sie den Bräutigam fotografieren, wie er der Braut den Ring über den Finger streift, verwenden Sie eine große Blendenöffnung, um die Tiefenschärfe zu reduzieren und die Aufmerksamkeit des Betrachters auf das Hochzeitspaar zu lenken. Wenn Sie hingegen die Hochzeitsgesellschaft fotografieren, verwenden Sie eine mittlere Blendenöffnung, um eine größere Tiefenschärfe zu erreichen, so dass alle im Fokus sind. Ein einzelner Autofokus-Punkt ermöglicht es Ihnen, genau jene Person herauszupicken, auf der die Schärfe liegen soll. Verwenden Sie eine kurze Brennweite für Gruppenaufnahmen. Die empfohlenen ISO-Werte decken sowohl Aufnahmen im Freien (ISO 100) als auch im gedämpften Licht der Kirche ab (ISO 800).

Schießen Sie Ihre Fotos

Sprechen Sie vor der Zeremonie mit dem Brautpaar und klären Sie ab, welcher Teil der Zeremonie für die beiden ganz besonders wichtig ist. Um allen Wünschen gerecht zu werden, werden Sie sich während der Trauung ein wenig bewegen müssen. Versuchen Sie jedoch, diese Bewegungen auf ein Minimum zu reduzieren, um in der feierlichen Stimmung so wenig wie möglich aufzufallen.

1. **Erscheinen Sie frühzeitig am Platz, wo die Zeremonie beginnt, und bereiten Sie die Ausrüstung vor.**

    Suchen Sie nach einem idealen Aussichtspunkt. So können Sie sich bereits jetzt auf das Geschehen vorbereiten und zum Beispiel die optimale Brennweite wählen.

2. **Fotografieren Sie den Bräutigam, wie er die Kirche betritt.**

3. **Fotografieren Sie die Braut und ihren Vater, während die beiden zum Altar treten.**

    Dieser Moment verbreitet eine besonders emotionale Stimmung; schießen Sie so viele Fotos wie möglich.

4. **Fotografieren Sie die Zeremonie.**

    Verpassen Sie auf keinen Fall den Moment, an dem die Ringe getauscht werden.

5. **Fotografieren Sie den Bräutigam, während er den Ring an den Finger der Braut steckt (siehe Abbildung 55.1).**

    Für den optimalen Blickwinkel müssen Sie sich ein wenig bewegen und kreativ bleiben. Verhalten Sie sich dabei so diskret wie möglich, denn Sie wollen ja nicht die Aufmerksamkeit auf sich ziehen.

Abbildung 55.1: Fotografieren Sie, wie der Bräutigam der Braut den Ring an den Finger steckt.

6. Fotografieren Sie das Ende der Hochzeit.

Fotografieren Sie den ersten Kuss des Paares und natürlich die Hochzeitsfeier.

 Wenn die Zeremonie vorbei ist, fotografieren Sie die Prozession, wie sie ins Freie tritt. Dabei müssen Sie schnell sein, damit Sie den Ausgang vor allen anderen erreichen. Die Braut und der Bräutigam verlassen die Kirche zuerst, und natürlich ziehen sie auch hier die Aufmerksamkeit auf sich. Fotografieren Sie die anderen Mitglieder der Gesellschaft später.

Praktische Hilfe

✔ **Ich fotografiere im Freien und der Himmel ist zu hell.** Das wichtigste ist, dass das Hochzeitspaar korrekt belichtet wird. Wenn das Kleid der Braut überbelichtet ist, kann es später am PC extrem schwierig bis unmöglich sein, die Details wieder hervorzuholen. Passen Sie die Belichtung so an, dass das Paar korrekt belichtet ist, und ignorieren Sie den Rest.

✔ **Auf den Gesichtern der Gäste ist teilweise ein helles Licht zu sehen.** Das ist eine der Situationen, mit denen Sie beim Fotografieren im Freien leben müssen. Verwenden Sie die Belichtungskorrektur der Kamera, um das Bild ein wenig unterzubelichten. Die hellen Stellen verschwinden zwar nicht ganz, aber sie werden gemildert.

✔ **Der Pfarrer ist im Schatten und das Brautpaar steht in der Sonne.** Wenn Sie in diesem Dilemma stecken, belichten Sie immer auf das Kleid der Braut und ignorieren Sie alles andere. Später wird sie mit der Aufnahme glücklich sein, versprochen.

56 Hochzeiten (Dankeskarten)

Nachdem zwei glückliche Menschen ver-
mählt worden sind, müssen Sie als
Fotograf immer noch zwei Hürden nehmen:
die offiziellen Fotos für die Dankeskarten
und die Festlichkeiten am Abend. (Über die
Festlichkeiten reden wir im nächsten Kapitel.) Die Dankeskarten sind jene Fotos, die
nach der Hochzeit an alle Gäste, Freunde
und Verwandte gehen. Wie diese Karten auszusehen haben, unterliegt keinen Regeln. Sie
können das Paar im Park fotografieren, beim
Fest am Abend, zusammen mit den besten
Freunden oder mit den Trauzeugen. Das
Wichtigste an der ganzen Sache ist, dass die
Fotos den Vorstellungen der Brautleute entsprechen – und deshalb ist es unerlässlich,
dass Sie mit den beiden früh genug darüber
reden.

Bereiten Sie Ihre Kamera vor

Bei solchen Bildern stehen die Menschen im Mittelpunkt des Interesses. Sie werden außerdem ein wenig von der Umgebung mit aufs Bild nehmen, damit der Betrachter einen Bezug herstellen kann – trotzdem soll diese Umgebung nicht vom Brautpaar und den anderen Menschen auf dem Foto ablenken. Die Zeitautomatik eignet sich für diese Aufgabenstellung am besten. Eine mittlere Blendenöffnung von f/7,1 sorgt dafür, dass der Hintergrund unauffällig bleibt. Wenn Sie Braut und Bräutigam fotografieren, wechseln Sie zur größten empfohlenen Blendenöffnung (f/4,0), um die Tiefenschärfe zu reduzieren und die ganze Aufmerksamkeit auf das Brautpaar zu richten. Sie können verschiedene Brennweiten verwenden. Für Gruppenaufnahmen verwenden Sie idealerweise ein Weitwinkel, das nicht kürzer als 35 Millimeter ist – ansonsten kann es zu unschönen Verzerrungen kommen. Beim Brautpaar sollten Sie hingegen zu einem leichten Tele von etwa 85 Millimeter greifen, um das perfekte Porträt zu schießen. Der empfohlene ISO-Bereich umfasst sowohl helles Sonnenlicht (ISO 100) als auch das gedämpfte Licht in der Kirche (ISO 800). Sie können den Aufhellblitz verwenden, um die Schatten zu mildern. Ein Bildstabilisator ist definitiv ein Plus.

Schießen Sie Ihre Fotos

Wenn Sie das offizielle Hochzeitsfoto schießen, müssen Sie nicht nur Fotograf, sondern auch Regisseur sein. Die Leute stehen vor Ihnen und warten darauf, dass Sie die richtigen Anweisungen erteilen.

1. **Rufen Sie die Hochzeitsgesellschaft zusammen, sobald die eigentliche Zeremonie zu Ende ist.**

   Finden Sie den idealen Ort für die Gruppenaufnahme, bevor die Zeremonie beginnt! Wenn Sie die Aufnahmen in der Kirche machen, eignet sich der Ort um den Altar. Wenn die Kirche beeindruckende architektonische Details zeigt, versuchen Sie, diese einzubinden. Auch Blumenbeete eignen sich für hübsche Gruppenfotos.

2. **Schießen Sie die Bilder der ganzen Gruppe, inklusive den Gästen und Familienmitgliedern (siehe Abbildung 56.1).**

   Verwenden Sie für die Gruppenaufnahme wenn nötig die kürzeste empfohlene Brennweite. Blicken Sie durch den Sucher und überzeugen Sie sich, dass sich im Hintergrund keine störenden Elemente befinden. Ein Fahnenmast, der aus dem Kopf des Bräutigams zu wachsen scheint, ergibt kein gutes Bild. Wenn Sie ein störendes Element entdecken, bewegen Sie sich ein wenig, bis es außerhalb des sichtbaren Bereiches ist oder durch etwas Dekoratives verdeckt wird. Wenn Sie sich jedoch bereits vor der Zeremonie nach dem passenden Platz umgesehen haben, werden Sie mit diesem Problem gar nicht erst konfrontiert.

3. **Kontrollieren Sie das Bild auf dem Display der Kamera.**

   Überzeugen Sie sich, dass das Bild korrekt belichtet ist und dass alle ihr bestes Lächeln aufgesetzt haben.

4. **Machen Sie wenigstens ein halbes Dutzend Aufnahmen.**

   Aus dieser Menge können Sie anschließend am PC das beste Bild heraussuchen.

Abbildung 56.1: Das erste offizielle Foto zeigt die ganze Gesellschaft.

5. Schicken Sie die Gäste, die nicht in die nächsten Aufnahmen involviert sind, zum Sammelplatz.

Nun bleibt der harte Kern zurück: Braut und Bräutigam, die Trauzeugen, die Schwiegereltern und vielleicht noch die besten Freunde.

6. Machen Sie ein Foto der verbleibenden Personen.

Zoomen Sie heran, damit die Gruppe fast das ganze Bild füllt. Lassen Sie rundherum jedoch ein wenig Raum, damit Sie das Foto am PC auf das richtige Seitenverhältnis zuschneiden können. Das Standardseitenverhältnis beträgt in unseren Breitengraden 10:15 oder 13:18. Ohne diese Reserve sitzen Sie später am PC vor der undankbaren Aufgabe, dass Sie irgendjemandem den Kopf oder die Füße abschneiden müssen.

7. Kontrollieren Sie das Bild auf dem Display und schießen Sie ein weiteres halbes Dutzend Fotos.

Bevor Sie die Gruppe entlassen, fragen Sie das Hochzeitspaar, ob noch weitere, andere Fotos gewünscht sind.

8. Fotografieren Sie das Brautpaar zusammen mit dem Pfarrer.

9. Schicken Sie alle Personen mit Ausnahme des Brautpaars zum Sammelplatz.

10. Machen Sie die Fotos, auf dem nur die Braut und der Bräutigam zu sehen sind.

Investieren Sie genug Zeit in diese Aufnahmen. Dieser Tag gilt für viele Menschen als der wichtigste in ihrem Leben, und sie wollen ihn entsprechend dokumentiert haben. Schießen Sie nicht einfach einige hastige Fotos und eilen Sie zum Sammelplatz, nur um die anderen Gäste nicht warten zu lassen. Nehmen Sie sich auf jeden Fall genug Zeit und lassen Sie Ihre Kreativität spielen. Versuchen Sie verschiedene Orte und Posen, bis Sie ein emotionales, gelungenes Foto eingefangen haben.

Nehmen Sie ein klassisches Foto auf, bei denen nur die Hände und die Ringe des Brautpaars zu sehen sind, so wie in Abbildung 56.2 gezeigt. Wechseln Sie zu einer großen Blendenöffnung von ungefähr f/4,0, so dass sich die Hände gerade noch innerhalb der Tiefenschärfe befinden. Wenn Sie ein Makro-Objektiv dabei haben, verwenden Sie dieses, um wirklich ins Detail zu gehen.

Abbildung 56.2: Zoomen Sie auf die Hände der Brautleute.

Praktische Hilfe

✔ **Die Gesichter der Leute sind im Schatten.** Das passiert dann, wenn die Gruppe die Sonne im Rücken hat. Ändern Sie die Position so, dass das Licht von vorne auf die Gruppe scheint – doch vermeiden Sie es, dass die Leute direkt in die Sonne blicken müssen. Für kleinere Gruppen können Sie das Blitzgerät verwenden, um die Schatten aufzuhellen. Alternativ können Sie auch die Belichtung nach oben korrigieren, doch das führt in vielen Fällen zur Überbelichtung an anderen Stellen.

✔ **Einige Leute in der Gruppe lächeln nicht.** Auch aus diesem Grund nehmen Sie mehrere Fotos auf. Wenn Ihnen jemand auffällt, der nicht lächelt, nennen Sie die Person beim Namen und fordern Sie sie auf, sich ein wenig amüsierter zu geben. Wenn Sie eine witzige Ader haben und es sich zutrauen, erzählen Sie der Gesellschaft einen Witz und fotografieren Sie unmittelbar nach der Pointe. Auf jeden Fall ist es ungemein hilfreich, wenn Sie jede Person beim Namen kennen. Auf diese Weise können Sie Onkel Markus höchstpersönlich zu einem Lächeln auffordern, was in den meisten Fällen die Wirkung nicht verfehlt.

✔ **Das Bild wirkt so statisch.** Peppen Sie die Bilder ein wenig auf, indem Sie jede Gruppe ein wenig anders fotografieren. Wenn Sie zum Beispiel die Trauzeugen fotografieren, setzen Sie diese auf die Treppe und lassen Sie sie zum Brautpaar aufblicken, oder Sie verwenden Accessoires wie den prächtig geschmückten Hochzeitswagen. Werden Sie kreativ und haben Sie Spaß. Es sind zwar die offiziellen Fotos, doch das bedeutet nicht, dass bei der Aufnahme alle stocksteif herumstehen müssen.

✔ **Ich bringe nicht alle Leute auf das Foto.** Jetzt müssen Sie kreativ werden. Wenn Sie vor einer größeren Treppe stehen, stellen Sie die Leute hintereinander so auf, dass sich eine gefällige Anordnung ergibt. Für manche Situationen benötigen Sie eine kleine Blendenöffnung (also eine große Blendenzahl), um die Tiefenschärfe so weit auszudehnen, dass alle im Fokus sind.

57 _Hochzeitsfeiern_

Kamera-Einstellungen

- ▶ **Belichtungsmessung:** Mitten-betont
- ▶ **Aufnahme-Betriebsart:** Einzelbild
- ▶ **Belichtungssteuerung:** Zeitautomatik (A)
- ▶ **Blendenöffnung:** f/4,0
- ▶ **ISO-Empfindlichkeit:** 1000 oder höher
- ▶ **Autofokus:** Einzelautofokus
- ▶ **Autofokus-Messpunkt:** Einzelner Mess-punkt
- ▶ **Brennweite:** 35 bis 70 mm (bezogen auf das Kleinbild-Format)
- ▶ **Bildstabilisator:** Eingeschaltet

Eine Hochzeit zu fotografieren, kann sehr ermüdend sein. Selbst wenn Sie für Ihre Arbeit nicht bezahlt werden, so liegt es doch in Ihrer Verantwortung, das Brautpaar und die Familie mit umwerfend-genialen Bildern zu beliefern. Glücklicherweise ist es mit der digitalen Fotografie sehr viel einfacher geworden zu kontrollieren, ob ein Foto etwas taugt. Wenn die Zeremonie und die offiziellen Aufnahmen im Kasten sind, können Sie ein wenig entspannen und die Stimmung genießen. Trotzdem ist Ihre Arbeit noch längst nicht getan; während sich die anderen den Festlichkeiten hingeben, müssen Sie stets wachsam bleiben und den restlichen Abend dokumentieren.

Die meisten Feste finden am Abend in einem Raum statt, so dass Sie nicht nur ein Blitzgerät benötigen, sondern auch die Empfindlichkeit stark heraufsetzen müssen. Sie können außerdem einen der Diffusoren ausprobieren, die ich im nächsten Kapitel vorstelle. Einige Bilder werden ein wenig rauschen, aber das spielt bei dieser Art der Dokumentation keine große Rolle.

Bereiten Sie Ihre Kamera vor

Es macht Spaß, möglichst unauffällig zu bleiben, während die Gesellschaft ihrem Treiben nachgeht. Sie fotografieren Menschen in Bewegung, doch Sie fotografieren auch unter bescheidenen Lichtverhältnissen. Deshalb schießen Sie die Bilder mit Zeitautomatik und geben dabei eine große Blendenöffnung vor. Diese führt zu einer geringen Schärfentiefe, so dass Sie beim Fokussieren besonders sorgfältig vorgehen müssen. Die große Blendenöffnung – kombiniert mit dem Blitzgerät – rüstet Sie jedoch bestens für die Aufgaben, die vor Ihnen liegen. Die empfohlene Brennweite lässt Ihnen die Wahl zwischen Nahaufnahmen und Gruppenporträts. Doch je länger die Brennweite ist, umso größer wird die Gefahr verwackelter Bilder. Benutzen Sie deshalb unbedingt den Bildstabilisator, falls die Kamera oder das Objektiv mit dieser Einrichtung ausgerüstet sind.

Schießen Sie Ihre Fotos

Wenn Sie eine Hochzeitsfeier dokumentieren, arbeiten Sie wie ein Reporter. Sie fotografieren sowohl das Brautpaar bei klassischen Aktionen (wie zum Beispiel dem Anschneiden der Torte) als auch die Gäste, die einfach ihren Spaß haben.

1. **Nehmen Sie an der Kamera die Einstellungen vor, die am Anfang dieses Kapitels beschrieben sind.**

2. **Warten Sie bei der Tür auf die Frischvermählten.**

   Erkundigen Sie sich, wann das Brautpaar eintrifft und seien Sie als Erster vor Ort. Fragen Sie ein anderes Paar, ob es durch die Tür gehen könnte, damit Sie sich auf die folgende Situation einstellen können. Vergessen Sie nicht, auch die anderen Gäste zu fotografieren.

3. **Machen Sie ein Bild, wie das Hochzeitspaar den Raum betritt.**

   Wenn Sie sich den Tipp unter Punkt 2 zu Herzen genommen haben, gelingt Ihnen der Schuss. Machen Sie schnell noch ein zweites Foto, und Sie sind auf der sicheren Seite.

4. **Fotografieren Sie den formalen Teil des Festes.**

   Den Brautleuten gehört der erste Tanz des Abends. Der Bräutigam tanzt außerdem mit seiner Mutter, und die Braut schwingt mit ihrem Vater das Tanzbein. Mit Sicherheit wird auch die eine oder andere Träne vergossen (siehe Abbildung 57.1), so dass Sie mit dem Fotografieren nicht aufhören sollten, bis die wichtigen Tänze zu Ende sind.

5. **Nachdem der Kuchen angeschnitten worden ist, fotografieren Sie die anderen Gäste, wie sie die Party genießen.**

   Bleiben Sie unauffällig, aber wachsam; so werden Ihnen einige tolle Fotos gelingen, die das Brautpaar zusammen mit Freunden und den Liebsten zeigt.

Abbildung 57.1: Fangen Sie die emotionalen Momente der Hochzeitsfeier ein.

 Schießen Sie eine ganze Reihe von Bildern, wenn das Brautpaar die Torte anschneidet. Später werden diese Bilder eine Geschichte erzählen (siehe Abbildung 57.2).

Abbildung 57.2: Fotografieren Sie, wie das Brautpaar den Kuchen anschneidet.

Praktische Hilfe

✔ **Die Kamera fokussiert nicht.** Diese Gefahr besteht, wenn Sie bei schlechten Lichtverhält-nissen fotografieren. Finden Sie eine kontrastreiche Kante an der Person, die Sie gerade fotografieren. Das kann ein markantes Element auf der Bluse sein, das Brillengestell oder etwas anderes in der Art. In extremen Situationen müssen Sie zur manuellen Fokussie-rung wechseln. Wenn Sie das Problem bemerken, bevor das Fest beginnt, bitten Sie den Trauzeugen, bei den wichtigen Szenen die Beleuchtung ein wenig zu verstärken.

✔ **Auf dem Foto sind die meisten Personen verschwommen.** Diese Situation kann auftre-ten, wenn Sie bei schlechten Lichtverhältnissen mit Zeitautomatik fotografieren. Die Kamera verwendet eine lange Verschlusszeit, doch der Blitz friert die Bewegungen ein. Die Personen bewegen sich nach dem Auslösen des Blitzes immer noch, was zu diesen Geisterbildern führt. Dabei bewegen sich die schemenhaften Gestalten vom scharfen Teil des Bildes weg, was seltsam aussieht. Wechseln Sie den Blitzmodus, so dass die Kamera auf den zweiten Vorhang belichtet. (Wie das gemacht wird, steht im Handbuch zu Ihrer Kamera.) Auf diese Weise befindet sich das Geisterbild hinter dem scharfen Teil des Bildes.

Purestock

58 *Gegenlicht-Porträts*

Kamera-Einstellungen

▶ **Belichtungsmessung:** Mittenbetont

▶ **Aufnahme-Betriebsart:** Einzelbild

▶ **Belichtungssteuerung:** Zeitautomatik (A)

▶ **Blendenöffnung:** f/4,0 bis f/7,1

▶ **ISO-Empfindlichkeit:** 100

▶ **Autofokus:** Einzelautofokus

▶ **Autofokus-Messpunkt:** Einzelner Messpunkt

▶ **Brennweite:** 50 bis 85 mm (bezogen auf das
Kleinbild-Format)

▶ **Bildstabilisator:** Eingeschaltet

Wenn sich hinter dem Motiv eine Lichtquelle befindet, dann kann das den
Belichtungsmesser der Kamera durcheinander bringen. Die Kamera geht davon aus,
dass sehr viel Licht vorhanden ist und belichtet entsprechend knapp. Das wiederum führt
jedoch zu einer Unterbelichtung. Um diese
Situation zu meistern, benötigen Sie zusätzliches Licht. Dazu können Sie den eingebauten Blitz der Kamera verwenden, doch diese
kleinen Lichtquellen sind berüchtigt dafür,
dass sie ein harsches, wenig schmeichelhaftes Licht abgeben. Sie erreichen wesentlich
bessere Resultate, wenn Sie einen Aufsteck-
Blitz verwenden und das Licht zusätzlich mit
einem Diffusor streuen. Auf diese Weise können Sie die Schatten aufhellen und erzielen
dabei einen natürlichen Eindruck.

Bereiten Sie Ihre Kamera vor

Für Porträts eignet sich die Zeitautomatik am besten. Verwenden Sie für Schulterporträts eine große Blendenöffnung, um die Tiefenschärfe zu reduzieren und die Person deutlich vom Hintergrund abzuheben. Wenn Sie hingegen die Person in der ganzen Größe ablichten, verwenden Sie eine etwas kleinere Blendenöffnung, damit auch das Umfeld noch halbwegs scharf zu erkennen ist. Der ISO-Wert eignet sich ideal für ein rauschfreies Bild. Er führt zwar bei schwachem Licht zu relativ langen Verschlusszeiten, doch der Blitz wird die Bewegungen einfrieren. Der einzelne Autofokus-Punkt ermöglicht es Ihnen, die Schärfe genau auf die richtige Stelle zu legen. Der Brennweitenbereich variiert zwischen einem Ganzkörperporträt (50 Millimeter) und einem Schulterporträt (85 Millimeter). Der Bildstabilisator kann dabei helfen, dem Bild ein wenig Extraschärfe zu verleihen.

Schießen Sie Ihre Fotos

Abgesehen vom Aufhellblitz gibt es bei Gegenlichtporträts keine Unterschiede zu regulären Porträts: Sie suchen nach einer passenden Umgebung, lassen das Modell posieren und schießen einige gelungene Fotos. Nur der Blitz macht den Unterschied.

1. **Nehmen Sie an der Kamera die Einstellungen vor, die am Anfang dieses Kapitels beschrieben sind.**

   Wenn der Blitz nicht von allein ausgefahren wird, schalten Sie ihn manuell hinzu.

2. **Platzieren Sie den Diffusor über dem Blitz.**

   Ein Blitzdiffusor streut das Licht und macht die Lichtquelle auf diese Weise größer, als sie eigentlich ist. Blitzdiffusoren sind relativ preiswert im Fachhandel erhältlich (siehe Abbildung 58.1). Allerdings muss dabei beachtet werden, dass die Blitzleistung durch den Diffusor ein wenig reduziert wird. Bei Porträts kann dieser Aspekt jedoch meistens vernachlässigt werden.

Abbildung 58.1: Platzieren Sie einen Diffusor über dem eingebauten Blitz.

3. Finden Sie den idealen Blickwinkel.

Begeben Sie sich mit dem Modell auf Augenhöhe. Wenn Sie näher an das Modell herangehen, wird auch die Lichtquelle größer; wenn Sie außerdem den Diffusor anbringen, wird das Licht angenehm weich gestreut. Verwenden Sie kein Weitwinkel, weil die kurze Brennweite zu unschönen Verzerrungen bei den Gesichtszügen führen kann.

4. Drücken Sie den Auslöser halb herunter, um zu fokussieren, und komponieren Sie das Bild.

Positionieren Sie das Modell nicht genau in der Mitte des Bildes, weil das – ehrlich gesagt – nur zu langweiligen Aufnahmen führen kann. Gestalten Sie das Bild interessanter, indem Sie dem Modell etwas geben, um die Hände zu beschäftigen.

5. Drücken Sie den Auslöser ganz herunter, um das Foto zu schießen.

Prüfen Sie nach jeder Aufnahme das Resultat auf dem Display der Kamera. Sie werden mehrere Fotos machen müssen, bis Ihnen eines davon wirklich gefällt. Besonders Personen, die es nicht gewohnt sind, dass sie fotografiert werden, benötigen eine gewisse Zeit, um zu entspannen.

 Wenn Ihre Kamera mit einem Blitzschuh ausgestattet ist, sollten Sie die Anschaffung eines externen Blitzgerätes ins Auge fassen. Auch für diese werden Diffusoren angeboten, so wie in Abbildung 58.2 gezeigt. Kaufen Sie sich einen Blitz, der vom selben Hersteller stammt wie Ihre Kamera, oder einen, der ausdrücklich mit Ihrer Kamera kompatibel ist. Auf diese Weise gelingen Ihnen auf Anhieb perfekt belichtete Fotos, da die Kamera und das Blitzgerät dieselbe Sprache sprechen.

Abbildung 58.2: Kaufen Sie sich einen stärkeren, externen Blitz.

Praktische Hilfe

✔ **Das Modell ist scharf, doch es ist von einem unscharfen Schleier umgeben.** Die Kombination von einem tiefen ISO-Wert mit einer geschlossenen Blende führt zu einer langen Verschlusszeit. Der Blitz friert zwar das Modell ein, aber der Verschluss bleibt noch ein wenig länger offen, wodurch das Geisterbild entsteht. Sie können entweder mit dem Resultat leben und den Schleier als Spezialeffekt betrachten, oder Sie können den ISO-Wert heraufsetzen, bis die Verschlusszeit wenigstens eine 1/50 Sekunde beträgt.

✔ **Das Bild wirkt zu hell.** Die verschiedenen Lichtquellen täuschen den Belichtungsmesser. Wenn Sie die Blitzleistung manuell steuern können, reduzieren Sie die Intensität um ungefähr eine 1/3 Blendenstufe. Wenn die Kamera diese Funktion nicht bietet, verwenden Sie stattdessen die reguläre Belichtungskorrektur.

59 Selbstporträts

Kamera-Einstellungen

▶ **Belichtungsmessung:** Mitten-betont

▶ **Aufnahme-Betriebsart:** Selbst-auslöser

▶ **Belichtungssteuerung:** Zeitautomatik (A)

▶ **Blendenöffnung:** f/5,6

▶ **ISO-Empfindlichkeit:** 100 bis 400

▶ **Autofokus:** Einzelautofokus

▶ **Autofokus-Messpunkt:** Einzelner Mess-punkt

▶ **Brennweite:** 80 bis 100 mm (bezogen auf das Kleinbild-Format)

▶ **Bildstabilisator:** Ausgeschaltet

*V*iele Fotografen mögen es nicht, wenn sie fotografiert werden. Ich selbst zucke jedes Mal zusammen, wenn jemand seine Kamera auf mich richtet. Doch von Zeit zu Zeit braucht jeder Fotograf ein Bild von sich. Statt jemanden darum zu bitten, ein Foto zu schießen, können Sie auch ein Selbstporträt anfertigen. Diese Technik ist besonders prak-tisch, wenn Sie ein Bild auf die Schnelle brauchen. Zu Selbstporträts gibt es einige Tipps, die ich Ihnen in diesem Kapitel näher-bringen möchte.

Bereiten Sie Ihre Kamera vor

Ein Selbstporträt anzufertigen ist keine Wis-senschaft. Sie benötigen allerdings ein Stativ oder einen festen Untergrund, auf dem Sie die Kamera abstellen können. Außerdem sollten Sie sich nicht darauf verlassen, dass die Kamera genau auf Sie fokussiert – deshalb verwenden Sie für diese Aufnahmen die manuelle Fokussierung. Und zu guter Letzt benötigen Sie ein wenig Vorlaufzeit, damit Sie den Auslöser betätigen und sich in Pose werfen können, bevor die Kamera den Verschluss öffnet.

In der Porträtfotografie steht die Person im Mittelpunkt, so dass Sie mit Zeitautomatik fotografieren und eine große Blendenöffnung vorgeben. Dadurch entsteht eine geringe Tiefenschärfe, und die Aufmerksamkeit des Betrachters liegt ganz auf der Person. Der empfohlene ISO-Bereich eignet sich sowohl für helles Sonnenlicht als auch für einen leicht bewölkten Himmel. Da Sie die Kamera auf einem Stativ montieren, benötigen Sie keinen ISO-Wert über 400. Die Brennweite eignet sich ideal für die Porträtfotografie. Der Bildstabilisator sollte immer ausgeschaltet sein, wenn die Kamera auf einem Stativ steht.

Schießen Sie Ihre Fotos

Wenn Sie ein Selbstporträt anfertigen möchten, packen Sie die Ausrüstung zusammen und finden Sie einen akzeptablen Hintergrund. Bringen Sie außerdem ein wenig Geduld mit, denn Sie werden mehrere Anläufe brauchen, bis Sie mit einem Bild zufrieden sind.

1. **Finden Sie einen passenden Hintergrund für Ihr Bild.**

   Wenn Sie in einem Raum fotografieren, wählen Sie eine einfarbige Mauer als Hintergrund. Wenn Sie hingegen im Freien fotografieren, halten Sie Ausschau nach einem Hintergrund, der den Betrachter nicht ablenkt. Diesmal sind Sie der Star der Show!

2. **Finden Sie einen geeigneten Platz für die Kamera.**

   In den meisten Fällen werden Sie ein wenig experimentieren müssen. Zoomen Sie zu jener Brennweite, die Ihnen für das Porträt angemessen scheint – und zoomen Sie anschließend ein wenig heraus. Dabei lässt es sich nicht verhindern, dass Sie ein wenig schätzen müssen, denn schließlich stehen Sie noch nicht im Bild. Es kann helfen, wenn Sie einen Stuhl an die Position stellen, an der Sie sich anschließend befinden. Für das erste Bild in diesem Kapitel platzierte ich meine zweite Kamera auf einem anderen Stativ, damit ich den Ausschnitt einigermaßen abschätzen konnte. (Ja, meine Ausrüstung ist umfassend.)

3. **Nehmen Sie an der Kamera die Einstellungen vor, die am Anfang dieses Kapitels beschrieben sind. Montieren Sie die Kamera auf dem Stativ und stellen Sie die korrekte Höhe ein.**

   Auch hier müssen Sie Ihre Vorstellungskraft bemühen und Ihre spätere Position erraten. Wie ich bereits erwähnt habe, sollten Sie dazu einen Stuhl oder ein Stativ als Hilfe verwenden.

4. **Schalten Sie auf manuelle Fokussierung um und stellen Sie auf jenen Punkt scharf, an dem Sie sich später befinden werden.**

   Fokussieren Sie exakt auf Ihren Hilfspunkt und verlegen Sie anschließend die Schärfe um etwa 15 Zentimeter in Richtung der Kamera. Die empfohlene Blendenöffnung liefert ein wenig Reserve.

5. **Drücken Sie den Auslöser ganz herunter, um den Selbstauslöser zu starten. Begeben Sie sich in die gewünschte Pose.**

6. **Lächeln Sie für die Kamera (wenn Sie möchten) und halten Sie still.**

Ein rotes, blinkendes Licht auf der Vorderseite der Kamera zeigt Ihnen an, dass der Selbstauslöser läuft. Bei den meisten Kameras blinkt das Licht in den letzten beiden Sekunden schneller.

7. **Wenn das Bild im Kasten ist, kontrollieren Sie es auf dem Display der Kamera.**

Mit großer Wahrscheinlichkeit werden Sie die Brennweite, den Fokus oder die Position ändern und die Aufnahmen noch einmal machen. Dieses Spiel wiederholt sich, bis Sie zufrieden sind.

Abbildung 59.1: Auch das ist ein Selbstporträt … irgendwie.

Bei Nacht können Sie surreal wirkende Selbstporträts aufnehmen. Wechseln Sie zu einer kleinen Blendenöffnung (also zu einer großen Blendenzahl) und zu einer Empfindlichkeit von ISO 100. Diese Einstellungen führen zu einer großen Tiefenschärfe und einer langen Belichtungszeit. Drücken Sie den Auslöser und treten Sie vor die Kamera. Bewegen Sie eine Taschenlampe vor und zurück und erzeugen Sie so ein Muster. Verlassen Sie den gewählten Bildausschnitt, bevor sich der Verschluss schließt. Das Resultat ist ein surreales Selbstporträt mit einem interessanten Lichtmuster, so wie in Abbildung 59.1 gezeigt.

Praktische Hilfe

✔ **Das Bild ist unscharf.** Das passiert, wenn Sie sich nicht im Fokus befinden. Wenn auf dem Bild noch andere Elemente zu sehen sind, können Sie anhand derer vielleicht erkennen, auf welchem Punkt die Schärfe liegt – und die Fokussierung entsprechend korrigieren. Wenn nicht, positionieren Sie einen Platzhalter genau an der Stelle, an der sich wahrscheinlich Ihre Augen befinden werden, und fokussieren Sie erneut.

✔ **Das Bild ist ein wenig schief.** Die Kamera ist nicht genau waagerecht auf dem Stativ montiert worden. Verwenden Sie die Wasserwaage in Ihrem Stativ, um die Kamera auszurichten. Als Alternative können Sie im Fachhandel eine preiswerte Wasserwaage kaufen, die auf dem Blitzschuh der Kamera montiert wird. Wenn Sie genau hinschauen, erkennen Sie eine solche Wasserwaage auf dem Bild am Anfang dieses Kapitels.

Purestock

60 *Strandporträts*

Kamera-Einstellungen

▶ **Belichtungsmessung:** Mittenbetont

▶ **Aufnahme-Betriebsart:** Einzelbild

▶ **Belichtungssteuerung:** Zeitautomatik (A)

▶ **Blendenöffnung:** f/5,6 bis f/7,1

▶ **ISO-Empfindlichkeit:** 100 bis 400

▶ **Autofokus:** Einzelautofokus

▶ **Autofokus-Messpunkt:** Einzelner Messpunkt

▶ **Brennweite:** 50 bis 85 mm (bezogen auf das Kleinbild-Format)

▶ **Bildstabilisator:** Eingeschaltet

Ein Strand am Meer oder an einem See liefert die ideale Kulisse, um sehr persönliche Porträts von Freunden oder Familienmitgliedern aufzunehmen. Der Sand bietet einen fotogenen Hintergrund, auf dem Sie Ihre ebenfalls fotogenen Freunde und Familienmitglieder ablichten können. Sie benötigen lediglich gutes Licht (am frühen Morgen oder am späten Nachmittag), einige Modelle und die Einstellungen in diesem Kapitel.

Bereiten Sie Ihre Kamera vor

Wenn Sie Porträts am Strand schießen, dann stehen die Personen natürlich im Mittelpunkt – doch gleichzeitig möchten Sie dem Betrachter eine Vorstellung davon vermitteln, wo das Bild gemacht wurde. Deshalb fotografieren Sie mit Zeitautomatik und wählen eine ziemlich große Blendenöffnung vor, weil diese Kombination den Vordergrund und den Hintergrund ein wenig verschwimmen lässt, während die Personen absolut scharf abgebildet werden. Der empfohlene ISO-Bereich deckt sowohl sonnige Tage ab als auch einen bewölkten Himmel. Die empfohlene Brennweite eignet sich perfekt für Porträts. Verwenden Sie eine Brennweite von etwa 50 Millimeter, wenn Sie eine Gruppe von vier Personen oder mehr fotografieren; wechseln Sie zu einem leichten Tele von 85 Millimeter, um ein Pärchen oder eine einzelne Person abzulichten. Der Bildstabilisator ist nützlich.

Schießen Sie Ihre Fotos

Sonne, Sand und Wasser ergeben eine wundervolle Kombination. Doch wenn Sie Personen porträtieren möchten, achten Sie darauf, dass diese Freizeitkleidung tragen. Heben Sie sich die Badehose für Action-Fotos und Schnappschüsse auf.

1. **Finden Sie einen geeigneten Platz am Strand.**

   Halten Sie Ausschau nach einer Stelle, die zwar Strandstimmung vermittelt, aber die frei von Details ist, die die Aufmerksamkeit des Betrachters ablenken könnten.

2. **Arrangieren Sie die Gruppe (oder die Person).**

   Wenn Sie eine Gruppe fotografieren, platzieren Sie die größten Personen im Hintergrund. Da Sie sich am Strand befinden und auch etwas von der hübschen Umgebung auf dem Bild haben möchten, bitten Sie die Personen im Hintergrund, auf die Knie zu gehen und die Leute im Vordergrund, sich zu setzen.

3. **Drücken Sie den Auslöser halb herunter, um zu fokussieren.**

4. **Komponieren Sie das Bild.**

    Wenn Sie die Gruppe bei Sonnenuntergang fotografieren, positionieren Sie die Modelle so, dass die Sonne auf die Gesichter scheint (siehe Abbildung 60.1). Damit verhindern Sie, dass die Personen nur noch als Umrisse wahrzunehmen sind. Diese Positionierung sorgt für eine gleichmäßige, warme Beleuchtung, aber sie kann auch zu Problemen führen, wenn die Modelle blinzeln müssen. Fordern Sie diese auf, ihre Augen zu schließen und wieder zu öffnen, nachdem Sie bis drei gezählt haben. Drücken Sie den Auslöser, sobald alle ihre Augen geöffnet haben.

5. **Drücken Sie den Auslöser ganz herunter, um Ihr Bild zu schießen.**

   Überprüfen Sie das Bild auf dem Display der Kamera. Achten Sie darauf, dass alle lächeln und niemand blinzelt.

    Schaffen Sie ein Porträt, bei dem die Sonne hinter den Modellen scheint. Platzieren Sie einen Diffusor auf dem Blitzgerät, um ein Gegenlicht zu erzeugen (siehe Abbildung 60.2). Wenn Sie die Intensität des Blitzes an der Kamera steuern können, experimentieren Sie mit verschiedenen Korrekturwerten, bis Sie die ideale Lichtstimmung gefunden haben.

Abbildung 60.1: Fotografieren Sie mehrere Personen, während die späte Nachmittagssonne auf ihre Gesichter scheint.

Abbildung 60.2: Verwenden Sie den Blitz für gelungene Strandporträts.

Praktische Hilfe

✔ **Die Gesichter sind auf dem Foto zu hell.** Wenn die Personen auf dem Bauch liegen, kann der Sand das Licht so stark reflektieren, dass die Gesichter überbelichtet werden. Verwenden Sie die Belichtungskorrektur an der Kamera.

✔ **Die Gesichter der Personen wirken rötlich.** Dieser Effekt tritt häufig auf, wenn Sie am späten Nachmittag fotografieren. Viele Fotografen mögen diesen warmen Look. Wenn er Ihnen jedoch nicht gefällt, können Sie den Weißabgleich auf »Bewölkt« ändern. Sie können die Lichtstimmung später auch am PC ändern, indem Sie zum Beispiel Adobe Photoshop Elements verwenden.

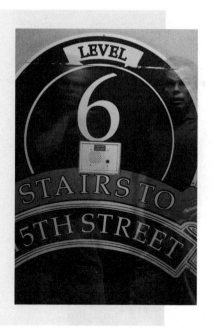

61 *Doppelbelichtungen*

Kamera-Einstellungen

▶ **Belichtungsmessung:** Mitten-betont

▶ **Aufnahme-Betriebsart:** Einzelbild

▶ **Belichtungssteuerung:** Zeitautomatik (A)

▶ **Blendenöffnung:** f/22

▶ **ISO-Empfindlichkeit:** 100

▶ **Autofokus:** Einzelautofokus

▶ **Autofokus-Messpunkt:** Einzelner Messpunkt

▶ **Brennweite:** 28 bis 50 mm (bezogen auf das Kleinbild-Format)

▶ **Bildstabilisator:** Ausgeschaltet

Wollten Sie schon einmal mit sich selbst auf dem gleichen Bild posieren? Das ist kein Problem – wenn das Bild zweimal belichtet wird. Allerdings gibt es weniger als eine Handvoll Digitalkameras, die diese Funktion unterstützen. Dieses Kapitel zeigt Ihnen, wie Sie den Effekt zur Doppelbelichtung mit jeder Digitalkamera imitieren können. Dazu sind zwar einige wenige Accessoires nötig, doch die Aufnahmen machen eine Menge Spaß und verhelfen Ihnen zu originellen Bildern. Die Technik funktioniert am besten bei Nacht oder bei sehr schwachen Lichtverhältnissen – also dann, wenn der Verschluss lange offen bleiben muss, um eine Aufnahme korrekt zu belichten. Wenn Sie eine Pseudo-Doppelbelichtung erzeugen möchten, suchen Sie sich einen geeigneten Hintergrund und verwenden Sie die Einstellungen und Techniken in diesem Kapitel.

Bereiten Sie Ihre Kamera vor

Diese Technik erzeugt nicht wirklich eine Doppelbelichtung. Stattdessen generieren Sie auf demselben Bild zwei oder sogar noch mehr Geisterbilder von sich. Der Verschluss muss dazu für 20 Sekunden oder noch länger offen bleiben. Deshalb verwenden Sie einen tiefen ISO-Wert und eine kleine Blendenöffnung; sie erzeugt eine sehr große Tiefenschärfe, durch die Sie sich frei bewegen können, ohne dass Sie aus dem Fokus rutschen. Das Weitwinkel vergrößert die Tiefenschärfe zusätzlich. Sie müssen die Kamera auf einem Stativ montieren, damit die Schärfe trotz der langen Belichtungszeit garantiert bleibt – das ist auch der Grund, warum Sie den Bildstabilisator ausschalten sollten.

Schießen Sie Ihre Fotos

Eine Pseudo-Doppelbelichtung auf einem einzigen Bild benötigt ein wenig Planung, denn Sie müssen das Bild komponieren, bevor Sie die Kamera überhaupt anfassen. Das bedeutet auch, dass Sie sich über Ihre Position im Bild im Klaren sein müssen. Wenn Sie durch den Sucher der Kamera blicken, sehen Sie den Bereich, in dem Sie sich bewegen können.

1. **Montieren Sie die Kamera auf dem Stativ.**

   Wenn Sie kein Stativ besitzen, stellen Sie die Kamera auf einen Tisch oder auf eine andere flache, stabile Oberfläche. Wenn das Stativ mit einem beweglichen Kopf ausgestattet ist, achten Sie darauf, dass die Kamera waagrecht ausgerichtet ist. Sie können sich für wenig Geld eine Wasserwaage kaufen, die am Blitzschuh der Kamera befestigt wird.

2. **Aktivieren Sie den Selbstauslöser.**

   Die meisten Kameras bieten eine Vorlaufzeit von zehn Sekunden; das gibt Ihnen genug Zeit, um ins Bild zu treten.

3. **Komponieren Sie das Bild und drücken Sie den Auslöser halb herunter, um zu fokussieren.**

   Fokussieren Sie auf eine Stelle in der Mitte der Szene. Die kleine Blendenöffnung erzeugt eine große Tiefenschärfe, so dass Sie innerhalb der Szene überall im Fokus sind.

4. **Drücken Sie den Auslöser ganz herunter.**

   Der Selbstauslöser startet. Bei den meisten Kameras blinkt ein Licht an der Vorderseite. Kurz vor Schluss blinkt das Licht schneller, um die unmittelbare Auslösung anzukündigen.

5. **Betreten Sie die Szene und nehmen Sie die gewünschte Position ein.**

6. **Wenn der Verschluss auslöst, bleiben Sie absolut ruhig stehen und zählen langsam bis 10.**

7. **Bewegen Sie sich schnell an die anderer Stelle, nehmen Sie die Pose ein und halten Sie still, bis sich der Verschluss schließt.**

Versuchen Sie diese Technik am besten bei Nacht. Mit einer kleinen Blendenöffnung von f/22 wird der Verschluss für ungefähr 30 Sekunden offen bleiben (siehe Abbildung 61.1).

Abbildung 61.1: Erzeugen Sie eine Pseudo-Doppelbelichtung bei Nacht.

Wiederholen Sie das Experiment mit einem Freund im selben Bild. Verwenden Sie eine Brennweite von etwa 28 Millimeter, um einen möglichst großen Bereich zu erfassen. Wenn der Selbstauslöser läuft, betreten Sie gemeinsam die Szene und nehmen die erste Pose ein. Nach zehn Sekunden bewegen Sie sich an eine andere Stelle und versuchen eine andere Pose.

Praktische Hilfe

✔ **Der Verschluss bleibt nicht lange genug offen.** Es ist zu hell für eine lange Belichtungszeit. Sie können sich eine dunkle Stelle suchen oder warten, bis es noch dunkler wird. Mit einem neutralen Graufilter können Sie die Lichtmenge weiter reduzieren und damit die Verschlusszeit verlängern.

✔ **Die Personen im Bild sind kaum zu erkennen.** Bei dieser Technik entstehen zwangsläufig Geisterbilder. Wenn jedoch die Person kaum zu erkennen ist, wechseln Sie zu einer Stelle mit einem dunklen Hintergrund. Achten Sie darauf, dass die Kleidung einen Kontrast zum Hintergrund bildet.

✔ **Die Personen im Bild sind zu klein.** Wenn Sie jemand anderes fotografieren, sagen Sie Ihrem Modell, wo es stehen soll.

62 Porträts bei Kerzenlicht

Kamera-Einstellungen

▶ **Belichtungsmessung:** Mittenbetont

▶ **Aufnahme-Betriebsart:** Einzelbild

▶ **Belichtungssteuerung:** Zeitautomatik (A)

▶ **Blendenöffnung:** f/4,0 oder größer (kleinere Blendenzahl)

▶ **ISO-Empfindlichkeit:** 100

▶ **Autofokus:** Einzelautofokus

▶ **Autofokus-Messpunkt:** Einzelner Messpunkt

▶ **Brennweite:** 70 bis 85 mm (bezogen auf das Kleinbild-Format)

▶ **Bildstabilisator:** Ausgeschaltet

Das Licht einer Kerze leuchtet warm und schmeichelt dem Modell mit seinem goldenen Glanz. Kerzen erzeugen eine romantische Stimmung und eignen sich deshalb perfekt als romantische Lichtquelle für ebenso romantische Porträts. Diese Art der Fotografie verlangt nach einer langen Verschlusszeit; deshalb müssen Sie die Kamera auf einem Stativ montieren. Ihr Modell muss außerdem während der Belichtung absolut still sitzen.

Bereiten Sie Ihre Kamera vor

Ein Porträt bei Kerzenlicht verströmt seinen eigenen Charme. Sie kontrollieren die Tiefenschärfe, damit die Personen scharf abgebildet werden, der Hintergrund und die Kerzen jedoch nicht. Deshalb verwenden Sie die Zeitautomatik und wählen eine relativ große Blendenöffnung von f/4,0 oder sogar noch größer (also eine kleinere Blendenzahl). Der empfohlene ISO-Wert sorgt für rauschfreie Bilder. Sie könnten das Bild auch aus der Hand schießen und dazu einen höheren ISO-Wert verwenden, doch dann würde das Rauschen im Bild deutlich ansteigen. Die empfohlene Brennweite eignet sich perfekt für Porträts. Ich empfehle Ihnen, den Bildstabilisator auszuschalten, weil die Kamera auf einem Stativ montiert ist. (Denken Sie daran: Wenn der Bildstabilisator eine Bewegung ausgleichen will, die gar nicht existiert, kann es zu unvorhersehbaren Resultaten kommen.)

Schießen Sie Ihre Fotos

Wenn Sie jemanden im Licht mehrerer Kerzen fotografieren, erhalten Sie eine traumhafte Atmosphäre bei einem wundervollen Licht. Wenn Sie hingegen nur eine Kerze einsetzen, werden auf dem Gesicht des Modells auffällige, nicht sehr schmeichelhafte Schatten sichtbar.

 Wenn Sie nur eine einzelne Kerze im Bild zeigen möchten, platzieren Sie außerhalb des Bildausschnitts links und rechts zwei weitere Kerzen, mit denen die Schatten aufgehellt werden.

1. **Finden Sie eine geeignete Stelle für das Porträt.**

   Verwenden Sie vorzugsweise einen neutralen Hintergrund. Auch sollte sich das Modell an diesem Platz wohlfühlen. Die fotografierte Person muss absolut still sitzen, während das Bild belichtet wird – also für eine ganze Sekunde oder sogar noch länger, wenn Sie nur eine einzige Kerze im Bild haben möchten.

2. **Zünden Sie die Kerze an und bitten Sie das Modell, sich zu setzen.**

   Da das Modell ziemlich lange still sitzen muss, bieten Sie ihm eine komfortable Sitzgelegenheit an.

3. **Montieren Sie die Kamera auf einem Stativ und schalten Sie die Raumbeleuchtung aus.**

4. **Komponieren Sie die Szene.**

   Bei dieser Art der Fotografie sollten Sie das Modell ausnahmsweise in der Mitte des Ausschnitts platzieren.

5. **Drücken Sie den Auslöser halb herunter, um zu fokussieren – anschließend drücken Sie den Auslöser ganz herunter, um Ihr Bild zu schießen.**

 Sie können diese Technik auch verwenden, wenn Sie an einer Geburtstagsparty fotografieren. Platzieren Sie das Geburtstagskind vor dem Kuchen, reduzieren Sie die Raumbeleuchtung und folgen Sie der Anleitung in diesem Kapitel, um ein Porträt zu schaffen, das mit dem Kerzenlicht eines Geburtstagskuchens beleuchtet wird (siehe Abbildung 62.1).

Abbildung 62.1: Nutzen Sie das Kerzenlicht der Torte, um ein besonderes
Geburtstagsfoto zu schießen.

Praktische Hilfe

✔ **In der Flamme der Kerze sind keine Details zu sehen.** Die Kerzen sind die hellsten Licht-quellen im Bild und brennen während der gesamten Belichtungszeit. Dieser Umstand lässt sich nicht ändern.

✔ **Die Haut des Modells wirkt gelblich.** Dieses Problem taucht auf, wenn der Weißabgleich nicht optimal eingestellt ist. Wenn Sie im RAW-Format fotografieren, können Sie den Weißabgleich später am PC optimieren. Wenn nicht, müssen Sie den Weißabgleich vor der Aufnahme manuell durchführen. Diese Prozedur wird in der Anleitung zu Ihrer Kamera beschrieben.

✔ **Das Bild ist zu hell.** Die Kamera hat aus irgendeinem Grund einer dunklen Bildstelle zu viel Bedeutung zugemessen. Verwenden Sie die manuelle Belichtungskorrektur, um die richtige Stimmung zu erzeugen.

Corbis Digital Stock

63 Ein glückliches Paar

Kamera-Einstellungen

- ▶ **Belichtungsmessung:** Mitten-betont
- ▶ **Aufnahme-Betriebsart:** Einzelbild
- ▶ **Belichtungssteuerung:** Zeitautomatik (A)
- ▶ **Blendenöffnung:** f/2,8 bis 3,5
- ▶ **ISO-Empfindlichkeit:** 100 bis 400
- ▶ **Autofokus:** Einzelautofokus
- ▶ **Autofokus-Messpunkt:** Einzelner Mess-punkt
- ▶ **Brennweite:** 80 bis 100 mm (bezogen auf das Kleinbild-Format)
- ▶ **Bildstabilisator:** Eingeschaltet

Ein Pärchen zu fotografieren ist eine Herausforderung. Einerseits sollen die Akteure möglichst individuell abgelichtet werden; andererseits soll für den Betrachter deutlich werden, dass die beiden eine Beziehung haben. Wenn Sie ein Pärchen fotografieren, rücken Sie die beiden möglichst nahe zusammen, so dass sie sich berühren. Der Betrachter soll spüren, dass die beiden mehr verbindet als nur eine flüchtige Beziehung. Verwenden Sie Ihre Kreativität und die Einstellungen in diesem Kapitel, um ein ansprechendes Porträt zu erzeugen.

Bereiten Sie Ihre Kamera vor

Wenn Sie ein Pärchen fotografieren, dann sind die beiden die Stars. Verwenden Sie deshalb für diese Art der Fotografie die Zeitautomatik und geben Sie eine große Blendenöffnung vor (also eine kleine Blendenzahl), so dass Sie mit einer geringen Tiefenschärfe arbeiten können. Der empfohlene ISO-Bereich eignet sich gleichermaßen für helles Sonnenlicht als auch für einen bedeckten Himmel. Der einzelne Autofokus-Punkt erlaubt es Ihnen, die schärfste Position im Bild exakt zu bestimmen. Die empfohlene Brennweite sorgt für eine natürliche Perspektive. Der Bildstabilisator verhilft wiederum zu unverwackelten Bildern.

Schießen Sie Ihre Fotos

Ein glückliches Paar können Sie überall fotografieren: am Strand, im Zoo, zu Hause. Allerdings sollten Sie sich einen Plan zurechtlegen. Übernehmen Sie die Führung und sagen Sie den beiden, wo man sich trifft, welche Kleider und Farben sich eignen und so weiter. Die Beleuchtung ist für diese Art der Fotografie elementar. Fotografieren Sie das Pärchen am frühen Morgen oder am späten Nachmittag, wenn die Sonne die beiden in ein warmes, weiches Licht taucht. Wenn als Aufnahmezeit nur der späte Nachmittag infrage kommt, stellen Sie die Liebenden an einen schattigen Ort. Für Innenaufnahmen eignet sich das weiche Licht, das durch ein Fenster fällt (siehe Kapitel 72).

1. **Erklären Sie dem Pärchen, wo und wie es posieren soll.**

   Wenn Sie ein Paar fotografieren, müssen Sie zum Regisseur werden und den ganzen Ablauf kontrollieren. Sie müssen außerdem für die richtige Stimmung sorgen, damit sich die beiden nicht steif und lustlos verhalten. Sie können eine Standardpose verwenden, bei der die beiden nebeneinander stehen, oder ein wenig kreativ werden und sie auf dem Boden liegen lassen.

2. **Finden Sie den idealen Aussichtspunkt.**

   Wenn die beiden nebeneinander stehen, fotografieren Sie unbedingt auf Augenhöhe. Wenn sie hingegen am Strand liegen, fotografieren Sie von oben (siehe Abbildung 63.1).

3. **Drücken Sie den Auslöser halb herunter, um zu fokussieren, und komponieren Sie das Bild.**

   Achten Sie auf Elemente, die den Blick des Betrachters führen. In Abbildung 63.1 zeigt die Linie der Schultern zum Mittelpunkt. Der Kopf des Mannes ist außerdem streng nach der Drittelregel positioniert.

4. **Drücken Sie den Auslöser ganz herunter, um Ihr Bild zu schießen.**

   Prüfen Sie das Bild nach der Aufnahme auf dem Display der Kamera, um zu kontrollieren, ob es korrekt belichtet ist und ob beide Akteure lächeln und die Augen geöffnet haben.

 Fotografieren Sie ein Paar, das sich gegenseitig ansieht – wobei der Mann ein wenig tiefer liegt und zu seiner Frau aufblickt, so wie in Abbildung 63.2 gezeigt. Wenn Sie diese Pose verwenden, sollten Sie sich auf Augenhöhe mit der Frau befinden.

Corbis Digital Stock

Abbildung 63.1: Komponieren Sie das Bild.

Abbildung 63.2: Fotografieren Sie ein Paar, das sich gegenseitig in die Augen blickt.

Praktische Hilfe

✔ **Das Pärchen ist zu dunkel.** Hinter den beiden befindet sich eine helle Lichtquelle, zum Beispiel die Sonne. Wenn Sie die Belichtungskorrektur der Kamera verwenden, werden dafür andere Stellen überbelichtet. Verwenden Sie stattdessen den Aufhellblitz oder bitten Sie jemanden, eine helle Fläche (wie zum Beispiel ein weißes T-Shirt) neben das Paar zu halten, damit die Schatten ein wenig aufgehellt werden.

✔ **Das Paar wirkt nicht sehr entspannt.** Setzen Sie Ihr Einfühlungsvermögen ein, um die beiden ein wenig zu entspannen. Üblicherweise lockert sich die Stimmung jedoch erst nach mehreren Aufnahmen. Grundsätzlich erzielen Sie die besten Ergebnisse gegen Ende des Shootings, wenn sich die beiden mit der Situation arrangiert haben.

64 Förmliche Porträts

Die meisten Erwachsenen verbringen eine Menge Zeit damit, Geld zu verdienen, um ihren Lebensstil aufrechterhalten zu können. Einige Menschen lieben ihre Arbeit, doch für andere wird die tägliche Tretmühle zur Qual. Wenn sie sich jedoch auf Jobsuche begeben, haben alle etwas gemeinsam: Sie benötigen ein Bild von sich, das einen guten Eindruck vermittelt.

Bereiten Sie Ihre Kamera vor

Wenn Sie von jemandem ein Porträt anfertigen, dann fotografieren Sie mit Zeitautomatik und geben eine große Blendenöffnung vor. Damit erzeugen Sie eine geringe Tiefenschärfe, durch die sich die Person vom Hintergrund abhebt. Der ISO-Wert eignet sich

perfekt für die Fotografie in einem hellen Raum oder draußen. Wenn Sie die Person bei bewölktem Wetter fotografieren, wechseln Sie zum höchsten ISO-Wert, den ich Ihnen empfohlen habe. Die Brennweite eignet sich ideal für ansprechende Porträts, ohne dass die Gesichtszüge des Modells verzogen werden. Verwenden Sie den Bildstabilisator (falls vorhanden), weil bereits die kleinste Bewegung in einer hauchdünnen Unschärfe enden kann, die dem Gesamteindruck des Bildes schadet.

Schießen Sie Ihre Fotos

Förmliche Porträts werden üblicherweise vor einem einfarbigen Hintergrund geschossen – auch wenn einige professionelle Fotografen einen gemalten Hintergrund mit Struktur bevorzugen. In jedem Fall sollten Sie darauf achten, dass die Person etwa ein bis zwei Meter von der Wand entfernt steht.

1. **Schalten Sie alle nicht benötigten Lichter aus.**

   Wenn Sie zum Beispiel die Lampe auf dem Schreibtisch des Modells brennen lassen, riskieren Sie helle Flecken auf dem Gesicht – außerdem wird es beim Weißabgleich sehr schwierig, den richtigen Farbton zu treffen.

2. **Positionieren Sie das Modell ein bis zwei Meter vor dem Hintergrund.**

3. **Erklären Sie Ihrem Modell, wie es posieren soll.**

   Erklärungen zur Kunst des Posierens würden den Umfang dieses Buches sprengen. Eine universelle Pose sieht so aus, dass das Modell den Kopf gegen die Kamera wendet und das Kinn ein wenig anhebt, so wie in Abbildung 64.1 gezeigt.

4. **Drücken Sie den Auslöser halb herunter, um zu fokussieren, und komponieren Sie das Bild.**

   Versuchen Sie, die Aufmerksamkeit des Betrachters durch natürliche Elemente in das Bild hineinzuziehen. In Abbildung 64.1 wird der Blick des Betrachters durch die Schultern zum Mittelpunkt geleitet; die Augen wiederum befinden sich auf einer Drittellinie.

5. **Drücken Sie den Auslöser ganz herunter, um Ihr Bild zu schießen.**

   Kontrollieren Sie das Bild auf dem Display der Kamera. Achten Sie auf eine korrekte Belichtung und dass Ihr Modell entspannt wirkt. In einer typischen Porträt-Session kommen Sie selten direkt zum Ziel, weil das Modell üblicherweise ein wenig Zeit braucht, um sich zu entspannen.

 Wenn Sie ein Fotomodel oder eine angehende Schauspielerin fotografieren, verwenden Sie ein Accessoire, das den Betrachter fesselt.

Abbildung 64.1: Geben Sie dem Modell vor, wie es posieren soll.

Praktische Hilfe

✔ **Das Bild wirkt stumpf und leblos.** In solchen Fällen ist meistens die Beleuchtung das Problem. Porträtfotografen beleuchten ihre Modelle mit mehreren Lichtquellen. Diese Technik füllt jedoch ganze Bücherregale. Allerdings können Sie dem Porträt ein wenig mehr Leben einhauchen, wenn Sie dem Blitzgerät einen Diffusor aufsetzen.

✔ **Der Hintergrund erscheint dunkelgrau.** Sogar ein weißer Hintergrund wirkt grau, wenn er nicht beleuchtet wird. Die Bilder in diesem Kapitel habe ich mit mehreren Blitzen geschossen. Ich platzierte zwei Blitzgeräte hinter dem Modell und löste sie über die Kamera aus (eine Canon EOS 7D). Die Blitzgeräte im Hintergrund waren stark genug, um die Wand in purem Weiß erstrahlen zu lassen. Die meisten Nikon-Kameras sind ebenfalls in der Lage, externe Blitzgeräte zu steuern. Wenn Ihre Kamera diese Möglichkeit nicht bietet, können Sie den Hintergrund später am Computer aufhellen.

65 Menschen bei der Arbeit

Kamera-Einstellungen

- **Belichtungsmessung:** Mittenbetont
- **Aufnahme-Betriebsart:** Einzelbild
- **Belichtungssteuerung:** Zeitautomatik (A)
- **Blendenöffnung:** f/5,6 bis f/7,1
- **ISO-Empfindlichkeit:** 100 bis 400
- **Autofokus:** Einzelautofokus
- **Autofokus-Messpunkt:** Einzelner Messpunkt
- **Brennweite:** 80 bis 100 mm (bezogen auf das Kleinbild-Format)
- **Bildstabilisator:** Eingeschaltet

Wenn jemand aus Ihrem Umfeld ein Foto benötigt, das ihn bei der Arbeit zeigt, können Sie diesen Auftrag mit Ihrer digitalen Spiegelreflexkamera problemlos übernehmen. Besuchen Sie diese Person einfach am Arbeitsplatz und machen Sie sich möglichst unsichtbar. Spielen Sie mit Ihrer Ausrüstung herum und lenken Sie die Person nicht von der Arbeit ab. Wenn Ihr Modell langsam entspannt, können Sie sich ans Werk machen. Das trickreiche an der Sache ist, dass Sie eine natürlich anmutende Aufnahme schießen müssen, die nicht gestellt wirkt.

Bereiten Sie Ihre Kamera vor

Wenn Sie jemanden bei der Arbeit fotografieren, möchten Sie die Tiefenschärfe kontrollieren – das bedeutet, Sie fotografieren mit Zeitautomatik. Eine ziemlich große Blendenöffnung zieht die Aufmerksamkeit des Betrachters auf das Modell und zeigt gleichzeitig ein wenig von der Umgebung. Sie möchten Ihren Freund im Arbeitsumfeld ablichten, und der empfohlene ISO-Bereich funktioniert auch bei den meisten Beleuchtungsarten im Büro. Die empfohlene Brennweite eignet sich perfekt für Porträts. Der Bildstabilisator ist bei diesen mäßigen Licht-verhältnissen sehr nützlich.

Schießen Sie Ihre Fotos

Wenn Sie Ihr Modell bei der Arbeit fotografieren, dann sollte die Umgebung natürlich ausse-hen, aber nicht mit unnötigen Objekten übersät sein. Bitten Sie deshalb Ihren Freund darum, den Schreibtisch aufzuräumen und alles verschwinden zu lassen, was nicht regelmäßig benutzt wird. Wenn möglich sollte auf dem Schreibtisch auch etwas Persönliches zu finden sein, wie zum Beispiel ein Foto der Familie. Natürlich sind auch andere Szenarien denkbar; so könnte zum Beispiel ein Außendienstmitarbeiter bei seiner Arbeit unterwegs fotografiert wer-den (siehe Abbildung 65.1).

Abbildung 65.1: Das Bild einer Person in ihrem mobilen Büro.

1. **Schalten Sie im Büro alle unnötigen Lichtquellen aus.**

   Das Deckenlicht geht in Ordnung. Wenn hingegen ein weiteres Licht auf dem Schreib-tisch hinzukommt, könnte das beim Weißabgleich Probleme bereiten.

2. **Wenn Ihr Modell emsig bei der Arbeit ist, nehmen Sie an der Kamera die Einstellungen vor, die am Anfang dieses Kapitels beschrieben sind.**

3. **Sobald das Modell einer interessanten Tätigkeit nachgeht, zoomen Sie auf den gewünschten Ausschnitt.**

Selbst wenn Sie ein gutes Foto geschossen haben, bleiben Sie unauffällig und behalten Sie Ihre Rolle als stiller Beobachter bei. Schießen Sie weitere Fotos.

Wenn Diplome und andere Zertifikate an der Wand hängen, sorgen Sie dafür, dass einige davon im Foto zu sehen sind. Damit man die Diplome jedoch als solche erkennen kann, müssen Sie die Blende auf die kleinste empfohlene Öffnung schließen.

4. **Drücken Sie den Auslöser halb herunter, um zu fokussieren, und komponieren Sie das Bild.**

Verwenden Sie einige offensichtliche Elemente, um den Blick des Betrachters in das Bild hineinzuziehen. Auf dem ersten Bild in diesem Kapitel führt der Papierstapel den Blick zum Gesicht des Anwalts.

5. **Drücken Sie den Auslöser ganz herunter, um Ihr Bild zu schießen.**

Kontrollieren Sie das Ergebnis auf dem Display der Kamera. Überzeugen Sie sich, dass die Belichtung stimmt, dass Ihr Modell einen gefälligen Gesichtsausdruck zeigt und dass die Augen offen sind.

Praktische Hilfe

✔ **Auf dem Gesicht des Modells sind viele Schatten zu sehen (1).** Diese Situation tritt meistens auf, wenn keine einheitliche Lichtquelle die Szene beleuchtet. Sie können die Situation entschärfen, indem Sie den Aufhellblitz verwenden.

✔ **Auf dem Gesicht des Modells sind viele Schatten zu sehen (2).** Fotografieren Sie Ihr Modell in einem Bereich, in dem das Licht durch ein Fenster fällt und so einen natürlichen Eindruck entstehen lässt. Weitere Informationen zu Porträts am Fenster finden Sie in Kapitel 72.

✔ **Auf dem Modell sind glänzende Punkte zu sehen.** Diese Punkte entstehen bei einer fettigen Gesichtshaut. Das Licht wird reflektiert und erzeugt diese hellen Stellen. Wenn das Modell männlich ist, bitten Sie ihn, sich das Gesicht zu waschen. Wenn das Modell hingegen weiblich ist, bitten Sie sie, das Gesicht zu waschen und ein leichtes Make-up aufzutragen. Fallen Sie jedoch nicht mit der Tür ins Haus, sondern zeigen Sie die kritischen Stellen zuerst auf dem Display der Kamera. Wenn er oder sie fragt, wie das Problem gelöst werden kann, bringen Sie Ihre Bitte an.

66 Porträts aus nächster Nähe

Wenn Sie eine Person mit einem schönen Gesicht fotografieren, dann ist das Shooting erst vorüber, wenn Sie eine Aufnahme aus nächster Nähe geschossen haben. Diese Technik geht noch weiter als das klassische Kopf- und Schulterporträt. Weil Sie jemanden aus nächster Nähe fotografieren, sollte diese Person eine makellose Haut haben. Probieren Sie diese Art der Fotografie also nicht an Ihrer Schwiegermutter aus – es sei denn, sie ist mit einer Pfirsichhaut gesegnet. Bei dieser Form des Porträts wird übrigens bewusst ein Teil des Kopfes abgeschnitten.

Bereiten Sie Ihre Kamera vor

Gute Einstellungen schützen bei diesen Aufnahmen vor Überraschungen. Die kleinste empfohlene Blendenöffnung leistet ausgezeichnete Dienste, wenn das Haar des Modells innerhalb des Fokus liegen soll und die Augen unterschiedlich weit vom Objektiv entfernt sind. Wenn Sie hingegen einen weichen, traumähnlichen Look bevorzugen, verwenden Sie die größte empfohlene Blendenöffnung. Der Einzelautofokus-Punkt erlaubt eine präzise Fokussierung auf die Augen des Modells, und die sind ja bekanntlich die Fenster zur Seele. Die empfohlene Brennweite eignet sich ideal für Porträts und sorgt für ein verzerrungsfreies Bild. Der Bildstabilisator verhilft zu scharfen Bildern; ohne ihn würde die kleinste Bewegung verhindern, dass das Bild gestochen scharf wird. Wenn Ihre Kamera oder das Objektiv diese Funktion nicht bietet, sollten Sie die Kamera auf einem Stativ montieren – es sei denn, Sie sind berühmt für Ihre ruhigen Hände.

Schießen Sie Ihre Fotos

Für das Shooting aus nächster Nähe benötigen Sie möglichst weiches Licht. Dazu eignet sich am besten ein bewölkter Himmel oder das diffuse Licht eines Fensters in der Nähe (siehe Kapitel 72). Wenn der Himmel nicht bewölkt ist, machen Sie die Aufnahmen an einem schattigen Plätzchen. Als Alternative können Sie auch den Blitz der Kamera verwenden, um die Schlagschatten zu vertreiben.

1. **Nehmen Sie an der Kamera die Einstellungen vor, die am Anfang dieses Kapitels beschrieben sind.**

2. **Zoomen Sie heran und platzieren Sie den Autofokus-Punkt genau über dem Auge, das näher bei der Kamera ist.**

3. **Drücken Sie den Auslöser halb herunter, um zu fokussieren, und komponieren Sie die Szene.**

   Wenn Sie das Bild komponieren, blicken Sie durch den Sucher und geben Sie dem Modell Anweisungen. Sorgen Sie dafür, dass Sie das schönste Lächeln bekommen. Sie können als Dekoration außerdem Schmuck einsetzen, so wie in Abbildung 66.1 gezeigt.

4. **Drücken Sie den Auslöser ganz herunter, um das Bild zu schießen.**

   Bitten Sie das Modell unmittelbar nach der Aufnahme, die Pose beizubehalten, während Sie das Bild auf mögliche Probleme überprüfen.

Bitten Sie Ihr Modell, sich von der Kamera abzuwenden und anschließend den Kopf wieder zur Kamera zu drehen. Fokussieren Sie auf das Auge, das näher bei der Kamera ist und komponieren Sie das Bild. Bitten Sie Ihr Modell außerdem, den Kopf ein wenig zu senken und zu lächeln (siehe Abbildung 66.2).

Abbildung 66.1: Verwenden Sie Schmuck, um den Blick des Betrachters in die Bildmitte zu ziehen.

Abbildung 66.2: Dieses Porträt hat eine extrem geringe Tiefenschärfe.

Praktische Hilfe

✔ **Eines der beiden Augen liegt außerhalb des Fokus.** Ihr Modell blickt nicht direkt in die Kamera und die Augen sind unterschiedlich weit vom Objektiv entfernt. Trotzdem kann es sich um eine sehr lohnende Pose handeln. Wählen Sie eine kleinere Blendenöffnung (also eine größere Blendenzahl) und machen Sie das Foto noch einmal.

✔ **Mein Modell hat ein wunderschönes Gesicht, aber ich sehe einige Falten auf dem Foto.**
Die meisten modernen Kameras und Objektive sind so scharf, dass man jede Unebenheit im Gesicht sieht. Sie können kleine Schönheitsfehler wie zum Beispiel Krähenfüße in einem Bildverarbeitungsprogramm eliminieren.

Eine andere Möglichkeit besteht darin, einen Weichzeichner vor dem Objektiv zu verwenden, der nicht nur die kleinen Unebenheiten ausbügelt, sondern auch für einen weichen, traumartigen Look sorgt. Solche Filter werden in verschiedenen Stärken angeboten und sind beim Fotohändler Ihres Vertrauens zu finden.

67 Kopf- und Schulter-Porträts

Kamera-Einstellungen

▶ **Belichtungsmessung:** Mittenbetont

▶ **Aufnahme-Betriebsart:** Einzelbild

▶ **Belichtungssteuerung:** Zeitautomatik (A)

▶ **Blendenöffnung:** f/4,0

▶ **ISO-Empfindlichkeit:** 100

▶ **Autofokus:** Einzelautofokus

▶ **Autofokus-Messpunkt:** Einzelner Messpunkt

▶ **Brennweite:** 85 bis 105 mm (bezogen auf das Kleinbild-Format)

▶ **Bildstabilisator:** Eingeschaltet

Das traditionelle Kopf- und Schulter-Porträt kann vielfältig eingesetzt werden. Solche Bilder eignen sich als Passfotos, als Bild auf einer Visitenkarte oder als Porträt, das man sich an die Wand hängt. (So wie dasjenige, das Sie auf dieser Seite sehen). Diese Fotos lassen sich sowohl draußen als auch in Innenräumen schießen.

Wenn Sie ein Shooting planen, rechnen Sie ein wenig Zeit für die Gewöhnungsphase mit ein – besonders, wenn es die Person nicht gewohnt ist, fotografiert zu werden. Ihr Modell wird in der ersten Zeit ein wenig gehemmt sein. Starten Sie eine Konversation, um die Stimmung aufzulockern. Sprechen Sie über ein Thema, das Ihrem Modell zusagt und bei dem es zu lächeln anfängt. Jetzt können Sie mit den Aufnahmen beginnen.

Bereiten Sie Ihre Kamera vor

Bei jedem Porträt steht natürlich die fotografierte Person im Mittelpunkt. Bestimmt wollen Sie nicht, dass der Hintergrund die Aufmerksamkeit des Betrachters ablenkt – deshalb fotografieren Sie mit Zeitautomatik und geben eine große Blendenöffnung vor (also eine kleine Blendenzahl). Eine Brennweite von 85 Millimeter gilt als die perfekte Porträt-Brennweite schlechthin; sie erzeugt garantiert keine Verzerrungen an den Gesichtszügen. Die Schärfe des Bildes hängt von der Qualität des Objektivs ab. Ein ISO-Wert von 100 garantiert ein rauschfreies Bild und unter guten Lichtbedingungen eine Verschlusszeit von etwa einer 1/125 Sekunde. Wenn die Kamera oder das Objektiv mit einem Bildstabilisator ausgerüstet sind, schalten Sie ihn ein – denn ohne ihn reicht die kleinste Bewegung, um ein knackig-scharfes Bild zu verhindern.

 Verwenden Sie für solche Porträts keine Brennweite unter 35 Millimeter (bezogen auf das Kleinbild-Format). Für ein Kopf- und Schulter-Porträt müssen Sie relativ nahe an das Modell herangehen, und eine kurze Brennweite würde unweigerlich zu Verzerrungen führen.

 Bei schwachem Licht sollten Sie den ISO-Wert so weit heraufsetzen, dass Sie eine Verschlusszeit von einer 1/125 Sekunde erreichen. Als Alternative können Sie auch ein Stativ verwenden.

Schießen Sie Ihre Fotos

Es ist nicht einfach, Menschen zu fotografieren. Sie müssen sich gleichzeitig um die Person kümmern und die Kamera bedienen. Außerdem benötigen Sie ein weiches, diffuses Licht. Suchen Sie nach einer gleichmäßigen Beleuchtung, um ansprechende Aufnahmen zu erhalten. Wenn Sie Ihr Modell an einem hellen Tag fotografieren, finden Sie ein schattiges Plätzchen. Ein bewölkter Himmel eignet sich für diese Aufnahmen bestens. Großartige Porträts gelingen Ihnen auch, wenn die Person vom Licht eines Fensters beleuchtet wird (siehe Kapitel 72).

1. **Nehmen Sie an der Kamera die Einstellungen vor, die am Anfang dieses Kapitels beschrieben sind.**

2. **Falls nötig, erklären Sie dem Modell, wie es posieren soll.**

   Wenn Ihr Modell natürlich und selbstbewusst auftritt, legen Sie los. Wenn nicht, müssen Sie Regie führen, um zum Ziel zu kommen. Eine gute, moderne Pose sieht zum Beispiel so aus, dass das Modell eine Schulter anhebt und den Kopf neigt (siehe Abbildung 67.1).

3. **Drücken Sie den Auslöser halb herunter, um zu fokussieren.**

4. **Komponieren Sie das Bild und drücken Sie den Auslöser ganz herunter, um das Bild zu schießen.**

Abbildung 67.1: In der Porträt-Fotografie ist das Posieren alles.

Wenn Sie ein lichtstarkes Tele mit einer Blendenöffnung von f/2,8 oder größer (also eine kleinere Blendenzahl) verwenden, wählen Sie für das Porträt die größte Blendenöffnung. Fokussieren Sie auf jenes Auge, das näher bei der Kamera ist. Damit kommen Sie zu einem wundervollen Porträt, bei dem sowohl der Vordergrund als auch der Hintergrund in der Unschärfe verschwinden (siehe Abbildung 67.2).

Abbildung 67.2: Schießen Sie ein Porträt bei einer extrem geringen Tiefenschärfe.

Praktische Hilfe

✔ **Um die Augen herum sind hässliche Schatten zu sehen.** Dieses Problem taucht bei einer ungleichmäßigen Beleuchtung auf. Versuchen Sie die Schatten aufzuhellen, indem Sie eine reflektierende Fläche oder ein weißes T-Shirt verwenden.

✔ **Mein Modell benimmt sich unnatürlich.** Die Person ist es nicht gewohnt, fotografiert zu werden. Vielleicht fühlt sie sich sogar ein wenig unwohl. Außerdem gibt es viele Leute, die nicht auf Kommando lachen können. Halten Sie für einige Minuten inne und machen Sie erst weiter, wenn das Modell entspannt ist.

✔ **Das Bild ist nicht scharf.** Die Kamera fokussiert auf eine andere Stelle als das Auge. Positionieren Sie den Autofokus-Punkt genau über dem Auge, das näher bei der Kamera liegt. Solange die Augen im Fokus sind, scheint das ganze Bild im Fokus zu sein.

68 Gruppenbilder

Kamera-Einstellungen

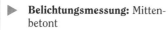
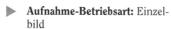

▶ **Belichtungsmessung:** Mittenbetont

▶ **Aufnahme-Betriebsart:** Einzelbild

▶ **Belichtungssteuerung:** Zeitautomatik (A)

▶ **Blendenöffnung:** f/3,5 bis f/5,6

▶ **ISO-Empfindlichkeit:** 100 bis 400

▶ **Autofokus:** Einzelautofokus

▶ **Autofokus-Messpunkt:** Einzelner Messpunkt

▶ **Brennweite:** 28 bis 100 mm (bezogen auf das Kleinbild-Format)

▶ **Bildstabilisator:** Optional

Sie sind der Historiker und der Fotograf, alles in einem hübschen kleinen Päckchen. Die Tatsache, dass Sie derjenige mit der magischen Box sind, die digitale Bilder aufzeichnen kann, katapultiert Sie automatisch in die Rolle des Haus- und Hoffotografen. Sie fotografieren Ihre Familie, die Familie Ihrer Freunde und vielleicht sogar die Arbeitskollegen. Wenn Sie eine Gruppe fotografieren, stehen vor Ihnen kleine und große Personen, dicke und dünne. Es liegt nun an Ihnen, die richtige Anordnung zu finden. Doch mit Ihrer Kreativität und den Einstellungen in diesem Kapitel kann nichts schiefgehen.

Bereiten Sie Ihre Kamera vor

Fotografieren Sie mit Zeitautomatik und geben Sie eine große Blendenöffnung vor (also eine kleine Blendenzahl). Damit erzeugen Sie ein Bild mit geringer Tiefenschärfe, so dass die Aufmerksamkeit des Betrachters ganz auf der Gruppe liegt. Wenn die Personen hingegen in mehreren Reihen hintereinanderstehen, wechseln Sie zu einer kleineren Blendenöffnung wie f/5,6 oder f/6,3; damit wird die Tiefenschärfe erweitert, und die ganze Gruppe befindet sich im Fokus. Der empfohlene ISO-Wert erzeugt rauschfreie Bilder, doch wenn das Licht schwach und die Verschlusszeit lang ist, werden Sie einen höheren ISO-Wert einstellen müssen. Die empfohlenen Brennweiten decken sowohl große Gruppen ab, die bis ins nächste Dorf zu reichen scheinen als auch kleine Ansammlungen aus wenigen Personen. Wenn die Verschlusszeit länger wird, sollten Sie unbedingt den Bildstabilisator einschalten, sofern die Kamera oder das Objektiv einen solchen bieten. Dadurch werden Sie nicht gezwungen, einen höheren ISO-Wert zu verwenden, denn das könnte zu Bildrauschen führen.

Schießen Sie Ihre Fotos

Ein Gruppenporträt kann eine kniffflige Aufgabe sein. Sie müssen die Personen in einer gefälligen Form anordnen und dafür sorgen, dass alle lächeln und niemand blinzelt. Sie haben es erraten: Es werden mehrere Anläufe nötig sein, um ein ansprechendes Bild zu schießen. Doch Sie müssen sich nicht nur um die Kamera kümmern, sondern der Gruppe auch sagen, was zu tun ist. Es ist ein harter Job – aber Sie sind der Kamera-Guru und werden das Kind schon schaukeln.

1. **Finden Sie einen passenden Ort für die Gruppenaufnahme.**

   Achten Sie darauf, dass der Hintergrund den Betrachter nicht von der Gruppe ablenkt.

2. **Arrangieren Sie die Gruppe.**

   Die typische Anordnung sieht so aus, dass die kleineren Leute in der vorderen und die größeren in der hinteren Reihe stehen. Achten Sie darauf, dass bei niemandem der Mund oder die Augen durch den Vordermann verdeckt sind.

    Wenn in der Gruppe eine auffällig große Person dabei ist, bitten Sie diese, sich seitlich auf den Boden zu legen, während der Rest der Gruppe hinter ihr kniet.

3. **Komponieren Sie die Aufnahme.**

   Für ein außergewöhnliches Porträt fotografieren Sie die Gruppe aus einer leicht erhöhten Position, während alle zu Ihnen und der Kamera aufblicken (siehe Abbildung 68.1).

4. **Drücken Sie den Auslöser halb herunter, um zu fokussieren.**

    Wenn die Gruppe so groß ist, dass sie in mehrere Reihen aufgeteilt werden muss, fokussieren Sie auf eine Person in der Mitte. Damit schaffen Sie die besten Voraussetzungen, damit später die ganze Gruppe scharf abgebildet wird.

Abbildung 68.1: Fotografieren Sie die Gruppe aus einer leicht erhöhten Position.

5. **Schauen Sie durch den Sucher und überzeugen Sie sich, dass alle zur Kamera blicken und lächeln.**

    Gegebenenfalls müssen Sie den Klassiker »Sag' Cheese!« bemühen, um die Gruppe zur Kooperation zu bewegen.

6. **Drücken Sie den Auslöser ganz herunter, um Ihr Bild zu schießen.**

    Lassen Sie die Leute noch an ihrem Platz, für den Fall, dass das Bild nicht Ihren Erwartungen entspricht.

7. **Kontrollieren Sie das Bild und schießen Sie ein weiteres, wenn Sie mit dem Resultat nicht zufrieden sind.**

    Und noch einmal: Achten Sie darauf, dass alle lächeln, niemand seine Augen geschlossen hat und niemand etwas Unpassendes tut.

Wenn auf Ihrem Foto gleich mehrere Generationen einer Familie zu sehen sind und Sie die Aufmerksamkeit auf die Großeltern, Tanten und Onkel lenken möchten, bringen Sie die Veteranen in der ersten Reihe unter. Auf diese Reihe werden Sie auch fokussieren, damit die anderen Personen ganz leicht unscharf erscheinen. Damit wird die Aufmerksamkeit auf die älteren Semester in der Gruppe gelenkt.

Fotografieren Sie einen Teil der Gruppe in einer Position, in der die Augen kreisförmig angeordnet sind. Dadurch wird der Blick des Betrachters von einem Gesicht zum nächsten gelenkt, und er wird dem Foto mehr Beachtung schenken (siehe Abbildung 68.2).

Abbildung 68.2: Die Augen leiten den Blick des Betrachters.

Praktische Hilfe

✔ **Eine Person in der Gruppe wirkt schwerer, als sie in Wirklichkeit ist.** Dieser unglückliche Eindruck kann entstehen, wenn eine kräftig gebaute Person zwischen zwei dünne Personen geklemmt wird. Verhindern Sie solche Konstellationen, um das Problem zu lösen.

✔ **Einige Personen lächeln nicht.** Fotografieren Sie weiter, bis alles passt. Gruppenporträts verlangen zum Teil sehr viel Geduld, aber irgendwann werden Sie das gewünschte Bild im Kasten haben.

✔ **Die hintere Reihe ist nicht scharf.** Die Kamera hat auf die erste Reihe fokussiert und die Tiefenschärfe reicht nicht aus, um auch die letzte Reihe scharf darzustellen. Fokussieren Sie auf jemanden in der mittleren Reihe.

PhotoDisc, Inc./Getty Images

69 *Lifestyle*

Kamera-Einstellungen

▶ **Belichtungsmessung:** Mitten-betont

▶ **Aufnahme-Betriebsart:** Einzel-bild

▶ **Belichtungssteuerung:** Zeitautomatik (A)

▶ **Blendenöffnung:** f/4,0 bis f/6,3

▶ **ISO-Empfindlichkeit:** 200 bis 400

▶ **Autofokus:** Einzelautofokus

▶ **Autofokus-Messpunkt:** Einzelner Mess-punkt

▶ **Brennweite:** 100 mm oder länger (bezogen auf das Kleinbild-Format)

▶ **Bildstabilisator:** Eingeschaltet

Fast jeder Mensch hat seine Leidenschaft – etwas, das ihm besonders viel bedeutet. Wenn Sie das Werk eines Menschen fotografieren, dann ist das ein wenig so, als würden Sie ihn selbst porträtieren. Als Familienfotograf möchten Sie Dinge in Szene setzen, die Ihren Liebsten wichtig sind. Wenn Ihr Vater zum Beispiel Schreiner ist, fotografieren Sie sein bevorzugtes Werkzeug. Die Familie und die Freunde Ihres Vaters werden dieses Werkzeug sofort als etwas erkennen, das zu ihm gehört und ein wichtiger Bestandteil seines Lebens ist. Ihr Vater und die Familie werden solche Fotos wertschätzen. Alles, was Sie für diese Bilder benötigen, sind die Einstellungen in diesem Kapitel.

Bereiten Sie Ihre Kamera vor

Wenn Sie Gegenstände fotografieren, die anderen Leuten viel bedeuten, dann legen Sie die Schärfe gezielt auf die wichtigsten Objekte. Deshalb fotografieren Sie in Zeitautomatik und geben eine große Blendenöffnung von etwa f/4 vor. Wenn die Komposition sehr viele Objekte enthält, verwenden Sie eine kleinere Blendenöffnung. Arbeiten Sie mit einem einzelnen Autofokus-Punkt, so dass Sie den schärfsten Teil des Bildes exakt bestimmen können. Der empfohlene ISO-Bereich eignet sich für die meisten Innenaufnahmen; allerdings sollten Sie versuchen, das Arrangement im diffusen Licht neben einem Fenster aufzunehmen. Auch das leichte Zittern Ihrer Hände kann sich im Bild in einer leichten Unschärfe äußern, so dass ich Ihnen auf jeden Fall den Einsatz des Bildstabilisators empfehle – falls die Kamera oder das Objektiv damit ausgerüstet ist.

Schießen Sie Ihre Fotos

Licht, das durch ein Fenster fällt, ist weich und erzeugt fast keine Schatten, wodurch es für diese Art der Fotografie geradezu prädestiniert ist (siehe Kapitel 72). Ordnen Sie die Gegenstände an und entscheiden Sie dabei, welche im Mittelpunkt des Interesses stehen.

1. **Bauen Sie auf einem Tisch in der Nähe des Fensters Ihr improvisiertes Studio auf.**

   Wenn Sie die persönlichen Gegenstände eines Menschen fotografieren, dann errichten Sie dafür eine kleine Bühne, um sie richtig in Szene zu setzen. Sie können als Unterlage den Tisch verwenden, an dem normalerweise gearbeitet wird – oder Sie erstellen eine eigene Bühne, die Sie zum Beispiel mit einem weißen Tuch unterlegen.

2. **Arrangieren Sie die Objekte auf dem Tisch.**

   Lassen Sie Ihrer Kreativität freien Lauf und achten Sie darauf, dass die Aufmerksamkeit des Betrachters in das Bild hineingezogen wird. Wenn die Person zum Beispiel handwerklich tätig ist, arrangieren Sie einige Werkzeuge und vergessen Sie nicht, auch kleine Details hinzuzufügen, wie zum Beispiel Schrauben oder Klebeband (siehe Abbildung 69.1).

3. **Nehmen Sie an der Kamera die Einstellungen vor, die am Anfang dieses Kapitels beschrieben sind.**

   In solchen Situationen kann ein Makro-Objektiv sehr nützlich sein. Wenn Sie eines besitzen, dann ist jetzt der perfekte Zeitpunkt, um es zu benutzen.

PhotoDisc, Inc./Getty Images

Abbildung 69.1: Verwenden Sie eine künstlerische Anordnung, die den Betrachter zum Verweilen einlädt.

4. Zoomen Sie auf das Arrangement.

Lassen Sie um die Anordnung ein wenig Raum, damit Sie das Bild später am PC optimal zuschneiden können. Das gilt erst recht, wenn das Seitenverhältnis Ihres Kamera-Sensors nicht mit dem Seitenverhältnis des Papiers übereinstimmt.

5. Komponieren Sie das Bild.

Wählen Sie die Komposition sorgfältig. In Abbildung 69.1 zeigen sowohl die Säge, der Schraubendreher und der Drahtschneider zum Hammer. Das Messband bildet eine Diagonale und liefert dem Betrachter damit einen weiteren Weg, dem er mit seinem Blick folgen kann.

6. Drücken Sie den Auslöser halb herunter, um zu fokussieren – anschließend drücken Sie den Auslöser ganz herunter, um Ihr Bild zu schießen.

Untersuchen Sie das Bild auf dem Display auf mögliche Belichtungsprobleme und andere Unregelmäßigkeiten.

 Mischen Sie einige persönliche Gegenstände, die im Leben der Person eine große Rolle spielen. Wenn Sie ein solches Lifestyle-Porträt für einen Schriftsteller anfertigen, verwenden Sie für den Aufbau zum Beispiel ein Buch seines Lieblingsautors, zusammen mit einigen persönlichen Gegenständen (siehe Abbildung 69.2).

Abbildung 69.2: Bauen Sie nach Möglichkeit persönliche Gegenstände in die Komposition ein.

Praktische Hilfe

✔ **Der Autofokus-Punkt im Sucher leuchtet nicht.** Sie befinden sich näher am Arrangement, als die Kamera fokussieren kann. Vergrößern Sie die Distanz ein wenig und drücken Sie den Auslöser erneut halb herunter. Wiederholen Sie das so lange, bis der Autofokus-Punkt im Sucher aufleuchtet.

✔ **Einige Objekte im hinteren Teil der Komposition liegen außerhalb des Fokus.** Sie haben auf den vorderen Teil der Komposition fokussiert. Nehmen Sie stattdessen einen Teil aus der Mitte ins Visier. Wenn das nicht hilft, schließen Sie die Blendenöffnung ein wenig (verwenden Sie also eine größere Blendenzahl), um die Tiefenschärfe zu vergrößern.

70 Porträts im Freien

Wenn Sie ein fotogenes Familienmitglied, einen Freund oder einen Nachbarn fotografieren, dann können Sie natürlich ein formelles Porträt anfertigen (siehe Kapitel 64) oder ein klassisches Kopf- und Schulter-Porträt (siehe Kapitel 67). Doch es gibt noch eine andere Option: ein Porträt im Freien. Sie müssen dazu lediglich einen interessanten Ort finden und warten, bis das Licht den Ansprüchen genügt. Für solche Porträts eignet sich das Licht in den frühen Morgenstunden oder am späten Nachmittag am besten, weil es das Modell in ein warmes, goldenes Licht taucht. Wenn der Himmel hingegen bewölkt ist, spielt die Tageszeit keine Rolle, denn das Licht wird stark gestreut und wirft praktisch keine

Schatten. Halten Sie sich einfach an die Einstellungen in diesem Kapitel, und Sie wandeln auf der sicheren Seite.

Bereiten Sie Ihre Kamera vor

Bei Porträts sollte praktisch immer eine große Blendenöffnung verwendet werden, damit die Tiefenschärfe gering bleibt und die Aufmerksamkeit des Betrachters ganz auf dem Modell ruht. Aus diesem Grund fotografieren Sie mit Zeitautomatik. Ein Teleobjektiv reduziert die Tiefenschärfe zusätzlich und lässt den Hintergrund in einer angenehmen Unschärfe verschwimmen, was das Modell weiter in den Mittelpunkt rückt. Wenn Sie häufiger Porträts fotografieren, sollten Sie die Anschaffung eines lichtstarken Teles mit einer Brennweite von 85 Millimeter ins Auge fassen. (Ich persönlich benutze für alle meine Porträts ein 85-Millimeter-Objektiv mit einer Anfangslichtstärke von f/1,8, weil die große Blendenöffnung eine wunderschöne, geringe Tiefenschärfe erzeugt.) Der tiefe ISO-Wert garantiert ein rauschfreies Bild und eignet sich perfekt für helles Licht. Wenn der Himmel hingegen bewölkt ist, werden Sie den ISO-Wert wahrscheinlich auf 200 erhöhen müssen. Wenn Ihre Kamera oder das Objektiv mit einem Bildstabilisator ausgestattet ist, sollten Sie diesen unbedingt verwenden – erst recht, wenn die Verschlusszeiten durch eine schwache Beleuchtung länger werden.

Schießen Sie Ihre Fotos

Wenn Sie eine Person fotografieren, benötigen Sie ein gleichmäßiges Licht. Verlegen Sie das Shooting in die frühen Morgenstunden oder auf den späten Nachmittag, wenn das Licht weich und golden ist und kaum Schatten erzeugt. Ein bewölkter Himmel eignet sich ebenfalls perfekt für Porträts.

1. **Finden Sie einen passenden Ort.**

   Erkunden Sie die Gegend, bevor Sie mit dem Fotografieren beginnen. Ein Park mit vielen Bäumen eignet sich bestens; der Hintergrund konkurriert nicht mit dem Modell, weil er bei einem Kopf- und Schulter-Porträt außerhalb des Fokus liegt. Doch vielleicht entschließen Sie sich für Varianten, die mehr vom Hintergrund zeigen. Vermeiden Sie jedoch Bereiche mit störenden Objekten wie zum Beispiel Gartenhäuschen oder Telefonkabel.

2. **Nehmen Sie an der Kamera die Einstellungen vor, die am Anfang dieses Kapitels beschrieben sind.**

3. **Erklären Sie Ihrem Modell, wie es posieren soll.**

   Wenn Sie nicht gerade von einem Ort zum nächsten pilgern, suchen Sie eine Stelle, an der sich das Modell hinsetzen und es sich bequem machen kann.

4. **Begeben Sie sich mit dem Modell auf Augenhöhe.**

   Als Alternative können Sie auch aus einer tieferen Position fotografieren. Hingegen sollten Sie Ihr Modell auf keinen Fall von oben herab fotografieren – das vermittelt den Eindruck, es handle sich um einen schwachen Charakter.

5. **Zoomen Sie heran, positionieren Sie den Autofokus-Punkt genau über den Augen des Modells und drücken Sie den Auslöser halb herunter, um zu fokussieren.**

6. Komponieren Sie die Aufnahmen.

Sie werden mit interessanteren Bildern belohnt, wenn Sie das Modell nicht direkt in der Mitte positionieren. Wenn Ihr Motiv lange Haare hat, nutzen Sie diesen Vorteil, um die Aufmerksamkeit des Betrachters darauf zu lenken (siehe Abbildung 70.1).

Abbildung 70.1: Erzeugen Sie eine interessante Komposition.

7. Nehmen Sie das Foto auf, indem Sie den Auslöser ganz herunter drücken.

 Wenn die Umgebung architektonisch interessante Gebäude zu bieten hat, nehmen Sie ein Ganzkörperporträt auf. Wenn Ihr Modell eher klein ist, fotografieren Sie es aus einer tiefen Position. Fotos aus dieser Perspektive machen Personen größer, als sie tatsächlich sind (siehe Abbildung 70.2). Sie können dazu eine etwas kleinere Blendenöffnung verwenden (f/6,3 oder f/7,1), damit der Hintergrund besser zu erkennen, aber immer noch unscharf ist.

✔ **Das Modell ist zu dunkel.** Dieses Problem taucht bei Gegenlicht auf. Achten Sie darauf, dass die Person nicht mit dem Rücken zur Sonne steht. Wenn es sich nicht anders einrichten lässt, verwenden Sie die manuelle Belichtungskorrektur der Kamera oder hellen Sie die Schatten mit dem Blitzgerät auf.

Abbildung 70.2: Porträtieren Sie auch mit einer großen Tiefenschärfe.

Praktische Hilfe

✔ **Das Modell wirkt nicht entspannt.** Das ist fast immer der Fall, wenn die Person es nicht gewohnt ist, fotografiert zu werden. Warten Sie mit den Aufnahmen noch einige Minuten und machen Sie ein wenig Konversation, bis sich die Atmosphäre gelockert hat.

✔ **Das Modell ist nicht scharf abgebildet.** Der Autofokus-Punkt lag nicht über den Augen des Modells, als Sie fokussiert haben. Wiederholen Sie die Aufnahme und achten Sie genau darauf, über welcher Stelle des Bildes der Autofokus-Punkt zu liegen kommt. Wenn sich die Augen im Fokus befinden, wirkt auch der Rest des Bildes gelungen.

Purestock

71 Porträts von Neugeborenen

Kamera-Einstellungen

▶ **Belichtungsmessung:** Mittenbetont

▶ **Aufnahme-Betriebsart:** Einzelbild

▶ **Belichtungssteuerung:** Zeitautomatik (A)

▶ **Blendenöffnung:** f/3,5 oder größer (kleinere Blendenzahl)

▶ **ISO-Empfindlichkeit:** 200 bis 800

▶ **Autofokus:** Einzelautofokus

▶ **Autofokus-Messpunkt:** Einzelner Messpunkt

▶ **Brennweite:** 80 bis 100 mm (bezogen auf das Kleinbild-Format)

▶ **Bildstabilisator:** Eingeschaltet

Wenn Sie gerade der stolze Vater oder die stolze Mutter eines Kindes geworden sind, sollten Sie den Elterninstinkt für einen Moment beiseitelegen und stattdessen die Kamera holen, um einige unvergessliche Fotos zu schießen. Kinder wachsen unglaublich schnell heran, und wenn Sie Ihren Sprössling für einige Wochen nicht fotografieren, werden Sie erstaunt feststellen, was sich alles geändert hat – und wie groß das Loch in Ihrer Fotodokumentation geworden ist. Das weiche Licht, das durch ein Fenster fällt, eignet sich ideal für diese Art von Porträt.

Bereiten Sie Ihre Kamera vor

Wenn Sie ein Neugeborenes fotografieren, wünschen Sie sich ein weiches Licht und eine geringe Tiefenschärfe. Um das zu erreichen, fotografieren Sie mit Zeitautomatik und geben eine große Blendenöffnung vor, so dass sowohl der Vordergrund als auch der Hintergrund leicht unscharf sind, während das Baby genau im Fokus liegt. Der empfohlene ISO-Bereich eignet sich gleichermaßen für die ersten Aufnahmen in der Klinik als auch für die Aufnahmen am Fenster bei Ihnen zu Hause. Verwenden Sie den höchsten ISO-Wert nur dann, wenn das Licht wirklich schwach ist. Er erzeugt zwar ein leichtes Bildrauschen, doch dafür bleiben Sie von dunklen Schatten verschont – und das ist definitiv wichtiger. Die Brennweite eignet sich ideal für Nahaufnahmen des Kindes, wenn es von seinen Eltern im Arm gehalten wird. Ein weiches Tuch sorgt für eine angenehme Umgebung. Verwenden Sie unbedingt den Bildstabilisator, wenn die Kamera oder das Objektiv diese Einrichtung bietet – denn bereits das kleinste Zittern kann dazu führen, dass das fertige Bild nicht so scharf ist, wie es eigentlich sein könnte. Wenn Sie nicht auf einen Bildstabilisator zurückgreifen können, sollten Sie die Kamera auf einem Stativ montieren.

Schießen Sie Ihre Fotos

Ein Baby zu fotografieren, ist für jeden Elternteil eine zutiefst befriedigende Sache – aber auch für jeden anderen Fotografen. Wenn jemand in Ihrem Umfeld Nachwuchs bekommen hat, schnappen Sie sich die Kamera und machen Sie sich auf, um einige außergewöhnliche Bilder zu schießen. Wenn Sie jedoch nicht der Vater oder die Mutter sind, wird diese Art der Fotografie Ihre Geduld auf die Probe stellen. Wenn das Baby zu schreien beginnt, holen Sie tief Luft und entspannen Sie sich, während die Eltern den kleinen Schreihals versorgen.

1. **Stellen Sie einen Tisch unter ein Fenster ohne direkte Sonneneinstrahlung und polstern Sie ihn mit einem weichen Tuch.**

   Einige Fotografen verwenden sogar mehrere Schichten von Tüchern, um die Unterlage ein wenig weicher zu gestalten. Direktes Sonnenlicht stört die Augen eines Neugeborenen und erzeugt außerdem ein hartes, wenig gefälliges Licht. Aus demselben Grund sollten Sie das Baby nicht mit einem Blitzlicht verängstigen – auch dann nicht, wenn Sie es mit einem Diffusor abmildern.

2. **Bitten Sie die Eltern, das Kind auf den Tüchern abzulegen.**

   Das Kind beginnt vielleicht zu schreien. Warten Sie in diesem Fall, bis es die Eltern beruhigt haben.

3. **Zoomen Sie auf den gewünschten Bildausschnitt.**

4. **Richten Sie den Autofokus-Punkt auf jenes Auge des Kindes, das näher bei der Kamera liegt, und drücken Sie den Auslöser halb herunter, um zu fokussieren.**

5. **Komponieren Sie das Bild.**

   Suchen Sie eine interessante Perspektive. Komponieren Sie das Bild nach der Drittelregel und achten Sie darauf, dass die Augen des Babys auf die Schnittpunkte gemäß der Drittelregel zu liegen kommen.

Jedes Baby-Shooting ist erst komplett, wenn das Kind zusammen mit seinen Eltern fotografiert worden ist. Jeder möchte in ein paar Jahren ein Bild vorlegen können, das die innige Beziehung zwischen dem Kind und seinen Eltern zeigt. Wählen Sie dazu eine große Blendenöffnung von etwa f/4 und fokussieren Sie auf das Baby. Der Vater des Kindes ist leicht außerhalb des Fokus, aber immer noch einwandfrei zu erkennen (siehe Abbildung 71.1).

Abbildung 71.1: Fotografieren Sie das Kind mit seinem Vater.

Praktische Hilfe

✔ **Die Tücher, auf denen das Baby liegt, wirken dunkler, als sie eigentlich sind.** Wenn helles Licht durch das Fenster auf die Szene fällt, neigt die Kamera wahrscheinlich zu einer leichten Unterbelichtung, weil zu viel Licht gemessen wird. Verwenden Sie die manuelle Belichtungskorrektur, um das Bild aufzuhellen.

✔ **Wenn ich ein Kind mit seinen Eltern fotografiere, ist eine Seite des Bildes zu dunkel.** Dieses Problem taucht meistens dann auf, wenn der Raum dunkel und das einfallende Licht sehr hell ist. Schalten Sie jedoch nicht die Raumbeleuchtung ein, da Sie sonst Probleme mit dem Weißabgleich bekommen. Bitten Sie stattdessen ein Familienmitglied, das einfallende Licht mit einem weißen Tuch oder etwas Ähnlichem zu reflektieren.

72 Porträts am Fenster

Sie können einige sehr einnehmende Porträts von Personen schießen, wenn diese in der Nähe eines hellen Fensters stehen (so wie im Bild oben gezeigt). Solange die Sonne nicht direkt durch das Fenster scheint, ist das Licht weich, diffus und erzeugt fast keine Schatten – ideale Voraussetzungen also. Natürlich müssen Sie mit einigen Nachteilen umgehen können, besonders wenn die Person in einem dunklen Raum sitzt. Sie können ten zwar die Raumbeleuchtung einschalten, doch das bringt mit ziemlicher Sicherheit den Weißabgleich durcheinander, was die Vorteile dieses Standortes zunichtemacht.

Bereiten Sie Ihre Kamera vor

Wenn Sie jemanden in der Nähe eines Fensters fotografieren, werden Sie mit einer geringen Tiefenschärfe arbeiten wollen. Deshalb verwenden Sie die Zeitautomatik und geben eine große Blendenöffnung vor, so dass die Aufmerksamkeit des Betrachters ganz auf dem Modell liegt. Die Brennweite eignet sich ideal für verzerrungsfreie Porträts. Der empfohlene ISO-Bereich funktioniert für die meisten Lichtbedingungen. Falls verfügbar, sollten Sie den Bild-stabilisator einschalten, damit potenzielle Verwackelungen gedämpft werden.

Schießen Sie Ihre Fotos

Wenn Sie es nicht gerade mit einem professionellen Modell zu tun haben, werden Sie zuerst ein wenig Zeit investieren müssen, um die Person zu entspannen. Manchmal gelingen bereits nach dem ersten oder zweiten Schuss tolle Fotos, doch das ist die Ausnahme. Machen Sie sich stattdessen darauf gefasst, dass Sie ein wenig mehr Zeit brauchen werden.

1. **Schalten Sie alle Lichter im Raum aus.**

   Künstliche Lichtquellen führen zu Problemen beim Weißabgleich.

2. **Zeigen Sie dem Modell, wo es sitzen kann.**

   Die Sitzgelegenheit sollte dem Porträt gerecht werden. Einige Fotografen bevorzugen Stühle ohne Rückenlehne, die sich ideal für Kopf- und Schulterporträts eignen. Das Modell kann direkt in Richtung der Kamera sitzen oder sich in einem Winkel von 45 Grad zuwenden.

3. **Erklären Sie Ihrem Modell, wie es posieren soll.**

   Die richtige Pose ist ein anspruchsvolles Thema und würde den Umfang des Buches bei Weitem sprengen. Als Faustregel gilt, dass Sie symmetrische Kompositionen verhindern sollten. Beim Foto am Anfang dieses Kapitels sorgt das wunderbare Haar dafür, dass eine leicht asymmetrische Bildwirkung entsteht.

4. **Machen Sie ein wenig Konversation.**

   Suchen Sie nach einem Thema, das dem Modell gefällt. Wenn Sie die Person jedoch nicht kennen, stellen Sie einige Fragen – der Rest wird sich von alleine ergeben.

5. **Nehmen Sie an der Kamera die Einstellungen vor, die am Anfang dieses Kapitels beschrieben sind.**

   Platzieren Sie den Autofokus-Punkt über jenem Auge, das näher bei der Kamera ist, und drücken Sie den Auslöser halb herunter, um zu fokussieren.

6. **Komponieren Sie das Bild.**

   Auch bei dieser Beleuchtung können Sie wundervolle Schnappschüsse einfangen. Abbildung 72.1 zeigt eine Braut, die sich auf die Trauung im Freien vorbereitete. Der Regen setzte just in dem Moment ein, als ihre Frisur fertig war. Ich fotografierte ihren Gesichtsausdruck nur Sekunden danach.

Abbildung 72.1: Verpassen Sie keine fotografische Gelegenheit.

7. Drücken Sie den Auslöser ganz herunter, um den Verschluss auszulösen.

Wenn Ihr Modell eine Brille trägt, lassen Sie es den Kopf senken und über die Gläser blicken. Auf diese Weise werden die Reflexionen des Fensters sowohl in den Gläsern als auch in den Augen sichtbar.

Praktische Hilfe

✔ **Die eine Seite des Gesichts ist zu dunkel.** Dieses Problem tritt auf, wenn Sie in einem dunklen Raum fotografieren. Das Licht durch das Fenster beleuchtet nur eine Seite des Gesichts. Bitten Sie jemanden, ein großes weißes T-Shirt oder ein Tuch auf der Gegenseite zu halten, damit das einfallende Licht reflektiert wird.

✔ **Auf der Haut sind helle Flecken zu sehen.** Dieses – etwas heikle – Problem entsteht meistens bei einer fettigen Gesichtshaut. Wenn das Modell männlich ist, bitten Sie ihn, sich das Gesicht zu waschen. Wenn das Modell eine Frau ist, bitten Sie sie, sich das Gesicht zu waschen und ein leichtes Make-up aufzutragen. Allerdings ist hier ein wenig Fingerspitzengefühl gefragt. Bevor Sie Ihre Bitte anbringen, zeigen Sie Ihrem Modell das Bild auf dem Display der Kamera. In den meisten Fällen erkennt es das Problem selbst. Das ist der Zeitpunkt, um Ihr Anliegen zu platzieren.

73 *Erwachsenen-Porträts*

Kamera-Einstellungen

▶ **Belichtungsmessung:** Mittenbetont

▶ **Aufnahme-Betriebsart:** Einzelbild

▶ **Belichtungssteuerung:** Zeitautomatik (A)

▶ **Blendenöffnung:** f/4,5 bis f/7,1

▶ **ISO-Empfindlichkeit:** 100

▶ **Autofokus:** Einzelautofokus

▶ **Autofokus-Messpunkt:** Einzelner Messpunkt

▶ **Brennweite:** 85 bis 150 mm (bezogen auf das Kleinbild-Format)

▶ **Bildstabilisator:** Eingeschaltet

Menschen gibt es in allen Formen und Größen, doch eines haben sie alle gemeinsam: sie werden älter. Wenn Sie jemanden fotografieren, der schon einige Jahre auf dem Buckel hat, dann können Sie immer noch wunderschöne Porträts schießen. Allerdings gilt es dabei einiges zu beachten, denn Sie fotografieren kein Kind mit einer Pfirsichhaut. Deshalb sollten Sie beim Posieren und der Bildkomposition kreativ werden, damit Fotos entstehen, auf die Sie später stolz sein können.

Bereiten Sie Ihre Kamera vor

Porträts von älteren Personen anzufertigen kann eine Herausforderung sein – aber wenn Sie es richtig anpacken, ist es auch sehr

befriedigend. Die empfohlene Blendenöffnung ermöglicht traumähnliche Bilder, auf denen die Haare des Modells ganz leicht außerhalb des Fokus liegen (indem Sie eine große Blendenöffnung verwenden), aber auch solche, bei denen jedes Detail scharf abgebildet ist. Der einzelne Autofokus-Punkt ermöglicht es Ihnen, die Schärfe gezielt auf die Augen zu legen, wenn Sie mit einer großen Blendenöffnung arbeiten – denn wenn die Augen nicht im Fokus sind, wird der Betrachter das ganze Bild als unscharf empfinden. Die empfohlene Brennweite ermöglicht verzerrungsfreie Porträts ohne störende Einflüsse. Wenn die Kamera oder das Objektiv einen Bildstabilisator bietet, schalten Sie diesen ein, denn damit wirken Sie dem unvermeidlichen Zittern der Hände erfolgreich entgegen.

Schießen Sie Ihre Fotos

Wenn Sie eine ältere Person fotografieren, spielt das Licht eine entscheidende Rolle. Weiches Licht, das durch ein Fenster fällt (siehe Kapitel 72) oder ein bewölkter Himmel mit seiner diffusen Beleuchtung eignen sich bestens für diese Art der Fotografie. Ansonsten können Sie die Bilder auch in einem schattigen Bereich schießen. Die Verwendung des Blitzes mit montiertem Diffusor ist eine weitere Option.

1. **Nehmen Sie an der Kamera die Einstellungen vor, die am Anfang dieses Kapitels beschrieben sind.**

2. **Finden Sie eine interessante Stelle, um Ihr Modell zu fotografieren.**

   Wählen Sie einen Ort, an dem das Licht gut und der Hintergrund ruhig ist, so dass er nicht vom Modell ablenkt. Es sollten keine Telefonleitungen oder andere störende Elemente im Bild zu sehen sein. Ein Fenster oder eine Tür können interessante Hintergründe abgeben, solange das Modell nicht zu dicht daneben steht.

3. **Wenn Ihr Modell eine Frau ist, bitten Sie sie, ein leichtes Make-up aufzutragen.**

4. **Zeigen Sie Ihrem Modell, welche Posen Sie sich vorgestellt haben.**

   Wenn Sie im Freien fotografieren, bitten Sie die Person, irgendetwas zu machen, so wie in Abbildung 73.1 gezeigt.

5. **Zoomen Sie heran, positionieren Sie den Autofokus-Punkt über dem Auge, das näher bei der Kamera liegt und drücken Sie den Auslöser halb herunter, um zu fokussieren.**

6. **Komponieren Sie das Bild.**

   Blicken Sie durch den Sucher und optimieren Sie die Einstellungen. Vielleicht müssen Sie ein wenig näher heran- oder weiter wegzoomen, oder sogar eine andere Position einnehmen.

7. **Drücken Sie den Auslöser ganz herunter, um den Verschluss auszulösen.**

   Kontrollieren Sie das Bild auf dem Display der Kamera. In den wenigsten Fällen werden Sie auf Anhieb einen Toptreffer landen. Überprüfen Sie außerdem das Histogramm der Kamera, um zu sehen, ob das Bild korrekt belichtet worden ist.

Abbildung 73.1: Bitten Sie Ihr Modell, etwas zu tun.

Nachdem Sie einige tolle Bilder geschossen haben, entspannen Sie sich und legen Sie Ihre Kamera auf den Tisch oder – wenn Sie einen Kameragurt tragen – lassen Sie die Kamera einfach am Hals baumeln. Betreiben Sie mit dem Modell ein wenig Konversation. Wenn es eine interessante Pose einnimmt, schnappen Sie sich die Kamera und schießen Sie einige Schnappschüsse (siehe Abbildung 73.2).

Praktische Hilfe

✔ **Mein Modell hat viele Falten, die auf dem Foto zu sehen sind.** Moderne Kameras und Objektive schießen gestochen scharfe Fotos, bei denen auch die kleinsten Details zu sehen sind – ob es uns nun gefällt oder nicht. Sie können die Falten mit einer Bildverarbeitungs-software wie Photoshop Elements mildern. Oder Sie verwenden bereits bei der Aufnahme einen Weichzeichner-Filter, der außerdem eine ganz spezielle Stimmung vermittelt. Solche Filter erhalten Sie im Fachhandel in verschiedenen Stärken. Greifen Sie zu den kräftigen Modellen, wenn Sie eine ältere Person fotografieren.

✔ **Ein Modell möchte nicht, dass die Falten am Hals sichtbar sind.** Sie können die Falten ein wenig mildern, indem Sie das Modell bitten, den Kopf zu heben.

Purestock

Abbildung 73.2: Schießen Sie nach dem Pflichtprogramm noch einige Schnappschüsse.

74 Musiker

Kamera-Einstellungen

▶ **Belichtungsmessung:** Mittenbetont

▶ **Aufnahme-Betriebsart:** Einzelbild

▶ **Belichtungssteuerung:** Zeitautomatik (A)

▶ **Blendenöffnung:** f/4 oder f/5,6

▶ **ISO-Empfindlichkeit:** 100 bis 400

▶ **Autofokus:** Einzelautofokus

▶ **Autofokus-Messpunkt:** Einzelner Messpunkt

▶ **Brennweite:** 50 bis 100 mm (bezogen auf das Kleinbild-Format)

▶ **Bildstabilisator:** Eingeschaltet

Musik kann bezaubern, betören, begeistern. Genau wie Fotografen sind auch Musiker Künstler. Wenn Sie einen Musiker kennen oder sogar einen in der Familie haben, dürfen Sie diese Gelegenheit für tolle Fotos nicht versäumen. Einen Musiker fotografieren Sie nie für sich allein, sondern immer zusammen mit seinem Instrument, das Sie in die Bildkomposition einbeziehen. Wenn der Musiker sein Instrument zur Hand nimmt und zu spielen anfängt, ist das fast so, als würden Sie ein Liebespaar fotografieren.

Bereiten Sie Ihre Kamera vor

Bei dieser Art der Fotografie steht der Musiker mit seinem Instrument ganz im Mittelpunkt. Verwenden Sie deshalb die Zeitautomatik und geben Sie eine große Blendenöffnung vor. Wenn Sie diese Einstellung außerdem mit einem Teleobjektiv kombinieren, erhalten Sie eine minimale Tiefenschärfe, die klarmacht, dass der Musiker im Mittelpunkt des Interesses steht. Wenn Sie einen einzelnen Musiker fotografieren, verwenden Sie die längste empfohlene Brennweite. Wenn Sie hingegen zwei oder mehr Musiker fotografieren, zoomen Sie ein wenig heraus. Der empfohlene ISO-Wert ermöglicht an sonnigen Tagen Aufnahmen im Freien (ISO 100) als auch Innenaufnahmen (ISO 400). Auf jeden Fall sollten Sie den Bildstabilisator verwenden, wenn die Kamera oder das Objektiv eine solche Funktion anbieten – denn bereits das geringste Zittern der Hände kann dazu führen, dass das Bild unscharf wird.

Schießen Sie Ihre Fotos

Natürlich steht der Mensch im Mittelpunkt des Interesses. Das Instrument sollten Sie aber auf jeden Fall nutzen, um den Blick des Betrachters in die Bildmitte zu lenken. Das Instrument funktioniert als Gestaltungshilfe und unterstützt gleichzeitig den Musiker. Das Licht spielt ebenfalls eine große Rolle bei dieser Art der Fotografie. Wenn Sie im Freien fotografieren, sollten Sie ein schattiges Plätzchen suchen – es sei denn, der Himmel ist bewölkt und das Licht präsentiert sich weich und diffus. Wenn Sie den Musiker hingegen im Sonnenlicht fotografieren, wählen Sie für die Aufnahmen die frühen Morgenstunden oder den späten Nachmittag, wenn das Licht weich ist. Bei Innenaufnahmen eignet sich ein Platz am Fenster sehr gut, weil das Licht dort diffus und die Schatten weich sind.

1. **Bitten Sie den Musiker, sein Instrument zu spielen.**

   Warten Sie, bis er ganz in sein Spiel vertieft ist.

2. **Nehmen Sie an der Kamera die Einstellungen vor, die am Anfang dieses Kapitels beschrieben sind.**

   Die Zeit, die Sie dafür benötigen, hilft dem Musiker, sich ganz auf sein Spiel zu konzentrieren.

3. **Finden Sie einen interessanten Blickwinkel.**

   Wenn Sie einen Musiker bei der Arbeit fotografieren, seien Sie kreativ. Sie können das Modell leicht von oben oder auf Augenhöhe fotografieren. Wenn Sie hingegen ein Orchester auf der Bühne ablichten möchten, ziehen Sie eine leicht vertiefte Position in Betracht.

4. **Zoomen Sie heran.**

   Wenn der Musiker ein kompaktes Instrument spielt (zum Beispiel eine Flöte), nehmen Sie das ganze Instrument mit ins Bild auf. Wenn es sich hingegen um ein großes Instrument handelt (zum Beispiel ein Cello), können Sie auf den Oberkörper und die Hände zoomen.

5. **Positionieren Sie den Autofokus-Punkt über der Stelle, wo die Schärfe liegen soll, drücken Sie den Auslöser halb herunter, um zu fokussieren und komponieren Sie das Bild.**

   Wo das Zentrum der Schärfe liegt, ist ganz Ihnen überlassen. Sie können auf die Augen fokussieren, auf die Finger des Flötisten oder auf die Hände des Klavierspielers. Alles hängt davon ab, wie Sie das Bild zu komponieren gedenken.

Benutzen Sie das Instrument, um den Blick des Betrachters zu fesseln. In Abbildung 74.1 ziehen die Klaviertasten den Blick zum Jungen. Das Mädchen ist klar zu erkennen, aber sie ist nicht komplett im Fokus. Alle Elemente gehen ineinander über und fordern den Betrachter auf, sich eine Weile mit dem Bild zu beschäftigen, statt nur einen flüchtigen Blick darauf zu werfen. In diesem Fall war ein Aufhellblitz nötig, weil das Licht durch das Fenster sehr hell strahlte.

Abbildung 74.1: Integrieren Sie die Instrumente in die Bildkomposition.

6. Drücken Sie den Auslöser ganz herunter, um Ihr Foto zu schießen.

In vielen Städten sehen Sie Musiker, die auf der Straße ihr Instrument spielen. Solange Sie sich in einem sicheren Teil der Stadt aufhalten, lächeln Sie den Musiker an und zücken Sie Ihre Kamera. Wenn er nickt oder sogar zurücklächelt, haben Sie seine Erlaubnis zu fotografieren (siehe Abbildung 74.2).

Praktische Hilfe

✔ **Die eine Seite des Gesichts ist viel zu dunkel.** Das Licht strahlt stark von der Seite her und führt dazu, dass die abgewandte Seite unterbelichtet wird. Verwenden Sie einen Reflektor, ein weißes T-Shirt oder ein weißes Tuch, um das Licht auf der anderen Seite zu reflektieren und die Schatten damit aufzuhellen.

✔ **Das Instrument wird scharf im Fokus abgebildet, aber der Musiker nicht.** Schießen Sie das Foto noch einmal. Achten Sie darauf, dass der Autofokus-Punkt über dem Musiker aufleuchtet, wenn Sie fokussieren. Erst dann können Sie das Bild gestalten.

PhotoDisc, Inc./Getty Images

Abbildung 74.2: Fotografieren Sie einen Straßenmusiker.

75 Silhouetten

Kamera-Einstellungen

- ▶ **Belichtungsmessung:** Mittenbetont
- ▶ **Aufnahme-Betriebsart:** Einzelbild
- ▶ **Belichtungssteuerung:** Zeitautomatik (A)
- ▶ **Blendenöffnung:** f/8
- ▶ **ISO-Empfindlichkeit:** 800 oder höher
- ▶ **Autofokus:** Einzelautofokus
- ▶ **Autofokus-Messpunkt:** Einzelner Messpunkt
- ▶ **Brennweite:** 50 bis 80 mm (bezogen auf das Kleinbild-Format)
- ▶ **Bildstabilisator:** Eingeschaltet

*E*ine Person als Silhouette zu fotografieren, führt häufig zu abstrakten Bildern, die jedoch durchaus ihren künstlerischen Reiz haben. Sie können diese Art Bilder auch verwenden, um die Lebensweise von jemandem zu dokumentieren. Die Silhouette eines Mannes in seinem Büro (wie auf dem Foto oben) impliziert, dass diese Person sehr motiviert und zielstrebig arbeitet. Silhouetten zu fotografieren ist anspruchsvoll, doch dieses Kapitel zeigt Ihnen die richtigen Einstellungen, damit Sie Ihr Ziel erreichen.

Bereiten Sie Ihre Kamera vor

Wenn Sie die Silhouette einer Person aufnehmen möchten, dann soll der Betrachter auch erkennen, wie das Umfeld dieser Person aussieht. Deshalb fotografieren Sie in Zeitautomatik und geben eine mittlere Blendenöffnung vor (f/8), damit die Tiefenschärfe ein wenig ausgedehnt wird. Sie benötigen eine hohe ISO-Einstellung, weil Sie bei gedämpftem Licht fotografieren. Verwenden Sie ein Normalobjektiv (50 mm) oder ein leichtes Tele (80 mm); mit dieser Kombination können Sie wahlweise eine Übersicht aufnehmen oder näher an die Person herangehen.

Schießen Sie Ihre Fotos

Wenn Sie eine Silhouette fotografieren, ist die Komposition von elementarer Bedeutung. Sie möchten natürlich, dass der Blick des Betrachters von einer Kontur zur nächsten geleitet wird und irgendwann bei der Person ankommt. Das erreichen Sie, indem Sie die Szene durch den Sucher betrachten und das Hauptmotiv aus der Mitte rücken – vorzugsweise auf eine Achse gemäß der Drittelregel. Sie können andere Objekte verwenden, um die Aufmerksamkeit auf das Modell zu lenken. So könnte es zum Beispiel seinen Arm ausstrecken, um einen Gegenstand auf dem Tisch oder die Computermaus zu greifen. Die gerade Linie des Armes führt den Blick des Betrachters. Positionieren Sie die Lichtquelle (die ziemlich hell sein muss) hinter der Person.

1. **Nehmen Sie an der Kamera die Einstellungen vor, die am Anfang dieses Kapitels beschrieben sind.**

2. **Zeigen Sie Ihrem Modell, wo es stehen soll.**

   Die Lichtquelle muss sich hinter dem Modell befinden. Wenn Sie im Freien fotografieren, wählen Sie dazu den Sonnenaufgang oder Sonnenuntergang. Wenn Sie hingegen in einem Raum arbeiten, sollte sich das Modell vor einem Fenster befinden.

3. **Wenn Sie in einem Raum fotografieren, schalten Sie die Beleuchtung komplett aus.**

   Die Raumbeleuchtung würde dazu führen, dass das Modell beleuchtet wird, und so kann keine Silhouette entstehen.

4. **Zoomen Sie heran, positionieren Sie den Autofokus-Punkt über dem Modell und drücken Sie den Auslöser halb herunter, um zu fokussieren.**

5. **Komponieren Sie das Bild.**

   Sie erreichen eine interessantere Bildkomposition, wenn Sie das Modell nicht genau in der Bildmitte platzieren.

6. **Drücken Sie den Auslöser ganz herunter, um den Verschluss zu öffnen.**

 Sie können sogar eine ganze Umgebung als Silhouette abbilden, indem Sie neben der Person auch ihren Arbeitsplatz oder das Hobby abbilden. In Abbildung 75.1 sehen Sie einen Piloten, der zusammen mit der Silhouette seiner Propellermaschine aufgenommen wurde.

Corbis Digital Stock

Abbildung 75.1: Binden Sie die Umgebung in das Porträt mit ein.

Praktische Hilfe

✔ **Das Modell ist dunkel, aber keine Silhouette.** Dieses Problem tritt meistens dann auf, wenn der Helligkeitsunterschied zwischen dem Hintergrund und dem Modell zu klein ist. Sie können warten, bis der Unterschied größer wird – etwa dann, wenn die Sonne direkt durch das Fenster scheint. Sie können aber auch die Belichtungskorrektur der Kamera verwenden, um das Bild bewusst ein wenig unterzubelichten. Allerdings wird dadurch das ganze Bild dunkel, so dass Sie nur im Notfall zu dieser Technik greifen sollten.

✔ **Der Hintergrund ist zu scharf.** Vergrößern Sie den Abstand zwischen dem Hintergrund und dem Modell. Alternativ können Sie auch eine größere Blendenöffnung wählen.

76 Der beste Freund des Menschen

In vielen Familien genießen Hunde und Katzen den Stellenwert eines geschätzten Familienmitglieds. Unglücklicherweise bleiben Hunde und Katzen nicht so lange auf diesem Planeten wie ihre Besitzer. Als Familienhistoriker ist es deshalb Ihre Pflicht, die Haustiere zusammen mit den anderen Familienmitgliedern zu fotografieren. Verwenden Sie dieselben Techniken wie bei einem Porträt im Freien, doch machen Sie sich auf einige zusätzliche Herausforderungen gefasst. In diesem Kapitel zeige ich Ihnen, welche Einstellungen angebracht sind, damit unvergessliche Fotos entstehen.

Bereiten Sie Ihre Kamera vor

Wenn Sie das Haustier zusammen mit einem Familienmitglied fotografieren, stehen die beiden im Mittelpunkt. Natürlich wollen Sie eine geringe Tiefenschärfe, damit sich die Akteure vom Hintergrund abheben – deshalb fotografieren Sie mit Zeitautomatik und wählen eine große Blendenöffnung. Der ISO-Bereich eignet sich für Lichtbedingungen zwischen strahlendem Sonnenschein und schattigen Bereichen. Die empfohlene Brennweite eignet sich ideal für ein Porträt mit zwei Akteuren. Der einzelne Autofokus-Punkt erlaubt es Ihnen, den Bereich der absoluten Schärfe präzise zu setzen. Mit dem empfohlenen Brennweitenbereich haben Sie sogar die Option, näher heranzuzoomen, um ein noch intimeres Porträt zu schaffen. Verwenden Sie den Bildstabilisator, wenn die Kamera oder das Objektiv eine solche Einrichtung bieten – erst recht, wenn die Lichtverhältnisse schwach sind. Wenn kein Bildstabilisator verfügbar ist, erhöhen Sie bei Bedarf den ISO-Wert oder montieren Sie die Kamera auf einem Stativ.

Schießen Sie Ihre Fotos

Wenn Sie ein Haustier mit seinem Besitzer fotografieren, ist dieser sowohl Modell als auch »Tierbändiger«. Er kann sich mit dem Hund oder der Katze ein wenig beschäftigen, während Sie die Kamera vorbereiten. Diese Art der Fotografie wirkt am besten, wenn Sie die Aufnahmen im Freien machen. Überlassen Sie die Porträts mit dem gemalten Hintergrund und der Studiobeleuchtung den Profis. Bevor das Shooting beginnt, bitten Sie den Besitzer, das Tier ein bisschen zu kraulen.

1. **Finden Sie einen passenden Aufnahmeort.**

   Suchen Sie vorzugsweise nach einem Ort mit einem unauffälligen Hintergrund. Wenn dieser nämlich nervös wirkt, lenkt er den Betrachter von den eigentlichen Akteuren ab. Verlegen Sie den Fototermin wenn möglich auf die frühen Morgenstunden oder in den späten Nachmittag hinein, wenn die tief stehende Sonne ein goldenes Licht erzeugt, frei von harten Schatten. Alternativ können Sie die beiden auch an einer schattigen Stelle fotografieren.

2. **Erklären Sie dem Besitzer, welche Posen Sie sich vorstellen.**

   Der Besitzer wird das Haustier dazu bringen, zu kooperieren. Wenn es ein kleines Tier ist, sagen Sie dem Besitzer, er soll es halten. Wenn es sich um ein größeres Modell handelt, soll es sich hinsetzen, während der Besitzer neben ihm kniet.

3. **Finden Sie eine geeignete Perspektive.**

   Kontrollieren Sie, ob Sie sich mit dem Haustier und seinem Besitzer auf Augenhöhe befinden.

4. **Zoomen Sie auf die gewünschte Brennweite.**

   Sie können die beiden entweder als Ganzkörper-Porträt aufnehmen oder heranzoomen, so wie in Abbildung 76.1 gezeigt.

Abbildung 76.1: Zoomen Sie für ein intimes Porträt näher heran.

5. **Positionieren Sie den Autofokus-Punkt über dem näher liegenden Auge des Besitzers und drücken Sie den Auslöser halb herunter, um zu fokussieren.**

Sorgen Sie unbedingt dafür, dass die Augen genau im Fokus sind – besonders, wenn Sie mit einer geringen Tiefenschärfe arbeiten. Wenn die Augen nicht scharf sind, wirkt das ganze Foto unscharf, weil der Betrachter des Bildes automatisch auf die Augen achtet.

6. **Komponieren Sie das Bild.**

Wenn möglich sollten Sie das Haustier und den Besitzer nicht in der Mitte des Bildes anordnen. In Abbildung 76.1 verlagert die Neigung der drei Akteure den Schwerpunkt nach links.

7. **Drücken Sie den Auslöser ganz herunter, um das Bild zu schießen.**

Abbildung 76.2: Ein Mädchen und ihr Liebling

Praktische Hilfe

✔ **Das Bild ist nicht im Fokus.** Die Kamera konnte nicht scharf stellen, bevor Sie das Bild komponiert haben. Überzeugen Sie sich, dass die Fokusanzeige im Sucher aufleuchtet, bevor Sie das Bild komponieren. Außerdem muss die Schärfe auf den Augen des Besitzers oder des Hundes liegen.

✔ **Einer der beiden ist nicht im Fokus.** Vermutlich sind die Augen des Hundes und des Besitzers unterschiedlich weit entfernt. Korrigieren Sie die Pose so, dass beide Augenpaare etwa die gleiche Distanz zur Kamera aufweisen.

Corbis Images

77 High-Key-Porträts

Kamera-Einstellungen

▶ **Belichtungsmessung:** Mitten-betont

▶ **Aufnahme-Betriebsart:** Einzelbild

▶ **Belichtungssteuerung:** Zeitautomatik (A)

▶ **Blendenöffnung:** f/4 oder größer (kleinere Blendenzahl)

▶ **ISO-Empfindlichkeit:** 100 bis 400

▶ **Autofokus:** Einzelautofokus

▶ **Autofokus-Messpunkt:** Einzelner Mess-punkt

▶ **Brennweite:** 70 bis 85 mm (bezogen auf das Kleinbild-Format)

▶ **Bildstabilisator:** Eingeschaltet

Wenn Sie eine Person mit hellen Haaren und hellen Kleidern vor einem hellen Hintergrund fotografieren, dann nennt man diese Art der Fotografie »High-Key-Porträt«. Wenn Sie solche Aufnahmen in einem Studio und unter Zuhilfenahme einer ziemlich teuren Beleuchtung schießen, dann sieht es aus, als würde das Haar mit dem Hintergrund verschmelzen. Doch wir sind Normalsterbliche, lediglich ausgerüstet mit unseren digitalen Spiegelreflexkameras und unseren Blitzgeräten – und deshalb verfügen wir nicht über den Luxus einer teuren Beleuchtung, mit der man Wände in ein strahlendes, weißes Licht tauchen kann. High-Key-Porträts sind außerdem schattenlos, was sich mit einer teuren Studiobeleuchtung ebenfalls problemlos bewerkstelligen lässt. Wir hingegen müssen ein wenig improvisieren, um denselben Effekt zu erreichen.

Bereiten Sie Ihre Kamera vor

High-Key-Porträts sind Bilder, die ein gutes Gefühl vermitteln sollen – wie zum Beispiel fröhliche Kinder vor einer weißen oder ganz leicht getönten Wand. Um die Aufmerksamkeit ganz auf die Person zu lenken, benötigen Sie eine geringe Tiefenschärfe; deshalb fotografieren Sie mit Zeitautomatik und geben eine große Blendenöffnung vor (also eine kleine Blendenzahl). Der ISO-Bereich eignet sich ideal für Aufnahmen im hellen Licht (ISO 100) oder bei Innenaufnahmen (ISO 400), da beide Werte relativ rauschfreie Bilder erzeugen. Die empfohlene Brennweite sorgt für angenehme Proportionen ohne jegliche Verzerrungen, was sie für Porträts prädestiniert. Den Bildstabilisator sollten Sie eigentlich nicht benötigen, doch er kann Ihnen helfen, den Bildern den letzten Rest Schärfe zu verleihen.

Schießen Sie Ihre Fotos

Der Standort und die Beleuchtung sind alles, wenn Sie ein High-Key-Porträt anfertigen. Da Sie nicht auf eine teure Studiobeleuchtung zurückgreifen können, müssen Sie den Standort besonders sorgfältig wählen. Sogar wenn Sie mit einem externen Blitz ausgerüstet sind, der über die Kamera ausgelöst werden kann, so ist dieser doch nicht kraftvoll genug, um einen Hintergrund in pures Weiß zu verwandeln. Die folgende Anleitung zeigt Ihnen eine gangbare Alternative.

1. **Finden Sie einen geeigneten Ort für das Porträt.**

   Wenn Sie ein High-Key-Porträt anfertigen, benötigen Sie einen hauchdünn eingefärbten Hintergrund. Idealerweise finden Sie eine Wand mit einer hell kolorierten Tapete ohne Muster. Wenn diese Wand auch noch heller ist als das Motiv davor, dann haben Sie Ihren Hintergrund gefunden. Wenn Sie die Aufnahmen im Freien schießen und die Mauer steht im hellen Sonnenlicht, dann finden Sie einen schattigen Bereich für Ihr Modell. Wenn Sie in Innenräumen fotografieren und das Gebäude über eine starke Deckenbeleuchtung verfügt, hängen Sie ein weißes Tuch an die Wand und stellen Sie das Modell davor.

2. **Nehmen Sie an der Kamera die Einstellungen vor, die am Anfang dieses Kapitels beschrieben sind.**

3. **Erklären Sie Ihrem Modell, wie es posieren soll.**

    Ein Leitfaden über das Posieren würde den Rahmen dieses Buches bei Weitem sprengen, aber es gibt einige universelle Tipps. Sie kommen zu ansprechenden Fotos, wenn das Modell nicht genau in der Mitte platziert wird. Außerdem können Sie es bitten, zur Kamera zu blicken und eine Schulter leicht anzuheben.

4. **Positionieren Sie den Autofokus-Punkt über dem Auge, das näher bei der Kamera liegt, und drücken Sie den Auslöser halb herunter, um zu fokussieren.**

5. **Komponieren Sie das Bild und drücken Sie den Auslöser ganz herunter, um den Verschluss auszulösen.**

   Vermeiden Sie es auf jeden Fall, das Modell in der Bildmitte zu platzieren. Komponieren Sie das Bild so, dass der Arm des Modells den Blick des Betrachters in das Bild hineinführt. Positionieren Sie die Augen gemäß der Drittelregel.

Improvisieren Sie ein Studio im Freien, indem Sie hinter dem Modell weiße Tücher oder Vorhänge aufhängen. Für die Befestigung können Sie zwei Leitern verwenden. Die Lichtquelle sollte sich hinter den Vorhängen befinden, so dass der Stoff das Licht streut. Platzieren Sie das Modell vor dem Vorhang und schießen Sie mehrere Bilder. Sie werden einen Aufhellblitz oder die Belichtungskorrektur benötigen, um das Modell korrekt zu belichten (siehe Abbildung 77.1).

Abbildung 77.1: Improvisieren Sie ein Studio mit Vorhängen.

Praktische Hilfe

✔ **Mein Modell ist auf dem Foto zu dunkel.** Diesen Umstand können Sie zu Ihrem Vorteil nutzen. Erhöhen Sie die Belichtung, bis das Modell korrekt belichtet ist: Dabei wird auch der Hintergrund heller – und das ist ja das Ziel der Übung.

✔ **Ich verwende die Raumbeleuchtung und ein Blitzlicht, aber die Farben entsprechen nicht der Realität.** Dieses Problem taucht auf, wenn die Raumbeleuchtung und das Blitzlicht unterschiedliche Farbtemperaturen haben. Schlagen Sie im Handbuch Ihrer Kamera nach, um zu erfahren, wie Sie einen individuellen Weißabgleich erstellen können.

Purestock

78 Low-Key-Porträts

Low-Key-Porträts sind die dunklen Geschwister der High-Key-Porträts und vermitteln fast schon eine finstere Stimmung. Sie fotografieren eine Person mit dunklem Haar oder dunkler Haut vor einem dunklen Hintergrund, oder aber auch Personen mit hellem Haar und einem hellen Teint vor einem schwarzen Hintergrund. Dabei verschmelzen die Kleider nahezu mit der Wand. Diese Art der Beleuchtung stellt einige Anforderungen an den Fotografen, doch mit den Einstellungen und Tipps in diesem Kapitel werden Sie diese meistern.

Bereiten Sie Ihre Kamera vor

Low-Key-Porträts eignen sich ideal für Schauspieler, Athleten und Menschen mit dunklem Haar (das vor einem dunklen Hintergrund toll wirkt). Die Tiefenschärfe ist wichtig, deshalb fotografieren Sie mit Zeitautomatik und geben eine große Blendenöffnung vor (also eine kleine Blendenzahl). Der ISO-Wert eignet sich perfekt für eine relativ dunkle Szene. Die Brennweite wiederum sorgt für verzerrungsfreie Porträts. Der Bildstabilisator kann nützlich sein.

Schießen Sie Ihre Fotos

Nehmen Sie Ihre Kreativität, ein williges Modell und einen dunklen Hintergrund, und Sie haben alle Zutaten für ein tolles Low-Key-Porträt. Mischen Sie noch ein wenig Erfahrung dazu, dann kann nichts mehr schiefgehen.

1. **Finden Sie den passenden Ort für das Porträt.**

   Der ideale Ort wäre eine Höhle. Doch ernsthaft: Sie müssen eine wirklich dunkle Wand finden. Wenn Sie nicht fündig werden, hängen Sie einen schwarzen Stoff an die Wand.

2. **Schalten Sie die gesamte Raumbeleuchtung aus und nehmen Sie die Einstellungen vor, die am Anfang dieses Kapitels beschrieben worden sind.**

3. **Erklären Sie Ihrem Modell, wie es posieren soll.**

 Eine Anleitung über das Posieren sprengt den Umfang dieses Buches. Für diese Art der Fotografie eignet sich jedoch ein wenig Macho-Gehabe, indem das Modell zum Beispiel die Arme verschränkt.

4. **Fügen Sie ein Aufhelllicht hinzu.**

   Sie können die Aufnahme in der Nähe eines Fensters schießen oder aber den Blitz der Kamera verwenden – vorausgesetzt, Sie haben einen Diffusor angebracht.

5. **Positionieren Sie den Autofokus-Punkt über dem Auge des Modells, das näher bei der Kamera liegt, und drücken Sie den Auslöser halb herunter, um zu fokussieren.**

6. **Komponieren Sie das Bild und drücken Sie den Auslöser ganz herunter, um den Verschluss auszulösen.**

   Komponieren Sie das Bild so, dass das Modell nicht in der Mitte platziert ist, sondern eher so wie in Abbildung 78.1. Bei dieser Aufnahme ist der Basketball-Spieler perfekt nach der Drittelregel aufgestellt.

 Wenn in Ihrer Familie Senioren mit grauem Haar leben, haben Sie ein ausgezeichnetes Motiv, da das Haar einen wunderbaren Kontrast zum schwarzen Hintergrund bildet. Bitten Sie Ihr Model, schwarze Kleidung zu tragen und fotografieren Sie es vor einem schwarzen Hintergrund. Indirektes Licht, das durch ein Fenster scheint, rundet das Ganze ab. Die Gesichter und Haare sind sichtbar, doch die Kleidung verschmilzt mit dem Hintergrund.

PhotoDisc, Inc./Getty Images

Abbildung 78.1: Komponieren Sie das Bild auf eine interessante Weise.

Praktische Hilfe

✔ **Das Modell ist zu hell.** Der Belichtungsmesser der Kamera wurde von der dunklen Szene überlistet. Verwenden Sie die Belichtungskorrektur der Kamera, um das Bild dunkler zu belichten. Damit wird auch der Hintergrund abgedunkelt und Sie kommen Ihrem Ziel automatisch ein wenig näher: ein schwarzer Hintergrund.

✔ **Ich verwende das Licht neben einem Fenster, und die eine Seite des Gesichts ist zu dunkel.** Bitten Sie jemanden, ein weißes Tuch neben die dunkle Gesichtshälfte zu halten, damit das Licht reflektiert und die Schatten aufgehellt werden.

Teil V

Sehenswürdigkeiten

The 5th Wave

By Rich Tennant

»Ich habe die ›Rote-Augen-Korrektur‹ gefunden.
Jetzt suche ich eine Funktion, die Eure Frisuren rettet.«

In diesem Teil ...

Sie leben in einem Haus, das in einer Stadt steht, die zu einem bestimmten Bundesland gehört. Sie leben aber vielleicht auch in der Nähe von Aquarien, historischen Gebäuden, Vergnügungsparks und so weiter. Alle diese Plätze sind interessante Objekte für Fotografen, und Sie können dort großartige Bilder schießen – solange Sie wissen, welche Einstellungen Sie dazu verwenden müssen. In diesem Teil des Buches zeige ich Ihnen, dass es gar keine Kunst ist, solche Plätze zu fotografieren, und liefere Ihnen die passenden Einstellungen.

79 Kirchen

Kamera-Einstellungen

▶ **Belichtungsmessung:** Mittenbetont

▶ **Aufnahme-Betriebsart:** Einzelbild

▶ **Belichtungssteuerung:** Zeitautomatik (A)

▶ **Blendenöffnung:** f/11 bis f/16

▶ **ISO-Empfindlichkeit:** 100 bis 400

▶ **Autofokus:** Einzelautofokus

▶ **Autofokus-Messpunkt:** Einzelner Messpunkt

▶ **Brennweite:** 28 bis 50 mm (bezogen auf das Kleinbild-Format)

▶ **Bildstabilisator:** Optional

Für Menschen aller Nationalitäten, Rassen und Religionen sind Kirchen heilige Plätze der Anbetung. Häufig sind sie jedoch auch stattliche architektonische Bauwerke, die auf einen Fotografen wie ein Magnet wirken. Eindrucksvolle Kirchen finden Sie vielleicht in Ihrer Stadt oder auf Reisen. Die alten Kirchen in Amerika und Europa (wie diejenige auf dem Bild oben) sind sowohl eindrucksvoll als auch ein Fenster zur Vergangenheit. Ausgerüstet mit den Einstellungen in diesem Kapitel und Ihrer bewährten Spiegelreflexkamera können Sie jede Kirche fotografieren, die Sie auf Ihren Reisen besuchen. Dieselben Techniken gelten natürlich auch, wenn Sie Tempel oder andere heilige Gebäude fotografieren.

Bereiten Sie Ihre Kamera vor

Wenn Sie eine Kirche fotografieren, möchten Sie, dass jedes Detail scharf abgebildet ist – und dazu benötigen Sie eine große Tiefenschärfe. Die empfohlene Brennweite erlaubt das Fotografieren einer Kirche aus der Nähe (28 Millimeter) als auch die Aufnahme kleiner Kirchen aus einer größeren Distanz (50 Millimeter). Wenn Sie hingegen eine Kirche aus der Ferne fotografieren, werden Sie eine längere Brennweite von 100 Millimeter oder mehr benötigen. Die empfohlene Blende liefert eine große Tiefenschärfe, ganz besonders im Weitwinkelbereich. Der ISO-Bereich deckt sowohl helles Sonnenlicht ab (ISO 100) als auch einen bewölkten Himmel (ISO 400). Der Bildstabilisator (der eigentlich immer nützlich ist) wird nicht benötigt – es sei denn, die Verschlusszeit fällt unter eine 1/50 Sekunde beim 50-Millimeter-Objektiv oder unter eine 1/30 Sekunde beim 28-Millimeter-Objektiv.

Schießen Sie Ihre Fotos

Wenn Sie eine Kirche fotografieren, finden Sie eine besondere Perspektive, die dazu animiert, auch die Details des Bildes zu untersuchen. Beziehen Sie sowohl die Umgebung als auch architektonische Elemente mit ein, um den Blick des Betrachters in das Bild zu ziehen und ihn durch die verschiedenen Details zu begleiten. Die Beleuchtung ist ebenfalls sehr wichtig, wenn Sie ein solches Gebäude fotografieren: Gehen Sie hartem Mittagslicht aus dem Weg, weil die dunklen Schatten das Foto ruinieren können. Wenn Sie die Kirche hingegen am frühen Morgen oder in den späten Nachmittagsstunden fotografieren, erhalten Sie ein wundervolles goldenes Licht und weiche Schatten, so dass auch die kleinsten Details des Gebäudes sichtbar werden.

1. **Wenn Sie eine Kirche sehen, die Sie fotografieren möchten, nehmen Sie an der Kamera die Einstellungen vor, die am Anfang dieses Kapitels beschrieben sind.**

2. **Finden Sie eine geeignete Perspektive, aus der Sie die Kirche fotografieren möchten.**

3. **Zoomen Sie heran, um die Umgebung rund um die Kirche ein wenig zu beschneiden.**

4. **Komponieren Sie das Bild.**

   Wandern Sie ein wenig herum, bis Sie im Sucher ein Element entdecken, das Sie in die Komposition mit einbeziehen können (zum Beispiel eine Treppe). Platzieren Sie dieses Element jedoch nicht in der Bildmitte; verwenden Sie stattdessen eine interessantere Bildkomposition, so wie in Abbildung 79.1. (Wenn ich ein Gebäude fotografiere, knie ich manchmal nieder, damit ich mehr vom Vordergrund auf dem Bild habe.) Kontrollieren Sie außerdem, dass sich keine unerwünschten Objekte auf dem Bild befinden wie zum Beispiel Abfalleimer, Telefonleitungen oder Ähnliches.

5. **Drücken Sie den Auslöser halb herunter, um zu fokussieren – anschließend drücken Sie den Auslöser ganz herunter, um Ihr Bild zu schießen.**

   Prüfen Sie das Ergebnis auf dem Display der Kamera auf eventuelle Probleme.

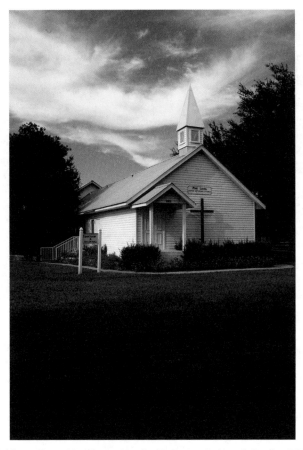

*Abbildung 79.1: Platzieren Sie die Treppe auf einer Seite des Bildes,
um eine attraktive Komposition zu erzielen.*

Nachdem Sie die Kirche von außen fotografiert haben, wenden Sie sich dem Inneren zu, das oft mindestens genauso schön ist (siehe Abbildung 79.2). Sie können dieselben Einstellungen verwenden, doch Sie werden mit einer langsameren Verschlusszeit konfrontiert, weil weniger Licht vorhanden ist. Sie können entweder den ISO-Wert erhöhen (was zu Bildrauschen führen kann, doch Sie haben das Bild wenigstens im Kasten), die Kamera auf einem Stativ montieren (falls diese in der Kirche erlaubt sind) oder sie auf eine stabile Unterlage stellen.

Praktische Hilfe

✔ **Meine Bilder vom Inneren der Kirche sind unscharf.** Ihr Stativ ist vielleicht nicht stabil genug für Ihre Kamera. Oder die Unterlage ist zwar stabil, aber die Verwackelung entsteht, wenn Sie den Auslöser an der Kamera drücken. Verwenden Sie in solchen Fällen den Selbstauslöser, so dass Sie die Kamera nicht anfassen müssen, um sie auszulösen.

Abbildung 79.2: Fotografieren Sie auch das Innere der Kirche.

✔ **Die Kirche scheint auf mich herabzustürzen.** Sie stehen zu nahe bei der Kirche und müssen die Kamera kippen, um das ganze Gebäude aufs Bild zu bekommen. Zoomen Sie weiter weg (falls möglich) oder treten Sie einige Meter zurück, bis das ganze Gebäude im Sucher Platz hat, ohne dass Sie die Kamera kippen müssen.

✔ **Die Türen der Kirche wirken zurückgesetzt und ich kann keine Details erkennen.** Dieses Problem taucht auf, wenn die Sonne nicht tief genug steht, um die Tür direkt zu beleuchten. Kommen Sie später wieder, wenn die Sonne tiefer steht und direkt auf die Tür scheint.

80 Skylines

Kamera-Einstellungen

- ▶ **Belichtungsmessung:** Mittenbetont
- ▶ **Aufnahme-Betriebsart:** Einzelbild
- ▶ **Belichtungssteuerung:** Zeitautomatik (A)
- ▶ **Blendenöffnung:** f/8 oder kleiner (größere Blendenzahl)
- ▶ **ISO-Empfindlichkeit:** 100 bis 400
- ▶ **Autofokus:** Einzelautofokus
- ▶ **Autofokus-Messpunkt:** Einzelner Messpunkt
- ▶ **Brennweite:** 28 bis 100 mm (bezogen auf das Kleinbild-Format)
- ▶ **Bildstabilisator:** Optional

Jede Stadt weist eine einmalige Silhouette auf, auch »Skyline« genannt. Sie besteht aus Gebäuden mit einer besonderen Form und Anordnung, die jeder wiedererkennt, der die Stadt schon einmal besucht hat. Große Städte wie zum Beispiel New York City werden sogar von Leuten erkannt, die nie selbst dort waren. Wenn Sie in einer Stadt mit einer interessanten Skyline leben, können Sie einige wundervolle Bilder schießen, indem Sie die Einstellungen in diesem Kapitel verwenden. Das Bild oben zeigt übrigens die Skyline von Tampa, Florida.

Bereiten Sie Ihre Kamera vor

Wenn Sie die Skyline einer Stadt fotografieren, sollen auch die kleinsten Details sichtbar werden. Deshalb fotografieren Sie mit Zeitautomatik und geben eine ziemlich große Blendenöffnung vor, weil dies zu einer großen Tiefenschärfe führt – das gilt erst recht, wenn Sie auch noch ein Weitwinkel verwenden. Die empfohlene Brennweite erlaubt sowohl die Aufnahme einer ausgedehnten Skyline als auch das Heranzoomen auf eine markante Stelle. Der empfohlene ISO-Bereich funktioniert im hellen Sonnenlicht und bei bewölktem Himmel. Wenn Sie die Skyline an einem dunstigen Tag oder am späten Abend fotografieren, müssen Sie den ISO-Wert heraufsetzen oder die Kamera auf einem Stativ montieren.

Schießen Sie Ihre Fotos

Wenn Sie die Skyline einer Stadt fotografieren, sollten Sie einen Aussichtspunkt verwenden, an dem sie in ihrer ganzen Pracht bewundert werden kann. Doch wenn die ganze Welt die Skyline vom selben Aussichtspunkt aus fotografiert, werden die Leute Ihr Bild zwar honorieren, aber schnell zum nächsten wechseln. Gehen Sie die Sache deshalb mit einer gewissen Gelassenheit und Ruhe an. Wenn Sie die Skyline nämlich aus verschiedenen, gut gewählten Perspektiven fotografieren, werden Sie am Schluss mit einmaligen Aufnahmen belohnt, die sich von denen anderer Fotografen deutlich abheben.

1. **Fahren Sie zu der Stelle, von der aus Sie die Skyline fotografieren möchten.**

   Sie sehen sehr viel mehr und entdecken interessante Orte schneller, wenn Sie nicht der Fahrer, sondern der Beifahrer sind.

2. **Nehmen Sie an der Kamera die Einstellungen vor, die am Anfang dieses Kapitels beschrieben sind.**

   Finden Sie eine interessante Perspektive, aus der Sie die Skyline fotografieren können und drücken Sie den Auslöser halb herunter, um zu fokussieren.

3. **Komponieren Sie das Bild und zoomen Sie – falls nötig – ein wenig heran, um die interessanten Gebäude prominenter abzubilden.**

   Wenn Sie eine spezielle Anordnung fotografieren (wie zum Beispiel das Empire State Building in New York City sowie die umliegenden Gebäude), drehen Sie die Kamera ins Hochformat, so dass das Bild den Proportionen der Gebäude gerecht wird. Abbildung 80.1 zeigt das Gebäude der Bank of Amerika in Tampa, Florida. Beachten Sie, wie sich die Brücke im Wasser spiegelt und den Blick des Betrachters zum Gebäude lenkt.

4. **Drücken Sie den Verschluss ganz herunter, um Ihr Foto zu schießen.**

   Um ein einmaliges Bild einer Sehenswürdigkeit zu machen, fragen Sie die Einheimischen nach der besten Perspektive. Nehmen Sie das Gebäude aufs Korn und warten Sie, bis jemand die Szene betritt (siehe Abbildung 80.2).

Abbildung 80.1: Drehen Sie die Kamera ins Hochformat, um hohe Gebäude innerhalb der Skyline zu fotografieren.

Abbildung 80.2: Fotografieren Sie eine Sehenswürdigkeit aus einer außergewöhnlichen Perspektive.

Praktische Hilfe

✔ **Das Bild wirkt ein wenig schief.** Wenn Sie eine Skyline fotografieren, sehen Sie oft keinen Horizont, an dem Sie sich orientieren können. Schießen Sie das Foto noch einmal und achten Sie auf die vertikalen Linien in der Mitte des Bildes: Sie müssen exakt senkrecht stehen.

✔ **Die Gebäude wirken verzerrt.** Mit diesem Problem werden Sie immer konfrontiert, wenn Sie mit einem starken Weitwinkel fotografieren. Verwenden Sie nach Möglichkeit eine etwas längere Brennweite und fotografieren Sie die Skyline noch einmal.

✔ **Die Gebäude im Bild scheinen auf mich zu stürzen.** Dieses Problem taucht auf, wenn Sie zu nahe bei den Gebäuden stehen und die Kamera nach oben neigen, damit alles im Sucher ist. Vergrößern Sie die Distanz, bis Sie den gewünschten Bildausschnitt erreichen, ohne die Kamera zu neigen.

81 Städte bei Sonnenuntergang

*W*enn die Sonne untergegangen ist, können Sie Ihre Kamera beiseitelegen und einen gemütlichen, ruhigen Abend zu Hause erleben. Doch der Sonnenuntergang selbst kann eine magische Zeit sein. Wenn die Sonne langsam hinter dem Horizont verschwindet, geht in der Stadt ein Licht nach dem anderen an und die ganze Szenerie wird in prächtige Farben mit viel Orange und Violett getaucht. Verwenden Sie die Einstellungen in diesem Kapitel, um einige sehr interessante Ansichten der Stadt einzufangen.

Bereiten Sie Ihre Kamera vor

Um eine Stadt bei Sonnenuntergang zu fotografieren, wählen Sie die Zeitautomatik und geben die größte Blendenöffnung vor (also die kleinste Blendenzahl), die Ihnen zur Verfügung steht. Dadurch generieren Sie eine sehr geringe Tiefenschärfe, aber das wird teilweise kompensiert, indem Sie eine kurze Brennweite von 28 Millimeter oder 50 Millimeter verwenden – und Sie natürlich auf den wichtigsten Teil der Szene fokussieren. Wenn Sie die Stadt aus der Ferne fotografieren so wie in Abbildung 81.1, wird das eine einfache Aufgabe werden. Wenn Sie jedoch innerhalb der Stadt stehen, analysieren Sie die Szene; entscheiden Sie, welche Objekte besonders auffällig sind und den Blick des Betrachters ins Bild ziehen können. Benutzen Sie diese Objekte als Blickfang. Der empfohlene ISO-Wert ist hoch und kann zu Bildrauschen führen, besonders wenn Ihre Kamera schon etwas älter ist. Allerdings benötigen Sie diesen hohen ISO-Wert, wenn Sie kein Stativ verwenden. Der Bildstabilisator ist in dieser Situation besonders wertvoll, falls Ihre Kamera oder das Objektiv damit ausgerüstet sind.

Schießen Sie Ihre Fotos

Der offensichtliche Zeitpunkt, um eine Stadt bei Sonnenuntergang zu fotografieren, ist dann, wenn die Sonne langsam verschwindet und die Wolken am Himmel von unten beleuchtet werden. Viele Fotografen mögen es, bei dieser Stimmung ein wenig herumzuhängen und darauf zu warten, was passiert. Wenn Sie also eine interessante Stadtansicht bei Sonnenuntergang fotografieren, machen Sie es sich gemütlich und warten Sie, bis sich eine gefällige Ansicht zeigt.

1. **Nehmen Sie an der Kamera die Einstellungen vor, die am Anfang dieses Kapitels beschrieben sind.**

2. **Sobald sich eine besonders hübsche Szene aufbaut, finden Sie eine interessante Perspektive.**

 Wenn Sie die empfohlene Brennweite überschreiten, wird die Verschlusszeit eventuell nicht ausreichen, um aus der Hand scharfe Fotos zu schießen.

3. **Positionieren Sie den Autofokus-Punkt über dem wichtigsten Bildelement in der Szene und drücken Sie den Auslöser halb herunter, um zu fokussieren.**

4. **Schwenken Sie die Kamera zum gewünschten Ausschnitt.**

   Wenn Sie hohe Gebäude fotografieren oder der Himmel besonders interessant aussieht, platzieren Sie den Horizont im unteren Drittel des Bildes. Drehen Sie die Kamera ins Hochformat und Sie erhalten den Effekt, den Sie sich gewünscht haben.

5. **Schießen Sie das Foto, indem Sie den Auslöser ganz herunterdrücken.**

 Falls die Stadt an einem Gewässer liegt, platzieren Sie dieses im Vordergrund. Bei Sonnenuntergang entstehen faszinierende Reflexionen der Stadt und ihrer Lichter (siehe Abbildung 81.1). Das ist übrigens dieselbe Stadt, die Sie bereits auf der ersten Seite dieses Kapitels gesehen haben. Beachten Sie den Unterschied zwischen den beiden Fotos. Abbildung 81.1 wurde mit einer kleineren Blendenöffnung und einem tiefen ISO-Wert aufgenommen. Das führte zwar zu einer längeren Verschlusszeit, doch das spielte keine Rolle, weil die Kamera auf einem Stativ montiert war.

Abbildung 81.1: Fotografieren Sie eine Stadt mit einem See im Vordergrund.

Praktische Hilfe

✔ **Das Foto ist verrauscht.** Der hohe ISO-Wert verursacht solche Probleme – besonders, wenn auf dem Bild große einfarbige Flächen zu sehen sind, wie zum Beispiel der dunkle Himmel oder Schatten. Fotografieren Sie die Szene aus einer anderen Perspektive, die nicht so viele einfarbige Stellen enthält.

✔ **Teile des Bildes sind unscharf.** Das liegt an der offenen Blende. Wechseln Sie den Standort und fotografieren Sie von einer Stelle aus, an der weniger Objekte im Vordergrund zu sehen sind.

✔ **Das ganze Bild ist unscharf.** Dieses Problem tritt auf, wenn das Licht sehr schwach und die Verschlusszeit so lang ist, dass Fotos aus der Hand nicht mehr scharf abgebildet werden können. Verwenden Sie ein Stativ oder drehen Sie den ISO-Wert herauf. Sie können die Kamera auch auf einer stabilen Unterlage platzieren (wie zum Beispiel einer Parkbank oder einer Mauer) und außerdem den Selbstauslöser aktivieren. Wenn Sie den Auslöser drücken, läuft der Countdown der Kamera und anschließend wird das Bild gemacht. Dadurch verschwindet jede Unschärfe, die durch das Drücken des Auslösers entstanden wäre.

82 Straßen bei Nacht

Kamera-Einstellungen

- **Belichtungsmessung:** Mittenbetont
- **Aufnahme-Betriebsart:** B (»Bulb«)
- **Blendenöffnung:** f/11 oder kleiner (größere Blendenzahl)
- **ISO-Empfindlichkeit:** 100
- **Autofokus:** Einzelautofokus
- **Autofokus-Messpunkt:** Einzelner Messpunkt
- **Brennweite:** 28 bis 50 mm (bezogen auf das Kleinbild-Format)
- **Bildstabilisator:** Ausgeschaltet

Wenn Sie eine größere Stadt besuchen oder sogar dort leben, können Sie nach Sonnenuntergang einige sehr spezielle Fotos schießen: von Lichtern, vorbeifahrenden Autos und sogar von schemenhaften Personen. Dabei bleibt der Verschluss so lange offen, wie Sie den Auslöser gedrückt halten. Das fertige Foto zeigt sowohl statische, scharf abgebildete Objekte (wie zum Beispiel Gebäude), aber auch Autos, die mit ihren Scheinwerfern ein Muster durch die Straßen zeichnen. Wenn auf dem Bild auch Menschen zu sehen sind, wandeln diese als Geister durch die Szene. Falls Sie diese Technik in einer Stadt einsetzen, bei der emsiges Treiben herrscht, erhalten Sie ein sehr spezielles, abstraktes Foto. Diese Technik verlangt jedoch nach zwei Zubehörteilen: einem Fernauslöser und einem Stativ.

Bereiten Sie Ihre Kamera vor

Für solche abstrakten Fotos verwenden Sie die Langzeitbelichtung Ihrer Kamera (»Bulb«). Dabei bleibt der Verschluss der Kamera so lange offen, wie der Auslöser gedrückt wird. Sie benötigen außerdem einen Fernauslöser, um die Belichtung zu steuern. Würden Sie stattdessen Ihre Finger verwenden, würde dies unweigerlich zu leichten Vibrationen führen, die dem Foto jegliche Schärfe nehmen. Sie verwenden eine kleine Blendenöffnung, um die Menge des einfallenden Lichts stark zu begrenzen und wählen außerdem den tiefsten ISO-Wert, den die Kamera zulässt; beides zusammen führt zu sehr langen Verschlusszeiten. Wie lange der Verschluss tatsächlich offen bleiben muss, hängt von der Intensität der Beleuchtung ab. Verwenden Sie das Histogramm der Kamera und kontrollieren Sie jede Aufnahme auf dem Display, um ein Gefühl für die Belichtungszeit zu entwickeln. Als Brennweite verwenden Sie ein Weitwinkel- oder ein Normalobjektiv; für welche Brennweite Sie sich entscheiden, hängt jedoch allein von Ihrer Komposition ab. Wenn sich in der Nähe einige spektakuläre Gebäude befinden, sollten Sie ein Weitwinkel aufsetzen, damit auch diese mit aufs Bild kommen.

Wenn Sie eine Szene mit hellen Lichtern fotografieren, erscheint ein Stern um jedes Licht herum. Fotografieren Sie mit einer kleinen Blendenöffnung (also mit einer größeren Blendenzahl), damit mehr Strahlen sichtbar werden.

Falls Sie den Bildstabilisator verwenden, während die Kamera auf einem Stativ steht, kann es zu unvorhersehbaren Ergebnissen kommen.

Schießen Sie Ihre Fotos

Sie fotografieren eine umtriebige Stadt bei Nacht und es ist Ihr Ziel, diese Dynamik auch auf dem Foto festzuhalten. Der Verschluss wird für eine lange Zeit offen bleiben, deshalb ist ein Stativ unverzichtbar.

1. **Nehmen Sie an der Kamera die Einstellungen vor, die am Anfang dieses Kapitels beschrieben sind.**

2. **Montieren Sie die Kamera auf dem Stativ und schließen Sie den Fernauslöser an.**

   Abbildung 82.1 zeigt einen solchen Fernauslöser, der an einer Canon-Kamera angeschlossen ist.

3. **Komponieren Sie das Bild und drücken Sie den Knopf am Fernauslöser halb herunter, um zu fokussieren.**

Wenn sich der wichtigste Teil des Bildes unter dem Autofokus-Punkt befindet, können Sie die Szene wie gewohnt fotografieren. Andernfalls müssen Sie zuerst auf den wichtigen Teil fokussieren, den Auslöser halb gedrückt halten und die Kamera mit den Griffen am Stativ wieder in die ursprüngliche Position bringen.

Abbildung 82.1: Montieren Sie die Kamera auf einem Stativ und schließen
Sie einen Fernauslöser an.

4. **Wenn der Verkehr fließt, drücken Sie den Knopf an der Fernbedienung ganz herunter, um den Verschluss zu öffnen. Warten Sie 10 bis 15 Sekunden, bis Sie ihn wieder schließen.**

Halten Sie den Verschluss länger offen, wenn im Bild keine dominanten Lichtquellen zu sehen sind.

Verwenden Sie diese Technik auch auf einer gewundenen Straße. Das schlangenartige Muster der Scheinwerfer erzeugt ein interessantes Bild.

Diese Technik lässt sich auch noch variieren. Wenn Sie Passagier in einem Bus sind, wählen Sie an der Kamera den »Bulb«-Modus. Lösen Sie die Kamera aus, während der Bus an einer roten Ampel hält und halten Sie den Auslöser gedrückt, wenn er weiterfährt. Durch die Bewegung des Busses (und den Umstand, dass Sie die Kamera in der Hand halten) entsteht ein abstraktes Gebilde aus Scheinwerfern, wie Sie es in Abbildung 82.2 sehen.

Abbildung 82.2: Erzeugen Sie vom Beifahrersitz aus ein Bild mit abstrakten Mustern.

Praktische Hilfe

✔ **Auf dem Bild sind praktisch keine Details zu erkennen.** Das bedeutet, dass das Bild unterbelichtet ist. Um die Belichtung zu korrigieren, können Sie entweder den Verschluss für einige Sekunden länger offen lassen, eine größere Blendenöffnung einstellen (also eine kleinere Blendenzahl) oder den ISO-Wert erhöhen.

✔ **In den hellen Bildteilen ist keine Zeichnung mehr zu erkennen.** Das Bild ist überbelichtet. Machen Sie ein weiteres Foto und schließen Sie den Verschluss ein wenig früher.

✔ **Das Bild ist schief.** Das Stativ muss absolut waagrecht stehen. Bei vielen Modellen ist eine kleine Wasserwaage bereits eingebaut – wenn nicht, können Sie eine kaufen, die auf dem Blitzschuh der Kamera montiert wird.

83 Die Stadt bei Regen

Kamera-Einstellungen

- ▶ **Belichtungsmessung:** Mittenbetont
- ▶ **Aufnahme-Betriebsart:** Einzelbild
- ▶ **Belichtungssteuerung:** Zeitautomatik (A)
- ▶ **Blendenöffnung:** f/8 bis f/11
- ▶ **ISO-Empfindlichkeit:** 400 bis 800
- ▶ **Autofokus:** Einzelautofokus
- ▶ **Autofokus-Messpunkt:** Einzelner Messpunkt
- ▶ **Brennweite:** 28 bis 50 mm (bezogen auf das Kleinbild-Format)
- ▶ **Bildstabilisator:** Eingeschaltet

Sobald in der Stadt der Regen einsetzt, werden Sie wahrscheinlich sich und die Kamera in Sicherheit bringen. Doch dabei verpassen Sie einige wundervolle Möglichkeiten für außergewöhnliche Fotos. Regen hat die Eigenart, eine ganze Stadt reinzuwaschen – und außerdem erzeugt er einige wunderschöne Reflexionen auf den nassen Straßen und in den Pfützen. Solange Sie sich und Ihre Ausrüstung gegen den Regen schützen, nutzen Sie die Gelegenheit! Wenn der Regen jedoch in ein Gewitter ausartet, sollten Sie natürlich aus dem Freien verschwinden – alles andere wäre töricht. Doch selbst dann können Sie zu Hause ein Fenster öffnen und aus diesem sicheren Unterschlupf herausfotografieren. Solange Sie hingegen im Regen stehen, können Sie eine Duschhaube und ein paar Streifen Klebeband verwenden, um Ihre Kamera zu schützen.

Bereiten Sie Ihre Kamera vor

Wenn Sie eine Stadt im Regen fotografieren, möchten Sie, dass der Betrachter des Fotos alle Details erkennt – inklusive den weit entfernten Wolken. Deshalb fotografieren Sie solche Szenen mit Zeitautomatik und wählen eine mittlere Blendenöffnung, also f/8 oder f/11. Damit erzeugen Sie eine ausreichende Tiefenschärfe, die sogar noch ausgedehnt wird, wenn Sie ein Weitwinkel verwenden (28 Millimeter). Wenn Sie hingegen zur längsten empfohlenen Brennweite greifen (50 Millimeter), nimmt die Tiefenschärfe ein wenig ab. Der empfohlene ISO-Bereich funktioniert sowohl im Regen als auch dann, wenn Gewitterwolken aufziehen. Der Bildstabilisator wird in jedem Fall zu einer großen Hilfe, wenn die Verschlusszeiten länger werden – und das kann sogar bei höheren ISO-Werten passieren.

Schießen Sie Ihre Fotos

Wenn Sie Bilder bei stürmischem Wetter machen, halten Sie nach Objekten Ausschau, die anders aussehen als an einem sonnigen Tag. Nachdem es eine Weile nicht mehr geregnet hat, wird zum Beispiel im Wasser bei den Ampeln ein leichter Ölfilm glänzen, was ein wundervolles Motiv abgibt.

1. **Begeben Sie sich in den Regen.**

   Halten Sie sich auf dem Gehsteig so weit wie möglich von der Straße fern. Wenn Sie nicht vorsichtig sind und ein Auto neben Ihnen durch eine Pfütze fährt, dann endet das nicht nur mit einem durchnässten Fotografen, sondern eventuell auch mit einer defekten Kamera.

2. **Nehmen Sie an der Kamera die Einstellungen vor, die am Anfang dieses Kapitels beschrieben sind.**

3. **Wenn Sie etwas sehen, das Ihre Aufmerksamkeit erregt, finden Sie eine interessante Perspektive.**

   Halten Sie auch Ausschau nach einem öffentlichen Gebäude, wie zum Beispiel einem Parkhaus, wo Sie die Szene im Trockenen fotografieren können.

4. **Zoomen Sie auf die gewünschte Brennweite.**

   Kontrollieren Sie die Szene durch den Sucher. Lassen Sie alles weg, was nicht ausdrücklich zu einem guten Bild beiträgt. Achten Sie außerdem darauf, dass keine störenden Elemente wie Mülleimer oder hässliche Schaltkästen auf dem Bild zu sehen sind – es sei denn, Sie möchten diese Elemente ausdrücklich in Ihre Geschichte einbinden.

5. **Komponieren Sie das Bild.**

   Wenn Sie eine Straße im Regen fotografieren, bieten sich Ihnen normalerweise zahlreiche Elemente, die Sie in das Gesamtbild einbinden können. Komponieren Sie das Foto zum Beispiel so, dass die Mittelstreifen der Straße eine Diagonale bilden und den Blick des Betrachters in das Bild hinein führen (siehe Abbildung 83.1).

Abbildung 83.1: Fotografieren Sie weiter, nachdem der Regen vorbei ist.

6. **Drücken Sie den Auslöser halb herunter, um zu fokussieren – anschließend drücken Sie den Auslöser ganz herunter, um Ihr Bild zu schießen.**

Kontrollieren Sie jedes Bild auf dem Display der Kamera und achten Sie auf störende Elemente oder eine falsche Belichtung.

7. **Machen Sie weitere Bilder, nachdem der Regen aufgehört hat.**

Gerade wenn der Himmel wieder aufklart, bieten sich zusätzliche Möglichkeiten für eindrucksvolle Fotos – wie zum Beispiel Gebäude, die sich in den Pfützen spiegeln (siehe Abbildung 83.1).

 Falls Sie als Beifahrer in einem Auto sitzen und durch einen Sturm fahren, wechseln Sie zu ISO 100 und geben Sie eine Blende von f/8 vor, was zu einer langen Verschlusszeit führt. Sobald der Fahrer an einer Kreuzung hält, bitten Sie ihn, den Scheibenwischer abzuschalten. Warten Sie einige Sekunden und schießen Sie anschließend ein Bild durch die verregnete Windschutzscheibe. Sie erhalten ein wunderschönes, abstraktes Bild (siehe Abbildung 83.2).

Praktische Hilfe

✔ **Das Objektiv beschlägt, sobald ich nach draußen trete.** Das passiert, wenn Sie von einer klimatisierten Umgebung an einen Ort mit sehr hoher Luftfeuchtigkeit wechseln. Wenn Sie in einem Auto sitzen, schalten Sie die Klimaanlage ab und öffnen Sie das Fenster einige hundert Meter, bevor Sie an Ihrem Ziel ankommen. Wenn Sie ein klimatisiertes

Mit freundlicher Genehmigung von Roxanne Evans, www.dougplusrox.com

Abbildung 83.2: Fotografieren Sie im Sturm durch die Windschutzscheibe des Autos.

Gebäude verlassen, stecken Sie die Kamera in eine Tüte. Das Kondenswasser wird sich an der Außenseite sammeln, während sich die Kamera im Inneren an die neue Umgebung anpasst. Dieser Prozess dauert meistens nur ein paar Minuten.

✔ **Die Autos sind verschwommen.** Der tiefe ISO-Wert führt dazu, dass die Kamera eine relativ lange Verschlusszeit verwendet. Das kann zu leicht verschwommenen Autos führen, doch das muss nichts Schlechtes sein – vielmehr unterstützt dieser Effekt die Dynamik, die in der Stadt herrscht.

✔ **Das Bild ist zu hell.** Das geschieht häufig dann, wenn die Atmosphäre relativ düster ist und die Kamera versucht, die Stimmung eines hellen Tages zu schaffen. Kontrollieren Sie das Bild auf dem Display der Kamera und verwenden Sie die Belichtungskorrektur, um die ursprüngliche Stimmung wieder herzustellen.

84 Das Treiben auf der Straße

Kamera-Einstellungen

▶ **Belichtungsmessung:** Mittenbetont

▶ **Aufnahme-Betriebsart:** Serienbild

▶ **Belichtungssteuerung:** Zeitautomatik (A)

▶ **Blendenöffnung:** f/4 bis f/8

▶ **ISO-Empfindlichkeit:** 100 bis 800

▶ **Autofokus:** Einzelautofokus

▶ **Autofokus-Messpunkt:** Einzelner Messpunkt

▶ **Brennweite:** 100 mm oder länger (bezogen auf das Kleinbild-Format)

▶ **Bildstabilisator:** Eingeschaltet

Egal, ob Sie in einer verträumten Kleinstadt leben oder in einer überschäumenden Metropole: Das Leben auf der Straße sagt eine Menge über die Bewohner aus. Fotografen dokumentieren das Leben auf der Straße seit Dekaden, und einige davon sind dadurch zu Legenden geworden. Henri Cartier-Bresson gehört zum Beispiel in diese Kategorie. Einige Fotografen arbeiten klammheimlich, indem Sie blitzschnell die Kamera vors Auge nehmen und abdrücken. Das kann allerdings ziemlich riskant werden, denn viele Leute mögen es nicht, wenn sie auf diese Weise fotografiert werden. Wenn Sie hingegen aus der Distanz fotografieren oder einfach eine Straße mit einer anonymen Masse ablichten, sind Sie auf der sicheren Seite.

Bereiten Sie Ihre Kamera vor

Das Leben auf der Straße zu fotografieren, ist spannend. Bleiben Sie in Bewegung und Ihnen werden großartige Aufnahmen gelingen. Für diese Art der Fotografie empfehle ich Ihnen die Serienbild-Funktion der Kamera. Das Leben auf der Straße ist flüchtig, und wenn Sie eine interessante Szene sehen (wie zum Beispiel einen Artisten auf der Straße oder ein besonders inniger Kuss eines Pärchens), können Sie eine ganze Reihe von Bildern innerhalb kürzester Zeit schießen. Der empfohlene ISO-Bereich eignet sich sowohl für strahlendes Sonnenlicht als auch für die Zeit nach Sonnenuntergang. In den meisten Fällen sind bei solchen Bildern die Personen die Stars; deshalb empfehle ich Ihnen die Zeitautomatik, damit Sie die Tiefenschärfe über die Blende vorgeben können. Der empfohlene Bereich eignet sich gleichermaßen für das Porträt einer einzelnen Person (mit deren Erlaubnis natürlich) als auch für eine ganze Gruppe inklusive Umfeld. Verwenden Sie eine lange Brennweite, um eine Szene formatfüllend in den Kasten zu bringen, ohne dass Sie zu nah herangehen müssen. Meine Erfahrung zeigt, dass Menschen ihre Tätigkeit sofort unterbrechen, wenn sie merken, dass sie fotografiert werden. Arbeiten Sie heimlich, aber respektieren Sie die Rechte der anderen: So lautet das Rezept für gelungene Schnappschüsse. Der Bildstabilisator ist praktisch, wenn Sie unter schwachen Lichtverhältnissen arbeiten müssen.

Schießen Sie Ihre Fotos

So weit, so gut. Auch wenn es nicht verboten ist, das Leben auf der Straße zu fotografieren, so müssen Sie doch eine gewisse Rücksichtnahme walten lassen, damit Sie die Rechte der anderen nicht verletzen. Wenn Sie eine interessante Person fotografieren möchten, fragen Sie sie um Erlaubnis. Wenn das nicht möglich ist, zeigen Sie auf die Kamera und lächeln Sie. Wenn das Gegenüber zurücklächelt, haben Sie sein Einverständnis. Denken Sie jedoch daran, dass Sie dieses Bild nicht für kommerzielle Zwecke einsetzen dürfen – es sei denn, Sie arbeiten mit der Person einen Modell-Vertrag aus.

1. **Nehmen Sie an der Kamera die Einstellungen vor, die am Anfang dieses Kapitels beschrieben sind.**

   Abgesehen von diesen Einstellungen sollten Sie den Objektivdeckel entfernen, so dass Sie sofort schussbereit sind, wenn sich eine Gelegenheit bietet. Lassen Sie die Kameratasche zu Hause. So sehen Sie weniger wie ein Reporter, sondern vielmehr wie ein Tourist aus, und man wird Ihnen kaum Beachtung schenken. Wenn es regnet, verpacken Sie die Kamera in eine Duschhaube, um sie zu schützen.

2. **Schlendern Sie durch die Straßen.**

   Bleiben Sie stets wachsam, denn Sie wissen nie, wann sich eine Gelegenheit für einen Schnappschuss ergibt. Neben Personen geben häufig auch Schaufenster tolle Motive ab, und nicht selten können Sie durch das Fenster sowohl die Ware als auch die Personen im Innern fotografieren (siehe Abbildung 84.1). Fotografieren Sie stets in einem schrägen Winkel durch ein Fenster, da Sie sonst zu einem Teil der Reflexionen werden.

3. **Wenn Sie etwas Interessantes entdecken, komponieren Sie die Szene und drücken Sie den Auslöser halb herunter, um zu fokussieren.**

   Viele Fotografen schwenken die Kamera dabei ein wenig herum, damit nicht sofort ersichtlich wird, dass sie es auf eine einzelne Person abgesehen haben.

Abbildung 84.1: Fotografieren Sie durch ein Schaufenster, um die Stimmung einzufangen.

4. **Halten Sie an der richtigen Stelle inne und drücken Sie den Auslöser ganz herunter, um den Verschluss auszulösen.**

Wenn Sie den Tipp unter Schritt 3 befolgt haben, schwenken Sie die Kamera auch nach dem Auslösen weiter.

 Wenn Leute Ihren Weg kreuzen, drehen Sie sich um und schauen Sie, was sie gleich tun werden. Ich begegnete in Sarasota (Florida) einem Mann, der so etwas Ähnliches wie eine Kellneruniform über dem Arm trug. Nach einer flüchtigen Begrüßung im Vorbeigehen drehte ich mich um und erwischte ihn gerade noch, wie er ein Restaurant betrat.

Praktische Hilfe

✔ **Der Hintergrund ist im Fokus, doch die Person ist es nicht.** Das kann vorkommen, wenn Sie zu schnell fotografieren. Überzeugen Sie sich vor dem Auslösen, dass der Autofokus-Punkt genau über der Person liegt, wenn Sie fokussieren. Die meisten Straßenaufnahmen zeigen eine Szene, die sich nur einmal im Leben bietet. Sie können der Person nicht auf die Schulter klopfen und sie fragen, ob sie dieselbe Tätigkeit noch einmal ausführen könnte.

✔ **Die Person hat gesehen, wie ich sie fotografiert habe.** Straßenfotografie ist nicht jedermanns Sache. Wenn Sie sich dabei unwohl fühlen, lassen Sie es. Wenn Sie diese Art der Fotografie jedoch mögen und Sie dabei ertappt werden, lächeln Sie Ihr Motiv an und zucken Sie mit den Schultern. Wenn sich die Person damit jedoch nicht zufrieden gibt, entschuldigen Sie sich und löschen Sie die Aufnahme vor ihren Augen.

Purestock

85 *Vergnügungsparks*

Ein Vergnügungspark ist ein Spaß für alle Altersklassen. Außerdem erhalten Sie die Gelegenheit, die Familie auf eine andere Art zu fotografieren, als Sie es normalerweise tun. Ein Besuch im Freizeitpark gehört meistens zu den besseren Zeiten im Leben, und deshalb sollten Sie ihn ausgiebig fotografieren. Als mutiger Fotograf können Sie sogar auf der Achterbahn fotografieren! Wenn Sie mit Ihrer Familie einen solchen Park besuchen, fotografieren Sie eine Geschichte, und die Einstellungen in diesem Kapitel zeigen Ihnen, wie Sie diese am besten erzählen.

Bereiten Sie Ihre Kamera vor

In einem Vergnügungspark wollen Sie nicht nur die Familienmitglieder ablichten, sondern auch etwas von der jeweiligen Attraktion zeigen – doch diese sollten nicht gestochen scharf zu erkennen sein. Aus diesem Grund fotografieren Sie mit Zeitautomatik und wählen eine mittlere Blendenöffnung. Der empfohlene ISO-Bereich eignet sich ideal für einen sonnigen Tag. Der Brennweiten-Bereich erlaubt sowohl Übersichten über das Geschehen als auch Nahaufnahmen ohne das ganze Drumherum. (Wenn Sie stark heranzoomen, wird außerdem die Distanz zwischen dem Objekt und dem Hintergrund komprimiert). Der Bildstabilisator ist definitiv eine Hilfe, wenn das Licht am Nachmittag schwächer wird oder Ihre müden Hände nicht mehr ganz so ruhig sind wie zu Beginn des Besuchs.

Schießen Sie Ihre Fotos

Wenn Sie einen Besuch im Vergnügungspark dokumentieren, lassen Sie nichts aus und fotografieren Sie bereits zu dem Zeitpunkt, an dem Sie den Park betreten. Anschließend fotografieren Sie den Tag so wie er sich ergibt.

1. **Nehmen Sie an der Kamera die Einstellungen vor, die am Anfang dieses Kapitels beschrieben sind.**

2. **Bevor Sie eine Attraktion besteigen, bitten Sie Ihre Familie, davor zu posieren.**

   Eine Alternative besteht darin, dass Sie Ihre Familie auf der Attraktion fotografieren, während Sie am Rand stehen. Hingegen dürfte es nicht möglich sein, die Attraktion, Ihre Familie und sich selbst zu fotografieren. Bitten Sie in diesem Fall einen Freund, die Fotos zu machen. Sie können ihm die Handhabung der Kamera vor dem Ritt erklären, so dass Sie schlussendlich ein ähnliches Bild in Händen halten, wie in Abbildung 85.1 gezeigt.

3. **Zoomen Sie heran.**

   Sie können ein wenig mehr von der Umgebung aufnehmen, wenn Sie eine Normalbrennweite von 50 Millimeter einsetzen. Wenn Sie eine noch kürzere Brennweite benutzen, ist

Abbildung 85.1: Fotografieren Sie Ihre Familie, nachdem die Fahrt zu Ende ist.

Ihre Familie jedoch nicht länger der Blickfang auf dem Foto. Bei Verwendung eines Weitwinkels besteht außerdem die Gefahr, dass das Bild verzerrt wird.

4. Komponieren Sie das Bild.

Vermeiden Sie statische Bilder und bitten Sie Ihre Familie stattdessen, sich zu beschäftigen. Sie können einige interessante Bilder schießen, indem Sie Ihre Familie aus der Hocke fotografieren. Dadurch wirken die Akteure größer, während die Attraktionen im Hintergrund kleiner scheinen.

5. Drücken Sie den Auslöser ganz herunter, um den Verschluss auszulösen.

 Finden Sie einen strategischen Punkt, an dem Sie Ihre Familie fotografieren können, wie sie die Attraktion verlässt. Achten Sie darauf, dass nicht zu viele andere Leute auf dem Bild zu sehen sind. Gehen Sie in die Hocke und fotografieren Sie aufwärts, um eine eindrucksvolle Perspektive zu erzeugen.

Praktische Hilfe

✔ **Das Foto meiner Familie auf der Attraktion ist unscharf.** Diese Unschärfe taucht meistens auf, wenn Sie ein Karussell oder eine andere Attraktion von der Seite her fotografieren – erst recht, wenn es sich dabei um ein schnelles Karussell handelt. Sie können diese Unschärfe als Beweis verwenden, dass es ziemlich rasant zuging. Wenn Sie hingegen ein scharfes Bild bevorzugen, wechseln Sie zur Blendenautomatik und geben Sie eine Verschlusszeit von einer 1/500 Sekunde oder noch schneller vor. Diese Einstellung friert jede Bewegung ein und zeigt die unbezahlbaren Gesichtsausdrücke Ihrer Lieben.

✔ **Der Hintergrund ist im Fokus, doch die Familie ist es nicht.** Dieses Missgeschick passiert, wenn Sie den Autofokus-Punkt nicht über einem Familienmitglied platzieren. Machen Sie die Aufnahmen noch einmal und überzeugen Sie sich diesmal, dass der Autofokus-Punkt über einem Familienmitglied aufleuchtet, wenn Sie fokussieren. Halten Sie den Auslöser weiterhin gedrückt und komponieren Sie das Bild.

86 *Häfen*

Kamera-Einstellungen

▶ **Belichtungsmessung:** Mittenbetont

▶ **Aufnahme-Betriebsart:** Einzelbild

▶ **Belichtungssteuerung:** Zeitautomatik (A)

▶ **Blendenöffnung:** f/4 bis f/16

▶ **ISO-Empfindlichkeit:** 100 bis 800

▶ **Autofokus:** Einzelautofokus

▶ **Autofokus-Messpunkt:** Einzelner Messpunkt

▶ **Brennweite:** 28 bis 150 mm (bezogen auf das Kleinbild-Format)

▶ **Bildstabilisator:** Eingeschaltet

Häfen wirken manchmal wie Campingplätze für Schiffe. Die Bootbesitzer lagern dort ihre teuren Schätze, um sie gegen Stürme zu schützen. Der Ort ist aber auch der komfortable Ausgangspunkt jeder Bootstour. Und natürlich können Fotografen die Häfen nutzen, um Boote zu fotografieren. Doch statt sich auf ein Schiff zu konzentrieren, nutzen Sie die zahlreichen Elemente, für eine künstlerische Komposition, die mehrere Boote und andere Elemente in Szene setzt.

Sie können mit einem starken Weitwinkel den ganzen Hafen ablichten oder zu einer Brennweite von 100 Millimeter oder länger wechseln, um die Perspektive zu verdichten. Dabei entsteht der Eindruck, die Boote lägen wesentlich näher beieinander, als sie es in Wirklichkeit tun. Das Bild oben wurde in der Fisherman's Wharf in San Francisco mit einer Brennweite von 225 Millimeter aufgenommen (auf das Kleinbild-Format bezogen). Die rote Säule der Golden Gate Bridge wirkt deutlich näher, als sie es in Wirklichkeit ist.

Bereiten Sie Ihre Kamera vor

Wenn Sie einen Hafen fotografieren, haben Sie die Qual der Wahl, denn die Motive sind zahlreich. Sie fotografieren mit Zeitautomatik und nutzen dabei das ganze Spektrum der verfügbaren Blendenöffnungen. Wenn Sie auf Details heranzoomen, wünschen Sie sich eine bescheidene Tiefenschärfe, so dass Sie eine große Blendenöffnung von f/4 verwenden. Wenn Sie hingegen den ganzen Hafen in der Übersicht fotografieren, verwenden Sie eine kleine Blendenöffnung von f/8 oder f/16, damit dank der großen Tiefenschärfe alles im Fokus ist. Der Brennweitenbereich erlaubt sowohl Übersichten als auch die Aufnahme von Details oder die Komprimierung der Perspektive (so wie auf dem Bild auf der vorhergehenden Seite gezeigt). Abbildung 86.1 zeigt den Hafen des Anclote River in Tarpon Springs (Florida). Das Weitwinkel und die kleine Blendenöffnung erzeugen eine große Tiefenschärfe und bilden sowohl den Vordergrund als auch die Boote gestochen scharf ab.

Abbildung 86.1: Verwenden Sie ein Weitwinkel und eine kleine Blendenöffnung, um den ganzen Hafen abzulichten.

Schießen Sie Ihre Fotos

Wenn Sie einen Hafen fotografieren, tun Sie das in den frühen Morgenstunden oder am späten Nachmittag, wenn die Sonne ein weiches, goldenes Licht auf die Szene wirft. Ein bewölkter Himmel eignet sich ebenfalls, weil er eine weiche, diffuse Beleuchtung produziert.

1. **Fahren Sie zum Hafen, den Sie fotografieren möchten.**

2. **Nehmen Sie an der Kamera die Einstellungen vor, die am Anfang dieses Kapitels beschrieben sind.**

3. **Spazieren Sie ein wenig herum, bis Sie eine interessante Perspektive finden.**

Ein Hafen bietet zahlreiche Motive. Halten Sie Ausschau nach Details, die das Auge des Betrachters lenken, wie zum Beispiel die Docks, Seile, Werkzeug, Anker und so weiter.

4. **Wenn Sie ein interessantes Motiv gefunden haben, komponieren Sie das Bild.**

Beziehen Sie auch Elemente wie Seile, Masten oder andere Strukturen in die Gestaltung ein. Der Mast des Bootes in Abbildung 86.1 ist perfekt nach der Drittelregel positioniert. Wenn Sie die ideale Perspektive gefunden haben, bewegen Sie sich ein wenig und achten Sie darauf, wo die Elemente am besten harmonieren. Die Platzierung des Horizonts ist ebenfalls von großer Bedeutung: In Abbildung 86.1 befindet er sich im unteren Drittel des Bildes, damit der Mast des vordersten Bootes komplett zu sehen ist.

5. **Drücken Sie den Auslöser halb herunter, um zu fokussieren – anschließend drücken Sie den Auslöser ganz herunter, um Ihr Bild zu schießen.**

Kontrollieren Sie das Ergebnis auf dem Display der Kamera und achten Sie auf Probleme bei der Belichtung oder in der Komposition.

 Halten Sie nach Details Ausschau. Elemente wie ein verwittertes Seil können sehr attraktiv wirken, wenn Sie nahe genug heranzoomen. Nehmen Sie ein Element mit auf das Bild, das den Blick des Betrachters fesselt, wie zum Beispiel das ausgefranste Seil in Abbildung 86.2. Auch die Fransen wurden perfekt nach der Drittelregel ausgerichtet. Fotografieren Sie solche Details mit einer großen Blendenöffnung, damit die Tiefenschärfe gering bleibt.

Abbildung 86.2: Kümmern Sie sich auch um die Details.

Praktische Hilfe

✔ **Das Bild wirkt langweilig.** Wenn das Bild nicht besonders spannend wirkt, müssen Sie mehr Zeit in die Komposition stecken. Nehmen Sie eine andere Stellung ein und arrangieren Sie die Elemente im Sucher auf unterschiedliche Art. Manchmal müssen Sie auch ein wenig Geduld zeigen, bis jemand oder etwas die Szene betritt. Eine fliegende Möwe, die sich auf der Wasseroberfläche spiegelt, macht vielleicht den Unterschied aus zwischen einem durchschnittlichen Bild und einem, das Sie später einrahmen und an die Wand hängen werden.

✔ **Ich fotografiere eine detailreiche Szene mit einer kleinen Blendenöffnung, doch die Elemente im Vordergrund sind nicht so scharf, wie ich es gerne hätte.** Dieses Problem kann sogar dann auftreten, wenn Sie ein Weitwinkel und eine kleine Blendenöffnung kombinieren. Treten Sie einige Schritte zurück. Sie können auch den Autofokus-Punkt auf die Mitte der Szene richten und anschließend den Auslöser halb herunterdrücken, um den Fokus zu speichern. Auf diese Weise wird die schärfste Stelle in der Komposition näher an die Kamera herangerückt.

Robert Pierce

87 Berühmte Orte

Kamera-Einstellungen

▶ **Belichtungsmessung:** Mittenbetont

▶ **Aufnahme-Betriebsart:** Einzelbild

▶ **Belichtungssteuerung:** Zeitautomatik (A)

▶ **Blendenöffnung:** f/11 bis f/16

▶ **ISO-Empfindlichkeit:** 100 bis 400

▶ **Autofokus:** Einzelautofokus

▶ **Autofokus-Messpunkt:** Mehrere Messpunkte

▶ **Brennweite:** 28 bis 50 mm (bezogen auf das Kleinbild-Format)

▶ **Bildstabilisator:** Eingeschaltet

Sie können viele hübsche Landschaften neu für sich entdecken, doch viele andere Orte kennen Sie bereits, obwohl Sie noch nie persönlich dort gewesen sind. Die berühmte Golden Gate Bridge in San Francisco gehört zu den meistfotografierten Sehenswürdigkeiten der Welt. Der Yosemite Nationalpark ist ebenfalls einer der Orte, der von Zehntausenden von Fotografen mit unterschiedlicher Erfahrung abgelichtet worden ist. Ansel Adams machte einige spektakuläre Aufnahmen vom Yosemite, und obwohl Tausende es ihm gleich tun, kehren die meisten von ihnen mit langweiligen, nichtssagenden Aufnahmen zurück. Diese Leute halten nur kurz inne, um lieblos ein Foto zu knipsen, und reisen dann zur nächsten Attraktion weiter. Machen Sie es sich zur

Regel, dass Sie vor solchen Aufnahmen einen Moment innehalten und die Gegend auf sich wirken lassen; damit steigen Ihre Chancen auf ein außergewöhnliches Foto sprunghaft an. Bevor Sie einen berühmten Ort wie Yosemite aufsuchen, sollten Sie die Werke der Meisterfotografen studieren. Kombinieren Sie diese Erkenntnisse mit den Einstellungen in diesem Kapitel, und schießen Sie Ihre eigenen Meisterwerke.

Bereiten Sie Ihre Kamera vor

Wenn Sie einen berühmten Platz fotografieren, werden ihn die meisten Betrachter Ihrer Fotos erkennen. Wenn Sie eine wundervolle Gegend wie Yosemite fotografieren, möchten Sie natürlich, dass der Betrachter die Schönheit in allen Details erkennen kann; deshalb verwenden Sie die Zeitautomatik und eine kleine Blendenöffnung (also eine große Blendenzahl), um die Tiefenschärfe so weit wie möglich auszudehnen. Die multiplen Autofokus-Punkte ermöglichen es der Kamera, selbstständig eine Stelle mit ausgeprägten Kontrasten zu finden, die sich für die Fokussierung eignet. Kontrollieren Sie lediglich, dass sich die Kamera nicht für ein Objekt im Vordergrund entscheidet, weil dies auch bei einer kleinen Blendenöffnung dazu führt, dass der Hintergrund außerhalb des Fokus liegt. Verwenden Sie die kürzeste empfohlene Brennweite (28 Millimeter), um die Großartigkeit einer Szene zu erfassen, wie zum Beispiel das Yosemite Valley es bietet. Verwenden Sie den tiefsten ISO-Wert, wenn Sie am helllichten Tag fotografieren. Der höchste ISO-Wert eignet sich hingegen für einen bewölkten Himmel. Wenn die Lichtverhältnisse schlechter werden, müssen Sie eventuell zu einem Wert von ISO 800 greifen. Sie können jedoch auch die Blende ein wenig öffnen, damit mehr Licht auf den Sensor fällt und zu Verschlusszeiten führt, die Sie gerade noch aus der Hand halten können.

Schießen Sie Ihre Fotos

Bevor Sie einen weltbekannten Ort fotografieren, sollten Sie zuerst die Werke berühmter Fotografen sichten, die sich ebenfalls daran versucht haben. Verwenden Sie Google, um solche Bilder im Internet zu finden, und lassen Sie sich inspirieren. Achten Sie auf die Perspektive, die Komposition und den Standort, die der Meisterfotograf gewählt hat. Behalten Sie diese Informationen im Hinterkopf und lassen Sie Ihrer eigenen Kreativität freien Lauf, um ein paar großartige Bilder zu schießen.

1. **Suchen Sie den berühmten Ort auf, den Sie fotografieren möchten.**

2. **Nehmen Sie an der Kamera die Einstellungen vor, die am Anfang dieses Kapitels beschrieben sind.**

3. **Finden Sie eine interessante Perspektive.**

   Gehen Sie ein wenig herum, und während Sie das tun, behalten Sie stets den Platz im Auge, den Sie fotografieren möchten. Sie können mit einer Perspektive beginnen, die bereits von berühmten Fotografen verwendet wurde und diese als Ausgangsbasis verwenden. Versuchen Sie anschließend, eine eigene Sicht der Dinge zu entwickeln. Wenn Sie ein Monument wie die Golden Gate Bridge in San Francisco fotografieren möchten, ist die Auswahl an möglichen Standorten fast grenzenlos (siehe Abbildung 87.1).

Abbildung 87.1: Bewegen Sie sich, um den besten Blickwinkel zu finden.

4. Zoomen Sie auf die gewünschte Brennweite.

Lassen Sie um das Bild herum ein wenig Raum, damit Sie später am PC den optimalen Ausschnitt festlegen können. Das ist besonders wichtig, wenn das Seitenverhältnis des Kamera-Chips nicht mit dem Seitenverhältnis des Fotopapiers übereinstimmt. Wenn Sie also später das Bild zuschneiden müssen, gehen keine bildrelevanten Teile verloren.

5. Komponieren Sie das Bild.

Sie erreichen eine spannende Komposition, wenn Sie das Bild asymmetrisch aufbauen. Wenn Sie zum Beispiel den »Half Dome« in Yosemite fotografieren, platzieren Sie den berühmten Monolith an der rechten Seite des Bildes. Der Blick des Betrachters wird zuerst zum Halbdom gezogen, anschließend ins Tal geführt und irgendwann erreicht er dann »Clouds Rest«.

6. Drücken Sie den Auslöser halb herunter, um zu fokussieren – anschließend drücken Sie den Auslöser ganz herunter, um Ihr Bild zu schießen.

Kontrollieren Sie das Bild auf dem Display der Kamera. Achten Sie auf eine korrekte Belichtung und darauf, dass sich keine störenden Elemente eingeschlichen haben.

Wenn Sie ein kleines Tier oder einen Baum entdecken, korrigieren Sie Ihre Position so, dass dieses kleine Element zusammen mit der Sehenswürdigkeit abgebildet wird. Zoomen Sie auf das Tier oder den Baum und wählen Sie anschließend eine Blende von f/5,6 oder f/6,3, damit der Hintergrund leicht verschwimmt – man aber trotzdem noch erkennen kann, um welche Sehenswürdigkeit es sich handelt (siehe Abbildung 87.2).

Image State

Abbildung 87.2: Finden Sie Details, die eine Geschichte über die Sehenswürdigkeit erzählen.

Praktische Hilfe

✔ **Die Atmosphäre auf dem Bild ist dunstig.** Dieses Problem taucht auf, wenn Sie weit entfernte Objekte im Sommer fotografieren oder wenn die Luftfeuchtigkeit hoch ist. Verwenden Sie einen UV-Filter, um diesen Dunst zu reduzieren.

✔ **Das Bild ist unscharf.** Der tiefe ISO-Wert und die kleine Blendenöffnung, kombiniert mit einem schwachen Licht, führen zu langen Verschlusszeiten – und diese führen wiederum zu verwackelten Bildern. Wenn die Kamera oder das Objektiv mit einem Bildstabilisator ausgerüstet ist, aktivieren Sie diesen und machen Sie die Aufnahme noch einmal. Sorgen Sie dafür, dass die Verschlusszeit mindestens eine 1/15 Sekunde beträgt, wenn Sie mit einer Brennweite von 28 Millimeter fotografieren – oder wenigstens eine 1/30 Sekunde, wenn die Brennweite 50 Millimeter beträgt. Als Alternative können Sie natürlich auch den ISO-Wert erhöhen und die Kamera auf einem Stativ montieren.

88 Historische Wahrzeichen

Kamera-Einstellungen

- ▶ **Belichtungsmessung:** Mittenbetont
- ▶ **Aufnahme-Betriebsart:** Einzelbild
- ▶ **Belichtungssteuerung:** Zeitautomatik (A)
- ▶ **Blendenöffnung:** f/11 bis f/16
- ▶ **ISO-Empfindlichkeit:** 100 bis 400 (1000, wenn Sie ein Gebäude bei Nacht fotografieren)
- ▶ **Autofokus:** Einzelautofokus
- ▶ **Autofokus-Messpunkt:** Einzelner Messpunkt
- ▶ **Brennweite:** 28 bis 85 mm (bezogen auf das Kleinbild-Format)
- ▶ **Bildstabilisator:** Eingeschaltet

Einige Plätze auf dieser Welt haben dem Zahn der Zeit getrotzt und gelten heute als historische Wahrzeichen. Die Definition dieses Begriffs kann jedoch variieren, je nachdem, welche Quelle Sie bemühen. Vielleicht denken Sie bei einem historischen Wahrzeichen an ein altes Gebäude in Ihrer Heimatstadt, doch es taucht nicht in der Liste des UNESCO-Weltkulturerbes auf. Wenn Sie also ein historisches Wahrzeichen fotografieren möchten, müssen Sie zuerst Ihre Hausaufgaben erledigen. Betreiben Sie ein wenig Internetrecherche über das Gebäude, das Sie fotografieren möchten. Sie können außerdem die unzähligen Bilder sichten, die von zahlreichen Amateuren und Profifotografen geschossen worden sind; damit erhalten Sie eine Übersicht darüber, welche Ideen bereits umgesetzt worden sind. Verwenden Sie die Einstellungen in diesem Kapitel und Ihre Kreativität, um einige besondere Bilder von historischen Wahrzeichen zu fotografieren, wie zum Beispiel das Hotel Don CeSar in St. Petersburg Beach, Florida (siehe Bild am Kapitelanfang).

Bereiten Sie Ihre Kamera vor

Fotos von historischen Wahrzeichen machen sich in Ihrem Portfolio besonders gut. Wenn Sie ein Gebäude wie das Hotel Don CeSar fotografieren, dann sollen die Betrachter auch die subtilsten Details erkennen können – deshalb fotografieren Sie mit Zeitautomatik und geben eine kleine Blendenöffnung vor, was zu einer großen Tiefenschärfe führt. Verwenden Sie den tiefsten ISO-Wert, wenn Sie das Wahrzeichen im hellen Sonnenlicht fotografieren und wechseln Sie zum höchsten empfohlenen ISO-Wert, wenn der Himmel bewölkt ist. Wenn Sie sich entscheiden, das Gebäude bei Sonnenuntergang oder in der Nacht abzulichten, drehen Sie den ISO-Wert auf 1000 herauf. Ungeachtet dieses hohen Wertes benötigen Sie wahrscheinlich dennoch ein Stativ; denken Sie in diesem Fall jedoch daran, den Bildstabilisator auszuschalten. Die empfohlene Brennweite eignet sich gleichermaßen für große Gebäude in der Nähe als auch für solche in weiter Ferne.

Schießen Sie Ihre Fotos

Wenn die Ergebnisse der Internetrecherchen in Ihrem Kopf noch präsent sind, können Sie sich an das historische Wahrzeichen heranwagen. Die besten Ergebnisse erzielen Sie übrigens, wenn am Horizont einige Wolken zu sehen sind.

1. **Besuchen Sie das historische Wahrzeichen, das Sie fotografieren möchten.**

2. **Nehmen Sie an der Kamera die Einstellungen vor, die am Anfang dieses Kapitels beschrieben sind.**

3. **Gehen Sie um das Gebäude herum, um eine interessante Perspektive zu finden.**

   Die Ergebnisse Ihrer Internetrecherche können Ihnen dabei helfen. Während Sie um das Gebäude herumgehen, fallen Ihnen wahrscheinlich einige Ansichten auf, die Sie bereits auf den Fotos von Profifotografen gesehen haben. Nehmen Sie auf jeden Fall einige Bilder aus dieser Perspektive auf. Die Rückseite einiger historischer Wahrzeichen gibt ebenfalls einen ausgezeichneten Blickwinkel ab (siehe Abbildung 88.1).

4. **Zoomen Sie das Gebäude heran.**

   Lassen Sie ein wenig Raum um das Gebäude, um dem Betrachter ein Gefühl für die Umgebung zu vermitteln.

5. **Komponieren Sie das Bild.**

   Nachdem Sie die ideale Perspektive gefunden haben, entscheiden Sie sich, ob Sie das Gebäude frontal oder aus der Froschperspektive fotografieren möchten. Vielleicht finden Sie auf der gegenüberliegenden Straßenseite auch eine Treppe, so dass Sie leicht erhöht fotografieren können. Unter Umständen bietet sich sogar ein Hügel in der Nähe an, so dass Sie zu einer Vogelperspektive kommen. Wenn sich in der Nähe eine große Garage befindet, investieren Sie ein paar Euros, um Ihr Auto darin zu parken, und fotografieren Sie das Wahrzeichen vom Dach der Garage aus.

Abbildung 88.1: Fotografieren Sie das Gebäude von allen Seiten.

6. Drücken Sie den Auslöser halb herunter, um zu fokussieren – anschließend drücken Sie den Auslöser ganz herunter, um Ihr Bild zu schießen.

Halten Sie nach Details Ausschau, die Sie in Ihre Geschichte integrieren können. Wenn Sie zum Beispiel ein Denkmal für Kriegsveteranen fotografieren, nehmen Sie die Blumen, die andere niedergelegt haben, mit aufs Bild (siehe Abbildung 88.2).

Praktische Hilfe

✔ **Die harten Schatten ruinieren das Foto.** Diese Schatten treten auf, wenn Sie das Gebäude zur Mittagszeit fotografieren. Die besten Resultate erhalten Sie in den frühen Morgenstunden oder am späten Nachmittag. Besuchen Sie das Wahrzeichen am nächsten Tag noch vor dem Frühstück und machen Sie die Aufnahmen noch einmal.

✔ **Der Himmel wirkt langweilig (1).** Wenn Sie mit einem wolkenlosen blauen Himmel konfrontiert werden, verwenden Sie einen Polfilter und drehen Sie ihn so, dass der Himmel tiefblau abgebildet wird. Die ersten beiden Bilder in diesem Kapitel wurden unter Zuhilfenahme eines solchen Polfilters geschossen. Ungeachtet dessen, dass sich der Himmel in einem monotonen Blau präsentiert, wird das Foto spannender, weil das dunkle Blau einen interessanten Kontrast zum pinkfarbenen Gebäude erzeugt.

PhotoDisc, In./Getty Images

Abbildung 88.2: Beziehen Sie Details ein, um die Geschichte eines Wahrzeichens zu erzählen.

✔ **Der Himmel wirkt langweilig (2).** Wenn Sie das Gebäude an einem bewölkten Tag fotografieren, ist das Licht zwar wunderbar weich, aber der Himmel trostlos und grau. Wenn Sie auf der Durchreise sind, müssen Sie mit dem Wetter leben, so wie es sich präsentiert. Falls Sie hingegen in der Nähe wohnen, können Sie an einem anderen Tag wiederkommen. Professionelle Fotografen kommen zu großartigen Bildern, weil sie historische Wahrzeichen unter verschiedenen Bedingungen immer und immer wieder fotografieren, bis sie das perfekte Foto in den Händen halten.

Teil VI

Gegenstände und Gebäude

The 5th Wave

By Rich Tennant

»Ich habe gestern eine neue Bildverarbeitungssoftware bekommen und mir erlaubt, die Flecken um die Wolken zu retuschieren. Gerne geschehen, Sie müssen sich nicht bedanken.«

In diesem Teil ...

Ihre Kamera ist ein Ding, das es Ihnen erlaubt, andere Dinge zu fotografieren. Wenn Sie Freude am Anblick von architektonisch interessanten Gebäuden, an Leuchttürmen, Autos, Booten und Blumen haben, dann werden Sie es auch genießen, diese Objekte zu fotografieren. Mit den Einstellungen in diesem Abschnitt erzeugen Sie ansprechende Fotos von den Dingen, die Sie umgeben.

89 *Gebäude*

Interessante Gebäude sind überall anzutreffen. Die Stadt, in der Sie leben, kann vielleicht mit einigen modernen Gebäuden aufwarten, die eine Aufnahme wert sind. Alte Gebäude und solche in Geisterstädten sind ebenfalls großartige Motive für Fotografen. Wenn Sie ein interessantes Gebäude fotografieren, dann lichten Sie wahrscheinlich etwas ab, das bereits hundert- oder tausendmal zuvor fotografiert worden ist. Um ein Bild zu erzeugen, das die Aufmerksamkeit des Betrachters auf sich zieht, müssen Sie einen anderen Ansatz für die Fotos anwenden – etwa, indem Sie eine ungewöhnliche Perspektive einnehmen oder kreativ werden, während Sie die Aufnahmen komponieren. Doch manchmal finden Sie auch noch unentdeckte Juwelen, zum Beispiel ein kleines Restaurant in einer Häuserschlucht. Solche Aufnahmen machen sich in Ihrem Portfolio ausgezeichnet.

Bereiten Sie Ihre Kamera vor

Gebäude mit Charakter sind wundervolle Objekte für Fotografen. Wenn Sie ein solches Gebäude fotografieren, wollen Sie eine große Tiefenschärfe – also fotografieren Sie mit Zeitautomatik und geben eine kleine Blendenöffnung vor. Der ISO-Bereich erlaubt Aufnahmen im hellen Sonnenlicht (ISO 100) oder bei bewölktem Himmel (ISO 400). Wenn Sie solche Gebäude bei Nacht fotografieren, müssen Sie den ISO-Wert auf 800 heraufsetzen und dabei die größte empfohlene Blende f/11 verwenden. Es kann aber sein, dass Sie die Kamera trotzdem auf einem Stativ montieren müssen, damit Sie wirklich scharfe Bilder erhalten. Vergessen Sie dabei nicht, den Bildstabilisator abzuschalten. Der empfohlene Brennweitenbereich deckt sowohl große Gebäude in der Nähe ab als auch kleine Gebäude in der Ferne. Er beschert Ihnen aber auch die Option, nahe heranzuzoomen und die Details des Gebäudes festzuhalten, wie zum Beispiel den Eingang (siehe Abbildung 89.1).

Abbildung 89.1: Zoomen Sie auf den Eingang heran.

Schießen Sie Ihre Fotos

Wenn Sie ein Gebäude in Ihrer Stadt fotografieren, das zuvor schon unzählige Male fotografiert worden ist, rufen Sie sich diese Bilder ins Gedächtnis zurück, bevor Sie die Szene aufnehmen. Fragen Sie sich ständig, wie Sie die Aufgabe anpacken könnten, um eine andere Art von Fotos zu schaffen. Dann schnappen Sie sich die Kamera und machen sich an die Arbeit.

1. **Finden Sie ein Gebäude, das Sie fotografieren möchten.**

2. **Nehmen Sie an der Kamera die Einstellungen vor, die am Anfang dieses Kapitels beschrieben sind.**

3. **Finden Sie eine interessante Perspektive, aus der Sie das Gebäude fotografieren.**

 Wenn das Gebäude schon unzählige Male fotografiert worden ist, verwenden Sie eine komplett andere Perspektive. Betrachter erkennen das Gebäude zwar wieder, doch sie werden der Aufnahme mehr Aufmerksamkeit schenken, weil die Ansicht neu ist. Wenn Sie zum Beispiel ein Museum fotografieren, bei dem eine Treppe in den ersten Stock führt, verwenden Sie ein Weitwinkel und fotografieren Sie die Szene, während Sie die Kamera in Bodennähe halten. Dadurch werden Sie vielleicht nicht das ganze Gebäude mit aufs Bild bekommen, doch das Foto wird durch seine extreme Perspektive überzeugen. Das gilt erst recht, wenn der Betrachter das Gebäude immer noch einwandfrei identifizieren kann.

4. **Zoomen Sie das Gebäude heran.**

Lassen Sie ein wenig Raum um das Gebäude, damit der Betrachter einen Bezug zur Szene findet. Wenn Sie zum Beispiel das Washington Monument fotografieren, gehören die Reflexionen im Pool einfach dazu.

5. **Komponieren Sie das Bild.**

Vermeiden Sie symmetrische Kompositionen, auch wenn viele Fotografen bei Gebäuden so vorgehen. Allerdings sind die Gebäude selten wirklich symmetrisch, sondern zeigen auch Objekte wie zum Beispiel Kamine oder Erker, die die Symmetrie unterwandern. Ordnen Sie diese Auffälligkeiten gemäß der Drittelregel an.

6. **Drücken Sie den Auslöser halb herunter, um zu fokussieren – anschließend drücken Sie den Auslöser ganz herunter, um Ihr Bild zu schießen.**

 Fotografieren Sie bekannte Gebäude mit einem Super-Weitwinkel. Verwenden Sie Elemente wie zum Beispiel den Bürgersteig, um den Blick des Betrachters in das Bild zu ziehen. Abbildung 89.2 wurde mit einer Brennweite von 20 Millimeter aufgenommen. Der Bürgersteig im unteren Teil des Bildes leitet den Blick des Betrachters zur Markise des alten Theaters.

Praktische Hilfe

✔ **Die Gebäude wirken, als würden sie nach vorne kippen.** Dieser Eindruck entsteht, wenn Sie ein Gebäude fotografieren und dabei die Kamera nach oben kippen müssen, damit alles im Sucher Platz hat. Vergrößern Sie den Abstand zum Gebäude so weit, dass Sie es erfassen können, ohne dass Sie die Kamera nach oben kippen müssen.

Abbildung 89.2: Beziehen Sie den Bürgersteig in die Komposition mit ein.

✔ **Die Ecken des Bildes sind dunkler als der Rest.** Diese »Vignettierung« wird bei einigen Objektiven sichtbar, wenn die kleinste oder die größte mögliche Blendenöffnung verwendet wird. Verwenden Sie eine Blendenöffnung, die eine oder zwei Stufen über dem Minimum respektive dem Maximum liegt.

✔ **Das Licht ist hart.** Die frühen Morgenstunden oder der späte Nachmittag sind die besten Zeiten, um draußen zu fotografieren. Wenn Sie ein Gebäude fotografieren, während die Sonne exakt darüber steht, werden jede Menge hässliche Schatten sichtbar. Noch schlimmer: Durch den gewaltigen Dynamikumfang werden sämtliche Details von den Schatten verschluckt. Wenn Sie hingegen die frühen Morgenstunden oder den späten Nachmittag für die Aufnahmen nutzen, erhalten Sie ein wunderbares weiches Licht, in dem auch die kleinsten Details sichtbar werden.

90 *Architektonische Details*

Kamera-Einstellungen

▶ **Belichtungsmessung:** Mitten-betont

▶ **Aufnahme-Betriebsart:** Einzelbild

▶ **Belichtungssteuerung:** Zeitautomatik (A)

▶ **Blendenöffnung:** f/4 bis f/5,6

▶ **ISO-Empfindlichkeit:** Die tiefste Empfindlichkeit, die es Ihnen erlaubt, eine Brennweite von 85 bis 100 Millimeter aus der Hand zu halten

▶ **Autofokus:** Einzelautofokus

▶ **Autofokus-Messpunkt:** Einzelner Messpunkt

▶ **Brennweite:** 50 mm (bezogen auf das Kleinbild-Format)

▶ **Bildstabilisator:** Eingeschaltet

Die Kunst kennt viele Formen, und die Form folgt der Funktion; oder zumindest sollte es so sein, wenn es um nützliche Objekte wie zum Beispiel Werkzeuge oder Gebäude geht. Wenn Sie eine Menge Fotos machen, entwickeln Sie einen Blick für die Schönheiten, die sich in den Details verbergen. Sobald Sie nach draußen gehen, um die Welt zu fotografieren, können Sie einige wundervolle Bilder einfangen, auf denen auch architektonische Details wie Türen, Ornamente, Briefkästen und mehr zu sehen sind.

Wenn Sie sich auf solche Details konzentrieren, dann müssen Sie eine Szene immer weiter aufteilen, bis Sie bei den kleinsten Details angekommen sind. Genau wie das Objektiv auf der Kamera müssen Sie Ihr fotografisches Auge darin üben, auf die kleinen Teile zu zoomen, die einer Ansicht die besondere Würze verleihen. Als Nächstes geht es darum, eine Szene so zu komponieren, dass ein ansprechendes Foto entsteht. Schenken Sie dem Bild im Sucher Ihre absolute Aufmerksamkeit: Es sollte darin nichts zu sehen sein, was das Auge des Betrachters vom eigentlichen Mittelpunkt des Bildes ablenkt. Wenn Sie irgendetwas entdecken, das nicht zum Bild zu gehören scheint, nehmen Sie einen anderen Blickwinkel ein und komponieren Sie die Szene erneut. Das Foto auf dieser Seite zeigt zum Beispiel diagonale Linien, die das Auge des Betrachters zum Briefkasten hinführen. Die vertikalen Linien der Tür wecken zusätzliches Interesse.

Bereiten Sie Ihre Kamera vor

Bei dieser Art von Aufnahmen können Sie Ihrer Kreativität freien Lauf lassen. Sie halten Ausschau nach interessanten Details, die Sie anschließend mit einem Tele oder einem Makro-Objektiv fotografieren. Dazu verwenden Sie die Zeitautomatik und geben eine große Blendenöffnung vor (also eine kleine Blendenzahl), um eine geringe Tiefenschärfe zu generieren. Diese zieht den Blick des Betrachters zum Mittelpunkt der Komposition. Die mittlere Brennweite resultiert in einer gefälligen Ansicht ohne Verzerrungen. Verwenden Sie den Bildstabilisator, falls die Kamera oder das Objektiv eine solche Einrichtung mitbringen. Wenn kein Bildstabilisator vorhanden ist, müssen Sie den ISO-Wert ein wenig erhöhen oder die Kamera auf einem Stativ montieren. Ein Detail, das aus nächster Nähe fotografiert wird, kann bereits bei der kleinsten Bewegung unscharf werden.

 Wenn die Lichtverhältnisse Sie dazu zwingen, einen ISO-Wert über 800 zu verwenden, wird das Bild ein unakzeptables Rauschen aufweisen – ganz besonders in den dunklen Bildteilen. Bei älteren Kameras wird diese Grenze bereits bei tieferen ISO-Werten erreicht.

 Wenn Sie eine Geisterstadt oder einen historischen Platz besuchen, halten Sie Ausschau nach Details wie zum Beispiel alte elektrische Einrichtungen (siehe Abbildung 90.1), Schlösser oder Türgriffe. Objekte vergangener Zeiten sind für alle Fotografen ein dankbares Motiv.

Schießen Sie Ihre Fotos

Um herausragende Fotos von architektonischen Details anzufertigen, benötigen Sie einen offenen Geist, Kreativität und scharfe Augen. Wenn Sie Multitasking-fähig sind, können Sie diese Art der Fotografie mit anderen Arten kombinieren. Allerdings ist es eine gute Idee, sich zu Beginn der Karriere nur auf diese Details zu konzentrieren.

1. **Nehmen Sie an der Kamera die Einstellungen vor, die am Anfang dieses Kapitels beschrieben sind.**

2. **Zoomen Sie auf das Objekt, das Sie fotografieren möchten.**

3. **Positionieren Sie den Autofokus-Punkt über dem Objekt und drücken Sie den Auslöser halb herunter, um zu fokussieren.**

Abbildung 90.1: Technik aus vergangener Zeit

4. Komponieren Sie die Szene im Sucher und drücken Sie den Auslöser ganz herunter, um den Verschluss auszulösen.

Die Bildkomposition spielt eine entscheidende Rolle. Platzieren Sie das Objekt nicht genau in der Mitte des Suchers, obwohl es natürlich im Zentrum des Interesses steht. Wählen Sie den Ausschnitt stattdessen so, dass sich das Hauptmotiv entweder in der linken oder der rechten Bildhälfte befindet.

Halten Sie Ausschau nach einer Szene mit auffälligen Elementen, die Sie in die Komposition einbauen können. Der rote Laden in Abbildung 90.2 erzeugt einen starken diagonalen Blickfang, der den Betrachter zu den horizontal angeordneten Blumenkästen führt.

Praktische Hilfe

✔ **Das Bild wirkt zu unruhig.** Sie versuchen, zu viele Objekte im Bild unterzubringen. Treffen Sie eine Auswahl und zoomen Sie näher heran.

✔ **Im Bild sind zu viele Details zu sehen.** Dieser Eindruck entsteht meistens dann, wenn zu viele Objekte im Hintergrund sichtbar sind. Wählen Sie die größte Blendenöffnung (also die kleinste Blendenzahl), um die Tiefenschärfe weiter einzugrenzen. Fokussieren Sie die Kamera anschließend genau auf die interessante Stelle. Eine weitere Möglichkeit besteht darin, eine andere Position einzunehmen und das Objekt noch einmal zu fotografieren.

✔ **Das Objekt ist unscharf.** Schießen Sie das Foto noch einmal und beachten Sie dabei, dass der Autofokus-Punkt genau über dem interessanten Teil des Bildes aufleuchtet. Komponieren Sie die Szene erst, wenn sich der schärfste Punkt genau am richtigen Ort befindet.

Abbildung 90.2: Verwenden Sie auffällige Elemente für die Komposition des Bildes.

91 Berühmte Gebäude

Wenn Sie herumreisen, bieten berühmte Gebäude einige großartige Möglichkeiten, um ein paar tolle Fotos zu schießen. Gebäude wie die William Danforth Kapelle von Frank Lloyd Wright (hier im Bild) finden Sie an vielen Orten im Land.

Sobald Sie ein solches Gebäude gefunden haben, verwenden Sie die Einstellungen in diesem Kapitel und Ihre kreative Inspiration, um interessante Fotos zu schießen.

Bereiten Sie Ihre Kamera vor

Beim Fotografieren unterscheiden sich berühmte Gebäude nicht besonders von anderen architektonischen Bauwerken. Und da sich Gebäude nicht bewegen, verwenden

Sie die Zeitautomatik, um die Tiefenschärfe zu kontrollieren. Der empfohlene Blendenbereich erzeugt eine anständige Tiefenschärfe für das Gebäude, das Sie interessiert. Der Brennweitenbereich lässt Ihnen die Wahl, ob Sie ein großes Gebäude aus der Nähe fotografieren oder auf ein entferntes Gebäude heranzoomen möchten.

Schießen Sie Ihre Fotos

Wenn Sie ein berühmtes Gebäude fotografieren, dann fotografieren Sie etwas, das schon Tausende Male vor Ihnen abgelichtet worden ist. Vielleicht haben Sie selbst bereits viele Fotos davon gesehen und bestimmt gefällt Ihnen eines davon besonders gut. Behalten Sie dieses Foto im Hinterkopf, während Sie sich daranmachen, den folgenden Aufnahmen Ihren eigenen Stempel aufzudrücken.

1. **Reisen Sie zum Gebäude, das Sie fotografieren möchten, und nehmen Sie an der Kamera die Einstellungen vor, die am Anfang dieses Kapitels beschrieben sind.**

2. **Untersuchen Sie das Gebäude von mehreren Seiten und finden Sie eine interessante Perspektive.**

3. **Drücken Sie den Auslöser halb herunter, um zu fokussieren.**

Falls nötig, zoomen Sie näher heran, um unerwünschte Details auszublenden. Wenn Sie ein hohes, schlankes Gebäude fotografieren, drehen Sie die Kamera ins Hochformat (siehe Abbildung 91.1). Platzieren Sie das Gebäude nicht in der Mitte des Ausschnitts, sondern gemäß der Drittelregel.

Abbildung 91.1: Fotografieren Sie ein Gebäude im Hochformat.

Achten Sie im Sucher auf unerwünschte Details. Wenn im Hintergrund zum Beispiel Stromleitungen zu sehen sind, nehmen Sie einen anderen Blickwinkel ein, damit sich die unerwünschten Elemente außerhalb des Bildes befinden – oder durch ein dekoratives Element verdeckt werden.

4. Schießen Sie das Foto.

 Halten Sie Ausschau nach einem architektonischen Element, das den Blick des Betrachters ins Bild hineinzieht. Die Treppe in Abbildung 91.2 wurde mit einem Weitwinkel aufgenommen, so dass die optische Sogwirkung noch verstärkt wird.

Abbildung 91.2: Verwenden Sie ein architektonisches Detail, um den Blick des Betrachters ins Bild zu ziehen.

Praktische Hilfe

✔ **Das Gebäude wirkt, als würde es nach vorne kippen.** Diese Perspektive entsteht, wenn Sie zu nahe vor dem Gebäude stehen und die Kamera nach oben neigen müssen, damit alles im Bild ist. Die Lösung besteht darin, dass Sie sich so weit vom Gebäude entfernen, dass Sie es vollständig abbilden können, ohne die Kamera nach oben zu neigen.

✔ **Das Bild wirkt uninteressant.** Das könnte daran liegen, dass Sie das Bild aus derselben Perspektive fotografieren wie alle anderen auch. Sie haben das Bild schon einmal gesehen, und deshalb wirkt es wie ein Klischee. Nehmen Sie sich einige Minuten Zeit und gehen Sie um das Gebäude herum, bis Sie eine interessante Perspektive gefunden haben.

92 *Leuchttürme*

Kamera-Einstellungen

▶ **Belichtungsmessung:** Mittenbetont

▶ **Aufnahme-Betriebsart:** Einzelbild

▶ **Belichtungssteuerung:** Zeitautomatik (A)

▶ **Blendenöffnung:** f/11 bis f/22

▶ **ISO-Empfindlichkeit:** 100 bis 800

▶ **Autofokus:** Einzelautofokus

▶ **Autofokus-Messpunkt:** Einzelner Messpunkt

▶ **Brennweite:** 24 bis 35 mm (bezogen auf das Kleinbild-Format)

▶ **Bildstabilisator:** Eingeschaltet

Leuchttürme sind einsame Wächter, die vorbeiziehenden Schiffen den richtigen Weg weisen. Sie helfen aber auch, dem Kapitän einen Anhaltspunkt darüber zu liefern, wo er sich befindet. Heute gehören die Leuchttürme zu einer aussterbenden Spezies von Gebäuden, da sie im Zeitalter der GPS-Navigation keine praktische Berechtigung mehr haben.

Leuchttürme finden Sie auch heute noch an den Küsten in Norddeutschland, in Holland oder in Übersee. Die beste Zeit, um Leuchttürme abzubilden, ist der frühe Morgen oder der späte Nachmittag, wenn die Strukturen in ein warmes, goldenes Licht getaucht werden. Doch auch eine neblige Stimmung kann die Wirkung unterstreichen.

Bereiten Sie Ihre Kamera vor

Wenn Sie einen Leuchtturm fotografieren, dann möchten Sie eine große Tiefenschärfe – deshalb fotografieren Sie mit Zeitautomatik und wählen eine kleine Blendenöffnung vor (etwa f/16 oder f/22). Der empfohlene ISO-Bereich eignet sich sowohl für das helle Sonnenlicht (ISO 100 oder 200), den frühen Morgen oder späten Nachmittag (ISO 400) oder bewölktes Wetter (ISO 800). Der Brennweitenbereich ermöglicht es Ihnen, einen Leuchtturm mit einem Teil der Umgebung zusammen abzulichten. Der Bildstabilisator ist immer nützlich, besonders wenn Sie im Dämmerlicht fotografieren und die Verschlusszeiten länger werden.

Schießen Sie Ihre Fotos

Falls der Leuchtturm ziemlich weit von Ihrem aktuellen Standort entfernt steht, können Sie nach der langen Reise mit viel Glück optimale Bedingungen antreffen. Auf jeden Fall sollten Sie jedoch zuerst Ihre Hausaufgaben machen, bevor Sie zum Leuchtturm fahren. Finden Sie heraus, aus welcher Richtung in dieser Jahreszeit die Sonne scheint und sehen Sie sich Fotos des Leuchtturms an, die von anderen Fotografen gemacht worden sind. Googeln Sie nach dem Namen des Leuchtturms, und Sie werden jede Menge Bildmaterial finden.

1. **Reisen Sie zum Leuchtturm, den Sie fotografieren möchten.**

   Achten Sie während der Reise auf das Wetter. Leuchttürme sind große Gebäude. Wenn sich am Himmel keine einzige Wolke zeigt, kann das Bild schnell langweilig wirken. Wenn der Leuchtturm in der Nähe Ihres Wohnortes steht und Sie während der Anfahrt feststellen, dass sich die Wolken auflösen, brechen Sie die Reise ab und suchen Sie ein anderes Motiv, das Sie fotografieren möchten.

2. **Nehmen Sie an der Kamera die Einstellungen vor, die am Anfang dieses Kapitels beschrieben sind.**

3. **Finden Sie eine interessante Perspektive, um den Leuchtturm zu fotografieren.**

   Jetzt zahlt sich Ihre Recherche aus. Während Sie um den Leuchtturm herumgehen, werden Ihnen die Perspektiven auffallen, die bereits von anderen Fotografen verwendet wurden. Sie sollten zwar die bewährten Ansichten nutzen, aber auch eigene finden.

4. **Wenn Sie den richtigen Blickwinkel gefunden haben, komponieren Sie das Bild.**

   Platzieren Sie den Leuchtturm nicht genau in der Mitte des Bildes. Schieben Sie ihn stattdessen auf die linke oder die rechte Seite. Die Platzierung des Horizonts ist ebenfalls elementar. Schießen Sie Bilder, bei denen sich die Horizontlinie im oberen oder im unteren Drittel befindet. Sie können auch aus der Froschperspektive fotografieren, um eine ganz spezielle Bildwirkung zu erzielen.

   Eine andere Möglichkeit besteht darin, den Leuchtturm von einer Klippe herab zu fotografieren, so wie beim Bild am Anfang dieses Kapitels – oder von einem Punkt aus, der den Blick auf den Himmel mit vielen Wolken ermöglicht. In Abbildung 92.1 wurde der Leuchtturm genau nach der Drittelregel ausgerichtet, und der Horizont befindet sich im unteren Drittel des Bildes, um die wunderschönen Wolken zur Geltung zu bringen.

Abbildung 92.1: Ein Leuchtturm plus ein mit Wolken überzogener Himmel ergibt ein ansprechendes Bild.

5. Drücken Sie den Auslöser halb herunter, um zu fokussieren – anschließend drücken Sie den Auslöser ganz herunter, um Ihr Bild zu schießen.

Regeln sind dazu da, dass man sie bricht. Wenn Sie einen hohen Leuchtturm fotografieren und Sie relativ nah an ihn herankommen, kippen Sie die Kamera nach oben und machen Sie das Bild. Die Struktur des Leuchtturms führt den Betrachter in den oberen Teil des Bildes. Natürlich wirkt es so, als würde der Leuchtturm im nächsten Moment umfallen, doch immerhin haben Sie eine besonders auffällige Perspektive, die dem Bild seinen Reiz verleiht (siehe Abbildung 92.2). Beachten Sie, dass es sich dabei um denselben Leuchtturm handelt wie in Abbildung 92.1, oder anders gesagt: Wenn Sie ein ansprechendes Motiv finden, holen Sie alles aus ihm heraus.

Praktische Hilfe

✔ **Die Kanten auf dem Foto sind zu soft.** Viele Weitwinkel-Objektive zeigen diese Charakteristik, wenn Sie mit der kürzesten Brennweite und der kleinsten oder größten Blendenöffnung fotografieren. In diesem Fall verwenden Sie wahrscheinlich die kleinste Blendenöffnung. Schließen Sie die Blende um zwei bis drei Stufen, um das Problem zu lösen.

✔ **Die Szene ist zu hell.** Diese Wirkung entsteht, wenn Sie am frühen Morgen oder am späten Nachmittag fotografieren. Die Kamera denkt, die Szene sollte heller sein, und neigt dabei zur Überbelichtung. Verwenden Sie die Belichtungskorrektur der Kamera und kontrollieren Sie das Resultat auf dem Display.

Abbildung 92.2: Finden Sie eine spezielle Perspektive.

✔ **Das Bild ist zu dunkel.** Nebel kann dazu führen, dass der Belichtungsmesser die Helligkeit falsch interpretiert. Verwenden Sie die Belichtungskorrektur, um das Bild aufzuhellen. Unter Umständen müssen Sie im Nebel sogar manuell fokussieren.

✔ **Das ganze Bild wirkt zu weich.** Dieser Eindruck entsteht, wenn Sie einen Leuchtturm bei Nebel fotografieren. Manchmal kann diese Anmutung recht charmant sein, doch häufig wirkt das Bild definitiv zu soft. Einige Kameras verfügen über eine Korrekturfunktion, mit der Sie den Kontrast im Bild anheben können. Details dazu finden Sie im Handbuch zur Kamera. Wenn Ihr Modell keine solche Funktion bietet, können Sie den Kontrast später am PC erhöhen.

93 *Autos und Motorräder*

Autos und Motorräder dienen einem einfachen Zweck: Diese Fahruntersätze transportieren Sie von A nach B. Allerdings gibt es unzählige Menschen, die in Fahrzeugen wesentlich mehr sehen als nur den praktischen Nutzen. Für viele gehören sie zum Lebensstil, und einige spezielle Fahrzeuge sind sogar zu fahrenden Skulpturen geworden – eine Aussage, die so mancher Ferrari- oder Harley-Davidson-Fan inbrünstig bejahen wird.

Fahrzeuge und die Fotografie gehen Hand in Hand. Wenn ein Fotograf ein spezielles Auto oder ein besonderes Motorrad sieht, muss er davon ein Foto schießen. Fotogene Vehikel finden Sie auf Ihren Reisen oder an Veranstaltungen wie Autoshows und Auktionen.

Wenn Sie vor einem außergewöhnlichen Gefährt stehen, werden Ihnen die Einstellungen in diesem Kapitel dabei helfen, es ins beste Licht zu rücken.

Bereiten Sie Ihre Kamera vor

Ein glänzender roter Sportwagen und Ihre Kamera sind wie füreinander gemacht. Beide verkörpern Hightech und sehen gut aus. Fotografieren Sie Autos und Motorräder mit Zeitautomatik und geben Sie eine große Blendenöffnung vor (also eine kleine Blendenzahl), damit der Blick des Betrachters durch die geringe Tiefenschärfe auf das Fahrzeug gelenkt wird. Arbeiten Sie mit einem einzelnen Autofokus-Punkt, um die Stelle mit der maximalen Schärfe exakt bestimmen zu können – das ist besonders wichtig, weil Sie mit einer geringen Tiefenschärfe arbeiten. Verwenden Sie eine Brennweite von 50 Millimeter, um eine lebensnahe Abbildung ohne Verzerrungen zu erhalten.

Die meisten Kameras verfügen über eine Abblendtaste, mit der Sie die Tiefenschärfe bereits vor der Aufnahme im Sucher kontrollieren können. Drücken Sie diese Taste, und die Blende schließt sich auf den vorgegebenen Wert. Schlagen Sie im Handbuch zu Ihrer Kamera nach, um herauszufinden, wo sich diese Taste befindet.

Wenn Sie bei einem bewölkten Himmel fotografieren, müssen Sie den ISO-Wert gegebenenfalls erhöhen. So erreichen Sie eine kurze Verschlusszeit, damit Sie auch ohne Stativ zu einem scharfen Bild kommen.

Schießen Sie Ihre Fotos

Auch wenn Sie nicht gerade eine Autoshow besuchen, ergeben sich Möglichkeiten für eine gelungene Aufnahme eines Motorrads oder Autos – und zwar immer dann, wenn Sie es am wenigsten erwarten. Sie gehen zum Beispiel mit der Kamera aus dem Haus mit der Absicht, einige Blumen zu fotografieren, und stehen kurz darauf vor dem schönsten Porsche, den Sie je gesehen haben. Wenn es Ihnen so geht wie mir, vergessen Sie die Blumen, und schießen Sie stattdessen einige Bilder vom Auto.

1. **Nehmen Sie an der Kamera die Einstellungen vor, die am Anfang dieses Kapitels beschrieben sind.**

2. **Wenn Sie ein Auto oder Motorrad sehen, das Sie fotografieren möchten, finden Sie eine interessante Perspektive und zoomen Sie heran.**

   Sie müssen nicht zwangsläufig das ganze Fahrzeug fotografieren – stattdessen können Sie auch einen bestimmten Teil davon ins Visier nehmen (siehe Abbildung 93.1).

Wenn es Ihnen mit der Fotografie von Fahrzeugen ernst ist, studieren Sie die Bilder in Automagazinen. Eine andere gute Quelle der Inspiration sind die Aufnahmen in der Werbung. Untersuchen Sie ein Foto, das Ihnen besonders gut gefällt, und finden Sie heraus, welche Perspektiven für die Aufnahmen verwendet worden sind.

Abbildung 93.1: Zoomen Sie heran, um die interessantesten Teile des Fahrzeugs in den Mittelpunkt zu setzen.

3. **Positionieren Sie den Autofokus-Punkt über jenem Teil des Fahrzeugs, der gestochen scharf abgebildet werden soll und drücken Sie den Auslöser halb herunter, um zu fokussieren.**

 Wenn Sie ein langes Auto in der 3/4-Ansicht fotografieren, verwenden Sie Blende f/8 oder kleiner (also eine größere Blendenzahl) und fokussieren Sie auf die Mitte des Autos, damit der ganze Wagen im Fokus ist.

4. **Komponieren Sie das Bild und drücken Sie den Auslöser ganz herunter, um den Verschluss auszulösen.**

 Wenn Sie mit einem lichtstarken Objektiv fotografieren, das mindestens eine Blendenöffnung von f/2,8 erlaubt, fokussieren Sie auf die interessanteste Stelle des Fahrzeugs. Komponieren Sie anschließend das Bild und lösen Sie aus. Durch die extrem geringe Tiefenschärfe entstehen eindrucksvolle Detailaufnahmen, so wie in Abbildung 93.2 gezeigt.

Abbildung 93.2: Fokussieren Sie auf die Details.

Praktische Hilfe

✔ **Im Chromstahl sind keine Details zu erkennen.** Das passiert, wenn eine sehr helle Licht-quelle wie zum Beispiel die Sonne direkt auf den Chromstahl scheint. Verwenden Sie die Belichtungskorrektur der Kamera, um die Details herauszuarbeiten.

✔ **Auf dem Fahrzeug sind an den glänzenden Stellen harte Spitzlichter zu sehen.** Sie kön-nen dieses Problem in einen künstlerischen Ansatz verwandeln, indem Sie das Bild noch einmal mit Blende f/8 aufnehmen. Durch die geringe Blendenöffnung wirken diese Spitz-lichter nun wie Sterne.

94 Boote

Wenn Sie in der Nähe des Meeres oder eines Sees wohnen, finden Sie wundervolle Motive direkt vor Ihrer Haustür: Boote in allen Formen und Größen! Segelboote mit hohen Masten sind Schönheiten, wenn sie still stehen, oder kraftvoll und elegant, wenn sie bei einer steifen Brise im offenen Wasser unterwegs sind. Motorboote sind ebenfalls sehr fotogen, besonders die alten hölzernen Boote, die schon einige Jährchen auf dem Buckel haben. Und natürlich können Sie auch mehrere Boote fotografieren, die bei Sonnenuntergang in der Bucht geankert haben.

Um Boote zu fotografieren, benötigen Sie lediglich ein Gewässer. Dort finden Sie diese Fahrzeuge in Bewegung oder im Hafen.

Anschließend benötigen Sie ein wenig Kreativität, um eine interessante Perspektive zu finden, sowie die Einstellungen in diesem Kapitel.

Bereiten Sie Ihre Kamera vor

Boote verkörpern nicht selten die Liebe eines Menschen zur See. Eine gelungene Aufnahme eines Bootes ist ein kleines Kunstwerk. Wenn Sie sich an diese Aufgabe heranwagen, möchten Sie, dass der Betrachter jedes Detail sieht – deshalb fotografieren Sie mit Zeitautomatik und geben eine kleine Blendenöffnung vor. Damit erzeugen Sie eine große Tiefenschärfe. Der ISO-Bereich eignet sich für die Fotografie im hellen Sonnenlicht (ISO 100) oder bei bewölktem Himmel (ISO 800). Der empfohlene Brennweitenbereich erlaubt es Ihnen, sowohl auf ein einzelnes Boot zu zoomen als auch eine ganze Gruppe davon abzulichten. Der Bildstabilisator ist nicht zwingend notwendig, aber er hilft Ihnen bei schwachem Licht, noch schärfere Bilder aufzunehmen. Allerdings wird der Bildstabilisator nicht viel nützen, wenn ein Boot voller Dynamik über die Wellen brettert.

Schießen Sie Ihre Fotos

Dies ist eine weitere Art der Fotografie, die auch von interessanten Wolken lebt – besonders, wenn Sie viele Boote auf einmal fotografieren. Ruhiges Wasser ist ebenfalls eine große Hilfe. Dadurch sehen Sie dekorative Reflexionen der Boote auf der Oberfläche – und halten damit alle Zutaten in den Händen, die Sie für ein ansprechendes Foto benötigen. Reisen Sie zu Ihrem bevorzugten See oder Hafen.

1. **Nehmen Sie an der Kamera die Einstellungen vor, die am Anfang dieses Kapitels beschrieben sind.**

2. **Gehen Sie ein wenig herum, bis Sie eine interessante Perspektive finden.**

   Blicken Sie durch den Sucher, wenn Sie eine ansprechende Szene sehen. Dadurch erhalten Sie eine gute Vorstellung davon, was Sie bei der Aufnahme erwartet. Wenn Sie sich nach einiger Zeit mehr Erfahrung angeeignet haben, werden Sie eine gute Szene auch ohne diese Hilfe erkennen.

3. **Komponieren Sie das Bild.**

   Wie bei jedem anderen Foto halten Sie nach Elementen Ausschau, die sich für die Bildkomposition verwenden lassen. Sie können zum Beispiel Anker oder Seile als Blickfang verwenden, um den Blick des Betrachters in das Bild hineinzuführen. Bei der Abbildung am Anfang dieses Kapitels zieht zum Beispiel das Boot ganz links die Aufmerksamkeit auf sich und leitet den Betrachter anschließend durch die diagonale Anordnung in die Bildmitte. Die Betrachtung des Bildes stoppt beim Boot ganz rechts, das den Blick an den Anfang zurück schickt. Der Kreis schließt sich.

   Die Platzierung des Horizonts ist ebenfalls elementar. Wenn Sie ein großes Schiff fotografieren, wie zum Beispiel die »Balclutha« in der Bucht von San Francisco (siehe Abbildung 94.1), drehen Sie die Kamera ins Hochformat. Beachten Sie, wie die Seile den Blick in das Bild hinein ziehen. Von dort aus folgen die Augen dem Mast in den oberen Teil des Bildes, nur um anschließend zum Bugspriet gelenkt zu werden. Auch hier schließt sich der Kreis.

Abbildung 94.1: Fotografieren Sie hohe Schiffe im Hochformat.

4. Drücken Sie den Auslöser halb herunter, um zu fokussieren – anschließend drücken Sie den Auslöser ganz herunter, um Ihr Bild zu schießen.

Boote fernab des Wassers sind ebenfalls tolle Motive für Fotografen. Während ich ein Fischerdorf in Placida (Florida) besuchte, sah ich das Boot, das in Abbildung 94.2 verewigt ist. Ich spazierte um die Szene herum und komponierte schlussendlich das Bild, das Sie hier sehen.

Abbildung 94.2: Ein Boot auf dem Trockenen

Praktische Hilfe

✔ **Ich fotografiere Boote im Sonnenuntergang – doch die Boote sind zu dunkel und der Himmel ist zu hell.** Dieses Problem entsteht, wenn Sie direkt gegen die Sonne fotografieren. Sie können entweder Ihren Standort ändern oder den Blickwinkel so anpassen, dass die Sonne nicht direkt im Bild zu sehen ist. Eine andere Möglichkeit besteht darin, die Sonne zum Beispiel durch eine Palme abzudecken.

Sie können diesem Dilemma jedoch auch mit einem neutralen Grauverlaufsfilter begegnen. Ein solcher Filter dunkelt den Himmel ab und reduziert somit die Kontraste, damit der Belichtungsmesser mit der Szene klarkommt. Grauverlaufsfilter finden Sie im Fachhandel.

✔ **Die Segelboote stehen schief.** Dieses Phänomen taucht auf, wenn Sie eine ganze Gruppe von Segelbooten fotografieren. Durch den Seegang schwanken die Masten und erzeugen ein unregelmäßiges Bild. Orientieren Sie sich am Horizont, um das Bild gerade zu rücken.

95 Riesenräder

Kamera-Einstellungen

▶ **Belichtungsmessung:** Mittenbetont

▶ **Aufnahme-Betriebsart:** Einzelbild

▶ **Belichtungssteuerung:** Zeitautomatik (A)

▶ **Blendenöffnung:** f/4 bis f/8

▶ **ISO-Empfindlichkeit:** 100 bis 800

▶ **Autofokus:** Einzelautofokus

▶ **Autofokus-Messpunkt:** Einzelner Messpunkt

▶ **Brennweite:** 28 bis 50 mm (bezogen auf das Kleinbild-Format)

▶ **Bildstabilisator:** Eingeschaltet

Riesenräder sind nicht nur imposante Attraktionen, sondern bescheren dem Fahrgast auch eine Menge Spaß – solange dieser nicht an Höhenangst leidet. Riesenräder geben außerdem ausgezeichnete Motive für besonders hübsche Fotos ab. Vergnügungsparks und Rummelplätze sind die idealen Orte, an denen Sie ein solches Ungetüm in Aktion fotografieren können – vergessen Sie also Ihre Kamera nicht. An solchen Plätzen geht es jedoch nicht allein um die Riesenräder. Stattdessen erhalten Sie eine ausgezeichnete Möglichkeit, um luftige Zuckerwatte, bunte Marktstände, schnelle Attraktionen und dergleichen mehr abzulichten.

Bereiten Sie Ihre Kamera vor

Riesenräder sind imposante, dekorierte, mechanische Vehikel, die dazu gemacht worden sind, die Fahrgäste in luftiger Höhe vor Angst erbleichen zu lassen. Wenn Sie eher zu den empfindlichen Gemütern gehören und an Höhenangst leiden, können Sie ein Riesenrad jedoch auch vom Boden aus fotografieren und erhalten trotzdem spektakuläre Aufnahmen.

Um ein Riesenrad zu fotografieren, verwenden Sie die Zeitautomatik, damit Sie die alleinige Kontrolle über die Tiefenschärfe behalten. Wenn Sie ein Riesenrad bei Tageslicht fotografieren, verwenden Sie den tiefsten empfohlenen ISO-Wert und eine kleine Blendenöffnung, was zu einer großen Tiefenschärfe führt. Wenn Sie das Riesenrad hingegen bei Sonnenuntergang oder in der Nacht fotografieren, müssen Sie den ISO-Wert erhöhen und gleichzeitig eine größere Blendenöffnung verwenden. Trotzdem sollten Sie noch genügend Tiefenschärfe erzielen, um das Riesenrad in seiner ganzen Pracht abzulichten. Der Brennweitenbereich erlaubt es Ihnen, das ganze Gefährt aufs Bild zu bannen oder auf ein Detail heranzuzoomen. Der Bildstabilisator sollte unbedingt verwendet werden, wenn Ihre Kamera oder das Objektiv eine solche Einrichtung bieten – besonders dann, wenn die Verschlusszeit unter eine 1/30 Sekunde fällt.

Schießen Sie Ihre Fotos

Wenn Sie von Zuckerwatte und altmodischem Rummelplatz-Essen genug haben, können Sie sich an die Arbeit machen. Schnappen Sie die Kamera, machen Sie sich auf zum Riesenrad und folgen Sie dieser Anleitung:

1. **Finden Sie die ideale Perspektive, um das Riesenrad zu fotografieren.**

   Das kann vom Boden aus geschehen, doch Sie können auch während einer Fahrt auf dem Riesenrad danach Ausschau halten. Die meisten Riesenräder stoppen an einem bestimmten Punkt, was Ihnen die Gelegenheit gibt, einige eindrucksvolle Fotos zu schießen.

2. **Drücken Sie den Auslöser halb herunter, um zu fokussieren, und komponieren Sie das Bild im Sucher.**

   Sie müssen nicht zwangsläufig das ganze Riesenrad mit aufs Bild nehmen. Stattdessen können Sie heranzoomen und einige interessante Details der Struktur und der Beleuchtung herauspicken (siehe Abbildung 95.1).

3. **Machen Sie Ihr Bild.**

   Wenn Sie ein Riesenrad bei Nacht fotografieren, wechseln Sie zur kleinsten Blendenöffnung (also zur größten Blendenzahl) und schießen Sie das Foto. Die kleine Blendenöffnung reduziert die Lichtmenge zusätzlich und führt zu einer langen Verschlusszeit. Bewegen Sie die Kamera, während der Verschluss geöffnet ist, um ein abstraktes Foto zu kreieren (siehe Abbildung 95.2).

Abbildung 95.1: Zoomen Sie auf die Details des Riesenrads.

Praktische Hilfe

✔ **In den hellen Lichtern ist keine Zeichnung mehr zu erkennen.** Das kommt häufiger vor, wenn Sie ein Riesenrad bei Nacht fotografieren. Die Kamera überkompensiert die Dunkelheit, was auch farbige Lichter in hellem Weiß erscheinen lässt. Wenn Sie diesen Effekt auf Ihren Fotos beobachten, reduzieren Sie die Belichtung mit der Belichtungskorrektur um ein bis zwei Blendenstufen.

✔ **Das Bild ist unscharf.** Verwackelte Bilder entstehen meistens bei Nacht – selbst dann, wenn Sie einen hohen ISO-Wert verwenden, die größte Blendenöffnung gewählt haben und den Bildstabilisator benutzen. In solchen Fällen hilft nur noch, die Kamera auf ein Stativ zu stellen. Zusätzlich sollten Sie den Selbstauslöser verwenden. Damit wird verhindert, dass eine Unschärfe entsteht, wenn Sie den Auslöser mit dem Finger betätigen.

✔ **Das Riesenrad scheint zu kippen.** Diese Bildwirkung entsteht, wenn Sie die Kamera nach oben schwenken müssen, um das ganze Riesenrad aufs Bild zu nehmen. (Derselbe Effekt entsteht auch, wenn Sie ein hohes Gebäude oder einen Leuchtturm aus der Nähe fotogra-

fieren.) Sie können diesen Effekt als künstlerischen Aspekt betrachten, oder Sie vergrößern Ihre Distanz zum Riesenrad, bis Sie es formatfüllend abbilden können, ohne die
Kamera dabei nach oben zu richten.

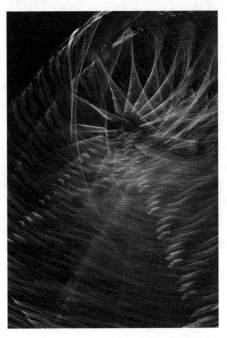

Abbildung 95.2: Schießen Sie ein abstraktes Bild des Riesenrads.

Jakubaszek/Getty Images

96 Feuerwerk

Feuerwerke sind in allen Teilen dieser Welt das Zeichen der Freude oder zumindest Bestandteil einer wichtigen öffentlichen Feier. Bei vielen Festlichkeiten bildet das Feuerwerk den krönenden Abschluss der Veranstaltung. Feuerwerke machen Spaß, wenn man sie selbst abbrennt, und versetzen uns in Erstaunen, wenn wir sie bei einem großen Anlass mit eigenen Augen bewundern können. Meistens gilt die Faustregel: Je größer die Feier, umso größer das Feuerwerk. Und damit bietet sich Ihnen eine perfekte Möglichkeit, um diese spektakulären Himmelsgebilde zu fotografieren. Alles, was Sie dazu benötigen, sind Ihre Kamera und die Einstellungen in diesem Kapitel.

Bereiten Sie Ihre Kamera vor

Wenn Sie ein Feuerwerk fotografieren, möchten Sie die ganze Szene scharf abbilden und benötigen deshalb eine große Tiefenschärfe. Deshalb fotografieren Sie mit Blende f/11. Für diese Art der Fotografie benötigen Sie eine sehr lange Verschlusszeit von 4 bis 6 Sekunden – deshalb fotografieren Sie mit manueller Belichtungssteuerung (»M«). Der empfohlene ISO-Wert garantiert ein rauscharmes Bild. Fotografieren Sie mit dem tiefsten ISO-Wert, der bei den meisten Kameras bei ISO 100 liegt. Die verwendete Brennweite hängt davon ab, wie nah Sie beim Feuerwerk sind. Wenn es in Ihrer Nähe abgebrannt wird, sind Sie mit dem Weitwinkel am besten bedient. Wenn das Feuerwerk hingegen in der Ferne gezündet wird, können Sie heranzoomen, um die Ansicht zu vergrößern. Die Kamera muss unbedingt auf einem Stativ stehen, so dass Sie den Bildstabilisator ausschalten müssen.

Schießen Sie Ihre Fotos

Feuerwerk zu fotografieren macht Spaß. Wenn Sie nahe an das Geschehen herankommen, umso besser – doch dort kann es ziemlich laut werden, also vergessen Sie die Ohrstöpsel nicht.

1. **Finden Sie einen bequemen Standort, von dem aus Sie das Feuerwerk fotografieren können.**

   Seien Sie früh vor Ort, damit Sie sich Ihren Platz aussuchen können.

2. **Montieren Sie die Kamera auf einem Stativ und nehmen Sie die Einstellungen vor, die am Anfang dieses Kapitels beschrieben sind.**

3. **Schalten Sie auf manuelle Fokussierung um.**

   In der Dunkelheit wird die Kamera nicht in der Lage sein, selbst zu fokussieren.

4. **Drehen Sie den Distanzring des Objektivs auf »Unendlich«.**

   Diese Einstellung erzeugt zusammen mit der kleinsten Blendenöffnung eine riesige Tiefenschärfe.

5. **Montieren Sie die Gegenlichtblende auf dem Objektiv.**

   Damit wird verhindert, dass seitliches Streulicht die Farben ausbleicht.

6. **Warten Sie, bis das Feuerwerk startet, komponieren Sie das Bild und zoomen Sie heran.**

   Wenn es losgeht, wissen Sie, wohin die Kamera zeigen muss und welche Brennweite Sie verwenden sollten. Während des Feuerwerks können Sie mit verschiedenen Brennweiten experimentieren. Zoomen Sie heran, und mit ein wenig Glück fangen Sie faszinierende Explosionen ein.

7. **Setzen Sie den Selbstauslöser auf die kürzeste Zeit, die möglich ist.**

   Der Selbstauslöser aktiviert den Verschluss nach einer bestimmten Verzögerung. Damit werden Vibrationen verhindert, die entstehen können, wenn Sie den Auslöser mit dem Finger betätigen.

8. Drücken Sie den Auslöser ganz herunter.

Der Selbstauslöser startet und öffnet nach wenigen Sekunden den Verschluss. Nachdem sich der Verschluss schließt, kontrollieren Sie das Ergebnis auf dem Display der Kamera. Nehmen Sie an den Einstellungen kleine Korrekturen vor, um die nächste Aufnahme zu optimieren. Die meisten Feuerwerke sind nur von kurzer Dauer. Nutzen Sie diese Zeitspanne, um möglichst viele Bilder zu schießen, denn Sie haben im Voraus keine Ahnung, welche Raketen das schönste Bild abgeben.

Fotografieren Sie ein Feuerwerk bei berühmten Gebäuden oder Wahrzeichen (siehe Abbildung 96.1). Dieses Ereignis können Sie nicht planen, sondern Sie müssen einfach zum richtigen Zeitpunkt am richtigen Ort sein. Häufig erhalten Sie vom Veranstalter der Festivitäten zusätzliche Informationen. Wenn Sie sich an dieser Aufgabe versuchen, seien Sie früh vor Ort, denn Sie werden eine Menge Konkurrenz haben.

Abbildung 96.1: Fotografieren Sie Feuerwerk über einer Sehenswürdigkeit.

Praktische Hilfe

✔ **Der Himmel ist nicht dunkel genug.** Das bedeutet grundsätzlich, dass das Foto überbelichtet ist. Allerdings ist es wichtig, dass der Verschluss für mehrere Sekunden offen bleibt. Wenn der Himmel bei einer Belichtungszeit von 4 bis 6 Sekunden weiterhin zu hell ist, wechseln Sie zu einer kleineren Blendenöffnung.

✔ **Der Himmel wird in falschen Farben dargestellt.** Der automatische Weißabgleich wird durch die farbigen Raketen irritiert. Ändern Sie den Weißabgleich zu »Glühlampen« – jetzt wird der Himmel blau dargestellt.

✔ **Das Feuerwerk liegt außerhalb des Fokus.** Das kann vorkommen, wenn Sie zu nah am Feuerwerk dran sind. Die Lösung sieht so aus, dass Sie auf automatische Fokussierung umschalten und den Autofokus-Punkt auf jene Stelle richten, an der Sie die nächsten Explosionen vermuten. Drücken Sie den Auslöser halb herunter, um zu fokussieren. Wenn die Kamera fokussiert hat, wechseln Sie zurück zur manuellen Fokussierung, damit die Kamera nicht mehr nachregulieren kann. Üben Sie das zuerst ein wenig zu Hause, damit Sie den Schalter für die manuelle Fokussierung auch in absoluter Dunkelheit finden.

97 *Stillleben*

Kamera-Einstellungen

- ▶ **Belichtungsmessung:** Mittenbetont
- ▶ **Aufnahme-Betriebsart:** Einzelbild
- ▶ **Belichtungssteuerung:** Zeitautomatik (A)
- ▶ **Blendenöffnung:** f/5,6 bis f/7
- ▶ **ISO-Empfindlichkeit:** 200 bis 400
- ▶ **Autofokus:** Einzelautofokus
- ▶ **Autofokus-Messpunkt:** Einzelner Messpunkt
- ▶ **Brennweite:** 100 mm oder länger (bezogen auf das Kleinbild-Format)
- ▶ **Bildstabilisator:** Eingeschaltet

*V*ielleicht ist heute einer dieser langweiligen Sonntage, an denen man nicht weiß, was man unternehmen soll. Vielleicht gießt es draußen in Strömen oder das Wetter ist so kalt, dass man sich entschlossen hat, zu Hause zu bleiben. Kein Problem, denn im Wandschrank wartet ja die Kamera nur darauf, dass man sie ein wenig beschäftigt. Wenn Sie jedoch absolut keine Lust darauf haben, nach draußen zu gehen, bietet sich Ihnen eine interessante Alternative: Fotografieren Sie ein Stillleben! Suchen Sie sich einige interessante Gegenstände zusammen, lassen Sie Ihre Kreativität spielen und komponieren Sie gefällige Arrangements. In diesem Kapitel finden Sie die passenden Einstellungen.

Bereiten Sie Ihre Kamera vor

Objekte zu fotografieren macht Spaß. Sie können sich bei der Zusammenstellung austoben und Bilder von Gegenständen schaffen, die von den anderen Familienmitgliedern sofort erkannt werden. Wenn Sie dabei wirklich gut sind, stehen Sie am Schluss mit Bildern da, die Sie einrahmen und an die Wand hängen möchten. Dies ist eine weitere Art der Fotografie, bei der die Beleuchtung elementar ist. Indirektes Licht, das weich und diffus durch ein Fenster fällt, eignet sich ideal. Um die Tiefenschärfe zu kontrollieren, fotografieren Sie mit Zeitautomatik. Die empfohlene Blende erzeugt eine Tiefenschärfe, die groß genug ist, um auch kleine Objekte scharf abzubilden. Der empfohlene ISO-Bereich eignet sich für Innenaufnahmen ohne Blitz. Die empfohlene Brennweite produziert verzerrungsfreie Ansichten. Wenn Sie aus der Hand fotografieren, sollten Sie unbedingt den Bildstabilisator einschalten – falls das Objektiv oder die Kamera eine solche Einrichtung bieten.

Schießen Sie Ihre Fotos

Für diese Art der Fotografie reicht es vollkommen aus, wenn Sie auf einem Tisch neben dem Fenster ein kleines Studio improvisieren. Anschließend müssen Sie nur noch die einzelnen Gegenstände darauf anordnen. Stehen im Haus irgendwo Antiquitäten herum? Antike Kameras, Münzen, Fischerruten und dergleichen mehr geben hervorragende Motive ab.

1. **Richten Sie neben dem Fenster auf einem Tisch ein improvisiertes Studio ein.**

   Überziehen Sie den Tisch mit einem weißen Tischtuch und heben Sie das eine Ende des Tuches an. Wenn Sie keine Möglichkeit haben, das Tuch an der Wand zu befestigen, fragen Sie einen Freund, ob er es für Sie hochhält.

2. **Arrangieren Sie die Gegenstände auf dem Tisch.**

   Stillleben wirken besser, wenn Sie eine ungerade Zahl an Objekten fotografieren. Verwenden Sie nicht mehr als fünf Gegenstände für ein Stillleben. Noch besser ist es, wenn Sie sich auf drei beschränken können.

3. **Nehmen Sie an der Kamera die Einstellungen vor, die am Anfang dieses Kapitels beschrieben sind.**

   Wenn Sie ein Makro-Objektiv besitzen, ist jetzt der perfekte Zeitpunkt, um es zu verwenden.

4. **Zoomen Sie auf das Stillleben.**

   Lassen Sie um das Stillleben ein wenig Raum. Das ermöglicht es Ihnen, das Bild später am PC auf die optimalen Proportionen zuzuschneiden. Die meisten Digitalkameras fotografieren mit einem Seitenverhältnis von 4:3; die meisten Papierabzüge werden jedoch im Seitenverhältnis 3:2 oder 13:18 angefertigt. Wenn Sie das Stillleben im Sucher zu eng einfassen, werden später beim Zuschneiden wichtige Bildteile abgeschnitten.

5. **Richten Sie den Autofokus-Punkt auf ein Objekt in der Mitte der Szene und komponieren Sie das Bild.**

   Verwenden Sie Gegenstände, die den Betrachter neugierig machen und seinen Blick ins Bild lenken. Die Buchkanten auf dem Bild am Anfang des Kapitels wirken als diagonale

Linien, die wesentlich anziehender wirken als horizontale oder vertikale. Der antike Orden aus dem Ersten Weltkrieg wurde gemäß der Drittelregel angeordnet.

6. **Drücken Sie den Auslöser halb herunter, um zu fokussieren – anschließend drücken Sie den Auslöser ganz herunter, um Ihr Bild zu schießen.**

Kontrollieren Sie das Ergebnis auf dem Display der Kamera und achten Sie auf Probleme bei der Belichtung oder der Komposition.

 Küchen sind ebenfalls passende Umgebungen für Stillleben. Arrangieren Sie einige Lebensmittel und Küchenutensilien auf einer hölzernen Unterlage. Anstelle eines weißen Hintergrundes können Sie auch einen schwarzen verwenden, so wie in Abbildung 97.1 gezeigt.

Abbildung 97.1: Fotografieren Sie Küchenutensilien und Lebensmittel.

Praktische Hilfe

✔ **Die Kamera findet den Fokus nicht.** Das passiert, wenn Sie die Mindestdistanz zwischen Objektiv und Stillleben unterschreiten. Vergrößern Sie die Distanz zum Stillleben so weit, dass der Autofokus-Punkt im Sucher aufleuchtet, wenn Sie den Auslöser antippen. Sollten Sie das Gefühl haben, dass Sie nicht nahe genug herankommen, denken Sie über die Anschaffung eines Makro-Objektivs nach.

✔ **Die Schatten der vorderen Objekte stören das Arrangement im hinteren Teil.** Die Lösung sieht so aus, dass Sie den Blickwinkel ändern – oder aber Sie ändern die Anordnung der Objekte, so dass diese nicht mit den Schatten der vorderen Objekte kollidieren. Eine andere Lösung besteht darin, die Gegenstände näher am Fenster aufzustellen, was zu einer größeren Lichtquelle führt. Außerdem werden die Schatten dabei weicher.

98 *Blumen-Arrangements*

Kamera-Einstellungen

▶ **Belichtungsmessung:** Mittenbetont

▶ **Aufnahme-Betriebsart:** Einzelbild

▶ **Belichtungssteuerung:** Zeitautomatik (A)

▶ **Blendenöffnung:** f/4 bis f/7,1

▶ **ISO-Empfindlichkeit:** 200 bis 400

▶ **Autofokus:** Einzelautofokus

▶ **Autofokus-Messpunkt:** Einzelner Messpunkt

▶ **Brennweite:** 85 bis 150 mm (bezogen auf das Kleinbild-Format)

▶ **Bildstabilisator:** Eingeschaltet

Wenn Sie oder Ihr Partner einen Blumenstrauß erhalten, werden Sie von der Schönheit und der Grazie begeistert sein. Doch Sie wissen auch, dass der Strauß in wenigen Tagen verwelkt, und seine Schönheit ist dann Geschichte. Wenn der Blumenstrauß zu einem erinnerungswürdigen Ereignis gehört, können Sie die Schönheit des Arrangements mit Ihrer Kamera für immer festhalten. Fotografieren Sie die Blumen vor einem einfarbigen Hintergrund, um den Blick des Betrachters auf den Strauß zu lenken. Sie können solche Bilder mit dem indirekten, weichen Licht fotografieren, das durch ein Fenster fällt. Sie können außerdem einen Blitz mit einem Diffusor benutzen, um die Schatten aufzuhellen. Wenn

Ihnen jemand assistiert, verwenden Sie stattdessen ein weißes T-Shirt oder Bettlaken, um das Licht auf der gegenüberliegenden Seite des Straußes zu reflektieren.

Bereiten Sie Ihre Kamera vor

Wenn Sie einen Blumenstrauß fotografieren, wünschen Sie sich eine große Tiefenschärfe, um den Blick des Betrachters auf die Blumen zu lenken. Deshalb fotografieren Sie mit Zeitautomatik und geben eine mittlere Blendenöffnung vor. Wenn Sie einen kleinen Strauß mit zwei oder drei Blumen in einer kleinen Vase fotografieren, reicht Blende f/4. Bei einem größeren Arrangement wechseln Sie zu Blende f/7,1. Der empfohlene ISO-Bereich erlaubt die Aufnahmen in einem gut beleuchteten Raum oder im weichen Licht nahe bei einem Fenster. Letzteres eignet sich für diese Art der Fotografie ideal – es sei denn, Sie besitzen einen Blitz mit einem Reflektor. Die Brennweite erlaubt es Ihnen, auch große Arrangements aus einer komfortablen Distanz zu fotografieren (85 Millimeter) oder nahe auf kleine Blumen heranzuzoomen.

Schießen Sie Ihre Fotos

Am besten fotografieren Sie das Arrangement noch am selben Tag, an dem Sie es erhalten. Folgen Sie diesen Schritten, um einige wunderschöne Bilder zu schießen.

1. **Stellen Sie einen Tisch in der Nähe des Fensters auf, so dass er vom einfallenden Licht gleichmäßig beleuchtet wird.**

   Wählen Sie ein Fenster, bei dem genug Licht einfällt. Wenn Sie am frühen Morgen oder am späten Nachmittag fotografieren, ist das Licht warm und golden und erzeugt eine perfekte Beleuchtung für die Blumen.

2. **Legen Sie ein weißes Tuch auf den Tisch und heben Sie es an einem Ende an.**

   Sie können das Tuch an der Wand befestigen oder einen Freund darum bitten, es für Sie zu halten. Positionieren Sie den Tisch so, dass das Licht des Fensters direkt darauf fällt. Wenn Sie den Tisch zu nahe am Fenster platzieren, haben Sie es mit einer ziemlich großen Lichtquelle zu tun, was die Sache vereinfacht. Allerdings müssen Sie genug Platz lassen, damit Sie den Strauß aus einer komfortablen Distanz fotografieren können.

3. **Arrangieren Sie die Blumen auf dem Tisch.**

   Kontrollieren Sie die Anordnung durch den Sucher der Kamera und bewegen Sie die Vase, bis Sie eine interessante Komposition entdecken. Während dieser Zeit können Sie den Strauß ein wenig »aufräumen«, indem Sie welke Blätter wegschneiden und die Blumen bei Bedarf neu anordnen.

4. **Nehmen Sie an der Kamera die Einstellungen vor, die am Anfang dieses Kapitels beschrieben sind.**

5. **Zoomen Sie auf die Blumen.**

   Lassen Sie ein wenig Raum um das Arrangement, damit Sie das Bild später am Rechner problemlos zuschneiden können.

6. **Positionieren Sie den Autofokus-Punkt über einer Blume in der Mitte des Arrangements und drücken Sie den Auslöser halb herunter, um zu fokussieren.**

   Der Autofokus-Punkt leuchtet, wenn die Kamera den Fokus gefunden hat.

7. **Schießen Sie Ihr Foto.**

   Kontrollieren Sie das Ergebnis auf dem Display und achten Sie auf die Belichtung und mögliche Probleme bei der Komposition.

 Wenn Sie ein Makro-Objektiv besitzen, zoomen Sie auf eine oder zwei Blumen heran (siehe Abbildung 98.1).

Abbildung 98.1: Zoomen Sie auf eine oder zwei Blumen heran.

Praktische Hilfe

✔ **Hinter den Blumen sind tiefschwarze Schatten zu sehen.** Diese Schatten entstehen, wenn der Hintergrund zu nah bei den Blumen ist. Die Lösung besteht darin, die Blumen weiter vom Hintergrund wegzubewegen, was natürlich nur bei einem langen Tisch möglich ist. Eine Alternative besteht darin, die Schatten mit dem Aufhellblitz ein wenig aufzuweichen.

✔ **Das Arrangement ist unscharf (1).** Das geschieht häufig bei sehr großen Sträußen. Verwenden Sie eine kleine Blendenöffnung, was jedoch zu einer langsameren Verschlusszeit führt. Wenn die Verschlusszeit zu lang ist, um ein scharfes Bild zu erzeugen, müssen Sie den ISO-Wert heraufsetzen oder die Kamera auf einem Stativ montieren.

99 HDR-Fotografie

Kamera-Einstellungen

- ▶ **Belichtungsmessung:** Mitten-betont
- ▶ **Aufnahme-Betriebsart:** 2-Sekun-den-Selbstauslöser
- ▶ **Belichtungssteuerung:** Zeitautomatik (A)
- ▶ **Blendenöffnung:** f/11 bis f/16
- ▶ **ISO-Empfindlichkeit:** 100 bis 200
- ▶ **Autofokus:** Einzelautofokus
- ▶ **Autofokus-Messpunkt:** Einzelner Messpunkt
- ▶ **Brennweite:** 28 bis 35 mm (bezogen auf das Kleinbild-Format)
- ▶ **Bildstabilisator:** Ausgeschaltet

Fotografen nutzen HDR-Fotografie (High Dynamic Range), um Fotos mit einem Kontrastumfang zu erzeugen, der an denjenigen des menschlichen Auges heranreicht. Ihre Digitalkamera kann lediglich eine Dynamik von etwa 6 Blendenwerten verkraften, Ihre Augen jedoch etwa 11. Was bedeutet das? Es bedeutet, dass Sie mit bloßem Auge mehr Details erkennen können, sowohl in den Schatten als auch in den hellen Bereichen einer Szene. Ihre Kamera kann da nicht mithalten, so dass Details in den Schatten »absaufen« oder die Lichter »ausfressen«. Bei der HDR-Fotografie besteht der Trick darin, dieselbe Szene mehrmals mit verschiedenen Belichtungseinstellungen aufzuzeichnen. Anschließend werden diese Fotos am Computer zusammengesetzt, wobei von jedem Bild nur die wertvollsten Informationen herausgepickt werden. Für solche Zwecke wird eine Software wie Photoshop oder Photomatix verwendet. Letzteres habe ich benutzt, um das Bild am Kapitelanfang zusammenzusetzen.

Bereiten Sie Ihre Kamera vor

Wenn Sie sich entschließen, eine Szene mit der HDR-Technologie zu erfassen, unterscheidet sich das Vorgehen nicht von demjenigen bei herkömmlichen Landschaftsaufnahmen. Die Fotos müssen jedoch praktisch auf den Pixel genau übereinstimmen, damit sie später korrekt zusammengesetzt werden können. Deshalb muss die Kamera unbedingt auf einem Stativ montiert werden. Verwenden Sie außerdem für die einzelnen Aufnahmen den Selbstauslöser, damit Sie die Kamera nicht berühren müssen, um ein Bild zu schießen – denn bereits das könnte ausreichen, damit das Bild unscharf wird. Sie fotografieren mit Zeitautomatik und geben eine kleine Blendenöffnung vor, damit eine möglichst große Tiefenschärfe entsteht. Sie verwenden außerdem den tiefsten ISO-Wert, der bei den meisten Kameras bei ISO 100 liegt. Und weil Sie die Weiten einer Landschaft erfassen möchten, fotografieren Sie natürlich mit einem Weitwinkel. Da die Kamera auf einem Stativ montiert ist, müssen Sie den Bildstabilisator deaktivieren.

Schießen Sie Ihre Fotos

Wenn Sie vor einer Szene stehen, die Sie in ein HDR-Bild verpacken möchten, folgen Sie diesen Schritten:

1. **Montieren Sie die Kamera auf einem Stativ.**

   Wenn Sie ein HDR-Bild erzeugen, können Sie sogar direkt gegen die Sonne fotografieren.

2. **Nehmen Sie an der Kamera die Einstellungen vor, die am Anfang dieses Kapitels beschrieben sind.**

3. **Finden Sie bei Ihrer Kamera die Funktion für automatische Belichtungsreihen.**

   Setzen Sie die Werte auf -2 EV, 0 EV und +2 EV.

4. **Finden Sie eine interessante Perspektive und komponieren Sie das Bild.**

5. **Drücken Sie den Auslöser halb herunter, um zu fokussieren.**

6. **Drücken Sie den Auslöser ganz herunter, um den Verschluss auszulösen.**

   Die Kamera startet den Selbstauslöser und macht drei Bilder. Abbildung 99.1 zeigt die Belichtungsreihe, die später zum Bild am Anfang dieses Kapitels zusammengesetzt worden ist.

 Fotografieren Sie mit dieser Technik ein historisches Gebäude. Am Schluss werden Sie mit einem Bild belohnt, das in den Schatten alle Details zeigt und den Himmel in seiner ganzen Pracht abbildet (siehe Abbildung 99.2).

Abbildung 99.1: Drei unterschiedlich belichtete Fotos werden später von einer speziellen Software zu einer HDR-Aufnahme zusammengesetzt.

Abbildung 99.2: Fotografieren Sie ein historisches Gebäude in HDR, um auch die feinsten Nuancen in den Lichtern und Schatten sichtbar zu machen.

Praktische Hilfe

✔ **Die meisten Details auf dem ersten und dem dritten Bild sind nicht mehr sichtbar.** Das bedeutet, dass die Belichtungsreihe einen zu großen Bereich umfasst. Ändern Sie die Werte auf -1 ½ EV, 0 EV und +1 ½ EV.

✔ **Ich habe Probleme, die Bilder einander zuzuordnen.** Wenn Sie eine Szene mehrmals ablichten und jedes Mal eine Belichtungsreihe erzeugen, laufen Sie Gefahr, die Übersicht über die zusammengehörenden Fotos zu verlieren. Deshalb sollten Sie nach jeder Sequenz eine Aufnahme schießen, bei der Sie die Hand vor das Objektiv halten – dann wissen Sie später genau, dass jetzt eine neue Belichtungsreihe anfängt.

Stichwortverzeichnis

EIN BILD SAGT MEHR ALS TAUSEND WORTE ...

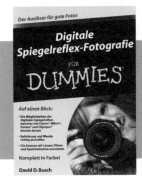

Canon EOS 550D für Dummies
ISBN 978-3-527-70676-1

Digitale Fotografie für Dummies
ISBN 978-3-527-70536-8

Digitale Porträtfotografie für Dummies
ISBN 978-3-527-70666-2

Digitale Spiegelreflex-Fotografie
für Dummies
ISBN 978-3-527-70665-5

Fotografie für Dummies
ISBN 978-3-527-70164-3

Photoshop CS 3 für Dummies
ISBN 978-3-527-70385-2

Photoshop Elements für Dummies
ISBN 978-3-527-70563-4

Mit Stift und Pinsel in der Hand ...

ISBN 978-3-527-70379-1

In der großen Manga-Fangemeinde wird es immer beliebter, Comics nicht nur zu lesen, sondern sie auch selbst zu zeichnen. »Mangas zeichnen für Dummies« zeigt detailliert, wie man die verschiedenen Prototypen zeichnet und eine Geschichte richtig aufbaut.

ISBN 978-3-527-70294-7

Wer glaubt, nicht das nötige Talent zu haben, um schön zeichnen zu können, liegt weit daneben. Mit der richtigen Technik ist das alles kein Problem. Brenda Hoddinott zeigt den Lesern, wie sie das auf Papier bringen, was sie vor ihrem inneren Auge schon gesehen haben.

ISBN 978-3-527-70487-3

Was mit Pelikan-Malkasten und verklecksten Bildern begonnen hat, kann immer noch ein gutes Ende nehmen. Colette Pitcher zeigt den Lesern in diesem komplett farbigen Buch, wie sie Stillleben, Landschaften, Tiere und vieles mehr auf Papier bannen. Der erste Schritt zur Meisterschaft.

ISBN 978-3-527-70486-6

Für alle, die gern malen und die der Umgang mit Pinsel, Farbpalette, Leinwand und Ölfarben reizt, ist dieses Buch genau das Richtige. »Ölmalerei für Dummies« macht die Leser mit allen Werkzeugen, Materialien und Maltechniken vertraut und begleitet sie Schritt für Schritt auf dem Weg zum echten Künstler.